문제 해결을 위한
알고리즘 with **수학**
알고리즘 문제 해결에 꼭 필요한
수학적 지식과 사고력

문제 해결을 위한

알고리즘 with 수학

알고리즘 문제 해결에 꼭 필요한
수학적 지식과 사고력

지은이 **요네다 마사타카**

옮긴이 **윤인성**

펴낸이 **박찬규** 엮은이 **최용** 디자인 **북누리** 표지디자인 **Arowa & Arowana**

펴낸곳 **위키북스** 전화 **031-955-3658, 3659** 팩스 **031-955-3660**

주소 **경기도 파주시 문발로 115 세종출판벤처타운 311호**

가격 **42,000** 페이지 **628** 책규격 **188 x 240mm**

초판 발행 **2023년 09월 26일**

ISBN **979-11-5839-465-3 (93000)**

등록번호 **제406-2006-000036호** 등록일자 **2006년 05월 19일**

홈페이지 **wikibook.co.kr** 전자우편 **wikibook@wikibook.co.kr**

MONDAIKAIKETSU NO TAMENO "ALGORITHM × SUGAKU" GA KISO KARA SHIKKARI
MINITSUKU HON by Masataka Yoneda
Copyright © 2022 Masataka Yoneda
All rights reserved.
Original Japanese edition published by Gijutsu-Hyoron Co., Ltd., Tokyo
This Korean language edition published by arrangement with Gijutsu-Hyoron Co., Ltd., Tokyo
in care of Tuttle-Mori Agency, Inc., Tokyo, through Botong Agency, Seoul.

문제 해결을 위한

알고리즘 with 수학

알고리즘 문제 해결에 꼭 필요한 수학적 지식과 사고력

요네다 마사타카 지음 / 윤인성 옮김

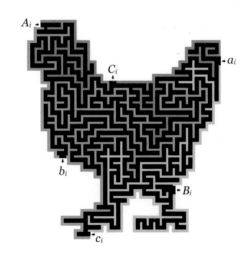

위키북스

저자 소개

요네다 마사타카

2002년 출생, 2021년 쓰쿠바 대학 부속 고마바 고등학교를 졸업하고, 현재 도쿄 대학에 재학 중이다.

프로그래밍 대회에서 "E869120"라는 이름으로 활약하고 있다. 일본 최대의 프로그래밍 대회 사이트 "앳코더(AtCoder)"에서 최고 등급인 붉은색 호칭을 획득하고 있으며, 2018~2020년에는 국제 정보 올림픽(IOI)에서 금메달을 3번 획득했다. 또한 알고리즘 관련 연구에서도 일본 학생 과학상을 받았으며, MATH Con 등에서 다양한 실적을 남기고 있다.

이 외에도 Qiita에서 "RedCoder가 알려주는 프로그래밍 대회 공략 가이드라인" 등을 집필하고 있으며, AtCoder에서 수천 명이 참가하는 "경쟁 프로 전형 90문(競プロ典型90問)"을 운영하는 등 알고리즘과 프로그래밍 대회 보급 활동에도 힘쓰고 있다.

감사의 말

일단 기술평론사(技術評論社) 출판사의 鷹見成一郎 님에게 감사의 말씀 드립니다. Qiita 에 투고한 글을 읽고, 별다른 실적이 없는 19살의 필자에게 말을 걸어주셨습니다. 그리고 바쁘신 와중에도 추천사를 적어주신 카와하라바야시 켄이치(河原林健一) 교수님께도 큰 감사의 말씀을 드립니다.

이어서 다양한 시각에서 원고에 대해 의견을 주신 분들, 자동 채점 시스템 개발에 도움을 주신 모든 분들께 감사의 말씀 드립니다. 다음과 같은 모든 분들 덕분에 좋은 책이 나올 수 있었습니다.[1]

catupper, kaage, kaede2020, kirimin, kotamanegi, PCTProbability, physics0523, sak, sheyasutaka, square1001, tsukammo, ygussany

추가적으로 필자는 "일본 정보 올림픽"이라는 대회를 계기로 알고리즘을 본격적으로 공부 하기 시작했고, 프로그래밍 대회 사이트 "AtCoder"에 참가하면서 스스로의 스킬을 갈고 닦았으며, 국립 정보학 연구소(NII)가 주최하는 "정보 과학 달인 프로젝트"를 수강하면서 컴퓨터 과학에 대한 세계관을 크게 넓힐 수 있었습니다. 이와 같은 환경에서 얻은 지식은 이 책의 집필에 직접적으로 활용되었습니다. 모두에게 감사의 말씀 드립니다.

끝으로, 물심양면으로 아낌없는 지원을 해주신 가족에게도 깊은 감사의 말씀을 드립니다.

2021년 12월 2일

요네다 마사타카(米田優峻)

---

1 (엮은이) 원서에는 본명이 한자로 표기돼 있었는데, 자동채점 시스템 하단에 소개된 닉네임으로 바꿔서 실었습니다.

목차

부록 문제 풀이   437

목차

1

알고리즘과 수학의
관계

1.1 알고리즘이란?

알고리즘은 "문제를 해결하는 과정"을 의미합니다. 굉장히 어려운 말처럼 들릴 수도 있겠지만, 사실 주변에서 자주 접할 수 있는 개념입니다. 예를 들어서 "1부터 100까지의 정수를 모두 더하는 문제"를 생각해 봅시다.

1.1.1 — 알고리즘의 예① : 하나씩 더하기

가장 간단한 방법은 다음 그림과 같이 "1 + 2 = 3", "3 + 3 = 6", "6 + 4 = 10"처럼 하나씩 더하는 방법입니다. 초등학교 수학 시간에 배운 덧셈을 반복하기만 하면 됩니다. 굉장히 훌륭한 알고리즘입니다. 그런데 계산기를 쓰지 않고 이 방법으로 계산할 수 있나요? 99번의 덧셈을 해야 하므로, 계산에 5분 이상 걸릴 것입니다.

1	+	2	=	3	351	+	27	=	378	1326	+	52	=	1378	2926 + 77 = 3003
3	+	3	=	6	378	+	28	=	406	1378	+	53	=	1431	3003 + 78 = 3081
6	+	4	=	10	406	+	29	=	435	1431	+	54	=	1485	3081 + 79 = 3160
10	+	5	=	15	435	+	30	=	465	1485	+	55	=	1540	3160 + 80 = 3240
15	+	6	=	21	465	+	31	=	496	1540	+	56	=	1596	3240 + 81 = 3321
21	+	7	=	28	496	+	32	=	528	1596	+	57	=	1653	3321 + 82 = 3403
28	+	8	=	36	528	+	33	=	561	1653	+	58	=	1711	3403 + 83 = 3486
36	+	9	=	45	561	+	34	=	595	1711	+	59	=	1770	3486 + 84 = 3570
45	+	10	=	55	595	+	35	=	630	1770	+	60	=	1830	3570 + 85 = 3655
55	+	11	=	66	630	+	36	=	666	1830	+	61	=	1891	3655 + 86 = 3741
66	+	12	=	78	666	+	37	=	703	1891	+	62	=	1953	3741 + 87 = 3828
78	+	13	=	91	703	+	38	=	741	1953	+	63	=	2016	3828 + 88 = 3916
91	+	14	=	105	741	+	39	=	780	2016	+	64	=	2080	3916 + 89 = 4005
105	+	15	=	120	780	+	40	=	820	2080	+	65	=	2145	4005 + 90 = 4095
120	+	16	=	136	820	+	41	=	861	2145	+	66	=	2211	4095 + 91 = 4186
136	+	17	=	153	861	+	42	=	903	2211	+	67	=	2278	4186 + 92 = 4278
153	+	18	=	171	903	+	43	=	946	2278	+	68	=	2346	4278 + 93 = 4371
171	+	19	=	190	946	+	44	=	990	2346	+	69	=	2415	4371 + 94 = 4465
190	+	20	=	210	990	+	45	=	1035	2415	+	70	=	2485	4465 + 95 = 4560
210	+	21	=	231	1035	+	46	=	1081	2485	+	71	=	2556	4560 + 96 = 4656
231	+	22	=	253	1081	+	47	=	1128	2556	+	72	=	2628	4656 + 97 = 4753
253	+	23	=	276	1128	+	48	=	1176	2628	+	73	=	2701	4753 + 98 = 4851
276	+	24	=	300	1176	+	49	=	1225	2701	+	74	=	2775	4851 + 99 = 4950
300	+	25	=	325	1225	+	50	=	1275	2775	+	75	=	2850	4950 + 100 = 5050
325	+	26	=	351	1275	+	51	=	1326	2850	+	76	=	2926	계산 횟수 **99** 회

1.1.2 ─ 알고리즘의 예② : 변형해서 한 번에 계산하기

그럼 이어서 다른 알고리즘(계산 방법)을 생각해 봅시다. 1부터 100까지의 수는 '1과 100', '2와 99', '3과 98', …, '50과 51'처럼 '합계가 101인 쌍 50개'로 나누어 생각할 수 있습니다. 이렇게 계산하면, 구하고자 하는 답을 101 × 50 = 5050으로 간단하게 구할 수 있습니다. 수학의 '식'으로 나타내보면, 다음과 같습니다.

$$1 + 2 + 3 + 4 + \cdots + 100$$
$$= (1 + 100) + (2 + 99) + (3 + 98) + (4 + 97) + \cdots + (50 + 51)$$
$$= 101 + 101 + 101 + 101 + \cdots + 101$$
$$= 101 \times 50 = 5050$$

알고리즘 예①에서 99번 계산했던 것과 다르게, "101 × 50"이라는 계산 한 번으로 답이 나옵니다. 따라서 이번 알고리즘이 훨씬 효율적인 알고리즘이라고 할 수 있습니다.

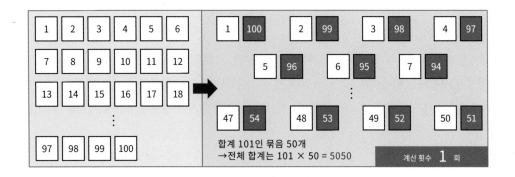

1.1.3 ─ 다양한 문제를 풀 때 도움이 되는 알고리즘

지금까지는 단순한 계산 문제를 갖고 이야기했지만, 알고리즘의 적용 범위는 훨씬 넓습니다. 예를 들어 다음과 같이 생활에서 직면할 수 있는 다양한 문제들을 해결할 때 활용할 수 있습니다.

- 김포공항역에서 판교역까지의 최단경로 구하기(➡ 4.5절)

- 5000원을 갖고 편의점에서 구매할 수 있는 칼로리가 가장 많은 제품 조합 구하기(➡ 3.7절)

- 일정 기간 동안 놀이공원에 방문한 방문객 합계를 빠르게 계산하기(➡ 4.2절)

- 기말시험 결과를 성적 순서로 정렬하기(➡ 3.6절)

- 가장 적은 양의 지폐로 대금을 계산하는 방법 구하기(➡ 5.9절)

- 가능한 한 많은 영화를 보는 방법 찾기(➡ 5.9절)

- 사전에서 "technology"라는 단어의 의미 찾기(➡ 2.4절)

예를 들어서 마지막의 사전 예는 굉장히 익숙할 것입니다. 사전의 가장 앞부분부터 단어를 하나하나 "a → aardvark → aback → abacus → abalone → abandon →"처럼 찾는다면, technology라는 단어를 찾는 데 굉장히 오랜 시간이 걸릴 것입니다. 단어를 효율적으로 찾으려면, '어디쯤에 단어가 있을지 예측[1]해서 탐색 범위를 줄이는 방법'을 활용하면 좋을 것입니다.

1.1.4 ── 알고리즘 개선하기

알고리즘은 세상에 있는 여러 문제들을 풀기 위해서 필요합니다. 하지만 아무 알고리즘이나 필요한 것은 아닙니다. 예를 들어서 앞에서 언급했던 '알고리즘의 예①'처럼 비효율적인 알고리즘은 데이터가 많아졌을 때 처리 시간이 오래 걸릴 것입니다.

현재의 컴퓨터는 인간보다 훨씬 빠르게 계산할 수 있지만, 그래도 한계는 있습니다. 예를 들어서 일반적인 가정에서 사용하는 컴퓨터는 (측정 방법과 연산의 종류에 따라서 달라질 수 있지만) 1초에 10억 회 정도밖에 계산하지 못합니다. 1초에 10억 회 계산할 수 있다면 무엇이든 순식간에 계산할 것처럼 보이지만, 반드시 그런 것은 아닙니다.

폭발적인 계산 횟수

계산 횟수가 비정상적으로 많은 예를 간단하게 살펴봅시다. 아주 단순하게 생각해 보면, 모든 경우의 수를 계산해 보는 방법을 사용할 수 있을 것입니다.

1 　(옮긴이) 예를 들어 t로 시작하는 단어들을 찾고, 다음 글자가 e인 단어들을 찾는 형태로 찾아 나가면 빠르게 찾을 수 있을 것입니다.

A 편의점은 다음과 같은 60개의 물건을 팔고 있습니다. 5000원을 갖고 가장 많은 칼로리를 섭취하려면 어떤 물건들을 구매해야 할까요?

물건	물건1	물건2	물건3	⋯	물건60
가격	1200원	1640원	1280원	⋯	2770원
칼로리	144kcal	174kcal	211kcal	⋯	319kcal

이 문제는 2.4절에서 자세하게 다루므로, 지금 이해할 필요는 없습니다. 결론적으로 물건의 수가 하나 늘어날 때마다 조합할 수 있는 경우의 수가 2배로 늘어납니다. 그래서 물건이 60개라면, 경우의 수가 115경 가지(1조의 1,150,000배) 나옵니다. 1초에 10억 회 계산할 수 있는 컴퓨터라도 이를 계산하려면 시간이 꽤 걸립니다.

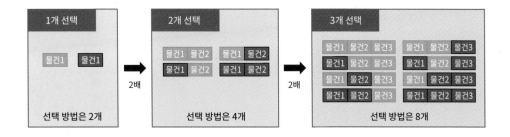

좋은 알고리즘으로 개선하기

이러한 문제는 컴퓨터의 계산 속도 한계를 간단하게 넘어버립니다. 따라서 보다 적은 수의 계산 횟수로 같은 결과를 구할 수 있는 알고리즘으로 개선해야 합니다. 세상에 있는 수많은 문제는 이미 만들어져 있는 알고리즘을 응용해서 효율적으로 풀 수 있습니다. 따라서 고전적인 알고리즘들을 공부해 두어야 합니다.

1.2 왜 알고리즘에 수학이 필요할까?

1.1절에서는 알고리즘과 그 중요성에 대해서 설명했습니다. 그런데 알고리즘을 배우려면 수학적 지식과 수학적인 접근 방법이 필요합니다. 이번 절에서는 수학이 중요한 이유를 3가지로 나누어서 살펴보겠습니다.

1.2.1 ─ 알고리즘의 이해와 수학

일단 알고리즘을 이해하려면 수학이 필요합니다. 간단한 예로 "원주율 $\pi \fallingdotseq 3.14$의 값을 최대한 정확하게 구하는 문제"가 있다고 해 봅시다.

한 변이 1cm인 정사각형 영역 위에 랜덤하게 점을 찍고, "왼쪽 아래 꼭짓점을 중심으로 하는 반원 1cm인 원 내부에 들어간 점의 비율"에 4를 곱하면, 원주율을 구할 수 있습니다. 예를 들어서 다음 그림은 20개 중에서 16개의 점이 원 내부에 들어 있습니다. 따라서 $16 \div 20 \times 4 = 3.2$가 나오며, 원주율과 거의 비슷합니다.

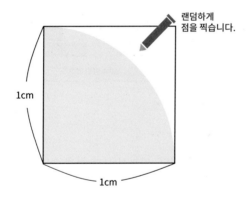
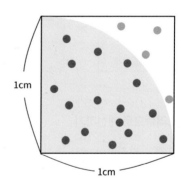

랜덤하게
점을 찍습니다.

그런데 어떻게 이런 알고리즘을 사용해서 원주율을 계산할 수 있는 것일까요? 이를 이해하려면 수학 분야 중에 하나인 통계학의 기본에 대해서 알아야 합니다. 이 책에서 배우는 다른 알고리즘도 마찬가지입니다. 예를 들어서 동적계획법(➡ 3.7절)의 배경에는 "수열 점화식", 너비 우선 탐색(➡ 4.5절)의 배경에는 "그래프 이론"이 있습니다.

1.2.2 ⎯ 알고리즘 성능 평가와 수학 ⎯⎯⎯⎯⎯⎯⎯⎯⎯⎯⎯⎯⎯⎯⎯⎯⎯⎯⎯⎯⎯

알고리즘의 성능을 어림잡으려면, "계산 횟수" 또는 "복잡도"라는 개념이 중요합니다. 마찬가지로 이를 이해하기 위해서도 수학이 필요합니다.

예를 들어서 1.1절에서 "1부터 100까지의 정수를 모두 더해 주세요"라는 문제를 다시 생각해 봅시다. 숫자를 하나씩 더했을 때 99번의 계산이 필요하며, 이것이 비효율적이라고 설명했습니다. 이를 "1부터 1000까지의 정수를 모두 더해 주세요"라는 문제로 변경한다면, 숫자를 하나씩 더했을 때 999번의 계산 이 필요할 것입니다.

그런데 일반적으로 프로그래밍 문제는 100 또는 1000뿐만 아니라, 모든 경우에 작동해야 합니다. 따라 서 100 또는 1000이라는 정해진 숫자를 N으로 바꿔, "1부터 N까지의 정수를 모두 더해 주세요" 같은 문제로 변경합니다. 이러한 문제의 계산 횟수를 식으로 만든다면, $N - 1$회가 됩니다. 이 시점에서 이미 중학교 수학 시간에 배우는 문자식과 함수가 사용됩니다(➡ 2.1절 / 2.3절).

그리고 현재 시점에서 이해할 필요는 없지만, 1.1.4항에서 소개한 것처럼 알고리즘에 따라서는 계산 횟 수가 2^N과 같이 되거나, $logN$처럼 로그 함수가 되기도 합니다(➡ 2.4절). 이는 고등학교 수학 시간에 배 우는 내용입니다. 알고리즘을 잘 다루려면 이러한 로그 함수의 특징도 이해해야 합니다.

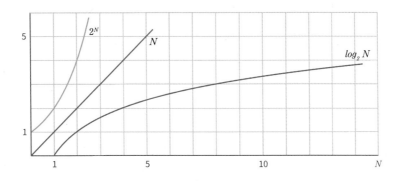

좋은 알고리즘을 생각할 수 있는 힘을 기르려면, 논리적인 사고력과 접근 방법이 필요합니다. 예를 들어서 1.1절에서 살펴보았던 계산 문제에서는 "합계가 101이 되는 쌍으로 분할한다"라는 접근 방법이 필요합니다. 이 외에도 다음 그림처럼 수를 블록으로 생각하고, "등적 변형[1]을 한다"라는 식으로 접근해 볼 수도 있습니다.

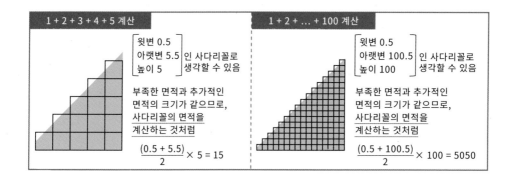

일반적으로 알고리즘 문제를 풀 때는 수학을 활용한 고전적인 형태의 사고 흐름이 있습니다. 예를 들어서 다음과 같은 것들이 유명합니다. 따라서 수학을 배우면 이와 관련된 문제를 쉽게 풀 수 있습니다.

- 규칙성 찾기(➡ 5.2절)

- 작은 문제 여러 개로 분할하기(➡ 5.6절)

- 조건을 적절하게 변경하기(➡ 5.10절)

- 상태 수 생각하기(➡ 5.10절)

참고로 이 책은 수학적 지식뿐만 아니라, "수학적 접근 방법"에 대해서도 다룹니다. 기대해 주세요!

1 　(옮긴이) "도형의 넓이를 바꾸지 않으면서, 다른 도형으로 바꾸는 것"을 등적 변형이라고 부릅니다.

1.3 이 책의 구성 / 이 책을 읽는 방법

이번 절에서는 이 책의 2장 이후부터의 내용을 간단하게 소개하면서, 어떤 방식으로 읽으면 좋을지 설명하겠습니다.

1.3.1 이 책의 구성

이 책은 수학과 알고리즘을 함께 공부할 수 있는 구성으로 되어 있습니다. 5장의 수학적 접근 방법편을 제외하면 난이도가 차근차근 오르는 순서로 구성되어 있습니다.

2장

2장에서는 알고리즘을 배울 때 필요한 기초적인 수학 지식을 정리합니다. 예를 들어서 프로그램을 만들 때 중요한 2진법과 비트 연산, 프로그램 계산 횟수 예측에 중요한 지수 함수와 로그 함수, 알고리즘의 성능을 표기할 때 사용하는 점근 표기법(또는 빅-O 표기법, 란다우 표기법)을 설명합니다.

3장과 4장

3장과 4장에서는 이진 탐색, 정렬, 몬테카를로법, 동적계획법, 그래프 탐색, 유클리드 호제법, 에라토스네스의 체, 수치 계산 등 다양한 알고리즘을 소개합니다. 각각의 내용을 살펴볼 때 필요한 수학적 지식은 필요할 때마다 그림을 사용해서 자세하게 설명하므로, 수학을 잘 몰라서 두려움을 갖고 있는 초보자라도 읽어 나갈 수 있게 구성했습니다.

5장

5장에서는 고전적인 수학적 접근 방법을 9가지 포인트로 나누어 정리합니다. 알고리즘을 사용해서 여러 문제 해결을 하려면, 단순하게 수학을 공부하거나 여러 알고리즘을 이해하는 것만으로는 부족합니다. 그럼 무엇이 필요할까요? 바로 해결 방법을 생각하는 힘 자체가 필요합니다. 5장에서는 여러 구체적인 예를 사용해서, 알고리즘을 생각해낼 때 필요한 접근 방법들을 설명합니다.

최종 확인 문제

마지막으로 30개의 최종 확인 문제를 통해, 이 책에서 배웠던 내용을 복습합니다.

1.3.2 ── 이 책을 학습하는 순서

이 책은 여러 가지 방법으로 학습할 수 있습니다. 필자가 추천하는 방법은 다음 그림과 같은 3가지입니다.

일단 3~4장과 5장은 내용적으로 분리되어 있으므로, 순서대로 읽지 않아도 괜찮습니다.

3장과 4장은 "알고리즘을 소개한다"라는 점은 같지만, 수학적인 난이도에 차이가 있습니다. 따라서 내용을 읽으며 수학적인 지식이 부족하다고 생각된다면, 3장→5장→4장 순서로 읽는 것을 추천합니다.

또한 수학적으로 어느 정도 자신감이 있는 분은 중학교 수학 정도를 다루는 2장이 간단하다고 느낄 수 있습니다. 따라서 일단 2장을 건너뛰고, 필요할 때마다 사전처럼 참고해도 괜찮습니다. 다만 2.4절 '계산 횟수 예측하기 : 전체 탐색과 이진 탐색'은 수학적 지식보다는 알고리즘과 직접적으로 관계있는 지식이므로, 읽어두는 것을 추천합니다.

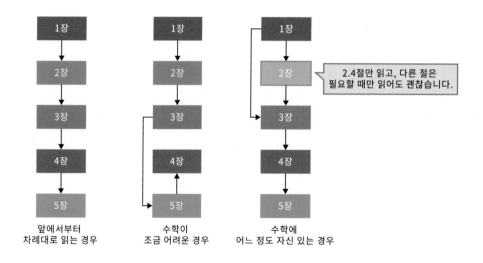

1.3.3 ── 사전 지식

이 책은 독자가 초등학교 수학과 관련된 지식을 알고 있다고 전제하고 집필했습니다. 2장에서 중학교 1
학년 정도의 수학부터 자세하게 설명하기는 하지만, 문자식 등 추상적인 개념에 익숙해지려면 시간이 조
금 걸리므로, 4장까지 무난하게 이해하려면 중학교 수학 정도의 지식도 있으면 좋습니다.

추가적으로 이 책은 프로그래밍 언어 문법을 따로 설명하지 않습니다. 따라서 한 가지 이상의 프로그래
밍 언어에 대해 다음과 같은 기초 지식이 있어야 합니다.

- 입출력

- 기본 자료형(정수, 부동소수점, 문자열 등)

- 기본적인 연산(+, −, *, / 등)

- 조건 분기(if 조건문)

- 반복 처리(for 반복문, while 반복문)

- 배열, 2차원 배열

1.3.4 ── 예제, 연습 문제, 최종 확인 문제

이 책에서 다루는 문제 형식

이 책에서 다루는 문제는 프로그램을 사용하지 않고 손으로 푸는 '손계산 문제'와 정확한 답을 출력하는
프로그램을 작성하는 '프로그래밍 문제'로 두 가지 종류가 있습니다. 프로그래밍 문제는 기본적으로 다음
형식으로 작성되어 있습니다.

> 문제 ID : 001
>
> 사과가 5개 있고, 귤이 N개 있습니다. 정수 N이 주어질 때, 사과와 귤을 더한 개수가 몇 개인지 출력하는 프로그램을 작성해
> 주세요.
>
> 제약: 정수 N은 1 이상, 100 이하(1 ≦ N ≦ 100)
>
> 실행 시간 제한: 1초

이때 각 항목은 다음과 같은 정보를 갖습니다.

- 제약: 어느 정도 크기의 데이터를 다루는지 나타냅니다. 자세한 내용은 2.1.3 ~2.1.5항의 '이 책의 문제 형식'을 참고해 주세요.

- 실행 시간 제한: 몇 초 이내에 실행을 종료하는 프로그램을 만들어야 하는지 나타냅니다. 자세한 내용은 2.4절 '계산 횟수 예측하기 : 전체 탐색과 이진 탐색'을 참고해 주세요.

- 문제 ID: 자동 채점 시스템의 문제 번호(001~104)를 나타냅니다. 자동 채점 시스템(온라인 저지)에 관해서는 427페이지의 '자동 채점 시스템 이용 방법'과 역자의 유튜브 채널(https://youtube.com/c/윤인성)을 참고해 주세요.

연습 문제, 최종 확인 문제

알고리즘과 수학 등의 내용을 이해하려면, 실제로 손을 움직이면서 문제를 풀어봐야 합니다. 이 책에서는 절마다 '연습 문제'를 몇 개 준비했으며, 책의 마지막 부분에 '최종 확인 문제'를 30개 정도 넣었으므로, 반드시 참고해 보기 바랍니다.

문제의 난이도

연습 문제와 최종 확인 문제는 다음과 같은 6개의 난이도로 구분되어 있습니다. 별 2개까지는 알고리즘 초보자라도 쉽게 풀 수 있습니다. 별 5개 이상은 전체의 10% 정도만 맞춘 문제, 칼표(†)로 표시한 문제는 굉장히 어렵거나 아직 풀리지 않은 문제입니다.

난이도	설명
★	기본적인 공식을 이해했는지 확인하는 문제입니다. 5분 정도면 풀 수 있습니다.
★★	설명한 내용을 이해했는지 확인하는 문제입니다. 프로그래밍 문제는 이 난이도부터 나옵니다.
★★★	초보자는 여기부터 난이도가 급격하게 상승한다는 느낌을 받을 것입니다.
★★★★	이 난이도의 문제를 풀면, 설명한 주제에 대한 이해가 더 깊어집니다.
★★★★★	수학과 알고리즘에 익숙한 사람에게도 어려운 문제입니다.
†	미해결 문제입니다.

1.3.5 ── 이 책의 소스 코드

이 책은 알고리즘 문제를 파이썬(Python)으로 풉니다. 하지만 이 이외의 프로그래밍 언어로 알고리즘을 공부하는 사람도 꽤 있을 것이라고 생각합니다. 그래서 깃허브(GitHub) 저장소에 C, C++, 자바(Java)로 문제를 푼 예제 코드도 올려두었습니다. URL은 다음과 같습니다.

- https://github.com/wikibook/algorithm-math

추가적으로 프로그래밍 언어의 문법은 기본적인 내용만 활용하므로 파이썬, C, C++, 자바 이외의 프로그래밍 언어를 사용하는 분도 진행하는 데 큰 문제 없을 것입니다.

1.3.6 ── 이 책을 모두 읽은 후에

이 책은 알고리즘과 수학을 쉽게 설명하는 데 초점을 맞추고 있습니다. 모든 알고리즘을 설명하는 것은 아닙니다. 따라서 책을 모두 읽은 후에는 조금 더 어려운 알고리즘 책을 읽거나, 알고리즘 문제 사이트에서 알고리즘 문제를 풀어보며 공부하는 것을 추천합니다. 자세한 것은 책 뒤쪽의 '권장 도서'를 참고해 주세요.

이 책을 계기로 알고리즘을 접하며 즐거움을 느끼고, 다양한 지식을 공부할 수 있기 바랍니다.

1.3.7 ── 주의사항

추가적으로 이 책은 알고리즘과 수학을 모두 설명합니다. 수학은 일반적으로 굉장히 엄격한 학문입니다. 다만 이 책은 초보자가 쉽게 읽을 수 있게 일부 유연하게 넘어가는 부분들이 있습니다. 유연하게 넘어가는 부분 중에서 주의가 필요한 부분은 주석으로 추가 설명하겠습니다.

1.4 이 책에서 다루는 알고리즘

| 전체 탐색 | 59 페이지 |

| 이진 탐색 | 65 페이지 |

| 조합 전체 탐색 | 89 페이지 |

| 소수 판정법 | 95 페이지 |

| 수열 나열 | 98 페이지 |

| 유클리드 호제법 | 102 페이지 |

| 몬테카를로법 | 134 페이지 |

| 선택 정렬 | 143 페이지 |

| 재귀 함수 | 147 페이지 |

| 분할 정복법 | 150 페이지 |

| 병합 정렬 | 153 페이지 |

| 동적계획법 | 164 페이지 |

| 배열 이진 탐색 | 180 페이지 |

| 계산 기하 | 189 페이지 |

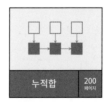

| 누적합 | 200 페이지 |

| 뉴턴법 | 215 페이지 |

| 에라토스테네스의 체 | 221 페이지 |

| 깊이 우선 탐색 | 244 페이지 |

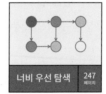

| 너비 우선 탐색 | 247 페이지 |

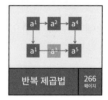

| 반복 제곱법 | 266 페이지 |

| 행렬 거듭제곱 | 280 페이지 |

| 경사 하강법 | 292 페이지 |

| 탐욕법 | 365 페이지 |

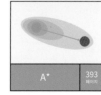

| A* | 393 페이지 |

 **1.5** 이 책에서 다루는 수학적 지식과 수학적
접근 방법

수의 분류 ▶ 18페이지	문자식 ▶ 19페이지	2진법과 3진법 ▶ 24페이지	제곱과 루트 ▶ 32페이지	비트 연산 ▶ 34페이지
일차 함수 ▶ 45페이지	이차 함수 ▶ 46페이지	다항식 함수 ▶ 46페이지	지수 함수 ▶ 49페이지	로그 함수 ▶ 50페이지
점근 표기법 (O 표기법) ▶ 68페이지	소수 ▶ 74페이지	최대공약수와 최소공배수 ▶ 74페이지	수열 기본 ▶ 76페이지	집합 기본 ▶ 77페이지
필요조건과 충분조건 ▶ 79페이지	절대 오차와 상대 오차 ▶ 80페이지	시그마 기호 ▶ 81페이지	귀류법 ▶ 96페이지	곱의 법칙 ▶ 110페이지
계승과 이항계수 ▶ 111페이지	확률과 기댓값 ▶ 122페이지	기댓값의 선형성 ▶ 124페이지	평균과 표준편차 ▶ 137페이지	정규 분포 ▶ 138페이지
재귀적 정의 ▶ 145페이지	수열 점화식 ▶ 161페이지	평면 벡터 ▶ 186페이지	미분법 ▶ 211페이지	적분법 ▶ 223페이지
그래프 이론 ▶ 233페이지	합동식 ▶ 258페이지	모듈러 역원 ▶ 259페이지	행렬 ▶ 278페이지	삼각함수 ▶ 289페이지
규칙성 생각하기 ▶ 303페이지	홀수 짝수 생각해 보기 ▶ 311페이지	집합 활용하기 ▶ 318페이지	포함 배제의 원리 ▶ 321페이지	경계 생각하기 ▶ 328페이지
작은 문제로 분해하기 ▶ 336페이지	더해진 횟수 생각하기 ▶ 342페이지	상한을 생각하기 ▶ 356페이지	현재만 생각하기 ▶ 365페이지	오차와 오버플로 ▶ 373페이지
분배 법칙 ▶ 376페이지	대칭성 활용 ▶ 378페이지	일반성 유지하기 ▶ 380페이지	조건 바꾸기 ▶ 382페이지	상태 수 생각하기 ▶ 385페이지

문제 해결을 위한

알고리즘 with 수학

알고리즘 문제 해결에 꼭 필요한 수학적 지식과 사고력

2

알고리즘을 위한
기본적인 수학

2.1 수의 분류, 문자식, 2진법

이번 절의 전반부에서는 이 책의 문제와 해설을 읽을 때 필요한 지식을 정리하겠습니다. 바로 "수의 분류"와 "문자식"입니다. 그리고 이번 절의 후반부에서는 프로그램을 작성할 때 필요한 "2진법"과 관련된 내용을 정리하겠습니다. 2.2절 이후에서 모든 내용이 활용되므로, 확실하게 이해하고 넘어갑시다.

2.1.1 — 정수, 유리수, 실수

일단 다음과 같은 5가지 종류의 수를 기억해 둡시다.

종류	설명	예
정수	소수점이 없는 수	$-29, 0, 36, \frac{1}{7}, \frac{2}{3}, \frac{141}{100}, \pi$
유리수	"정수÷정수"로 표현할 수 있는 수	$-29, 0, 36, \frac{1}{7}, \frac{2}{3}, \frac{141}{100}, \pi$
실수	수직선 위에 표현할 수 있는 모든 수 (다음 그림 참고)	$-29, 0, 36, \frac{1}{7}, \frac{2}{3}, \frac{141}{100}, \pi$
양수	0보다 큰 수	$-29, 0, 36, \frac{1}{7}, \frac{2}{3}, \frac{141}{100}, \pi$
음수	0보다 작은 수	$-29, 0, 36, \frac{1}{7}, \frac{2}{3}, \frac{141}{100}, \pi$

유리수에는 정수가 포함되며, 실수에는 정수와 유리수가 포함된다는 사실을 기억해 주세요. 예를 들어 36이라는 정수는 $\frac{36}{1}$이라는 형태로 표현할 수 있습니다. 추가적으로 일반적으로 음수가 아닌 정수를 '음이 아닌 정수', 양수인 정수를 '양의 정수' 또는 '자연수[1]'라고 부릅니다. 프로그래밍에서 자주 표현되는 표현이므로 기억해 두기 바랍니다.

참고로 실수가 아닌 수의 예로 2i, −5i 등의 허수가 있습니다. 다만 허수는 이 책에서 다루지 않습니다. 지금까지 여러 가지 용어를 다루었으므로, 그림으로 정리해 봅시다.

---

1 참고로 중고등학교 수학에서는 0을 자연수에 포함하지 않지만, 대학 수학 이후에서는 0을 자연수에 포함하는 경우가 많습니다. 자연수는 정의하기에 따라 범위가 조금씩 달라진다는 것을 기억해 주세요.

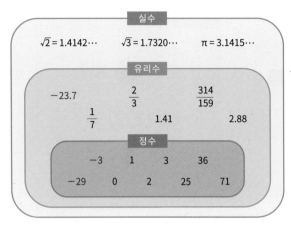

원주율 π는 정수÷정수로 표현할 수 없으므로, 유리수가 아닙니다. 하지만 수직선 위에는 나타낼 수 있으므로 실수입니다.

※ √2와 같은 표기는 2.2절을 참고해주세요.
※ 붉은색은 음수를 의미합니다.

2.1.2 ─ 문자식

사과가 5개 있으며, 귤은 몇 개 있는지 모른다고 합시다. 이때 "귤의 개수"과 "과일 수의 합계"를 식으로 나타내보겠습니다. 예를 들어서 귤이 2개라면 5 + 2 = 7개, 귤이 4개라면 5 + 4 = 9개가 됩니다. 그런데 귤의 개수를 완전히 모른다면, 식으로 어떻게 표현해야 할까요?

귤의 개수를 x라고 표현하면, 과일 수의 합계는 5 + x라고 나타낼 수 있습니다. 약간 이해하기 힘들다면, 초등학교 수학에서 ● 등의 기호를 사용해서 5 + ●개처럼 표현하는 것을 떠올려보기 바랍니다.

이처럼 x, y, z, a, b 등의 문자를 사용해서 나타낸 식을 문자식이라고 부릅니다. 문자식을 사용하면, 사물의 관계를 쉽게 알 수 있습니다. 또한 문자에 구체적인 값을 대입해서, 다양한 경우의 답을 계산할 수 있습니다.

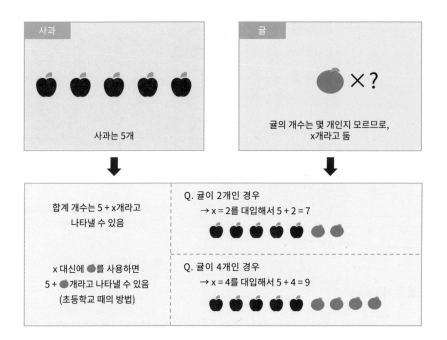

다른 문자식의 예로 다음과 같은 것들이 있습니다.

$$50+x \qquad 100-y \qquad a+b \qquad 100a \qquad 2a+3b \qquad x+y+z \qquad xyz$$

이와 같은 문자식을 작성할 때는 다음과 같은 규칙을 지켜야 합니다. 기억해 두면 좋습니다[2].

- 규칙1: 곱셈 기호 ×는 생략할 수 있습니다.

  예) "a 곱하기 b"를 나타낼 때는 [×] a×b [○] ab

- 규칙2: 수와 문자를 곱할 때는 수를 앞에 적습니다.

  예) "a 곱하기 2"를 나타낼 때는 [×] a2 [○] 2a

- 규칙3: 1과 문자를 곱할 때는 문자만 적습니다.

  예) "a 곱하기 1"를 나타낼 때는 [×] 1a [○] a

- 규칙4: −1과 문자를 곱할 때는 문자 앞에 마이너스 기호만 붙입니다.

  예) "a 곱하기 −1"를 나타낼 때는 [×] −1a [○] −a

---

2   이는 프로그래밍이 아니라, 수학에서의 수식 표현 규칙입니다. 예를 들어서 프로그래밍에서는 2 * x처럼 표기해야 합니다. 참고로 이 책에서 수식을 표
    현할 때는 상황에 따라서 "a×b"처럼 × 기호를 사용하는 경우가 있습니다.

2.1.3 — 이 책의 문제 형식 ①

문제를 푸는 알고리즘을 설계한다는 것은 단순하게 한 가지 경우에서 답을 구한다는 것이 아니라, 다양한 경우에서 정확한 답을 구하는 처리 흐름을 만듦을 의미합니다.

따라서 대상이 될 수 있는 경우의 범위를 명확하게 설명할 수 있게, 이 책을 포함해서 많은 자료들이 다음과 같이 문자식을 사용해서 문제를 작성합니다.

문제 ID : 001

사과가 5개 있고, 귤이 N개 있습니다. 정수 N이 주어질 때, 사과와 귤을 더한 개수가 몇 개인지 출력하는 프로그램을 작성해 주세요.

제약: 정수 N은 1 이상, 100 이하($1 \leq N \leq 100$)

실행 시간 제한: 1초

입력: N

출력: 사과와 귤을 합쳐서 몇 개인지 출력해 주세요.

입력 예:

2

출력 예:

7

이 문제는 "정수 N을 입력받고, 5 + N의 값을 출력하는 프로그램을 작성해 주세요"라는 의미입니다. 예를 들어서

- N = 2를 입력받으면, 프로그램은 5 + 2 = 7을 출력해야 합니다.

- N = 4를 입력받으면, 프로그램은 5 + 4 = 9를 출력해야 합니다.

- 1 이상 100 이하라는 제약을 만족하는 모든 정수 N을 입력받는 경우에도, 정확하게 출력해야 합니다.

입니다. 온라인 저지(자동 채점 시스템)의 경우, 하나의 경우라도 다른 답을 출력하는 경우, 틀렸다라고 판정합니다.

이 문제를 푸는 프로그램의 예로는 코드 2.1.1을 생각해 볼 수 있습니다[3]. 문제 자체가 낯설게 느껴질 수 있지만, 이 책을 읽어 나가다보면 자연스럽게 익숙해질 수 있을 것입니다.

코드 2.1.1 사과와 귤의 합계 개수를 출력하는 프로그램

```
N = int(input())
print(5 + N)
```

2.1.4 ─ 이 책의 문제 형식 ②

2.1.2항에서는 x, y, z, a, b 등을 사용한 문자식을 소개했습니다. 그런데 문제에서 사용하는 문자의 수가 많아지는 경우, 또는 수열(➡ 2.5.4)처럼 번호가 붙어있는 경우에는 A_1, A_2, A_3처럼 표현하기도 합니다. 예를 들어 다음 문제를 생각해 봅시다.

- 어떤 집의 첫째는 A_1개, 둘째는 A_2, 셋째는 A_3, 넷째는 A_4개의 사과를 갖고 있습니다. 사과의 합계는 $A_1+A_2+A_3+A_4$입니다.

이 문장의 의미는 다음 문장과 같은 의미입니다.

- 첫째는 a개, 둘째는 b, 셋째는 c, 넷째는 d 개의 사과를 갖고 있습니다. 사과의 합계는 $a+b+c+d$입니다.

이는 프로그래밍 문제에서도 마찬가지입니다. 예를 들어 여러 개의 입력을 받는 문제는 다음과 같은 형태로 문제가 나옵니다.

문제 ID : 002

3개의 정수 A_1, A_2, A_3가 주어집니다.

$A_1+A_2+A_3$을 출력하는 프로그램을 작성해 주세요.

제약: 정수 A_1, A_2, A_3는 1 이상 100 이하($1 \leq A_1, A_2, A_3 \leq 100$)

실행 시간 제한: 1초

입력: A_1, A_2, A_3

출력: 답을 출력해 주세요.

---

3   1.3절에서 언급했듯이, 이 책에는 파이썬 코드만 게재했지만 깃허브 저장소에서 자바, C, C++로 작성한 코드도 볼 수 있습니다.

입력 예:

```
10 20 50
```

출력 예:

```
80
```

문제를 보면, 입력으로 받는 3개의 정수가 1 이상 100 이하입니다. 따라서 여기에 해당하는 모든 경우에서 정수들의 합계 $A_1+A_2+A_3$를 출력해야 합니다. 프로그램으로 구현해 보면, 코드 2.1.2와 같습니다. 예를 들어서 $A_1=10$, $A_2=20$, $A_3=50$이라면, 10+20+50=80을 출력해야 합니다. 참고로 $A_1=101$, $A_2=50$, $A_3=-20$처럼 제약을 벗어나는 입력은 주어지지 않습니다.

코드 2.1.2 **3개의 정수 합계를 출력하는 프로그램**

```python
A = map(int, input().split())
print(A[1] + A[2] + A[3])
```

2.1.5 ── 이 책의 문제 형식 ③

이 책에 있는 문제의 형식에 익숙해질 수 있게, 다음 예를 하나 더 살펴봅시다. 이번에는 $A_1, A_2, \cdots, A_N$처럼 중간에 생략 표기가 되어 있습니다. 예를 들어 이러한 표기에서 $N=5$라면, A_1, A_2, A_3, A_4, A_5가 주어진다는 것입니다. 따라서 $A_1+A_2+A_3+A_4+A_5$를 출력하면 됩니다.

문제 ID : 003

정수 N과 N개의 정수 $A_1, A_2, \cdots, A_N$이 주어집니다.

$A_1+A_2+\cdots+A_N$을 출력하는 프로그램을 작성해 주세요.

제약: $1 \leq N \leq 50$

정수 $A_1, A_2, \cdots, A_N$은 1 이상 100 이하($1 \leq A_i \leq 100$)

실행 시간 제한: 1초

입력: N

$A_1, A_2, A_3, \cdots A_N$

출력: 답을 출력해 주세요.

```
입력 예:

5
3 1 4 1 5

출력 예:

14
```

이 문제는 일단 정수 N을 입력으로 받은 후, N개의 정수를 입력받고, 이의 합계를 출력하면 됩니다. 따라서 코드 2.1.3처럼 프로그램을 작성하면 됩니다. 예를 들어서 $N=5$, $(A_1, A_2, A_3, A_4, A_5) = (3, 1, 4, 1, 5)$라면, $3 + 1 + 4 + 1 + 5 = 14$를 출력하면 됩니다.

제약에 $1 \leq A_i \leq 100$이라고 표기된 부분이 이상하게 보일 수도 있습니다. 이는 "모든 i에 대해서, A_i가 1 이상 100 이하"라는 의미입니다. 즉 $A_1, A_2, \cdots, A_N$이 모두 1 이상 100 이하라는 의미입니다. 이 책에서 다루는 프로그래밍 문제의 제약 부분에는 이와 비슷한 표기가 많이 사용됩니다. 기본적으로 "이 문자와 관련된 모든 입력이 $\leq$ 등으로 나타내지는 조건을 만족한다"라고 생각하면 됩니다.

코드 2.1.3 N개의 정수 합계를 출력하는 프로그램[4]

```
print(sum(map(int, input().split()[1:])))
```

참고로 이후의 문제에서는 문제 설명을 간단하게 할 수 있게, "정수 A_1, A_2, A_3가 주어집니다"와 같은 표현을 명시적으로 하지 않을 수도 있습니다. 그래도 기본적으로 모든 변수는 주어지는 것이라고 생각해 주세요.

2.1.6 ── 2진법이란?

이어서 2진법에 대해서 설명하겠습니다. 우리는 모두 일상적으로 0부터 9까지 10가지 종류의 숫자로 수를 나타내는 10진법을 사용합니다. 그런데 컴퓨터는 내부적으로 0과 1만으로 수를 나타내는 2진법을 써서 계산합니다. 10진법은 "10이 만들어지는 순간 자릿수를 올린다"라는 상황이 발생합니다. 2진법은 "2가 만들어지는 순간 자릿수를 올린다"라는 상황이 발생합니다. 예를 들어서

---

4 (옮긴이) 파이썬 등의 프로그래밍 언어에서는 단순하게 한 줄을 읽고, split() 함수로 뒤에 오는 숫자들을 모두 입력받을 수 있으므로, 첫 번째 입력(숫자의 개수)을 무시해도 됩니다. 다만 여러 줄을 입력받을 때는 활용하는 것이 편합니다.

- "10001"에 1을 더하면, "10010"(아래 1번째 자릿수까지 반복해서 자리를 올립니다)

- "10101"에 1을 더하면, "10110"(아래 1번째 자릿수까지 반복해서 자리를 올립니다)

- "10111"에 1을 더하면, "11000"(아래 3번째 자릿수까지 반복해서 자리를 올립니다)

- "11111"에 1을 더하면, "100000"(아래 5번째 자릿수까지 반복해서 자리를 올립니다)

처럼 됩니다. 이는 10진법에서 다음과 같은 덧셈을 할 때와 비슷한 상황입니다.

2진법에서 오른쪽부터 1이 연속된 부분을 모두 9로 변경한 것인데, 이렇게 생각하면 이해하기 쉬울 것입니다.

- "10009"에 1을 더하면 "10010"

- "10109"에 1을 더하면 "10110"

- "10999"에 1을 더하면 "11000"

- "99999"에 1을 더하면 "100000"

이 규칙에 따라서 0부터 119까지의 수를 세어보면, 다음 표와 같습니다.

10진법	2진법	10진법	2진법	10진법	2진법	10진법	2진법	10진법	2진법
0	0	24	11000	48	110000	72	1001000	96	1100000
1	1	25	11001	49	110001	73	1001001	97	1100001
2	10	26	11010	50	110010	74	1001010	98	1100010
3	11	27	11011	51	110011	75	1001011	99	1100011
4	100	28	11100	52	110100	76	1001100	100	1100100
5	101	29	11101	53	110101	77	1001101	101	1100101
6	110	30	11110	54	110110	78	1001110	102	1100110
7	111	31	11111	55	110111	79	1001111	103	1100111
8	1000	32	100000	56	111000	80	1010000	104	1101000
9	1001	33	100001	57	111001	81	1010001	105	1101001
10	1010	34	100010	58	111010	82	1010010	106	1101010
11	1011	35	100011	59	111011	83	1010011	107	1101011
12	1100	36	100100	60	111100	84	1010100	108	1101100
13	1101	37	100101	61	111101	85	1010101	109	1101101
14	1110	38	100110	62	111110	86	1010110	110	1101110
15	1111	39	100111	63	111111	87	1010111	111	1101111
16	10000	40	101000	64	1000000	88	1011000	112	1110000
17	10001	41	101001	65	1000001	89	1011001	113	1110001
18	10010	42	101010	66	1000010	90	1011010	114	1110010
19	10011	43	101011	67	1000011	91	1011011	115	1110011
20	10100	44	101100	68	1000100	92	1011100	116	1110100
21	10101	45	101101	69	1000101	93	1011101	117	1110101
22	10110	46	101110	70	1000110	94	1011110	118	1110110
23	10111	47	101111	71	1000111	95	1011111	119	1110111

2.1.7 — 2진법→10진법으로 변환하기

이어서 2진법을 10진법으로 변환하는 방법을 소개하겠습니다. 2.1.6항처럼 0부터 1씩 더해 보는 방법 으로는 시간이 조금 걸립니다. 이때 자리의 성질을 사용하면, 효율적으로 변환할 수 있습니다.

그럼 10진법의 구조부터 설명하겠습니다. 10진법의 경우 아랫자리부터 차례대로 1의 자리, 10의 자리, 100의 자리, 1000의 자리처럼 자릿수에 이름이 붙습니다. 그리고 "각 이름(숫자)과 해당 자릿수에 적혀 있는 수의 곱"을 모두 합한 것이 정수 전체의 값이 됩니다. 다음 그림은 314와 2037의 예입니다.

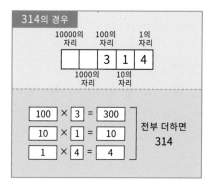

2진법도 마찬가지의 구조로 작동합니다. 오른쪽 자릿수부터 차례대로 1→2→4→8→……을 나타내므로 1 의 자리, 2의 자리, 4의 자리, 8의 자리라는 이름이 붙습니다. 따라서 '각 이름(숫자)과 해당 자릿수에 적 혀있는 수의 곱'을 모두 합한 것이 바로 10진법으로 변환한 결과입니다. 예를 들어서 1011을 10진법으 로 변환하면 11, 11100을 10진법으로 변환하면 28입니다.

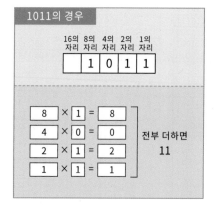

2.1.8 — 3진법 등에 대해서

2.1.6항과 2.1.7항에서는 10진법과 2진법에 대해서 설명했습니다. 이 이외의 3진법과 4진법 등도 마찬가지의 방법으로 설명할 수 있습니다.

일단 3진법은 0, 1, 2를 조합해서 수를 표현하는 방법이며, "3"이 만들어질 때마다 자릿수를 올립니다. 그리고 1에 3을 곱하면, 1→3→9→27→81→…처럼 올라가므로 1의 자리, 3의 자리, 9의 자리, 27의 자리처럼 규칙적으로 자릿수에 이름이 붙습니다. 따라서 2진법처럼 '각 이름(숫자)과 해당 자릿수에 적혀 있는 수의 곱'을 모두 합한 것이 바로 10진법으로 변환한 결과입니다.

추가로 3진법으로 "abc"[5]라고 적혀있는 수를 10진법으로 변환하면, 9a + 3b + c입니다. 예를 들어서 3진법 1212를 10진법으로 변환하면 50입니다.

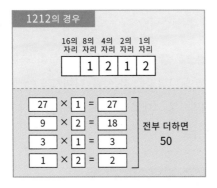

10진법	3진법		10진법	3진법
0	0		13	111
1	1		14	112
2	2		15	120
3	10		16	121
4	11		17	122
5	12		18	200
6	20		19	201
7	21		20	202
8	22		21	210
9	100		22	211
10	101		23	212
11	102		24	220
12	110		25	221

이어서 4진법은 0, 1, 2, 3을 조합해서 수를 표현하는 방법이며, "4"가 만들어질 때마다 자릿수를 올립니다. 그리고 1에 4를 곱하면, 1→4→16→64→256→…처럼 올라가므로 1의 자리, 4의 자리, 16의 자리, 64의 자리처럼 규칙적으로 자릿수에 이름이 붙습니다. 따라서 '각 이름(숫자)과 해당 자릿수에 적혀 있는 수의 곱'을 모두 합한 것이 바로 10진법으로 변환한 결과입니다.

예를 들어서 4진법 2231을 10진법으로 변환하면 173입니다. 5진법, 6진법 등도 같은 방법으로 정의할 수 있고, 같은 방법으로 10진법으로 변환할 수 있습니다.

---

5   이는 문자식의 곱 a×b×c가 아니라, 단순하게 a, b, c라는 숫자가 차례대로 나열되어 있는 수를 의미합니다.

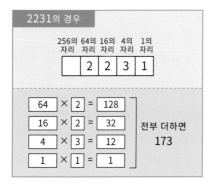

10진법	4진법		10진법	4진법
0	0		13	31
1	1		14	32
2	2		15	33
3	3		16	100
4	10		17	101
5	11		18	102
6	12		19	103
7	13		20	110
8	20		21	111
9	21		22	112
10	22		23	113
11	23		24	120
12	30		25	121

2.1.9 — 10진법을 2진법 등으로 변환하기

다음 그림처럼 "수가 0이 될 때까지 계속해서 2로 나누며, 옆에 나머지를 적은 뒤, 나머지를 아래에서부터 읽는다"라는 방법으로, 10진법을 2진법으로 변환할 수 있습니다.

10진법을 2진법 이외의 것으로 변환할 때도 같은 방법으로 할 수 있습니다. 예를 들어 3진법으로 변환하려면, 수가 0이 될 때까지 계속해서 3으로 나누며, 옆에 나머지를 적은 뒤, 나머지를 아래에서부터 읽으면 됩니다. 다음 그림의 오른쪽 예는 10진법을 10진법으로 그대로 변환하는 경우를 나타내 본 것입니다. 비교해서 생각해 보기 바랍니다.

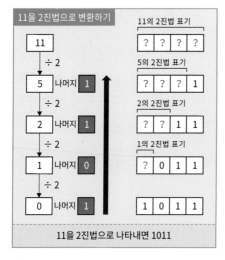

조금 어려운 내용이지만 이 방법이 제대로 작동하는 이유를 생각해 봅시다. 2진법으로 계산되지 않은 부분에 주목해 보면 조금 이해하기 쉽습니다. 위 그림의 왼쪽 예를 기준으로 차례대로 설명해 보면, 다음과 같습니다.

- 처음 11 ÷ 2는 5, 나머지는 1로 계산됩니다. 11을 2진법으로 표기한 값 1011의 위 세 자리가 5를 2진법으로 표기한 101과 일치합니다.

- 이어서 5 ÷ 2는 2, 나머지는 1로 계산됩니다. 11을 2진법으로 표기한 값 1011의 위 두 자리가 2를 2진법으로 표기한 10과 일치합니다.

- 이어서 2 ÷ 2는 1, 나머지는 0로 계산됩니다. 11을 2진법으로 표기한 값 1011의 위 한 자리가 1을 2진법으로 표기한 1과 일치합니다.

마지막으로 10진법 정수 N을 입력받고, 이를 2진법 정수로 변환해서 출력하는 프로그램 예를 소개하면, 코드 2.1.4와 같습니다. 여기에서 N % 2와 N / 2의 2를 모두 3으로 변경하고, 적절하게 조건문을 추가하면 3진법으로 변환하는 프로그램으로 만들 수도 있습니다. 4진법 등도 마찬가지입니다.

코드 2.1.4 **10진법을 2진법으로 변환하는 프로그램**

```python
N = int(input())  # 입력 부분
answer = ""

while N >= 1:
    # N % 2는 N를 2로 나눈 나머지(예: N = 13의 경우 1)
    # N // 2는 N를 2로 나눈 때의 정수 부분(몫)(예: N = 13의 경우 6)
    if N % 2 == 0:
        answer = "0" + answer
    if N % 2 == 1:
        answer = "1" + answer
    N = N // 2

print(answer)  # 출력 부분
```

연습 문제

문제 2.1.1 ★

다음 수 중에서 정수인 것을 모두 표시해 주세요. 그리고 그중에서 양의 정수인 것도 표시해 주세요.

$$-100 \qquad -20 \qquad -1.333 \qquad 0 \qquad 1 \qquad \pi \qquad \frac{84}{11} \qquad 12.25 \qquad 70$$

문제 2.1.2 ★

$A=25$, $B=4$, $C=12$라고 할 때, $A+B+C$의 값과 ABC의 값을 계산해 주세요.

문제 2.1.3 　문제 ID : 004 ★★

1 이상 100 이하의 정수 A_1, A_2, A_3를 입력받고, $A_1 A_2 A_3$의 값을 출력하는 프로그램을 작성해 주세요. 예를 들어 $A_1=2$, $A_2=8$, $A_3=8$이라면, 128이라고 출력하면 됩니다.

입력: A_1, A_2, A_3

출력: 답을 출력해 주세요.

입력 예

```
2 8 8
```

출력 예

```
128
```

문제 2.1.4 ★

다음 문제를 손 계산으로 풀어주세요.

1. 1001(2진법 표기)을 10진법으로 변환해 주세요.
2. 127(10진법 표기)을 2진법과 3진법으로 각각 변환해 주세요.

2.2 기본적인 연산과 기호

모두 초등학교에서 사칙연산(+, −, ×, ÷)을 배웠을 것입니다. 알고리즘을 풀 때는 이 이외에도 나머지, 절댓값, 제곱, 루트 등의 연산도 많이 사용됩니다. 또한 컴퓨터는 전기적으로 작동하므로, on/off 정보(비트)를 최소 단위로 하는 2진법 연산이 이뤄집니다. 따라서 비트별로 논리 연산을 하는 AND, OR, XOR 등의 비트 연산도 많이 쓰입니다. 이번 절에서는 이와 같은 내용을 살펴봅시다.

2.2.1 ── 나머지(mod)

A를 B로 나눈 나머지를 a mod b라고 표현할 수 있습니다. 예를 들어보면 다음과 같습니다.

- 8 mod 5 = 3(8÷5의 몫은 1, 나머지는 3)
- 869 mod 120 = 29(869÷120의 몫은 7, 나머지는 29)

파이썬과 C++ 등의 프로그래밍 언어에서는 33페이지에 있는 코드 2.2.1처럼 a % b 형태의 수식으로 계산할 수 있습니다.

2.2.2 ── 절댓값(abs)

어떤 수 a의 기호 부분(플러스 또는 마이너스)을 제거한 수를 '절댓값'이라고 부르며 $|a|$라고 표기합니다. 참고로 a가 0 이상이라면 $|a|$ = a이고, a가 음수라면 $|a|$ = −a입니다. 예를 들어서 다음과 같습니다.

- $|-20|$ = 20
- $|-45|$ = 45
- $|15|$ = 15
- $|0|$ = 0

파이썬과 C++ 등의 프로그래밍 언어에서는 코드 2.2.1처럼 abs(a)를 사용해 계산할 수 있습니다.

2.2.3 ┌ 제곱(pow)

a를 b번 곱한 값을 a의 b 제곱이라고 부르며 a^b로 표기합니다. 예를 들어서 다음과 같습니다.

- $10^2=10\times10=100$

- $10^3=10\times10\times10=1000$

- $10^4=10\times10\times10\times10=10000$

- $3^2=3\times3=9$

- $3^3=3\times3\times3=27$

- $3^4=3\times3\times3\times3=81$

가장 많이 활용되는 형태는 a의 2제곱으로 $a^2=a\times a$입니다. 코드 2.2.1처럼 파이썬에서는 a ** b 형태로 사용할 수 있으며, C++ 등에서는 pow(a, b) 형태로 사용합니다.

2.2.4 ┌ 루트(sqrt)

a가 0 이상의 실수일 때, $x^2=a$가 되는 음수가 아닌 실수 x를 루트 a라고 부르며, $\sqrt{a}$라고 작성합니다[1]. 조금 다르게 표현하면, 면적이 a인 정사각형의 한 변의 길이가 $\sqrt{a}$입니다. 예를 들어서,

- $\sqrt{4}$(면적 4인 정사각형의 한 변의 길이는 2)

- $\sqrt{9}$(면적 9인 정사각형의 한 변의 길이는 3)

- $\sqrt{1.96}$(면적 1.96인 정사각형의 한 변의 길이는 1.4)

- $\sqrt{2}$(면적 2인 정사각형의 한 변의 길이는 1.414213)

입니다. 마지막 예처럼 a의 값이 유리수(➡ 2.1.1항)가 아닐 수도 있으므로 주의해 주세요. 코드 2.2.1처럼 파이썬에서는 math.sqrt(a)로, C++에서는 sqrt(a)로 계산할 수 있습니다.

---

1 또한 $x^2=a$가 되는 수 x를 "a의 제곱근"이라고 부릅니다. 루트와 비슷한 용어이지만, 제곱근은 음수도 포함합니다. 예를 들어서 9의 제곱근은 –3과 3입니다.

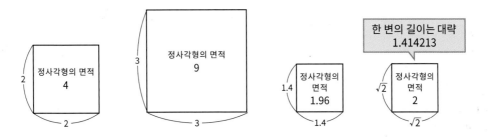

또, 루트는 세제곱 이상으로도 확장할 수 있습니다. 0 이상의 실수 a, 자연수 b가 있을 때, $x^b=a$가 되는 음이 아닌 실수 x를 $\sqrt[b]{a}$라고 작성합니다[2]. 구체적인 예는 다음과 같습니다.

- $\sqrt[3]{8}=2(2^3=8$이므로$)$

- $\sqrt[4]{16}=2(2^4=16$이므로$)$

- $\sqrt[5]{32}=2(2^5=32$이므로$)$

- $\sqrt[3]{343}=7(7^3=343$이므로$)$

코드 2.2.1   mod, abs, pow, sqrt 구현

```
# 사칙 연산
print(869 + 120) # 989
print(869 - 120) # 749
print(869 * 120) # 104280
print(869 / 120) # 7.241666666666666
print(869 // 120) # 7

# 나머지(mod)
print(8 % 5) # 3
print(869 % 120) # 29

# 절댓값
print(abs(-45)) # 45
print(abs(15)) # 15
```

2   엄밀히 말해서 b가 홀수라면, a가 음수인 경우도 정의할 수 있습니다. 다만 이와 관련된 자세한 내용은 이 책에서 다루지 않습니다. 추가적으로 $x^b=a$가 되는 수 x를 "a의 b 거듭 제곱근"이라고 부릅니다.

```
# 제곱
print(10 ** 2) # 100
print(3 ** 4) # 81

# 루트(sqrt)
import math
print(math.sqrt(4)) # 2.0("4 ** (1/2)"도 가능)
print(math.sqrt(2)) # 1.4142135623730951
```

2.2.5 — 비트 연산을 배우기 전에: 논리 연산

비트 연산자를 살펴보기 전에, 일단 비트 연산의 기본이 되는 논리 연산에 대해서 설명하겠습니다.

논리 연산은 0(False) 또는 1(True)를 갖는 값으로 이루어지는 연산이며, 다음과 같은 3가지 연산이 널리 사용됩니다.

- a AND b: a와 b 모두가 1이라면 1, 그 외의 경우는 0

- a OR b: a와 b 중 적어도 하나가 1이라면 1, 그 외의 경우는 0

- a XOR b: a와 b 중에 하나만 1이라면 1, 그 외의 경우는 0

다음은 논리 연산을 그림으로 나타낸 것입니다. AND는 1이 되는 조건이 가장 엄격합니다.

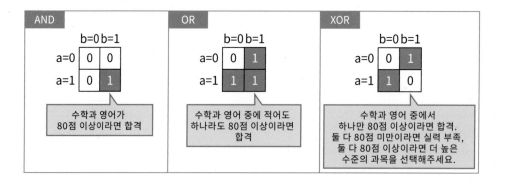

─ 비트 연산의 흐름 ──────────────────────

이어서 이번 절의 메인 주제라고 할 수 있는 "비트 연산"에 대해서 살펴봅시다. 비트 연산은 주로 컴퓨터 내부에서 이루어지는 연산 중 하나로서 AND, OR, XOR 연산이 있습니다. 이 연산들은 다음과 같은 흐름으로 이루어집니다.

1. 정수(일반적으로 10진법)를 2진법으로 변환합니다.

2. 자릿수(1번째 자리, 2번째 자리, 4번째 자리, 8번째 자리)별로 논리 연산을 합니다.

3. 논리 연산의 결과를 정수(일반적으로 10진법)로 변환합니다.

구체적인 예는 2.2.7~2.2.9항에서 살펴보겠습니다.

2.2.7 ─ 비트 연산의 예① : AND ──────────────────────

AND 연산은 2진법 표현의 각 자릿수를 각각 AND 논리 연산합니다. 예를 들어 11 AND 14는 다음과 같이 계산됩니다.

- 11을 2진법으로 변환하면 "1011"이 됩니다.

- 14를 2진법으로 변환하면 "1110"이 됩니다.

- 1의 자리(아래에서 1번째 숫자)를 AND: 1 AND 0 = 0

- 2의 자리(아래에서 2번째 숫자)를 AND: 1 AND 1 = 1

- 4의 자리(아래에서 3번째 숫자)를 AND: 0 AND 1 = 0

- 8의 자리(아래에서 4번째 숫자)를 AND: 1 AND 1 = 1

- 계산 결과를 높은 자릿수부터 차례대로 적어보면 "1010"이 됩니다. 이를 10진법으로 변환하면 10입니다.

- 따라서 11 AND 14 = 10입니다.

이 이외의 다른 구체적인 예와 계산 흐름은 다음 그림과 같습니다. 참고로 비트 연산은 일반적인 덧셈/뺄셈과 다르게 다른 자릿수에 영향을 주지 않는다는 것을 주의해 주세요[3].

───────────────

3 (옮긴이) 8+3 또는 18+3을 하면 낮은 자릿수의 처리가 높은 자릿수 처리에 영향을 줍니다. 이러한 현상이 일어나지 않는다는 의미입니다.

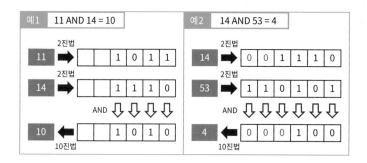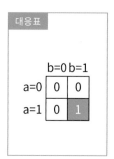

2.2.8 — 비트 연산의 예② : OR

OR 연산은 2진법 표현의 각 자릿수별로 논리 연산 OR을 적용하는 것입니다. 예를 들어서 11 OR 14 = 15입니다. 계산 흐름은 다음과 같습니다.

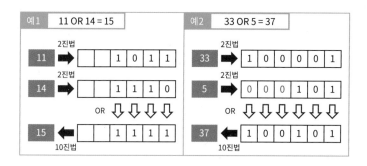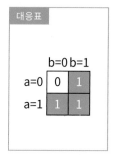

2.2.9 — 비트 연산의 예③ : XOR

XOR 연산은 2진법 표현의 각 자릿수를 각각 XOR 논리 연산합니다. 예를 들어 11 XOR 14 = 5입니다.

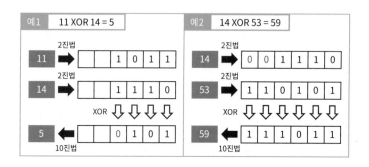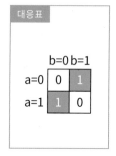

— 비트 연산 구현하기

파이썬 등의 프로그래밍 언어는 기본적으로 비트 연산을 지원합니다. 따라서 사칙 연산처럼 기호 하나로 연산할 수 있습니다. 각각의 비트 연산에 사용되는 기호는 다음과 같습니다.

AND	OR	XOR
&	|	^
예: (11 & 14) = 10	예: (11 | 14) = 15	예: (11 ^ 14) = 5

코드 2.2.2는 정수 a, b를 입력해서 1번째 줄에 a AND b, 2번째 줄에 a OR b, 3번째 줄에 a XOR b를 출력하는 프로그램입니다. 예를 들어서 a = 11, b = 14를 입력하면, 1번째 줄부터 차례대로 10, 15, 5라고 출력합니다.

코드 2.2.2 비트 연산 구현하기

```
a, b = map(int, input().split())
print(a & b) # a AND b의 값을 출력
print(a | b) # a OR b의 값을 출력
print(a ^ b) # a XOR b의 값을 출력
```

— 3개 이상의 AND, OR, XOR

2.2.6~2.2.10항에서는 2개의 정수를 대상으로 AND, OR, XOR 연산해 보았습니다. 그런데 3개 이상의 정수를 AND, OR, XOR 할 수도 있습니다. 이때 어떤 과정으로 이루어지는지 정리해 보면, 다음과 같습니다.

3개의 정수를 연산하는 경우

3개의 정수 a, b, c에 AND/OR/XOR을 적용하려면, "일단 2개의 값을 비트 연산하고, 이어서 그 결과를 남은 값과 비트 연산한다"라는 흐름으로 계산하면 됩니다. 수식을 사용해서 표현하면 다음과 같습니다.

- a AND b AND c = (a AND b)AND c = a AND(b AND c)

- a OR b OR c = (a OR b)OR c = a OR(b OR c)

- a XOR b XOR c = (a XOR b)XOR c = a XOR(b XOR c)

이때 어떤 순서로 계산을 해도, 계산 결과가 달라지지는 않습니다. 예를 들어서 a=11, b=27, c=40의 경우, 어떤 순서로 계산해도 다음과 같이 모든 결과가 같게 나옵니다.

AND의 경우	OR의 경우	XOR의 경우
1 (11 AND 27) AND 40 = 11 AND 40 = 8	**1** (11 OR 27) OR 40 = 27 OR 40 = 59	**1** (11 XOR 27) XOR 40 = 16 XOR 40 = 56
2 11 AND (27 AND 40) = 11 AND 8 = 8	**2** 11 OR (27 OR 40) = 11 OR 59 = 59	**2** 11 XOR (27 XOR 40) = 11 XOR 51 = 56

4개 이상의 정수를 연산하는 경우

4개 이상의 정수를 연산하는 때도 어떤 순서로 계산해도 계산 결과가 같습니다.

따라서 N개의 정수 $A_1, A_2, A_3, \cdots, A_N$을 비트 연산하면, 예를 들어 다음과 같이 연산할 수 있습니다.

- AND 연산: $(((A_1$ AND $A_2)$AND $A_3)$AND $A_4)$AND$\cdots A_N$

- OR 연산: $(((A_1$ OR $A_2)$OR $A_3)$OR $A_4)$OR$\cdots A_N$

- XOR 연산: $(((A_1$ XOR $A_2)$XOR $A_3)$XOR $A_4)$XOR$\cdots A_N$

물론 다른 순서로 계산해도 문제없습니다. 예를 들어서 12 XOR 23 XOR 34 XOR 45는 다음과 같이 5가지 방법으로 계산할 수 있습니다. 모두 결과가 20으로 같습니다.

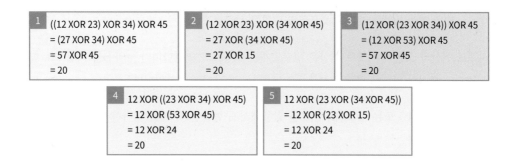

3개 이상의 정수를 AND/OR/XOR 할 때의 성질

3개 이상의 정수를 AND/OR/XOR 계산할 때, 각 자릿수에 대해서 다음과 같은 재미있는 성질이 성립합니다.

- AND 연산: 모든 수의 특정 자릿수가 1이라면, 해당 자릿수의 계산 결과는 1입니다. 이 외의 경우는 0입니다.

- OR 연산: 어떤 한 수라도 특정 자릿수가 1이라면, 해당 자릿수의 계산 결과는 1입니다. 이 외의 경우는 0입니다.

- XOR 연산: 특정 자릿수가 1로 되어 있는 것이 홀수 개라면, 계산 결과는 1입니다. 이 외의 경우는 0입니다.

예를 들어서 12 XOR 23 XOR 34 XOR 45를 생각해 봅시다. 4의 자리, 16의 자리의 1이 홀수 개 있습니다. 따라서 계산 결과인 20도 4의 자리와 16의 자리가 1입니다.

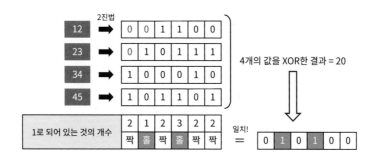

2.2.12 — 비트 연산의 예④ : 왼쪽 시프트와 오른쪽 시프트

왼쪽 시프트 연산과 오른쪽 시프트 연산은 정수 2개를 대상으로 연산합니다. a와 b를 대상으로 한다면, a를 2진법으로 표현한 비트를 왼쪽/오른쪽으로 b개만큼 움직이는 연산입니다.

시프트 연산은 (a ≪ b) 또는 (a ≫ b) 기호를 활용해서 구현합니다. 예를 들어서 (46 ≪ 1) = 92이고, (46 ≫ 2) = 11입니다.

일반적으로 오른쪽 시프트(≫) 연산은 1의 자리 아래로 내려가는 범위를 잘라버립니다. 반면 왼쪽 시프트 연산(≪)은 프로그래밍 언어마다 조금씩 다릅니다. 예를 들어 C++ 등의 프로그래밍 언어는 왼쪽 시프트 연산을 통해 특정 자료형으로 표현할 수 있는 범위를 넘어버리면(오버플로), 해당 범위를 잘라버립니다. 반면 파이썬 등의 프로그래밍 언어는 원하는 만큼 왼쪽 시프트 연산을 할 수 있습니다.

(1 ≪ N)은 2^N으로 나타낼 수 있으며, 조합 전체 탐색(➡ 칼럼2), 반복 제곱법(➡ 4.6.8항) 등에서 사용합니다.

연습 문제

문제 2.2.1 ★

1만·1억·1조는 각각 10의 몇 제곱인지 계산해 주세요.

문제 2.2.2 ★

1. $\sqrt{841}$ 의 값을 계산해 주세요. 추가적으로 29^2을 계산해 주세요.

2. $\sqrt[5]{1024}$의 값을 계산해 주세요. 추가적으로 4^5을 계산해 주세요.

문제 2.2.3 ★

1. 13 AND 14, 13 OR 14, 13 XOR 14를 각각 계산해 주세요.

2. 8 OR 4 OR 2 OR 1을 계산해 주세요.

문제 2.2.4 문제 ID : 005 ★★

N개의 정수 $a_1, a_2, a_3, \cdots, a_N$이 주어집니다. $(a_1+a_2+a_3+\cdots+a_N) \bmod 100$의 값을 출력하는 프로그램을 작성해 주세요.

입력: N

$a_1, a_2, a_3, \cdots, a_N$

출력: 답을 출력해 주세요.

입력 예

```
3
30 50 70
```

출력 예

```
50
```

2.3 다양한 함수

알고리즘을 배울 때는 수학의 함수가 굉장히 중요합니다. 예를 들어서 알고리즘의 계산 횟수를 살펴볼 때는 '다항식 함수', '지수 함수', '로그 함수'와 같은 함수가 등장합니다. 이번 절에서는 함수가 무엇인지부터 설명하고, 알고리즘에서 중요한 함수들을 몇 가지 소개하겠습니다.

2.3.1 ─ 함수란?

함수란 입력을 결정하면, 출력값이 하나로 결정되는 관계를 나타냅니다. 어떤 수를 넣으면, 이에 대응하는 수가 나오는 기계 같은 느낌이라고 생각해 주세요. 예를 들어서 다음 [예1]은 제곱하는 함수입니다. 3을 입력하면 9를 출력하고, 10을 입력하면 100을 출력합니다.

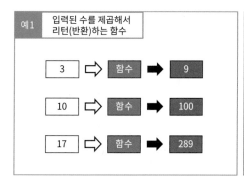
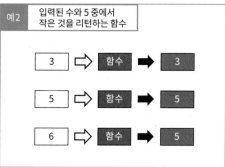

수학에서는 [예1]과 같은 함수를 $y=x^2$이라고 표기합니다. 기계에 넣는 수를 x로 나타내고, 기계가 출력하는 수를 y라고 나타냅니다. 즉 "x를 입력하면, y를 출력한다"라는 관계를 나타내는 것입니다.

참고로 y 대신 f(x)를 사용해서, $f(x)=x^2$처럼 작성하는 경우도 있습니다. 또한 x에 구체적인 숫자를 넣은 형식으로 작성하기도 합니다. 예를 들어 $f(10) = 100, f(17) = 289$처럼 작성합니다. 이 책에서는 상황에 따라 둘 중 적절한 형태를 사용해 표기하겠습니다.

2.3.2 ─ 함수의 예 : 물통에 넣는 물의 양

함수는 일상 생활에서도 굉장히 많이 활용됩니다. 예를 들어 5리터 용량을 가진 물통에 1분마다 1리터로 물을 넣는 상황을 생각해 봅시다. 물을 넣기 시작한 이후로 5분이 지날 때까지는 물이 넘치지 않습니다.

따라서 경과 시간을 x분이라고 할 때, x리터의 물이 들어 있습니다. 하지만 5분이 넘으면, 이후에는 물이 넘칠 것입니다. 따라서 물통의 물은 5리터에서 멈춰있을 것입니다.

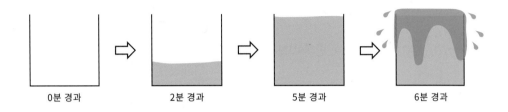

물을 넣기 시작한 이후 경과한 시간을 x분, 물통에 있는 물의 양을 y라고 할 때 이들의 관계를 함수로 나타내면 $y=min(x, 5)$가 됩니다. 다음 표는 시간에 따라서 물통 안에 있는 물의 양이 어떻게 변하는지 나타낸 것입니다.

참고로 $min(a, b)$은 a와 b 중에서 작은 것을 리턴하는(결과로 내는) 함수입니다. 비슷한 함수로 a와 b 중에서 큰 것을 리턴하는 $max(a, b)$가 있습니다.

경과 시간 x	0	1	2	3	4	5	6	7	8	9	…
물의 양 y	0	1	2	3	4	5	5	5	5	5	…

2.3.3 ─ 함수 그래프를 살펴보기 전에: 좌표 평면이란?

함수 그래프를 살펴보기 일단 사전 지식이 되는 좌표 평면을 살펴보겠습니다.

좌표 평면은 점에 좌표를 나타내는 평면을 의미합니다. 다음과 같은 과정으로 만들 수 있습니다.

- 우선 가로 방향으로 수평선을 하나 긋습니다. 이를 x축이라고 합니다.
- 이어서 수직 방향으로 수직선을 하나 긋습니다. 이를 y축이라고 합니다. x축과 y 축은 수직으로 교차합니다.
- x축과 y축의 교점을 '원점'이라고 합니다.

그리고 원점을 기준으로 오른쪽 방향으로 a만큼 진행한 후, 위 방향으로 b만큼 진행한 점의 좌표를 (a, b)라고 합니다. 예를 들어서

- ▪ 좌표(4, 5)는 원점에서 오른쪽 방향으로 4만큼 진행한 후, 위 방향으로 5만큼 진행한 점

- ▪ 좌표(3, −3)은 원점에서 오른쪽 방향으로 3만큼 진행한 후, 아래 방향으로 3만큼 진행한 점

- ▪ 좌표(−5, −1)는 원점에서 왼쪽 방향으로 5만큼 진행한 후, 아래 방향으로 1만큼 진행한 점

입니다. a와 b가 음수인 경우, 방향이 반대이므로 주의해 주세요.

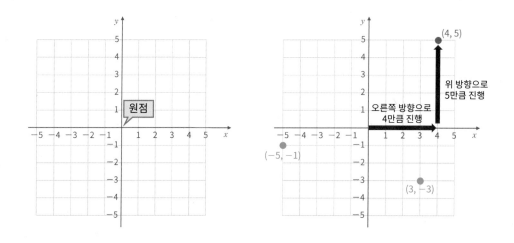

2.3.4 — 함수 그래프

x, y의 관계를 좌표 평면 위에 나타낸 것을 함수 그래프라고 부릅니다. 예를 들어 2.3.2항에서 소개했던 '물통에 있는 물의 양' 예시에서 살펴보았던 함수 $y=min(x, 5)$의 관계를 그래프로 나타내면 다음 그림과 같습니다. 예를 들어서 x = 3일 때 y = 3이므로, 이 그래프는 좌표 (3, 3)을 지납니다

함수를 그래프로 나타내면, x와 y의 관계를 한눈에 볼 수 있습니다. 또한 x의 값이 증가할 때, y의 값이 증가하는지 또는 감소하는지 등의 특징을 쉽게 파악할 수 있습니다.

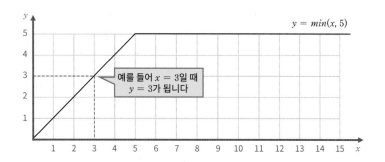

2.3.5　다양한 함수① : 일차 함수

지금부터 2.3.11항까지는 알고리즘과 프로그래밍에서 사용되는 몇 가지 함수를 살펴보겠습니다. 일단 $y=ax+b$ 형태를 가진 다음과 같은 함수를 일차 함수라고 부릅니다.

- $y = x + 1$

- $y = 3x$

- $y = 314x - 159$

일차 함수는 다음 그림과 같이 직선 형태를 갖습니다. 또한 x의 값이 1만큼 증가할 때마다 y의 값이 a만큼 증가하면, 이를 "일차 함수의 기울기가 a이다"라고 말합니다. 예를 들어 함수 $y=3x$의 기울기는 3입니다(3x와 같은 문자식의 작성 방법을 모르겠다면, ➡ 2.1절로 돌아가서 확인해 주세요).

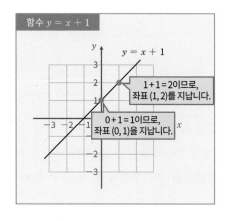

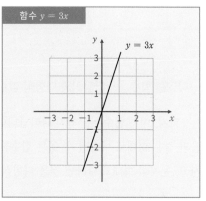

2.3.6 — **다양한 함수② : 이차 함수** ——————————————

이어서 $y=ax^2+bx+c$ 형태를 가진 다음과 같은 함수를 이차 함수라고 부릅니다. x^2와 같은 제곱 표기를 잘 모르겠다면, ➡ 2.2절로 돌아가서 확인해 주세요.

- $y=x^2$
- $y=x^2-1$
- $y=0.1x^2$
- $y=-31x^2+41x+59$

다음은 이차함수 그래프의 예입니다. 기본적으로 a의 값이 양수일 때, 이차함수는 "물건을 던졌을 때 나오는 궤도(포물선)"를 상하 반전한 형태가 됩니다. 즉, 어느 지점까지는 y의 값이 감소하지만, 이후에는 y의 값이 증가합니다. 참고로 a = 0일 때는 일차 함수입니다. 이차 함수가 아니므로 주의해 주세요.

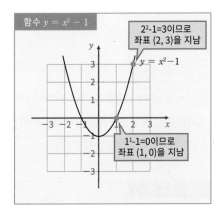

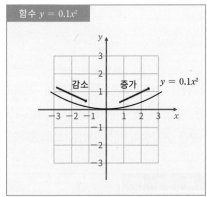

2.3.7 — **다양한 함수③ : 다항식과 다항식 함수** ——————————

일차 함수는 x까지, 이차 함수는 x^2까지 나타납니다. 이를 확장하면 x^3 이상의 범위로 넓힐 수 있습니다. 이처럼 다음과 같은 형태로 나타낼 수 있는 함수를 다항식 함수라고 부릅니다. 추가적으로 여기에서 "y="을 제거하고, 문자식 형태로 나타낸 것을 다항식이라고 부릅니다. 특히 $y=x^3$ 또는 $y=314x^4$처럼 덧셈 기호를 사용하지 않고 작성된 다항식을 단항식이라고 부르기도 합니다[1].

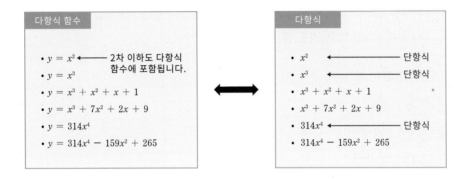

다항식을 수식으로 나타내면, 음수가 아닌 정수 n에 대해서 다음과 같은 형태를 갖습니다.

$$\bigcirc x^n + \cdots + \bigcirc x^3 + \bigcirc x^2 + \bigcirc x + \bigcirc$$

이어서 다항식과 관련된 용어를 정리하겠습니다.

일단 다항식을 구성하는 하나하나의 단항식을 "항"이라고 부르며, x^k를 포함하는 항을 "k차 항"이라고 부릅니다. 특히 0차 항을 "상수항", 차수[2]가 가장 큰 항(n차 항)을 최고차 항이라고 부릅니다.

각각의 항에서 수만 나타낸 것을 "계수"라고 부릅니다. 참고로 x^3처럼 수가 붙어 있지 않은 항은 계수가 1입니다. 지금까지 많은 용어를 설명했으므로, 다음 그림을 보면서 용어를 정리해 봅시다. $x^3 + 7x^2 + 2x + 9$를 나타낸 것입니다.

최고차항   상수항

$$x^3 + 7x^2 + 2x + 9$$ 계수

3차항   2차항   1차항   (0차항)
계수1   계수7   계수2   계수9

---

1   물론 $(2i+1)$ x^2처럼 복소수의 덧셈을 사용하는 단항식도 있지만, 이 책에서는 다루지 않습니다.
2   곱해진 문자의 개수를 의미합니다. 예를 들어서 $3x^5$은 x를 5번 곱하므로, "차수가 5다"라고 표현합니다.

2.3.8 — 지수 함수를 살펴보기 전에 : 거듭 제곱의 확장

2.2절에서 "a^b는 a를 b회 곱한 수"를 살펴보며, b가 자연수인 경우만 살펴보았습니다. 하지만 다음 공식처럼 b가 음수나 부동소수점수이더라도 계산할 수 있습니다.

- 공식1: 음이 아닌 정수 n에 대해서 $a^{-1} = \dfrac{1}{a^n}$

  예: $10^{-2} = \dfrac{1}{10^2} = \dfrac{1}{100}$

- 공식2: 자연수 n, m에 대해서 $a^{\frac{n}{n}} = \sqrt[m]{a^n}$

  예: $32^{0.4} = \sqrt[5]{32^2} = \sqrt[5]{1024} = 4$

공식만으로는 이해하기 힘든 분들을 위해서, 조금 더 풀어서 설명해 보겠습니다.

공식1의 추가적인 설명

예를 들어서 10^n이 있다고 합시다. 10을 곱하면 n이 1만큼 증가할 것입니다(예: $10^2 \times 10 = 10^3$, $10^3 \div 10 = 10^2$). 따라서 $10^1 = 10$을 10으로 나누면, $10^0 = 1$이 됩니다. 그리고 이를 또 10으로 나누면, $10^{-1} = 0.1$이 됩니다. 또한 10^0을 10으로 n번 나누면, 10^{-n}이 되며, 이 값은 $\dfrac{1}{10^n}$과 일치합니다(다음 그림 참고).

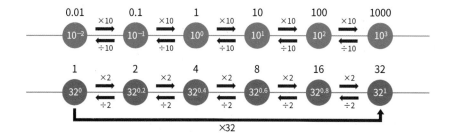

공식2의 추가적인 설명

거듭 제곱은 곱셈과 관련된 연산입니다. 같은 수를 곱하면 같은 수만큼 지수(거듭 제곱 오른쪽 위에 있는 작은 부분)가 늘어납니다. 예를 들어서 $2^1 \rightarrow 2^3 \rightarrow 2^5 \rightarrow 2^7 \rightarrow \cdots$는 지수가 2만큼씩 증가합니다. 이는 지수가 정수가 아니라도 마찬가지라고 할 수 있습니다.

예를 들어서 $32^0 \rightarrow 32^{0.2} \rightarrow 32^{0.4} \rightarrow 32^{0.6} \rightarrow 32^{0.8} \rightarrow 32^1$은 지수가 0.2씩 늘어나므로, 일정한 값 a를 곱하는 것이라고 할 수 있습니다. 이때 $32^0 (=1)$에 a를 5번 곱해서 $32^1 (=32)$가 나온다는 것은 $a^5 = 32$라는 것입니다. 따라서 $a = \sqrt[5]{a}$입니다. 이를 통해, $32^{0.2}=2$, $32^{0.4}=4$ 등을 계산할 수 있습니다.

2.3.9 — 다양한 함수④ : 지수 함수

$y = a^x$ 형태를 갖는 함수를 지수 함수라고 부르며, a를 지수함수의 밑, x를 지수라고 부릅니다. 다음 그림은 함수 $y=2^x$ 그래프입니다. 예를 들어 x=3일 때 $2^x=8$이므로, 좌표 (3,8)을 지납니다. 추가적으로 이 그래프는 x가 증가하면, y의 값도 증가합니다. 즉 단조 증가라는 성질을 갖습니다.

참고로 x가 자연수가 아닌 경우에서 a^x의 값은 2.3.8항에서 설명한 그대로입니다(x가 무리수인 경우는 2.3.8항의 2번째 공식으로 계산할 수 없지만, 함수 그래프가 부드럽게 연결되도록 자연스럽게 정의됩니다).

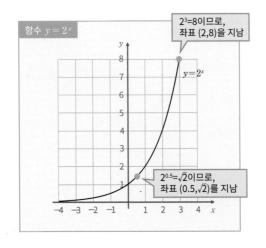

이어서 지수 함수는 다음과 같은 4개의 중요한 공식(지수 법칙)이 성립합니다. 계산 횟수를 예측하는 등 알고리즘과 관련된 다양한 상황에서 활용되므로 꼭 기억해 주세요. 여기에서 첫 번째 공식은 2.3.8항에서 언급했던 "같은 수를 곱하면 같은 수만큼 지수(거듭 제곱 오른쪽 위에 있는 작은 부분)가 늘어납니다"에 대응되는 것입니다.

- 공식1: $a^m \times a^n = a^{m+n}$

  예) $2^5 \times 2^4 = 2^9$

- 공식2: $a^m \div a^n = a^{m-n}$

  예) $2^9 \div 2^5 = 2^4$

- 공식3: $(a^m)^n = a^{mn}$

  예) $(2^5)^3 = 2^5 \times 2^5 \times 2^5 = 2^{15}$

- 공식4: $a^m b^m = (ab)^m$

  예) $2^5 \times 3^5 = 6^5$

2.3.10 ─ 다양한 함수⑤: 로그 함수

일단 로그 $\log_a b$는 지수 함수를 뒤집은 것으로, "a를 몇 번 곱했을 때 b가 나오는가?"를 나타낸 것입니다. 예를 들어서 10을 3번 곱하면 $10 \times 10 \times 10 = 1000$이 되므로, $\log_{10} 1000 = 3$입니다. 구체적인 예를 몇 가지 더 소개하면, 다음과 같습니다.

- $2^0 = 1$이므로, $\log_2 1 = 0$

- $2^1 = 2$이므로, $\log_2 2 = 1$

- $2^2 = 4$이므로, $\log_2 4 = 2$

- $2^3 = 8$이므로, $\log_2 8 = 3$

- $2^4 = 16$이므로, $\log_2 16 = 4$

- $2^5 = 32$이므로, $\log_2 32 = 5$

- $10^{0.30102999\cdots} = 2$이므로, $\log_{10} 2 = 0.30102999\cdots$

용어를 정리해 보면 $\log_a b$에서 a를 밑, b를 진수라고 부릅니다. 밑이 1이 아닌 양수이고, 진수가 양수일 때만 로그를 계산할 수 있습니다.

밑으로는 10과 2가 자주 사용됩니다. 밑이 10인 로그 $\log_{10} x$를 상용 로그라고 부르며, 이를 활용하면 x를 10진법으로 나타냈을 때의 대략적인 자릿수를 알 수 있습니다. 또한 밑이 2인 로그 $\log_2 x$는 이진탐색법(➡ 2.4.7항)의 계산 횟수 등을 알아내는 경우 등 알고리즘에서 많이 활용됩니다.

또, $y = \log_a x$ 형태를 갖는 함수를 로그 함수라고 부릅니다. 다음 그림은 $y = \log_{10} x$를 나타낸 그래프입니다. x의 값이 증가해도 y의 값이 그렇게 크게 늘어나지 않는다는 특징이 있습니다.

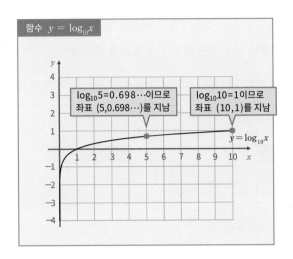

로그 함수에서는 다음과 같이 중요한 4개의 공식이 성립합니다. 2.4절에서 소개하는 알고리즘 복잡도 계산에 활용되므로 꼭 기억해 주세요. 어떤 느낌인지 잘 모르겠다면 컴퓨터 계산기 등을 활용해 다양한 값을 계산해 보기 바랍니다. 아래 공식4는 밑 변환 공식이라고 부릅니다.

- 공식1: $\log_a MN = \log_a M + \log_a N$

  예) $\log_{10} 1000 = \log_{10} 100 + \log_{10} 10$

- 공식2: $\log_a \dfrac{M}{N} = \log_a M - \log_a N$

  예) $\log_{10} 100 = \log_{10} 1000 - \log_{10} 10$

- 공식3: $\log_a M^r = r \log_a M$

  예) $\log_2 1000 = 3 \log_2 10$

- 공식4: $\log_a b = \log_c b \div \log_c a \, (c > 0, c \neq 1)$

  예) $\log_4 128 = \log_2 128 \div \log_2 4$

<u>2.3.11</u> ⟋ 다양한 함수⑥: 바닥 함수, 천장 함수, 가우스 기호 ─────────

바닥 함수 $\lfloor x \rfloor$는 x 이하의 최대 정수 y를 리턴하는 함수입니다. 예를 들어서 $\lfloor 6.5 \rfloor = 6$, $\lfloor 10 \rfloor = 10$, $\lfloor -2.1 \rfloor = -3$입니다. 바닥 함수는 가우스 기호 $[x]$를 사용해서 적기도 합니다.

반면 천장 함수 $\lceil x \rceil$는 x 이상의 최소 정수 y를 리턴하는 함수입니다. 예를 들어서 $\lceil 6.5 \rceil = 7$, $\lceil 10 \rceil = 10$, $\lceil -2.1 \rceil = -2$입니다. 바닥 함수와 천장 함수 모두 음수일 때를 주의해서 생각해 주세요.

각각의 함수 그래프는 다음 그림처럼 계단 형태로 만들어집니다. 녹색 원(●)은 경계를 포함한다는 의미고, 흰색 원(○)은 경계를 포함하지 않는다는 의미입니다.

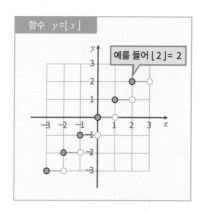

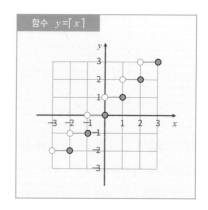

2.3.12 — 주의점 : 프로그래밍 함수와의 차이

지수 함수, 로그 함수, 삼각 함수 등 수학에서의 함수는 입력 x를 출력 y에 대응시키는 것이었습니다. 반면 파이썬을 포함한 프로그래밍 언어들은 코드 2.3.1의 func1처럼 입력이 없을 수도 있고, func2처럼 같은 입력이 들어와도 다른 출력을 내놓을 수도 있습니다.

코드 2.3.1 **프로그래밍 함수의 예**

```
cnt = 1000

def func1():
    return 2021

def func2(pos):
    global cnt # 전역 변수 cnt를 함수 내부에서 사용
    cnt += 1
    return cnt + pos

print(func1()) # "2021"이라고 출력
```

```
print(func2(500)) # "1501"이라고 출력
print(func2(500)) # "1502"라고 출력
```

2.3.13 desmos.com으로 그래프 그려보기

지금까지 다양한 종류의 함수를 살펴보았습니다. 함수의 성질을 잘 이해하려면, 함수에 익숙해지는 것이 중요합니다. 식을 입력하면 자동으로 그래프를 그려주는 desmos.com이라는 웹사이트가 있습니다. 다양한 함수 그래프를 직접 그려보며, 함수에 익숙해지면 좋은 공부가 될 것입니다.

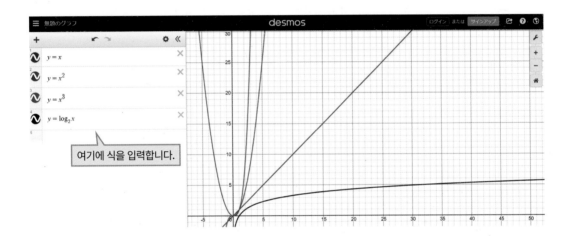

연습 문제

문제 2.3.1 ★

$f(x)=x^3$라는 함수가 있습니다. $f(1), f(5), f(10)$의 값을 각각 계산해 주세요.

문제 2.3.2 ★

1. $\log_2 8$을 계산해 주세요.

2. $100^{1.5}$를 계산해 주세요.

3. $\lfloor 20.21 \rfloor$, $\lceil 20.21 \rceil$을 계산해 주세요.

문제 2.3.3 ★

다음 함수 그래프를 그려주세요.

1. $y=2x+3$
2. $y=10^x$
3. $y=\log_4 x$
4. $y = \dfrac{\log_2 x}{2}$

문제 2.3.4 ★★

1. 함수 $f(x)=2^x$가 있을 때, $f(20)$의 값을 계산해 주세요.
2. $2^{10}=1024$는 1000과 가깝습니다. 2^{20}의 값이 약 10^6에 가까운지 확인해 보세요. 지수 법칙(➡2.3.9항)을 사용해도 상관없습니다.

문제 2.3.5 ★★

1. 함수 $g(x)=\log_{10}x$가 있을 때, $g(1000000)$의 값을 계산해 주세요.
2. 로그 함수 공식(➡ 2.3.10항)을 사용해서, $\log_2 16N - \log_2 N$의 값을 계산해 주세요. N은 양의 정수입니다.

문제 2.3.6 ★★

지진 진도는 그 지진의 에너지 크기를 로그 함수로 나타낸 값입니다. 진도가 1만큼 증가할 때마다, 에너지는 약 32배(정확하게는 $\sqrt{1000}$배) 증가한다고 알려져 있습니다.

진도가 1만큼 늘어날 때마다 에너지의 크기가 딱 32배 된다고 가정할 때, 다음 질문에 답해 주세요.

1. 진도 6.0의 지진은 진도 5.0의 지진보다 에너지의 크기가 몇 배인가?
2. 진도 7.3의 지진은 진도 5.3의 지진보다 에너지의 크기가 몇 배인가?
3. 진도 9.0의 지진은 진도 7.2의 지진보다 에너지의 크기가 몇 배인가?

문제 2.3.7 ★★★

양의 정수 x를 2진법(➡ 2.1.6항)으로 나타낼 때의 자릿수를 y라고 합시다. y를 x를 활용한 식으로 표현해 주세요.

문제 2.3.8 ★★★★

desmos.com에서 여러 그래프를 그려보고, 다음 조건을 모두 만족하는 함수 $y=f(x)$를 하나 찾아보세요.

- 모든 실수 a에 대해서 $0 < f(a) < 1$
- $f(x)$는 단조 증가하는 함수

2.4 계산 횟수 예측하기 : 전체 탐색과 이진 탐색

2.3절에서는 다항식 함수, 지수 함수, 로그 함수 등 다양한 함수를 살펴보았습니다. 지금까지는 수학과 가까운 내용이었다면, 이번 절부터는 알고리즘과 가까운 내용입니다. 이번 절에서는 복잡도(계산 횟수 등)를 예측하는 방법에 대해서 알아보고, 복잡도를 평가할 때 사용되는 'O 표기'의 개념을 알아보겠습니다.

2.4.1 ╱ 도입 : 계산 횟수가 중요한 이유

'컴퓨터'라는 단어를 들으면 어떤 것이 먼저 떠오르나요? 인간보다 압도적인 계산 속도를 활용해, 다양한 문제를 해결할 수 있는 만능 기계가 먼저 떠오르는 사람이 많을 것입니다. 실제로 인간이 1시간 정도 걸리는 계산을 컴퓨터는 100만분의 1초 만에 끝낼 수 있습니다.

하지만 컴퓨터의 계산 속도에도 한계가 있습니다. 일반적으로 가정용 컴퓨터는 1초에 약 10억 회(10^9회[1]) 정도 계산할 수 있다고 알려져 있습니다. 2.4.6항에서 설명하는 '효율이 좋지 않은 알고리즘'의 경우, 처리해야 하는 데이터가 많아졌을 때, 계산 횟수가 1경 회(10^{16})를 쉽게 넘어갑니다. 이런 문제를 가정용 컴퓨터로 해결하려 하면, 몇 시간을 기다려도 계산 결과가 나오지 않습니다. 이렇게 되어 버리면, 열심히 작성한 프로그램이 아무런 의미 없어집니다(➡ 1.1절).

따라서 프로그램을 작성하기 전에, '어느 정도의 계산 횟수가 나오는가?', '실제로 실행했을 때 어느 정도 시간이 걸리는가?'를 예측할 수 있어야 합니다.

2.4.2 ╱ 계산 횟수란?

계산 횟수는 '답을 낼 때까지 수행하는 계산의 횟수'를 의미합니다. 예를 들어서 1+2+3+4+5+6을 단순하게 하나씩 더하면, 다음과 같이 5회 덧셈합니다. 따라서 계산 횟수는 5회입니다.

- 1+2=3
- 3+3=6
- 6+4=10
- 10+5=15
- 15+6=21

---

1   실행 환경이나 프로그래밍 언어에 따라 몇 배에서 수십 배 차이가 나기도 합니다.

또한 같은 방법으로 1+2+3+4+5+6+7+8을 계산하면 7회, 1+2+3+4+5+6+7+8+9+10을 계산하면 9회 덧셈합니다.

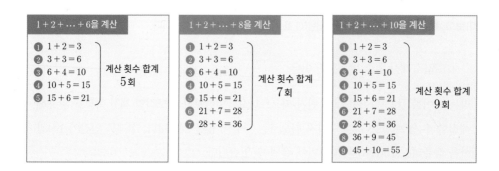

그럼 문자식을 사용해서 이를 일반화해 봅시다. 정수 N이 주어질 때, 1부터 2N까지의 정수를 모두 더한 값을 구하려면, 몇 회 계산해야 할까요?

이전 예와 마찬가지로 하나씩 더하는 방법으로 계산하면, $2N-1$회 계산할 것입니다. 각각의 N에 대해서 계산 횟수가 몇 번 나오는지 표로 정리해 보면, 다음과 같습니다.

N	1	2	3	4	5	6	7	...
계산 횟수	1	3	5	7	9	11	13	...

이처럼 단순한 문제의 경우, 정확하게 계산 횟수를 알 수 있을 것입니다. 하지만 실제 프로그래밍 문제는 더 복잡하기 때문에 $2N-1$의 '-1'과 'N을 2배' 한다는 세부적인 부분까지는 정확하게 예측하는 것이 힘든 경우가 많습니다. 또한 프로그램을 극단적으로 빠르게 만들기 위한 경우를 제외하면, $2N$회와 $3N$회의 차이는 그다지 중요하지 않습니다.

그래서 '대략 N회 계산한다'처럼 계산 횟수를 예측하는 접근 방법이 있습니다. 이는 이후에 설명하는 '란다우 표기법(O 표기법)'과 관련 있습니다.

2.4.3 ─ 계산 횟수의 예① : 정수 시간 ─────

지금부터 2.7.4항까지는 계산 횟수라는 개념에 익숙해질 수 있게, 구체적인 예를 몇 가지 소개하겠습니다. 일단 다음과 같은 문제를 생각해 봅시다.

정수 N이 주어졌을 때, 2*N*+3의 값을 출력하는 프로그램을 작성해 주세요. 예를 들어 *N*=100이라면, 203이라고 출력하면 됩니다.

> 제약: 1 ≦ N ≦ 100
>
> 실행 시간 제한: 1초
>
> 입력: N
>
> 출력: 답을 출력해 주세요.
>
> 입력 예:

```
100
```

> 출력 예:

```
203
```

N = 100일 때, 2N + 3 = 203입니다.

이 문제는 코드 2.4.1처럼 정수 *N*을 입력하고, 2*N+3을 출력하는 프로그램을 작성하면 풀 수 있습니다. 그럼 프로그램의 계산 횟수를 예측해 봅시다. 입출력을 제외하면, 프로그램은 다음과 같은 계산을 처리합니다.

1. 일단 2*N을 계산합니다.
2. 이어서 1의 결과와 3을 더합니다.

따라서 모두 2회 계산합니다. 대충 계산 횟수를 계산해도 되는 경우, 2회와 1회는 큰 차이가 없습니다. 따라서 계산 횟수는 "1회 정도이다"라고 이야기해도 상관없습니다. 이처럼 계산 횟수가 정수로 나오는 알고리즘을 "정수 시간을 가졌다"라고 부르며, 실행 시간이 입력 데이터의 크기와 상관없이 고정된다는 특징이 있습니다.

코드 2.4.1 2N+3의 값을 출력하는 프로그램

```python
N = int(input())
print(2 * N + 3)
```

2.4.4 ─ 계산 횟수의 예② : 선형 시간

이어서 다음 문제를 생각해 봅시다.

> 정수 N, X, Y가 주어졌을 때, N 이하 양의 정수 중에서 X의 배수 또는 Y의 배수인 것이 몇 개인지 출력하는 프로그램을 작성해 주세요. 예를 들어서 N = 15, X = 3, Y = 5라면, 15 이하 양의 정수 중 3의 배수 또는 5의 배수인 것을 세면 됩니다. 3, 5, 6, 9, 10, 12, 15이므로 7개입니다. 따라서 7을 출력하면 됩니다.
>
> 제약: $1 \leq N \leq 10^6, 1 \leq X < Y \leq 10^6$, 입력은 모두 정수
>
> 실행 시간 제한: 1초
>
> 입력: N X Y
>
> 출력: 답을 출력해 주세요.
>
> 입력 예:
>
> ```
> 15 3 5
> ```
>
> 출력 예:
>
> ```
> 7
> ```
>
> 15 이하 양의 정수 중에서 3 또는 5의 배수인 것은 3, 5, 6, 9, 10, 12, 15로 7개이므로, 7을 출력하면 정답입니다.

이 문제는 "1은 X 또는 Y의 배수인가?", "2는 X 또는 Y의 배수인가?", …, "N은 X 또는 Y의 배수인가?" 처럼 하나하나 확인하는 형태로 풀 수 있습니다. 이 알고리즘을 구현한다면, 코드 2.4.2와 같습니다.

그럼 계산 횟수를 이론적으로 예측해 봅시다. for 반복문의 인덱스 i는 1, 2, 3, … N으로 차례대로 증가해서 N개 나옵니다. 따라서 "계산 횟수는 대략 N회이다"라고 이야기할 수 있습니다[2].

이와 같은 계산 횟수가 나오는 알고리즘은 (N에 대해서) 선형 시간을 가졌다고 이야기하며, 입력 데이터의 크기가 10배 또는 100배로 늘어나면, 실행 시간도 10배 또는 100배가량 늘어난다는 특징이 있습니다. 참고로 for 반복문이 중첩되지 않았을 경우, 이와 같은 계산 횟수가 많이 나옵니다.

---

2 엄밀하게 말해서 1회 반복에 i % X, i % Y를 계산하고 있으므로, 계산 횟수는 2N이라고 이야기할 수도 있습니다. 하지만 이것도 "약 N회"일 뿐입니다.

코드 2.4.2　X 또는 Y의 배수 개수를 출력하는 프로그램

```python
# 입력
N, X, Y = map(int, input().split())

# 답 구하기
cnt = 0
for i in range(1, N + 1):
    # mod 계산은 2.2절 참고
    if i % X == 0 or i % Y == 0:
        cnt += 1

# 출력
print(cnt)
```

2.4.5 ── 계산 횟수의 예③ : 전체 탐색 계산 횟수

이어서 다음 문제를 생각해 봅시다.

문제 ID : 008

붉은색과 파란색 카드가 한 장씩 있습니다. 각각의 카드에는 1 이상, N 이하의 정수를 하나씩 적을 수 있습니다. 두 카드에 적혀있는 정수의 합계가 S 이하가 되는 방법이 몇 가지인지 출력하는 프로그램을 작성해 주세요.

예를 들어 N = 3, S = 4라면 6이라고 출력하면 됩니다. 1 이상 3 이하의 정수를 적는 방법은 모두 9가지이지만, 그중에서 합계 4 이하가 되는 방법은 6가지이기 때문입니다.

제약: $1 \leq N \leq 1000$, $1 \leq S \leq 2000$, 입력은 모두 정수

실행 시간 제한: 2초

입력: N S

출력: 답을 출력해 주세요.

입력 예:

3 4

> **출력 예:**
>
> ```
> 6
> ```
>
> 합계가 4 이하가 되는 작성 방법은 다음과 같이 6가지입니다.
>
> - 붉은색 카드에 1, 파란색 카드에 1
> - 붉은색 카드에 1, 파란색 카드에 2
> - 붉은색 카드에 1, 파란색 카드에 3
> - 붉은색 카드에 2, 파란색 카드에 1
> - 붉은색 카드에 2, 파란색 카드에 2
> - 붉은색 카드에 3, 파란색 카드에 1

이 문제를 푸는 데 필요한 지식 하나를 소개하겠습니다. 일반적으로 나올 수 있는 모든 패턴을 확인하는 방법을 "전체 탐색"[3]이라고 부릅니다. 전체 탐색은 가장 단순한 알고리즘이므로 문제를 풀 때 가장 먼저 생각해 볼 수 있는 접근 방법입니다. 하지만 전체 탐색이 현실적인 시간 내에 실행될 수 있는지는 꼭 함께 생각해봐야 합니다.

그럼 이번 카드 문제를 전체 탐색으로 풀어봅시다. 카드에 숫자를 적는 방법을 N을 활용한 식으로 나타내면 N^2가지가 됩니다. 따라서 계산 횟수는 '약 N^2회'라고 할 수 있습니다. 참고로 왜 $N \times N$가지가 되는지 잘 모르겠다면, 다음 그림을 살펴봅시다. 카드에 숫자를 적는 방법을 정사각형 모양으로 나열했을 때, 크기가 $N \times N$이기 때문에 N^2가지가 되는 것입니다.

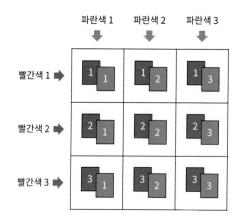

---

3 (옮긴이) 국내 대학교에서 사용하는 알고리즘 책에는 "브루트포스(brute force)"라고 나오는 경우가 많습니다. 다만 초보자를 위한 책이므로, 조금 더 간단한 용어인 "전체 탐색"을 사용하겠습니다.

이번 문제의 제약은 $N \leqq 1000$이므로, 최대 $1000 \times 1000 = 10^6$회가량 계산해야 합니다. 일반적으로 가정용 컴퓨터의 계산 속도는 10초에 10^9회 정도이므로, 코드 2.4.3처럼 구현하면 이번 문제의 실행 시간 제한인 2초 내에 프로그램의 실행이 종료될 것입니다. 프로그램의 실행 시간은 이와 같은 방법으로 예측해 볼 수 있습니다.

코드 2.4.3 **2장의 카드 전체 탐색하기**

```python
# 입력
N, S = map(int, input().split())

# 답 구하기
answer = 0
for i in range(1, N + 1):
    for j in range(1, N + 1):
        if i + j <= S:
            answer += 1

# 출력
print(answer)
```

계산 횟수가 약 N^2인 알고리즘은 입력 데이터의 크기가 10배 또는 100배로 증가할 때, 실행 시간이 약 100배 또는 10000배로 증가한다는 특징이 있습니다. 다음 표는 N의 값에 따라서 N^2의 값이 어떻게 변하는지 나타낸 것입니다. 10^6 이상부터는 노란색으로 표시했으며, 10^9 이상부터는 붉은색으로 표시했습니다. 컴퓨터의 계산 횟수를 생각해 보면, N=10000 정도는 1초 이내에 계산할 수 있습니다. 하지만 N=100000 이상부터는 시간씩 조금씩 걸린다는 것을 알 수 있습니다. 참고로 for 반복문을 이처럼 이중으로 중첩해서 사용하면, 이와 같은 계산 횟수가 나오는 경우가 많습니다.

N	검색 패턴 수	N	검색 패턴 수	N	검색 패턴 수
1	1	21	441	41	1,681
2	4	22	484	42	1,764
3	9	23	529	43	1,849
4	16	24	576	44	1,936
5	25	25	625	45	2,025
6	36	26	676	46	2,116
7	49	27	729	47	2,209
8	64	28	784	48	2,304
9	81	29	841	49	2,401
10	100	30	900	50	2,500
11	121	31	961	100	10,000
12	144	32	1,024	200	40,000
13	169	33	1,089	500	250,000
14	196	34	1,156	1,000	1,000,000
15	225	35	1,225	3,000	9,000,000
16	256	36	1,296	10,000	100,000,000
17	289	37	1,369	30,000	900,000,000
18	324	38	1,444	100,000	10,000,000,000
19	361	39	1,521	300,000	90,000,000,000
20	400	40	1,600	1,000,000	1,000,000,000,000

2.4.6 ─ 계산 횟수의 예④ : 전체 탐색과 지수 시간

조금 설정을 변경해서, 다음 문제를 생각해 봅시다.

문제 ID : 009

N장의 카드가 차례대로 나열되어 있습니다. 왼쪽에서 $i(1 \leq i \leq N)$번째 카드에는 정수 A_i가 적혀있습니다. 카드 중에서 몇 개를 선택해서, 합계가 S가 되는 방법이 있는지 확인해 주세요. 예를 들어서 다음과 같이 입력하면, 카드 1 · 3을 선택했을 때 합계 11이 되므로, 답은 Yes입니다.

- N = 3
- S = 11
- (A1 , A2 , A3) = (2, 5, 9)

제약: $1 \leq N \leq 60$, $1 \leq A_i \leq 10000$, $1 \leq S \leq 10000$, 입력은 모두 정수

실행 시간 제한: 1초

입력:

$N\ S$

$A_1\ A_2\ A_3 \cdots A_N$

출력: 합계가 S가 되게 만드는 방법이 존재하면 Yes, 없으면 No를 출력해 주세요.

입력 예1:

```
3 11
2 5 9
```

출력 예1:

```
Yes
```

입력 예2:

```
4 11
3 1 4 5
```

출력 예2:

```
No
```

2.4.5항과 마찬가지로 카드 선택 방법을 전체 탐색하는 방법으로 생각해 봅시다. 몇 가지 패턴을 조사해야 하는 것일까요? 실제로 세어봅시다.

예를 들어서 N = 1이라면 "카드1을 선택한다", "카드1을 선택하지 않는다"라는 2가지 경우가 있을 것입니다. 또한 다음 그림처럼 N = 2라면 4가지, N = 3이라면 8가지 경우가 있을 것입니다. 이 정도의 탐색패턴 수라면 손으로도 어느 정도 문제를 풀 수 있습니다.

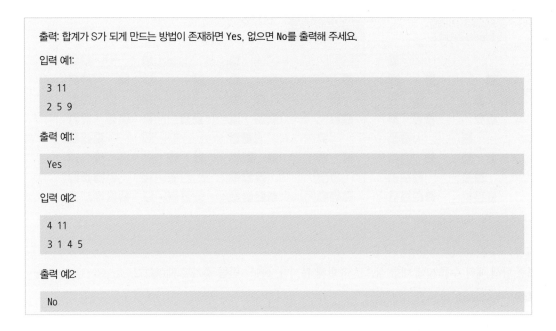

하지만 카드의 수가 점점 늘어날수록 패턴의 수가 급격하게 증가합니다. 다음 그림은 N = 4, N = 5일 때의 선택 방법 예를 나타낸 것입니다. N = 4일 때는 16가지, N = 5일 때는 32가지 패턴을 모두 확인해야 합니다. 이 정도 패턴 수부터는 손으로 계산하는 것이 조금씩 힘들어집니다.

N=4의 경우 / N=5의 경우 / 합계 16패턴 / 합계 32패턴

그럼 탐색 패턴 수를 N에 대한 식으로 표현해 봅시다. N이 1만큼 증가할 때마다 $2 \to 4 \to 8 \to 16 \to 32 \to \cdots$ 로 증가하므로, N에 대한 패턴 수는 다음과 같이 표현할 수 있습니다.

$$2 \times 2 \times 2 \times \cdots \times 2 = 2^N$$

따라서 이 문제를 전체 탐색으로 풀 때의 계산 횟수는 약 2^N회라고 할 수 있습니다[4]. 참고로 2^N이 되는 이유는 곱의 법칙(➡ 3.3.2항)을 적용시키면 쉽게 이해할 수 있습니다. 3장에서 설명할 것이므로, 일단 지금은 자세하게 설명하지 않겠습니다.

컴퓨터는 굉장히 빠른 속도로 계산할 수 있으므로, 32가지 정도는 문제없이 계산할 수 있습니다. 하지만 N을 더 증가시키면 어떻게 될까요? 탐색 패턴의 수는 다음과 같이 계속 증가합니다. N = 30 정도 되면, 이제 컴퓨터도 현실적인 시간 내에 계산할 수 없게 되어버립니다. 이것이 "지수 함수"입니다.

---

4 추가적으로 칼럼2에서 설명하는 비트 전체 탐색 등 구현에 따라서, 계산 횟수가 $N \times 2^N$회 되기도 합니다.

N	탐색 패턴 수	N	탐색 패턴 수	N	탐색 패턴 수
1	2	21	2,097,152	41	2,199,023,255,552
2	4	22	4,194,304	42	4,398,046,511,104
3	8	23	8,388,608	43	8,796,093,022,208
4	16	24	16,777,216	44	17,592,186,044,416
5	32	25	33,554,432	45	35,184,372,088,832
6	64	26	67,108,864	46	70,368,744,177,664
7	128	27	134,217,728	47	140,737,488,355,328
8	256	28	268,435,456	48	281,474,976,710,656
9	512	29	536,870,912	49	562,949,953,421,312
10	1,024	30	1,073,741,824	50	1,125,899,906,842,624
11	2,048	31	2,147,483,648	51	2,251,799,813,685,248
12	4,096	32	4,294,967,296	52	4,503,599,627,370,496
13	8,192	33	8,589,934,592	53	9,007,199,254,740,992
14	16,384	34	17,179,869,184	54	18,014,398,509,481,984
15	32,768	35	34,359,738,368	55	36,028,797,018,963,968
16	65,536	36	68,719,476,736	56	72,057,594,037,927,936
17	131,072	37	137,438,953,472	57	144,115,188,075,855,872
18	262,144	38	274,877,906,944	58	288,230,376,151,711,744
19	524,288	39	549,755,813,888	59	576,460,752,303,423,488
20	1,048,576	40	1,099,511,627,776	60	1,152,921,504,606,846,976

그럼 구체적으로 어느 정도의 시간이 걸릴까요? 예를 들어 1초에 10^9개의 패턴을 확인할 수 있다고 가정하고 계산해 보면, 이 문제 제약이 최댓값인 N = 60일 때

$$\frac{2^{60}}{10^9} \fallingdotseq \frac{1.15 \times 10^{18}}{10^9} = 1.15 \times 10^9$$

정도 걸립니다. 1년은 약 3200만 초이므로, 실행이 종료되려면 36년 이상이 걸립니다. 정말로 그 정도의 시간이 걸릴까 궁금한 독자라면, 칼럼2에 구현 방법 설명과 샘플 프로그램이 있으므로, 실제로 프로그램을 작성해서 실행해 보기 바랍니다.

따라서 알고리즘을 더 효율적으로 설계해야 합니다. 일반적으로 이러한 상황에서는 동적계획법(➡ 3.7절)을 사용해서, 효율적인 알고리즘을 만들 수 있습니다.

2.4.7 ── 계산 횟수의 예⑤ : 이진 탐색과 로그 함수

이전 절에서는 계산에 시간이 오래 걸리는 알고리즘 예를 소개했습니다. 사실 반대의 경우도 있습니다. 다음 문제를 생각해 봅시다.

철수는 1 이상 8 이하의 정수를 떠올렸습니다. 당신은 철수에게 다음과 같은 질문을 할 수 있습니다.

- "떠올린 숫자는 ○○ 이하인가요?"

가능한 한 적은 횟수로 질문해서, 철수가 떠올린 숫자를 맞춰주세요.

가장 기본적인 방법은 "1 이하입니까?", "2 이하입니까?", "3 이하입니까?"처럼 차례대로 질문하는 것입니다. 이 방법을 사용할 경우, "6 이하입니까?"라는 질문에서 처음으로 "예"라는 답이 나왔을 경우, 답이 6이라는 것을 알 수 있습니다. 이러한 알고리즘을 선형 탐색법이라고 부릅니다.

하지만 이 방법은 효율이 좋지 않습니다. 예를 들어 철수가 떠올린 숫자가 8 이하면, 다음과 같이 8번 질문해야 합니다.

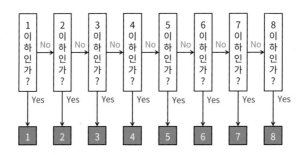

처음에 "4 이하인가요?"라고 묻는 것처럼 '남은 선택지에서 중간 숫자를 사용한 질문'을 한다면 어떨까요? 예/아니오 중에서 어떤 대답이 돌아와도, 곧바로 선택지가 4개로 좁혀집니다.

- 예의 경우: 답은 1, 2, 3, 4 중에서 하나

- 아니오의 경우: 답은 5, 6, 7, 8 중에서 하나

이후의 질문에서도 다음 그림처럼 '선택지를 절반으로 나누는 질문'을 한다면, 선택지의 수가 8→4→2→1로 빠르게 줄어듭니다. 따라서 어떠한 경우에도 3번의 질문이면 답을 맞힐 수 있습니다. 이와 같은 방법을 이진 탐색법이라고 이야기합니다.

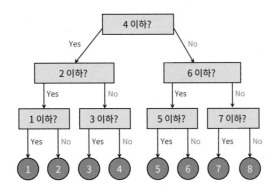

그럼 문제의 설정을 일반화해 봅시다. 철수가 1 이상 N 이하의 정수를 떠올리는 경우의 계산 횟수는 어떻게 될까요? 일단은 간단한 예로 음수가 아닌 정수 B를 사용해서 $N=2^B$라고 표현해서 생각해 봅시다. 1회의 질문으로 선택지가 절반씩 줄어듭니다. 따라서

$$2^B \rightarrow 2^{B-1} \rightarrow 2^{B-2} \rightarrow \cdots \rightarrow 8 \rightarrow 4 \rightarrow 2 \rightarrow 1$$

처럼 감소할 것이므로, 질문 횟수는 B회입니다. $2^B=N$이므로, $B=log_2N$입니다(➡2.3.10항). 따라서 N의 활용해서 표현하면, log_2N이 됩니다. 이를 활용하면, 이번 절의 문제에서 소개한 $N=8$의 경우, 질문 횟수가 $log_2 8=3$이 된다는 것을 알 수 있습니다.

그렇다면 N이 2^B 형태가 아닌 경우는 어떻게 될까요? 결론적으로 질문 횟수가 $\lceil log_2N \rceil$회가 된다고 알려져 있습니다[5]. N의 값에 따라서 질문 횟수가 어떻게 변화하는지 표로 정리해 보면 다음과 같습니다. $N=1000000$이라고 해도, 20번의 질문이면 답을 구할 수 있습니다. N이 증가해도 로그 함수 log_2N은 빠르게 증가하지 않습니다. 그래서 계산 횟수로 나올 경우 해당 알고리즘의 효율이 굉장히 좋습니다.

---

5 1회 질문으로 T가지 선택지가 ⌈T/2⌉ 가지로 줄어든다는 것을 알 수 있습니다. 예를 들어서 N = 100이라면, 선택지 수가 100 → 50 → 25 → 13 → 7 → 4 → 2 → 1처럼 줄어듭니다. 따라서 최대 7회 질문만 하면 됩니다.

N	질문 횟수	N	질문 횟수	N	질문 횟수
1	0	21	5	41	6
2	1	22	5	42	6
3	2	23	5	43	6
4	2	24	5	44	6
5	3	25	5	45	6
6	3	26	5	46	6
7	3	27	5	47	6
8	3	28	5	48	6
9	4	29	5	49	6
10	4	30	5	50	6
11	4	31	5	100	7
12	4	32	5	200	8
13	4	33	6	500	9
14	4	34	6	1,000	10
15	4	35	6	3,000	12
16	4	36	6	10,000	14
17	5	37	6	30,000	15
18	5	38	6	100,000	17
19	5	39	6	300,000	19
20	5	40	6	1,000,000	20

2.4.8 란다우의 O 표기법

지금까지 다양한 계산 횟수에 대해서 소개하면서, 다음과 같은 표현을 사용했습니다.

- 계산 횟수가 대략 N회이다.

- 계산 횟수가 대략 N^2회이다.

- 계산 횟수가 대략 2^N회이다.

란다우의 O 표기법[6]을 사용하면 이와 같은 표현을 간단하게 할 수 있습니다. 예를 들어 2.4.2항에서 설명한 알고리즘의 경우 "대략 N회 계산한다"가 아니라 "이 알고리즘의 복잡도는 $O(N)$이다" 또는 "이 알고리즘은 $O(N)$ 시간으로 동작한다"라고 말할 수 있습니다. 조금 난이도가 있지만, 엄밀하게 표현한다면 다음과 같이 표현할 수 있습니다.

> 데이터의 크기를 N이라고 할 때, 알고리즘 A의 복잡도를 $T(N)$이라 한다. 그리고 $P(N)$이라는 함수가 있다고 가정한다. 어떤 상수 c가 존재하고, N이 아무리 커지더라도 $T(N) \leqq c \times P(N)$일 때, 알고리즘 A의 복잡도를 $O(P(N))$이라고 정의한다[7].

---

6 (옮긴이) 란다우 표기법, 빅-오 표기법, 점근 표기법 등 다양한 표현으로 사용됩니다.

하지만 일반적으로 이렇게까지 어렵게 생각하지 않아도 괜찮습니다. 일반적인 경우, 복잡도 T(N)을 나타내는 O 표기법 내부에 있는 P(N)은 다음과 같은 과정에 따라 결정할 수 있습니다.

1. N이 큰 값일 때, T(N) 안에서 가장 중요한 항만 남기고, 이 외의 항은 제외한다.

2. 정수 부분(예: $7N^2$에서 "7")을 제외한다.

3. 최종적으로 남는 것을 P(N)으로 한다.

참고로 항의 중요도는 원칙적으로 다음과 같은 순서로 생각하면 됩니다. 여기에서 $N!=1 \times 2 \times 3 \times \cdots \times N$입니다. 자세한 내용은 2.5절에서 다룹니다. 추가적으로 다음 그림에서 알고리즘의 복잡도가 붉은색과 노란색으로 표시되어 있는 경우, 지수 시간이라는 의미입니다. 그리고 초록색, 파란색, 회색으로 표시되어 있는 경우는 다항식 시간이라는 의미입니다.

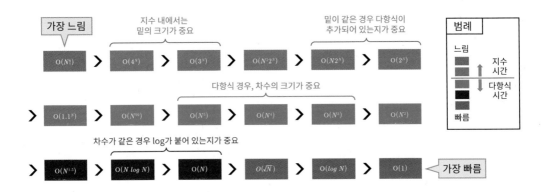

이와 같은 순서가 되는 이유는 N = 1000처럼 큰 수를 대입하면 쉽게 이해할 수 있습니다. 예를 들어서 계산 횟수가 $T(N)=N^2+5N$이라면, 각 항에 N을 대입했을 때 다음과 같이 됩니다.

$$N^2 = 1000000$$
$$5N = 5000$$

명확하게 N^2이라는 항이 계산 횟수의 병목이 됩니다. 이는 N보다 N^2의 중요도가 더 높기 때문입니다. 다른 경우도 마찬가지입니다[8].

---

7 이 책에서는 다루지 않지만, O 표기법은 복잡도 예측 이외의 상황에서도 사용할 수 있습니다.

8 이론적으로는 그림과 같은 순서가 성립하지만, N의 크기와 프로그램에서 다루는 처리의 무게에 따라서, 순서 관계가 역전되는 경우도 있습니다. 예를 들어서 $N=10$ 정도의 데이터라면, $O(2^N)$보다 $O(N^5)$가 더 느릴 수도 있습니다(실제로 $N=10$을 대입하면, $2^{10}=1024$, $10^5=100000$입니다).

이어서 3개의 구체적인 예로 복잡도를 O 표기법으로 표기하는 과정을 설명하면, 다음 그림과 같습니다. 참고로 복잡도 오더의 내용에 로그 함수가 포함되어 있는 경우, 관습적으로 $O(logN)$처럼 밑을 생략해서 작성하는 경우가 많습니다(참고: 연습 문제 2.4.3).

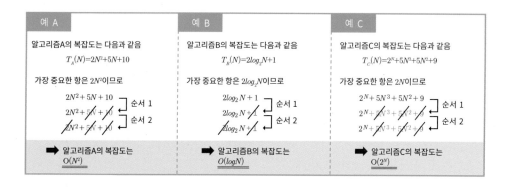

2.4.9 복잡도와 알고리즘의 예

다음 표는 이 책에서 다루는 문제를 포함해서, 고전적인 알고리즘과 그 복잡도를 함께 정리한 것입니다. 다양한 성능을 가진 알고리즘이 있다는 것을 알 수 있을 것입니다.

복잡도	알고리즘
$O(1)$	점과 선분의 거리 계산하기(➡ 4.1절)
$O(logN)$	이진법으로 변환(➡ 2.1절) / 이진 탐색법(➡ 2.4절) / 유클리드 호제법(➡ 3.2절) / 반복 제곱법(➡ 4.6절)
$O(\sqrt{N}\,)$	소수 판정법(➡ 3.1절)
$O(N)$	선형 탐색법(➡ 2.4절) / 피보나치 수를 동적계획법으로 계산하기(➡ 3.7절) / 누적합(➡ 4.2절)
$O(Nlog\,logN)$	에라토스테네스의 체(➡ 4.4절)
$O(NlogN)$[9]	병합정렬(➡ 3.6절) / 인터벌 스케줄링 문제(➡ 5.9절)
$O(N^2)$	선택정렬(➡ 3.6절) 등
$O(N^3)$	행렬곱 연산(➡ 4.7절) / 플로이드–워셜 알고리즘 등
$O(2^N)$	조합 전체 탐색(➡ 2.4절 / ➡ 칼럼2)
$O(N!)$	순열 전체 탐색 ※ $N!$에 대해서는 2.5절을 참고

---

9 $NlogN$은 $N×logN$을 의미하고, $Nlog\,logN$은 $N×log(logN)$을 의미합니다.

2.4.10 — 복잡도 비교

입력 데이터의 크기를 N이라고 했을 때, 계산 횟수의 관계를 표로 나타내면 다음과 같습니다. 계산 횟수가 10^6 이상이라면 노란색, 10^9 이상이라면 붉은색, 10^{25}이라면 보라색으로 표시했습니다. 참고로 계산 횟수가 10^{25} 이상이라면 2023년 8월을 기준으로 세계에서 가장 빠른 슈퍼 컴퓨터인 프론티어(Frontier), 후가쿠(Fugaku) 등을 활용해도 현실적인 시간 내에 계산할 수 없습니다.

복잡도가 $O(2^N)$ 또는 $O(N!)$ 등이 되는 지수 시간 알고리즘은 계산 횟수의 증가 폭이 커서, N이 100 정도만 되어도 현실적인 시간 내에 계산할 수 없습니다. 반면 $O(logN)$은 계산 시간의 증가 폭이 작습니다.

N	log N	$\sqrt{N}$	N log N	N^2	N^3	2^N	N!
5	3	3	12	25	125	32	120
6	3	3	16	36	216	64	720
8	3	3	24	64	512	256	40,320
10	4	4	34	100	1,000	1,024	3,628,800
12	4	4	44	144	1,728	4,096	479,001,600
15	4	4	59	225	3,375	32,768	약 10^{12}
20	5	5	87	400	8,000	1,048,576	약 10^{18}
25	5	5	117	625	15,625	33,554,432	약 10^{25}
30	5	6	148	900	27,000	약 10^9	약 10^{32}
40	6	7	213	1,600	64,000	약 10^{12}	약 10^{48}
50	6	8	283	2,500	125,000	약 10^{15}	약 10^{64}
60	6	8	355	3,600	216,000	약 10^{18}	약 10^{82}
100	7	10	665	10,000	1,000,000	약 10^{30}	약 10^{156}
200	8	15	1,529	40,000	8,000,000	약 10^{60}	약 10^{375}
300	9	18	2,469	90,000	27,000,000	약 10^{90}	약 10^{614}
500	9	23	4,483	250,000	125,000,000	약 10^{151}	약 10^{1134}
1,000	10	32	9,966	1,000,000	10^9	약 10^{301}	약 10^{2568}
2,000	11	45	21,932	4,000,000	약 10^{10}	약 10^{602}	약 10^{5736}
3,000	12	55	34,653	9,000,000	약 10^{10}	약 10^{903}	약 10^{9131}
5,000	13	71	61,439	25,000,000	약 10^{11}	약 10^{1505}	약 10^{16326}
10,000	14	100	132,878	100,000,000	10^{12}	약 10^{3010}	약 10^{35659}
20,000	15	142	285,755	400,000,000	약 10^{13}	약 10^{6021}	약 10^{77337}
100,000	17	317	1,660,965	10^{10}	10^{15}	약 10^{30103}	약 10^{456573}
200,000	18	448	3,521,929	약 10^{11}	약 10^{16}	약 10^{60206}	—
500,000	19	708	9,465,785	약 10^{11}	약 10^{17}	약 10^{150515}	—
1,000,000	20	1,000	19,931,569	10^{12}	10^{18}	약 10^{301030}	—
10^9	30	31,623	약 10^{10}	10^{18}	10^{27}	—	—
10^{12}	40	1,000,000	약 10^{14}	10^{24}	10^{36}	—	—
10^{18}	60	10^9	약 10^{20}	10^{36}	10^{54}	—	—

이번 절의 마지막으로 복잡도와 관련된 주의 사항을 몇 가지 소개하겠습니다.

시간 복잡도와 공간 복잡도

복잡도를 평가하는 방법으로 '알고리즘의 계산 횟수를 나타내는 시간 복잡도'와 '메모리 사용량을 나타내는 공간 복잡도'라는 2가지가 많이 쓰입니다. 예를 들어 데이터의 크기 N에 대해서, 메모리 용량을 $4N^2$ 만큼 사용한다면, "이 알고리즘의 공간 복잡도는 $O(N^2)$이다"라고 말합니다. 참고로 이 책에서 단순하게 "복잡도"라고 표현하면, 이는 시간 복잡도를 의미합니다.

최악 복잡도와 평균 복잡도

입력 데이터 크기가 같아도, 입력 데이터의 특성에 따라서 계산 횟수가 달라질 수 있습니다. 추가적으로 난수(랜덤한 수)를 사용하는 알고리즘(➡ 3.5절)은 운에 따라서 계산 횟수가 달라질 수도 있습니다. 일반적으로 가장 최악의 경우에서 계산 시간을 예측하는 경우가 많으며, 이를 최악 복잡도라고 부릅니다. 반면 평균적인 경우의 복잡도를 평균 복잡도라고 부릅니다. 참고로 대부분의 알고리즘은 평균 복잡도와 최악 복잡도가 일치합니다.

여러 개의 변수가 사용되는 경우

복잡도 예측에 여러 개의 변수가 사용되는 경우도 있습니다. 예를 들어 1부터 N까지의 합계를 계산한 후, 1부터 M까지의 합계를 계산하는 문제를 생각해 봅시다. 차례대로 더했을 때의 계산 횟수는 N+M−2 회입니다. 여기에서 병목이 되는 부분은 N, M으로 2개입니다. 이때 복잡도는 $O(N+M)$처럼 표기합니다.

연습 문제

문제 2.4.1 ★

N에 대해서 계산 횟수가 다음과 같을 때, 복잡도를 O 표기법으로 나타내 주세요.

1. $T_1(N) = 2021N^3 + 1225N^2$

2. $T_2(N) = 4N + logN$

3. $T_3(N) = 2^N + N^{100}$

4. $T_4(N) = N! + 100^N$

문제 2.4.2 ★★

다음 프로그램의 복잡도를 O 표기법으로 나타내 주세요.

```
for i in range(1, N + 1):
    for j in range(1, N * 100):
        print(i, j)
```

문제 2.4.3 ★★

log_2N과 $log_{10}N$은 최대 상수 배밖에 차이가 나지 않는다는 것을 증명해 주세요. 참고로 이는 란다우 O 표기법에서 $O(logN)$의 로 그 밑을 생략하는 이유입니다.

문제 2.4.4 ★★

다음 표는 "N이 어느 정도의 크기를 가질 때, 대략 몇 회 계산하는가?"를 나타낸 표입니다. 이 표를 완성해 주세요. 참고로 계산 횟 수의 상수 배(예: $10N^2$에서 "10" 부분)는 따로 생각하지 않아도 괜찮습니다. 또, log의 밑은 2로 계산해 주세요.

계산 횟수	실행 시간 예측	$NlogN$	N^2	2^N
10^6회 이내	0.001초 이내	N ≤ 60,000	N≤1,000	N ≤ 20
10^7회 이내	0.01초 이내			
10^8회 이내	0.1초 이내			
10^9회 이내	1초 이내			

문제 2.4.5 ★★

알고리즘 D를 구현한 프로그램을 N = 10, 12, 14, 16, 18, 20으로 실행할 때, 실행 시간이 다음과 같이 나타났습니다. 알고리즘 D 의 복잡도가 어느 정도인지 구해 주세요. 여기에서 N은 데이터의 크기(예: 카드의 장수)입니다.

N	10	12	14	16	18	20
실행 시간	0.001초	0.006초	0.049초	0.447초	4.025초	36.189초

문제 2.4.6 ★★

어떤 사전에 100000개 정도의 단어가 사전 순서대로 적혀있습니다. 이 사전에서 특정 단어를 찾을 때, 예를 들어 a → aardvark → aback → abacus → abalone → abandon →…처럼 하나하나 단어를 찾으면, 시간이 많이 걸립니다. 어떤 방법을 사용해 야 효율적으로 찾을 수 있을지 생각해 보세요(힌트: 이진 탐색법 ➡ 2.4.7항).

2.5 추가적인 기본 수학 지식

이제 2장의 내용도 끝나갑니다. 지금까지는 2진법 등 다양한 계산을 포함해 지수 함수와 로그 함수 등의 함수에 대해서 설명했습니다. 이번 절에서는 아직 다루지 않은 기본적인 수학 지식 몇 가지를 소개하겠습니다. 3장 이후에서 계속해서 활용하므로, 기본적인 내용을 어느 정도 이해해 두고, 이후의 내용을 진행하면서 조금씩 익혀봅시다.

2.5.1 ― 소수

1과 자신만으로 나누어지는 2 이상의 정수를 "소수(prime number)"라고 부릅니다. 반대로 그렇지 않은 2 이상의 정수를 "합성수(composite number)"라고 부릅니다. 다음 그림에 표시된 것처럼 소수는 2, 3, 5, 7, 11, 13, 17, 19, …처럼 나아갑니다. 어떤 정수가 소수인지 확인하는 빠른 판정 방법은 ⇨ 3.1절에서 다룹니다.

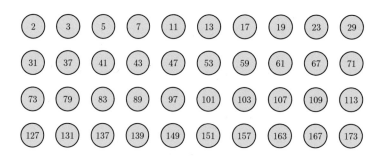

2.5.2 ― 최대공약수와 최소공배수

2개 이상의 양의 정수에 공통되는 약수(공약수) 중에서 가장 큰 것을 "최대공약수"라고 부릅니다. 예를 들어서 6과 9의 최대공약수는 3입니다. 6의 약수는 "1, 2, 3, 6"이고, 9의 약수는 "1, 3, 9"입니다. 여기에서 공통된 약수 중 가장 큰 약수는 3이기 때문입니다.

또한 2개 이상의 양의 정수에 공통되는 배수(공배수) 중에서 가장 작은 것을 "최소공배수"라고 부릅니다. 예를 들어서 6과 9의 최소공배수는 18입니다. 6의 배수는 "6, 12, 18, 24, 30, …", 9의 배수는 "9, 18, 27, 36, 45, …"처럼 이어집니다. 여기에서 공통된 최소 수는 18이기 때문입니다.

2개의 양의 정수 a, b에는 다음과 같은 성질이 성립하므로, 최대공약수와 최소공배수 중에서 한쪽만 구하면, 다른 한쪽을 간단하게 구할 수 있습니다.

$$a×b=(a와\ b의\ \textbf{최대공약수})×(a와\ b의\ \textbf{최소공배수})$$

참고로 최대공약수는 유클리드호제법(➡ 3.2절)을 사용하면, 효율적으로 계산할 수 있습니다.

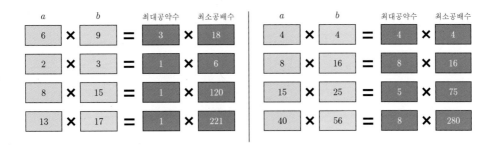

2.5.3 — 팩토리얼(계승)

양의 정수 N이 있을 때, 1부터 N까지의 곱 $1×2×3×\cdots×N$을 N 팩토리얼(N의 계승)이라고 부르며, $N!$이라고 표기합니다. 예를 들어서

$$2!=1×2=2$$
$$3!=1×2×3=6$$
$$4!=1×2×3×4=24$$
$$5!=1×2×3×4×5=120$$

입니다. 참고로 다음 표는 N = 30까지를 나타내본 것입니다. 굉장히 빠른 속도로 값이 증가함을 알 수 있습니다. 팩토리얼은 계산 횟수 평가뿐만 아니라 경우의 수(➡ 3.3절), 수를 세는 문제(➡ 4.6절), 상태 수 예측(➡ 5.10절)에서도 사용됩니다.

N	$N!$
1	1
2	2
3	6
4	24
5	120
6	720
7	5,040
8	40,320
9	362,880
10	3,628,800
11	39,916,800
12	479,001,600
13	6,227,020,800
14	87,178,291,200
15	1,307,674,368,000

N	$N!$
16	20,922,789,888,000
17	355,687,428,096,000
18	6,402,373,705,728,000
19	121,645,100,408,832,000
20	2,432,902,008,176,640,000
21	51,090,942,171,709,440,000
22	1,124,000,727,777,607,680,000
23	25,852,016,738,884,976,640,000
24	620,448,401,733,239,439,360,000
25	15,511,210,043,330,985,984,000,000
26	403,291,461,126,605,635,584,000,000
27	10,888,869,450,418,352,160,768,000,000
28	304,888,344,611,713,860,501,504,000,000
29	8,841,761,993,739,701,954,543,616,000,000
30	265,252,859,812,191,058,636,308,480,000,000

2.5.4 수열 기본

수열이란 "수의 나열"이라는 의미입니다. 간단한 예로 다음과 같은 모든 것이 수열입니다.

- 1, 2, 3, 4, 5, 6, 7, …(양의 정수를 작은 것부터 나열)

- 1, 4, 9, 16, 25, 36, 49, …(양의 정수를 제곱해서 나열)

- 3, 1, 4, 1, 5, 9, 2, …(원주율의 숫자를 나열)

일반적으로 수열 A의 앞에서 i번째에 있는 요소를 "i번째 항"이라고 부르며, A_i라고 표기합니다. 예를 들어서 양의 정수를 제곱해서 나열한 수열 $A=(1, 4, 9, 16, 25, …)$의 경우, 4번째 항을 나타내는 A_4는 16입니다.

등차수열과 등비수열

고전적인 수열로 등차수열과 등비수열이 있습니다. 등차수열은 두 항의 차이가 일정한 수열, 등비수열은 두 항의 비율이 일정한 수열입니다. 이 외에도 1, 1, 2, 3, 5, 8, 13, …처럼 "앞의 두 항을 더해서 만들어지는 수열"처럼 다양한 규칙을 가진 수열들이 있습니다. 이처럼 이전 항에 따라서 수열의 값이 결정되는 관계식을 '점화식'이라고 부르며, 이와 관련된 자세한 내용은 ➡ 3.7절에서 설명하겠습니다. 참고로, 점화식을 접근 방법으로 활용하면 다양한 알고리즘 문제를 해결할 수 있습니다.

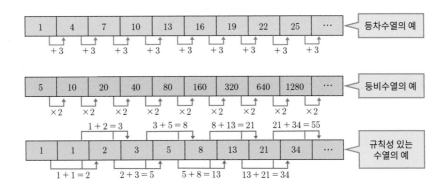

유한수열과 무한수열

수열을 "규칙을 갖고 무한하게 이어지는 것"이라고 생각하는 사람도 있을 것입니다. 하지만 A=(9, 9, 8, 2, 4, 4, 3, 5, 3)처럼 규칙성 없이 유한한 수의 나열도 수열입니다. 이처럼 마지막 항을 가진 수열을 "유한수열"이라고 부르며, 무한하게 항이 이어지는 무한수열과 구별합니다. 또한 항의 수가 N인 수열은 "길이가 N인 수열"이라고도 부르기도 합니다.

유한 수열은 프로그래밍에서의 "배열/리스트"와 비슷한 것입니다. 특별한 규칙 없이 단순하게 수가 N개 나열되어 있는 것이라고 생각하는 것도 좋습니다. 참고로 이 책을 포함해서 대부분의 프로그래밍 문제들은 유한수열의 항 형태를 사용해서 문제를 설명하는 경우가 많습니다(➡ 2.1.4항).

2.5.5 ─ 집합 기본

집합이란 여러 대상이 모여있는 것을 의미합니다. 예를 들어서 다음 그림에서 "야구 동아리 멤버"와 같은 하나의 그룹을 "집합"이라고 부릅니다. 추가적으로 집합에 속하는 하나하나의 대상을 "원소"라고 부릅니다. 예를 들어 "야구 동아리 멤버"라는 집합의 원소는 A, B, C로 3명입니다.

기본적으로 집합은 다음 페이지의 예처럼 요소를 나열하는 형태로 표기합니다. 집합에서 순서는 아무 의미 없습니다. 순서에 의미가 없다는 것은 꼭 기억해 주세요[1].

- 야구 동아리 집합을 A라고 하면 A = {A, B, C}
- 바둑 동아리 집합을 B라고 하면 B = {H, I, J}

또한 문제에서 생각할 수 있는 모든 원소를 "전체 집합"이라고 부르며, U라고 표기하는 경우가 많습니다. 예를 들어서 앞 페이지의 그림은 교실의 학생 10명 모두가 전체 집합 U입니다.

추가적인 집합 예

그럼 조금 수학적인 집합 예를 들어보겠습니다. 예를 들어 20 이하의 소수 집합을 C라고 하면, C의 원소는 2, 3, 5, 7, 11, 13, 17, 19입니다. 따라서 C = {2, 3, 5, 7, 11, 13, 17, 19}라고 표기합니다.

참고로 "모든 정수" 또는 "모든 자연수"처럼 원소 수가 유한하지 않은 집합(무한 집합)도 있습니다. 다만 알고리즘 문제의 경우 대부분 원소 수가 유한한 집합(유한 집합)을 다룹니다.

집합과 관련된 용어

이어서 집합과 관련된 용어와 기호 중에서 중요한 것들을 몇 가지 정리해 보겠습니다.

용어	기호	설명
공집합	{}	아무것도 포함되지 않은 집합
포함 관계	$x \in A$	집합A에 요소 x가 포함된다는 의미
집합 A의 원소 수	$|A|$	집합 A에 속하는 요소 수
교집합	$A \cap B$	집합 A와 B 공통 부분(양쪽 모두에 포함되는 원소의 집합)
합집합	$A \cup B$	집합 A와 B 중에서 적어도 한쪽에 포함되는 부분
A는 B의 부분 집합	$A \subset B$	집합A의 요소가 모두 집합 B에 포함된다는 의미

---

1 이와 같은 집합 표기법을 "원소나열법"이라고 합니다. 이 이외에도 A = {x | 조건 T}라고 쓰는 "조건제시법"도 있습니다. 이는 전체 집합 U 내부에서 조건 T를 만족하는 원소가 집합 A에 포함된다는 의미입니다. 예를 들어서 U = {1, 2, 3, 4, 5, 6, 7}이고, A = {x | x는 홀수}라고 한다면, A = {1, 3, 5, 7}입니다.

예를 들어서 A = {1, 2, 3, 4}, B = {2, 3, 5, 7, 11}이라면, 각 집합의 요소 수는 $|A|$=4, $|B|$=5입니다.
또한 합집합과 교집합 등은 다음과 같습니다.

- 4 ∈ A(4는 집합 A에 포함됨)

- A ∩ B = {2, 3}

- A ∪ B = {1, 2, 3, 4, 5, 7, 11}

다음 그림은 교집합과 합집합을 그림으로 나타낸 것입니다. 집합과 관련된 지식은 수학적 접근 방법을
다룰 때(➡ 5.4절) 사용해 보겠습니다.

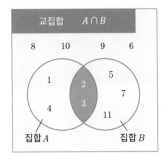
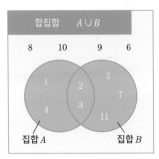
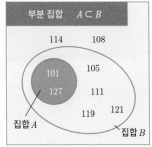

2.5.6 — 필요조건과 충분조건

어떤 조건X를 만족하기 위해서, 반드시 조건A를 만족해야 한다면, "조건A는 조건X의 필요조건"이라고
표현합니다. 예를 들어 "시험 점수가 60점 이상"은 "시험 점수가 80점 이상"의 필요조건입니다.

반면 조건A만 충족하면, 조건X가 충족될 때 "조건A는 조건X의 충분조건"이라고 이야기합니다. 예를 들
어 "시험 점수가 80점 이상"은 "시험 점수가 60점 이상"의 충분조건입니다.

조금 더 수학적인 예를 소개하겠습니다. 조건X를 "N은 3 이상인 소수"라고 할 때

- "N이 홀수이다"는 조건X의 필요조건

- "N이 5 또는 11이다"는 조건X의 충분조건

입니다. 다음 그림처럼 나타낼 때 범위가 넓은 쪽이 필요조건이고, 범위가 좁은 쪽이 충분조건입니다.

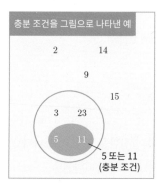

추가적으로 조건X가 조건Y의 필요조건이면서도 충분조건인 경우, "조건X는 조건Y의 필요충분조건" 또는는 "조건X와 조건Y는 동치"라고 이야기 합니다.

필요조건과 충분조건은 알고리즘의 정당성을 증명할 때(➡ 5.8절), 문제의 조건을 변경해서 접근할 때(➡ 5.10절) 등의 상황에서 사용합니다.

2.5.7 ─ 절대 오차와 상대 오차

근삿값 a와 이론값 b의 오차를 평가하는 방법으로 다음과 같은 두 가지 방법이 있습니다.

용어	의미	계산식
절대 오차	숫자 자체의 차이	$\lvert a-b \rvert$
상대 오차	오차의 비율	$\dfrac{\lvert a-b \rvert}{b}$

예를 들어서 근삿값이 103, 이론값이 100이라면 절대 오차는 3이고 상대 오차는 0.03입니다. 참고로 절대 오차가 같더라도 상대 오차가 다른 경우가 있을 수 있으므로 주의해 주세요.

알고리즘을 설계할 때는 반드시 오차를 함께 생각해야 합니다. 예를 들어서 몬테카를로법(➡ 3.5절), 부동소수점 숫자(➡ 5.10절) 등에서 사용합니다.

2.5.8 ── 폐구간, 반개구간, 개구간 ────────

수학과 알고리즘에서는 다음과 같은 표기를 사용해서 구간을 나타냅니다.

이름	기호	의미
폐구간	$[l, r]$	l 이상, r 이하인 구간
반개구간	$[l, r)$	l 이상, r 미만인 구간
(반개구간)	$(l, r]$	l 초과, r 이하인 구간
개구간	(l, r)	l 초과, r 미만인 구간

특히 배열 인덱스처럼 숫자가 정수라는 것을 알 때, 예를 들어 반개 구간 $[l, r)$은 $l, l+1, \cdots, r-1$을 의미합니다. 다음 그림은 l = 2, r = 6일 때의 인덱스를 나타낸 것입니다.

참고로 반개구간 등의 접근 방식은 분할 정복법, 병합 정렬(➡ 3.6절)에서 사용합니다.

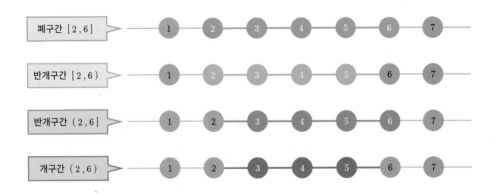

2.5.9 ── 시그마 기호 ────────

시그마 기호는 총합을 나타내는 기호입니다. 수식으로 작성해 보면, 다음과 같습니다.

$$A_L + A_{L+1} + \cdots + A_R = \sum_{i=L}^{R} A_i$$

그럼 구체적인 예를 몇 가지 들어보겠습니다. 1+2+3+4+5=15, $1^2+2^2+3^2+4^2+5^2=55$를 시그마 기호로 나타내보면, 다음과 같습니다.

오른쪽 식은 조금 복잡하지만, for 반복문으로 i = 1, 2, 3, 4, 5을 반복하며 i^2를 더한다고 생각하면 조금 쉽게 이해할 수 있을 것입니다.

$$\sum_{i=1}^{5} i = 15 \qquad \sum_{i=1}^{5} i^2 = 55$$

추가적으로 시그마를 중첩해서 사용할 수도 있습니다. 예를 들어 다음 식은 $2 \le i \le 3, 4 \le j \le 5$를 만족하는 모든 정수 조합 (i, j)로 i + j 값을 계산한 뒤 합한 값을 의미합니다. 2 + 4 = 6, 2 + 5 = 7, 3 + 4 =7, 3 + 5 = 8이므로 이를 모두 더하면 6 + 7 + 7 + 8 = 28이 나옵니다.

$$\sum_{i=2}^{3}\sum_{j=4}^{5}(i+j) = 28$$

시그마를 중첩하는 형태는 조금 이해하기 힘들 수 있지만, 다음 그림처럼 바둑판 형태로 생각해 보면 조금 더 쉽게 이해할 수 있을 것입니다. 참고로 시그마 기호는 3번 이상 중첩하는 것도 가능합니다(➡ 연습 문제 2.5.5). 시그마 기호는 수학적 접근 방법 편에서 "더한 횟수를 생각하는 테크닉(➡ 5.7절)", "대칭성을 사용하는 테크닉(➡ 5.10절)" 등에서 사용해 보겠습니다.

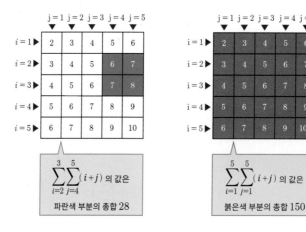

2.5.10 — 합의 공식

일부 시그마 계산은 다음과 같이 간단하게 계산할 수 있습니다. 예를 들어서 1.1절에서 소개한 "1부터 100까지의 정수를 모두 더하는 문제"는 공식을 활용해서 100 × 101 ÷ 2 = 5050으로 계산할 수 있습니다. 두 번째 식은 스스로 도출해 내기 어려우므로, 그냥 간단하게 기억해 둡시다.

$$\sum_{i=1}^{N} i = 1 + 2 + \cdots + N = \frac{N \times (N+1)}{2}$$
$$\sum_{i=1}^{N} i^2 = 1^2 + 2^2 + \cdots + N^2 = \frac{N \times (N+1) \times (2N+1)}{6}$$

추가적으로 c가 1 미만인 양의 정수라면, $1+c+c^2+c^3+\cdots$의 값이 $\frac{1}{1-c}$입니다. 특히 $c = \frac{1}{2}$라면, $1+1/2+1/4+1/8+\cdots=2$입니다. 조금 이해가 어렵다면, 길이가 2cm인 종이를 절반씩 n번 잘라냈을 때, 남은 부분이 $\left(\frac{1}{2}\right)^{n-1}$ cm가 된다는 것을 생각해 보기 바랍니다. 조금은 이해가 더 쉽게 될 것입니다.

이번 절에서 소개한 합의 공식은 기댓값을 사용한 알고리즘(➡ 3.4절), 계산 횟수를 예측할 때 사용합니다.

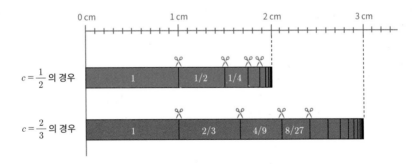

2.5.11 — 이후에 배우는 새로운 수학 지식

마지막으로 3장과 4장에서 새로 배울 수학 지식들을 미리 이름만이라도 소개하겠습니다. 3장과 4장은 알고리즘을 다루지만, 관련된 수학 지식도 함께 병행해서 설명할 예정입니다.

- 귀류법(➡ 3.1절)

- 곱의 법칙, $_nP_r$, $_nC_r$(➡ 3.3절)

- 확률과 기댓값(➡ 3.4절)

- 평균과 표준편차(➡ 3.5절)

- 수열 점화식(➡ 3.7절)

- 미분법과 적분법(➡ 4.3절/4.4절)

- 벡터와 행렬(➡ 4.1절/➡ 4.7절)

- 그래프 이론(➡ 4.5절)

- 모듈로 역수(➡ 4.6절)

그럼 일단 지금까지 수고하셨습니다. 3장부터는 본격적으로 알고리즘을 살펴보겠습니다.

연습 문제

문제 2.5.1 ★

다음 두 값을 각각 계산해 주세요.

$$\sum_{i=1}^{100} i$$
$$\sum_{i=1}^{3} \sum_{j=1}^{3} ij$$

문제 2.5.2 ★

집합 S = {2, 4, 7}, T = {2, 3, 8, 9}가 있을 때, 다음 질문에 답해 주세요.

1. |S|, |T|의 값을 구하시오.
2. S ∪ T를 구해 주세요.
3. S ∩ T를 구해 주세요.
4. S의 부분 집합 중 공집합이 아닌 집합들을 모두 적어주세요.

문제 2.5.3 　문제 ID : 010 ★★

1 이상 20 이하의 정수 N를 입력받고, N!을 출력하는 프로그램을 만들어주세요.

제약: $1 \leq N \leq 20$, N은 정수

입력: N

출력: 답을 출력해 주세요.

입력 예

```
5
```

출력 예

```
120
```

문제 2.5.4   `문제 ID : 011` ★★★

양의 정수 N을 입력받고, N 이하의 소수를 작은 순서대로 출력하는 프로그램을 작성해 주세요. 이 문제는 에라토스테네스의 체(⇒ 4.4절)를 사용하면 복잡도 $O(NlogN)$으로 풀 수 있습니다. 하지만 일단 지금은 $O(N^2)$으로 풀어도 괜찮습니다.

제약: $2 \leq N \leq 3000$, N은 정수

입력: N

출력: N 이하의 소수를 오름차순으로 출력해 주세요. 각각의 소수 사이에는 띄어쓰기를 하나씩 넣습니다.

입력 예

```
10
```

출력 예

```
2 3 5 7
```

문제 2.5.5   ★★★

프로그램을 작성하지 않고, 다음 값을 계산해 주세요. (5.10절)

$$\sum_{a=1}^{4} \sum_{b=1}^{4} \sum_{c=1}^{4} abc$$

문제 2.5.6   ★★

반개 구간 [a, b)와 반개 구간 [c, d)가 공통 부분을 가지려면, 어떤 조건이 필요한지 식으로 표현해 주세요.

문제 2.5.7   ★★★

다음 프로그램의 실행이 종료되었을 때, cnt에 어떤 값이 들어있을지 예측해 주세요. 추가적으로 프로그램의 복잡도를 O 표기법으로 나타내 주세요.

```
cnt = 0
for i in range(1, n + 1):
    for j in range(1, n + 1):
        cnt += 1
```

칼럼 1 프로그래밍 대회에 대해서

프로그래밍 대회는 문제를 풀면서, 프로그래밍 능력과 효율적인 알고리즘을 생각하는 능력을 평가하는 대회입니다. 일반적으로 다음과 같은 형식으로 진행됩니다.

- 대회 시작과 동시에 참가자들에게 여러 개의 문제가 주어집니다.

- 제한 시간(예: 2시간) 내에 주어진 문제를 푸는 프로그램을 작성합니다.

- 정상적으로 작동하는 프로그램을 제출하면, 점수가 주어집니다.

- 다음 그림처럼 점수가 높은 순서로 순위를 매깁니다. 점수가 같다면, 프로그램 실행에 걸린 시간을 기반으로 순위를 결정합니다.

프로그래밍 대회에서는 간단한 문제부터 어려운 문제까지 폭넓은 난이도의 문제가 출제됩니다. 따라서 프로그래밍을 처음 공부하는 초보자부터, 이미 숙련된 상급자까지 모두 즐길 수 있습니다. 또한 대학교에서 배우는 기본적인 알고리즘을 조합하면 풀 수 있는 문제가 많으므로, 프로그래밍과 알고리즘을 학습하는 방법으로도 많이 활용됩니다.

등수	아이디	상태 메시지	맞은 문제	제출	정답 비율
1	xiaowuc1	you're a half a world away, but in my mind I whisper every single word you say	13480	19259	72.814%
2	koosaga	シルエットや影が革命をみている。もう天国への自由の階段は無い…	12914	25854	56.978%
3	thenitromefan	.	11589	18316	65.787%
4	jhnah917	justiceHui.github.io	NLP@HCPCWFSharm	9917	20466	58.865%
5	dotorya	.	9325	16026	63.182%
6	kyo20111	https://jooddae.tistory.com/	7266	18028	55.682%
7	opera_tive	Je ne sais pas encore qui vous êtes, mais je vous aime tellement.	6790	9809	77.715%
8	index	not air	6490	9300	74.839%
9	jh05013	https://jh05013.github.io/	6404	11664	67.681%
10	ck186201	지연서배우자	6294	9486	69.363%
11	portableangel	배고프다	6005	14504	47.530%
12	snrnsidy	snrnsidy.tistory.com	5717	12874	49.464%
13	edecudo	ハセ聴せる果てるまで	5487	9625	69.491%
14	cozyyg	#ad_hoc	5362	7264	79.320%

출제되는 문제의 예

그럼 프로그래밍 대회에서 출제된 문제 하나를 예로 소개하겠습니다.

칼럼 1 프로그래밍 대회에 대해서

> 정수 N과 K가 주어집니다. 1부터 N까지의 숫자 중에서 중복 없이 3개의 수를 선택했을 때, 합계가 K가 되는 조합의 수를
> 구하는 프로그램을 작성해 주세요. 예를 들어서 N = 5, K = 9라면, 2 + 3 + 4 = 9와 1 + 3 + 5 = 9로 2가지 조합이 있을
> 수 있습니다. 따라서 답으로 2를 출력하면 됩니다.
>
> 제약: $3 \leq N \leq 5000, 0 \leq K \leq 15000$
>
> 실행 시간 제한: 4초
>
> 출전: AOJ ITP1_7_B – How many ways?를 일부 변형

일단 가장 먼저 떠올릴 수 있는 방법은 3가지 정수 조합을 모두 하나하나 확인하는 것입니다. 하지만 제약의 상한(N=5000)에서는 모두 10^{10}가지 이상의 조합이 나올 수 있으므로, 실행 시간 제한인 4초 이내에 문제를 풀 수 없습니다. 따라서 이 방법으로는 정답이 나온다고 해도 오답 처리됩니다. 그럼 어떻게 해야 할까요? 다음과 같은 성질을 사용하면 됩니다.

- 2개의 정수만 결정하면, 나머지 1개의 정수를 결정할 수 있습니다.

- 예를 들어서 N=5, K=9의 경우, 2개의 정수로 1과 3을 선택했을 때, 남은 정수가 9−1−3=5로 결정됩니다.

이 성질을 사용하면, 2개의 정수를 선택하는 방법만 모두 탐색하면 됩니다. 따라서 복잡도가 $O(N^2)$이므로, 2.4.10항의 표처럼 N=5000인 경우에도 4초 이내로 실행이 종료되므로 정답 처리될 것입니다.

프로그래밍 대회에서는 이처럼 알고리즘을 어느 정도 개선해야 풀 수 있는 문제가 많이 출제됩니다. 따라서 높은 순위를 받으려, 코딩의 속도와 정확성뿐만 아니라, 효율적인 알고리즘을 생각해 낼 수 있는 능력이 중요합니다.

대회의 종류

굉장히 많은 종류의 프로그래밍 대회가 있습니다. 이 책에서는 대표적인 것들을 몇 가지 소개하겠습니다. 대부분의 대회는 개인으로 참가하지만, ICPC처럼 팀으로 참가해야 하는 경우도 있습니다.

- [국내] 백준 온라인 저지

- [국내] SCPC(Samsung Collegiate Programming Cup)

칼럼 1 프로그래밍 대회에 대해서

- [해외] ICPC(국제 대학생 프로그래밍 대회)

- [해외] AtCoder

- [해외] CodeForces

- [해외] TopCoder

칼럼 2 조합 전체 탐색

2.4.6항에서 "N개의 카드가 있고, 각각 정수 A_1, A_2, ⋯, A_N이 적혀있을 때, 선택한 카드에 적혀있는 정수의 총합을 S로 하는 선택 방법이 존재하는지 판정해 주세요"라는 문제를 살펴보았습니다.

그런데 구체적으로 어떻게 구현하면 좋을까요? 2.4.5항처럼 중첩 반복문을 사용해서 구현하면, N개만큼 중첩해서 for 반복문을 작성해야 합니다. 이번에는 다음과 같은 단계에 따라서 간단하게 구현해 봅시다.

단계1: 2진법을 사용해서 선택 방법에 번호 붙이기

일단 다음과 같은 방법을 사용해서, 카드의 선택 방법에 0 이상, 2^{N-1} 범위의 번호를 붙이겠습니다.

- i번째($1 \le i \le N$)의 카드를 선택할 때 P_i=1, 이 외의 것들은 0으로 둡니다.

- 2진법 숫자 $P_N \cdots P_4 P_3 P_2 P_1$을 10진법으로 변환한 값을 선택 방법 번호로 붙입니다.

- 따라서 선택 방법 번호는 $2^{N-1}P_N + \cdots + 8P_4 + 4P_3 + 2P_2 + P_1$이 됩니다(➡ 2.1.7항)

예를 들어서 N = 3이고 1, 3번째 카드를 선택하는 경우, 101을 10진법으로 나타낸 값 "5"가 붙습니다. 참고로 N = 3이라면, 선택 방법과 번호의 대응 관계가 다음 그림처럼 됩니다. 모든 선택 방법에 다른 번호가 매겨지는 것을 확인할 수 있습니다.

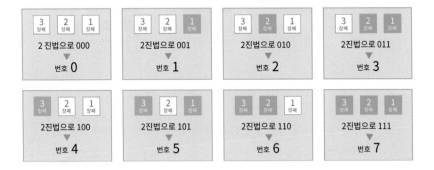

칼럼 2 조합 전체 탐색

단계2: 선택 방법에 붙은 번호로 전체 탐색하기

이어서 선택 방법 번호 $i(0 \leq i \leq 2^{N-1})$를 for 반복문으로 전부 확인하면, 간단하게 구현할 수 있습니다. 구체적인 구현 방법을 적어보면, 다음과 같습니다.

1. $i=0, 1, 2, \cdots, 2^N-1$ 순서로 다음 조작을 합니다.
   - i번째에서 카드에 적혀있는 정수의 총합이 S가 되는지 확인합니다.
   - 정수 i를 2진법 표현으로 변경했을 때, 아래에서 j번째에 있는 값이 1일 때 카드 j를 선택한다는 의미입니다. 이를 활용해서 선택한 카드에 적혀있는 수의 총합을 계산하고, S가 될 경우 Yes를 출력하면 됩니다.
2. 총합이 S가 되는 선택 방법이 존재하지 않을 경우, No를 출력합니다.

예를 들어서 $N=3, S=16, (A_1, A_2, A_3)=(2,5,9)$라고 할 때, 다음 그림과 같은 형태로 동작하면 됩니다. $i=0, 1, 2, 3, 4, 5, 6$을 확인하는 동안에는 총합이 16이 되지 않습니다. 그리고 $i=7$을 확인하면서, 총합이 16이 된다는 것을 확인할 수 있으므로, 이때 Yes를 출력합니다.

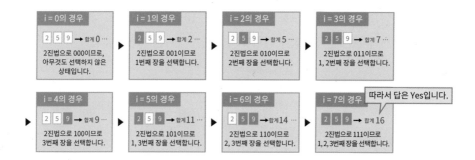

구체적인 구현 예

구현 예는 코드 2.6.1과 같습니다. 참고로 2진법 표현에서 아래에서 j번째 값은 2.1절에서 살펴보았던 방법으로도 확인할 수 있지만, 비트 연산(➡ 2.2절)을 사용해서 다음과 같이 확인하는 것이 훨씬 간단합니다.

- $i \text{ AND } 2^{j-1}=0$이라면, 아래에서 j번째 값이 "0"입니다.
- $i \text{ AND } 2^{j-1} \neq 0$이라면, 아래에서 j번째 값이 "1"입니다.

코드 2.6.1 비트 전체 탐색의 예

```
# 입력
N, S = map(int, input().split())
A = list(map(int, input().split()))

# 모든 패턴 탐색: (1<<N)은 2의 N 제곱
answer = "No"
for i in range(0, 1 << N):
    partsum = 0
    for j in range(0, N):
        # (i & (1 << j)) != 0이라면
        # i의 2진법 표기에서 아래에서 j+1번째 카드가 1이라는 의미입니다.
        # (1 << j)는 파이썬에서 "2의 j 제곱"을 의미합니다.
        if (i & (1 << j)) != 0:
            partsum += A[j]
    if partsum == S:
        answer = "Yes"
        break

# 출력
print(answer)
```

프로그래밍 대회에서는 이와 같은 구현 방법을 "비트 전체 탐색"이라고 부릅니다. 참고로 프로그램의 복잡도가 $O(N2^N)$이므로, N이 조금만 증가해도 답을 구하는 데 걸리는 시간이 급격하게 증가합니다. 예를 들어서 $N=35$, $S=10000$, $A_i=i (1 \le i \le N)$일 때 필자의 환경에서 50분 정도 걸렸습니다.

정리

2.1 수의 분류, 문자식, 2진법

수의 분류

정수: 소수점이 붙어있지 않은 수

실수: 수직선 위에 표현할 수 있는 수[1]

문자식

x, y처럼 문자를 사용해서 표현한 식

$a_1, a_2, \cdots, a_n$ 등의 형태로도 사용할 수 있음

2진법

0과 1만으로 수를 표현하는 방법

$0 \rightarrow 1 \rightarrow 10 \rightarrow 11 \rightarrow 100 \rightarrow \cdots$로 이어짐

---

1 (옮긴이) 여기에서 수직선이란 "90°로 수직한 선"이 아니라, 숫자 직선(Number Line)의 의미입니다.

2.3 다양한 함수

함수란?

입력한 값을 결정하면, 출력값이 하나로 결정되는 관계

예를 들어서 입력을 제곱해서 리턴하는 함수의 경우

$y = x^2$ 또는 $f(x) = x^2$이라고 표기

유명한 함수의 예

1차 함수: $y = ax + b$

2차 함수: $y = ax^2 + bx + c$

다항식 함수: $y = a_n x^n + \cdots + a_2 x^2 + a_1 x + a_0$

지수 함수: $y = a^x$

로그 함수: $y = \log_a x$

2.4 계산 횟수 예측하기 : 전체 탐색과 이진 탐색

계산 횟수를 표기하는 방법

대략적인 계산 횟수를 란다우 O 표기법으로 표기

예: $O(N^2)$, $O(2^N)$, $O(1)$ 등

계산 횟수 예측하기

1초에 10^9회 계산한다면

$O(N^2)$은 $N \leqq 10000$까지는 순식간에 계산

$O(2^N)$은 $N \leqq 25$까지는 순식간에 계산

$O(\log N)$은 충분히 빠름

2.2 기본적인 연산과 기호

기본적인 연산

나머지: a를 b로 나눈 나머지

제곱: a를 b회 곱한 수

루트: 제곱해서 a가 되는 값

비트 연산

2진법으로 만들었을 때, 각 자릿수에 다음과 같은 논리 연산을 적용하는 것

AND: 양쪽 모두 1일 때 1

OR: 적어도 한쪽이 1일 때 1

XOR: 한쪽만 1일 때 1

2.5 추가적인 기본 수학 지식

수열 기본

수를 나열한 것(i번째 항을 A_i라고 작성)

등차 수열은 이웃한 항의 차가 일정함

등비수열은 이웃한 항의 비율이 일정함

집합 기본

여러 대상을 모아놓은 것

$A = \{2, 3, 5, 7, 11\}$ 형태로 표기

합의 공식

$$1 + 2 + \cdots + N = N(N+1)/2$$
$$1^2 + 2^2 + \cdots + N^2 = N(N+1)(2N+1)/6$$
$$1 + c + c^2 + c^3 + \cdots = 1/(1-c)$$

오차

절대 오차: 숫자 자체의 차이 $|a - b|$

상대 오차: 오차의 비율 $|a - b|/b$

그 밖의 기본적인 지식

소수: 1과 자신으로만 나누어지는 수

팩토리얼: $N! = 1 \times 2 \times 3 \times \cdots \times N$

필요조건: 진술이 참이 되기 위해 반드시 충족되어야 하는 조건

충분조건: 만족되었을 때 진술의 참을 보장하는 조건

폐구간 [l, r]: l 이상 r 이하

반개구간 [l, r): l 이상 r 미만

Σ 기호: 여러 값의 총합

3

기본 알고리즘

3.1 소수 판정법

이번 절에서는 자연수 N이 소수(➡ 2.5.1항)인지 판정하는 방법에 대해 살펴보겠습니다. 추가적으로 '귀류법'이라는 고전적인 증명 방법을 소개하고, 알고리즘의 정당성을 나타내는 방법 하나를 소개하겠습니다.

참고로 이 책의 자동 채점 시스템에는 N이 소수인지 판정하는 문제(3.1.2항 / 문제 ID : 012), N의 약수를 출력하는 문제(3.1.5항 / 문제 ID : 013)도 등록되어 있습니다.

3.1.1 ── 단순한 소수 판정법

일단 53이 소수인지 판정해 봅시다. 다음은 53을 2부터 53까지의 자연수로 나누어서 소수인지 판정하는 굉장히 기본적인 방법입니다. 하지만 계산에 시간이 꽤 걸립니다.

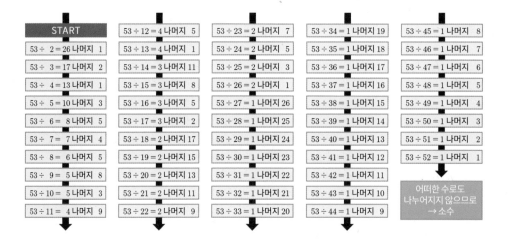

정수 N이 있을 때, 2부터 N − 1까지의 자연수로 나누서 나누어 떨어지지 않는 수인지 확인해 보면, N이 소수라는 것을 판정할 수 있습니다. 이를 코드로 구현해 보면, 코드 3.1.1과 같습니다. 하지만 복잡도가 $O(N)$이므로 굉장히 느립니다. 예를 들어 이 방법으로 $10^{12}+39$가 소수인지 판정해 보면, 일반적인 가정용 컴퓨터에서 10분 이상 걸립니다[1].

코드 3.1.1 소수 판정 프로그램

```
# 2 이상의 정수 N을 매개변수로 받고, N이 소수라면 True를,
# 아니라면 False를 리턴하는 함수
```

---

[1] 1초에 10억 회 정도 계산한다고 가정한 시간입니다. 다만 나머지 연산은 덧셈과 뺄셈에 비해서 시간이 오래 걸리는 연산이므로, 실제 계산 시간은 더 오래 걸릴 것입니다.

```
def isprime(N):
    for i in range(2, N):
        if N % i == 0:
            # N이 i으로 나누어지는 경우, 이 시점에서 소수가 아니라는
            # 것을 알 수 있음
            return False
    return True


N = int(input())
if isprime(N):
    print("prime")
else:
    print("not prime")
```

3.1.2 — 빠른 소수 판정 방법

사실 2부터 N − 1까지 모두 확인할 필요가 없고, $\lfloor\sqrt{N}\rfloor$까지만 나누어보면 소수인지 판정할 수 있습니다. 반대로 모든 합성수는 2 이상, $\sqrt{N}$ 이하의 정수로 반드시 나누어집니다.

예를 들어서 $\sqrt{53} = 7.28\cdots$이므로 2, 3, 4, 5, 6, 7까지만으로 나누어보면 "53은 소수이다"라고 말할 수 있습니다. 또 다른 예로 77의 경우, $\sqrt{77} = 8.77\cdots$이므로, 2부터 8까지로만 나누어보면 됩니다. 이 과정에서 7로 나누어지므로, 77은 합성수입니다.

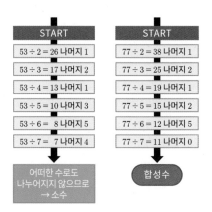

이 알고리즘의 복잡도는 $O(\sqrt{N})$입니다. 코드로 구현한다면, 코드 3.1.2와 같이 구현할 수 있습니다. 이는 이전 절에서 설명한 방법과 비교해서 훨씬 빠릅니다. 예를 들어서 $10^{12}+39$가 소수인지 확인하는 경우, 0.01초 정도 만에 결과가 구해집니다.

코드 3.1.2 **빠르게 소수 판정하는 프로그램**

```python
# 2 이상의 정수 N을 매개변수로 전달하면
# N이 소수일 때 True, 소수가 아닐 때 False를 리턴하는 함수
def isprime(N):
    LIMIT = int(N ** 0.5)
    for i in range(2, LIMIT + 1):
        if N % i == 0:
            return False
    return True


N = int(input())
if isprime(N):
    print("prime")
else:
    print("not prime")
```

그런데 이 알고리즘은 정말 제대로 작동할까요?

'귀류법'이라는 증명 기법을 사용해서 이를 증명해 보겠습니다. 그럼 일단 귀류법이 무엇인지 살펴봅시다.

3.1.3 — 귀류법이란?

다음과 같은 흐름으로 "어떤 사실 F가 참이다"를 증명하는 방법을 귀류법 또는 배리법이라고 부릅니다.

- '사실 F'가 틀렸다고 가정할 때, 모순이 발생하는지 확인합니다.

예를 들어서 "삼각형의 내각 중 적어도 하나는 반드시 60° 이상이다"라는 사실이 있다면, 다음과 같은 순서로 증명할 수 있습니다.

- 사실이 거짓이라면, 모든 내각이 60° 미만이어야 합니다. 따라서 이렇게 가정합니다.

- 이렇게 가정하면, 삼각형 내각의 합이 "60° 미만 + 60° 미만 + 60° 미만 = 180° 미만"이 되어버립니다.

- 하지만 삼각형 내각의 합은 반드시 180°여야 합니다.

- 따라서 '사실이 거짓이다'라고 가정하면, 모순이 발생합니다.

- 하지만 삼각형 내각의 합은 반드시 180°가 되어야 합니다.

- 따라서 틀렸다고 했던 가정에 모순이 발생합니다.

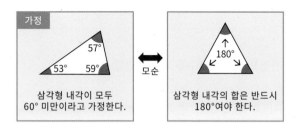
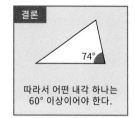

3.1.4 — 알고리즘의 정당성 증명하기

다음과 같이 3.1.2항에서 살펴보았던 소수 판정 알고리즘이 참이라는 것(즉 "N이 합성수라면 2 이상, N 이하의 약수가 존재한다"라는 것)은 귀류법을 사용해서 다음과 같이 증명할 수 있습니다.

- 어떤 사실 F가 성립하지 않는다고 가정합니다. 즉 N이 합성수라면, 1을 제외한 최소 $\sqrt{N}$의 약수 A가 $\sqrt{N}$을 넘는다고 가정합니다.

- 약수의 성질로 인해서 A × B = N이 되는 양의 정수 B가 존재해야 합니다. 이때 B는 N의 약수입니다.

- 하지만 $B=N/A<N$입니다. 이는 2 이상의 최소 약수가 A라는 것과 모순됩니다.

- 가정이 성립하지 않으므로, 사실 F는 참입니다.

구체적인 예로 "1이 아닌 77의 약수 중에서 가장 작은 것"이 11이라고 가정(사실 F가 성립하지 않는다고 가정)해 봅시다. 그런데 11×7=77이 되므로, 77의 약수에 7이 포함됩니다. 따라서 11이 최소의 약수라는 것과 모순됩니다. 최소인 약수가 $\sqrt{7}$을 넘는 경우, 이러한 일이 반드시 일어나버립니다.

참고로 25, 49, 121처럼 "소수의 제곱으로 나타내지는 수"는 2 이상인 최소의 약수가 딱 N이 되므로, 주의해 주세요.

3.1.5 — 응용 예: 약수 모두 출력하기

마지막으로 소수 판정과 비슷하게, 다음 과정으로 N의 약수를 모두 출력할 수 있습니다.

1. $i = 1, 2, 3, \cdots, \lfloor\sqrt{N}\rfloor$일 때, N이 i로 나누어지는지 확인합니다.

2. 나누어지는 경우 i와 N/i는 약수입니다. 이를 출력합니다.

예를 들어서 N = 100이라면 1부터 10까지로 나누어본 뒤, 나누어진 수를 기반으로 "100 ÷ 나누어진 수"를 추가하면 100의 약수를 모두 구할 수 있습니다.

이것이 성립하는 이유는 100을 "100의 약수 중 11 이상인 것"으로 나누었을 때, "100의 약수 중 10 이하인 것"이 되기 때문입니다. 예를 들어서 100을 25로 나누면, 4가 됩니다. 그런데 25라는 약수는 4로 나누는 시점에 이미 발견됩니다.

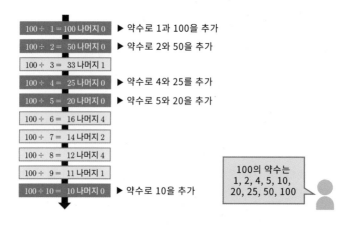

이 알고리즘의 복잡도는 $O(\sqrt{N})$입니다. 코드 3.1.3은 N의 양수를 모두 출력합니다(오름차순으로 출력한다고 할 수는 없습니다).

코드 3.1.3 약수를 모두 출력하는 프로그램

```python
# 입력
N = int(input())

# 모든 약수를 구하고, 배열 divisors에 넣음
LIMIT = int(N ** 0.5)
divisors = []
for i in range(1, LIMIT + 1):
    if N % i == 0:
        divisors.append(i)
        if i != N // i:
            divisors.append(N // i)

# 오름차순으로 정렬 → 출력
# sort는 오름차순으로 정렬하는 함수(3.6.1항에서 설명)
divisors.sort()
for i in divisors:
    print(i)
```

연습 문제

문제 3.1.1 ★

3.1.2항에서 설명한 방법을 사용해서 자신의 나이가 소수인지 판정해 보세요.

문제 3.1.2 문제 ID : 014 ★★

자연수 N을 소인수 분해하는 프로그램을 작성해 주세요. 여기에서 소인수 분해란

$286 = 2 \times 11 \times 13$

$20211225 = 3 \times 5 \times 5 \times 31 \times 8693$

처럼 자연수를 소수의 곱셈 형태로 표현하는 것을 의미합니다. 복잡도는 $O(\sqrt{N})$으로 나오는 것이 좋습니다.

제약: $2 \leq N \leq 10^{12}$, N은 정수

입력: N

출력: N의 소인수를 오름차순으로 출력해 주세요. 같은 소인수가 여러 개 있는 경우, 여러 번 모두 출력해 주세요.

입력 예1

```
10
```

출력 예1

```
 2 5
```

10=2×5입니다.

입력 예2

```
36
```

출력 예2

```
 2 2 3 3
```

36=2×2×3×3입니다.

3.2 유클리드 호제법

이번 절에서는 자연수 A와 B의 최대공약수(➡ 2.5.2항)를 구하는 문제를 살펴봅시다. 3.1절에서 다루었던 소수 판정 방법과 마찬가지로 단순한 방법으로 계산하면, 시간이 꽤 오래 걸립니다. 하지만 유클리드 호제법을 사용하면, 복잡도 $O(log(A+B))$로 답을 구할 수 있습니다. 이번 절에서는 알고리즘을 소개하면서, 복잡도에 log가 나오는 이유를 설명하겠습니다. 덧붙여 본서의 자동 채점 시스템에서는, 2개의 수의 최대공약수를 요구하는 문제(3.2.2항/문제 ID : 015)도 등록되어 있습니다.

3.2.1 ── 단순한 알고리즘

일단 33과 88의 최대공약수를 계산해 봅시다. 일단 답은 33 이하일 것입니다. 따라서 다음과 같이 33과 88을 1, 2, …, 33까지 각각의 수로 나누어보면서 확인하는 방법으로 최대공약수를 구할 수 있을 것입니다. 하지만 손으로 계산해 보아도 시간이 꽤 오래 걸립니다.

33 ÷ 1 = 33 나머지 0	88 ÷ 1 = 88 나머지 0	33 ÷ 13 = 2 나머지 7	88 ÷ 13 = 6 나머지 10	33 ÷ 25 = 1 나머지 8	88 ÷ 25 = 3 나머지 13
33 ÷ 2 = 16 나머지 1	88 ÷ 2 = 44 나머지 0	33 ÷ 14 = 2 나머지 5	88 ÷ 14 = 6 나머지 4	33 ÷ 26 = 1 나머지 7	88 ÷ 26 = 3 나머지 10
33 ÷ 3 = 11 나머지 0	88 ÷ 3 = 29 나머지 1	33 ÷ 15 = 2 나머지 3	88 ÷ 15 = 5 나머지 13	33 ÷ 27 = 1 나머지 6	88 ÷ 27 = 3 나머지 7
33 ÷ 4 = 8 나머지 1	88 ÷ 4 = 22 나머지 0	33 ÷ 16 = 2 나머지 1	88 ÷ 16 = 5 나머지 8	33 ÷ 28 = 1 나머지 5	88 ÷ 28 = 3 나머지 4
33 ÷ 5 = 6 나머지 3	88 ÷ 5 = 17 나머지 3	33 ÷ 17 = 1 나머지 16	88 ÷ 17 = 5 나머지 3	33 ÷ 29 = 1 나머지 4	88 ÷ 29 = 3 나머지 1
33 ÷ 6 = 5 나머지 3	88 ÷ 6 = 14 나머지 4	33 ÷ 18 = 1 나머지 15	88 ÷ 18 = 4 나머지 16	33 ÷ 30 = 1 나머지 3	88 ÷ 30 = 2 나머지 28
33 ÷ 7 = 4 나머지 5	88 ÷ 7 = 12 나머지 4	33 ÷ 19 = 1 나머지 14	88 ÷ 19 = 4 나머지 12	33 ÷ 31 = 1 나머지 2	88 ÷ 31 = 2 나머지 26
33 ÷ 8 = 4 나머지 1	88 ÷ 8 = 11 나머지 0	33 ÷ 20 = 1 나머지 13	88 ÷ 20 = 4 나머지 8	33 ÷ 32 = 1 나머지 1	88 ÷ 32 = 2 나머지 24
33 ÷ 9 = 3 나머지 6	88 ÷ 9 = 9 나머지 7	33 ÷ 21 = 1 나머지 12	88 ÷ 21 = 4 나머지 4	33 ÷ 33 = 1 나머지 0	88 ÷ 33 = 2 나머지 22
33 ÷ 10 = 3 나머지 3	88 ÷ 10 = 8 나머지 8	33 ÷ 22 = 1 나머지 11	88 ÷ 22 = 4 나머지 0	양쪽을 나눌 수 있는 가장 큰 수는 11	→ 최대공약수는 11
33 ÷ 11 = 3 나머지 0	88 ÷ 11 = 8 나머지 0	33 ÷ 23 = 1 나머지 10	88 ÷ 23 = 3 나머지 19		
33 ÷ 12 = 2 나머지 9	88 ÷ 12 = 7 나머지 4	33 ÷ 24 = 1 나머지 9	88 ÷ 24 = 3 나머지 16		

이와 같이 양의 정수 A와 B의 최대공약수를 구할 때는 1부터 min(A, B)까지로 나누어 보는 방법으로 구할 수 있습니다. 이는 코드 3.2.1처럼 구현할 수 있습니다. 하지만 나머지 계산을 2 × min(A, B)회 해야 하므로, 효율적이지는 않습니다.

코드 3.2.1 최대공약수를 구하는 프로그램

```python
# 양의 정수 A와 B의 최대공약수를 리턴하는 함수
# GCD는 Greatest Common Divisor(최대공약수)의 약자
def GCD(A, B):
    answer = 0
    for i in range(1, min(A, B) + 1):
        if A % i == 0 and B % i == 0:
```

```
            answer = i
    return answer

A, B = map(int, input().split())
print(GCD(A, B))
```

3.2.2 효율적인 알고리즘 : 유클리드 호제법

사실 다음 방법을 사용하면, 두 수의 최대공약수를 빠르게 계산할 수 있습니다.

1. "두 수 중에 큰 수"를 "두 수 중에 작은 수로 나눈 나머지"로 변경하는 조작을 반복합니다.

2. 한쪽이 0이 되면 조작을 종료합니다. 이때 다른 한쪽의 수가 최대공약수입니다.

예를 들어서 다음은 이 방법으로 33과 88의 최대공약수, 123과 777의 최대공약수를 계산한 것입니다. 이전에 설명한 방법과 비교해서 계산 횟수가 확실히 적습니다.

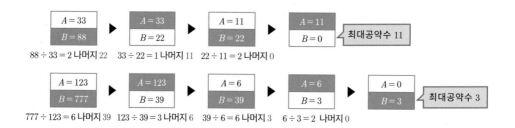

이와 같은 알고리즘을 유클리드 호제법이라고 부릅니다. A와 B의 최대공약수를 구할 때 복잡도가 $O(\log (A+B))^2$이므로, A와 B가 10^{18} 정도라도 순식간에 결과를 계산할 수 있습니다.

실제 구현 예로 코드 3.2.2를 살펴봅시다. A와 B의 대소 관계에 따라서 조작이 달라지므로, if 조건문을 사용해서 경우를 분기했습니다. 참고로 재귀 함수(➡ 3.6절)를 사용하면 훨씬 간단하게 만들 수 있습니다.

---

2   예를 들면 A가 B의 배수인 경우는 1회로 계산이 끝나지만, 이번은 최악 계산량(➡ 2.4.11항)을 생각합니다.

코드 3.2.2 유클리드 호제법 구현 예

```python
# gcd는 Greatest Common Divisor(최대공약수)의 약자입니다.
def gcd(a, b):
    while a >= 1 and b >= 1:
        if a < b:
            b = b % a # a < b라면 큰 수를 b로 변경합니다.
        else:
            a = a % b # a >= b라면 큰 수를 a로 변경합니다.

    if a >= 1:
        return a
    return b
```

3.2.3 ── 유클리드 호제법이 작동하는 이유

※ 이번 절은 난이도가 꽤 높으므로, 건너뛰어도 상관없습니다.

유클리드 호제법으로 정확하게 최대공약수를 계산할 수 있는 이유는 조작("두 수 중에 큰 수"를 "두 수 중에 작은 수로 나눈 나머지"로 변경하는 조작)을 반복해도 최대공약수가 변하지 않기 때문입니다. 다음은 33과 88의 최대공약수를 구하는 과정입니다. 모든 과정에서 최대공약수가 11로 유지됩니다.

정말로 이와 같은 내용이 항상 성립할까요? 사각형을 사용해서 설명해 보겠습니다. 일단 "가로A×세로 B 크기의 사각형"이 있다면, "사각형에 타일 형태로 배치할 수 있는 최대 크기 정사각형의 크기가 최대공약수이다"가 성립합니다. 예를 들어서 33과 88의 최대공약수는 11입니다. 따라서 33×88 사각형은 11×11 크기의 정사각형 24개를 타일 형태로 배치할 수 있습니다.

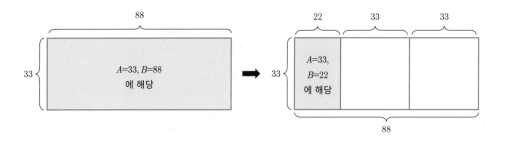

유클리드 호제법에서 반복하는 조작은 다음 그림과 같이 **사각형에서 정사각형들을 제거하는 조작**이라고 할 수 있습니다. 예를 들어서 33×88 사각형에 조작한다면 88÷33=2 나머지 22입니다. 이는 2개의 33×33 정사각형을 제거했을 때, 33×22 사각형이 남는다는 것입니다. 사각형을 (A, B) = (33, 88)이라고 표현하면, 조작을 한 번 했을 때 (33, 22)가 됩니다. 이는 남은 사각형의 크기를 의미합니다.

이를 사용해서 최대공약수가 변화하지 않는 이유를 설명하겠습니다. 첫 번째로 다음과 같은 성질에 의해서, **"조작 후 최대공약수"는 "조작 전 최대공약수 a"의 배수**가 된다는 것을 알 수 있습니다(☆).

- "제거한 정사각형"은 "한 변이 a인 정사각형"을 타일 형태로 배치할 수 있습니다.

- 따라서 "조작 후에 남은 사각형"도 "한 변이 a인 정사각형"을 타일 형태로 배치할 수 있습니다.

예를 들어서 다음 그림을 살펴봅시다. "제거한 33×33 사각형"은 "11×11 정사각형"을 타일 형태로 배치할 수 있습니다. 그리고 "33×88 사각형"뿐만 아니라, 남은 "33×22 사각형"도 "11×11 정사각형"을 타일 형태로 배치할 수 있습니다. 따라서 33과 22의 최대공약수는 11의 배수라고 할 수 있습니다.

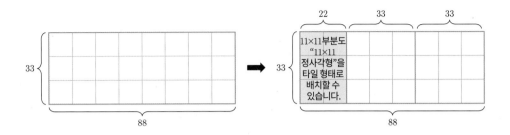

두 번째로 다음과 같은 성질에 의해서, **"조작 전 최대공약수"가 "조작 후 최대공약수"의 배수**가 됩니다 (★).

- "조작 후 남은 정사각형의 세로 크기"와 "가로 크기"의 최대공약수를 x라고 합니다.
- 이때 조작 전 정사각형도 "x×x 정사각형"을 타일 형태로 배치할 수 있습니다.

예를 들어서 33과 22의 최대공약수를 x라고 생각하고, 다음 그림과 같이 남은 정사각형을 추가해 봅시다. 이렇게 하면 33×88 크기의 직사각형도 $x \times x$ 크기의 정사각형으로 채울 수 있으므로, 33과 88의 최대공약수가 x의 배수라고 할 수 있습니다.

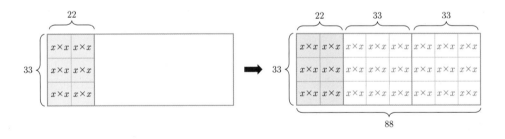

그리고 ☆과 ★를 모두 만족하므로, "조작 후의 최대공약수" = "조작 전의 최대공약수"여야 합니다. 결과적으로 1회 조작을 해도 둘의 최대공약수는 변화하지 않습니다. 따라서

- 초기 시점에서 A와 B의 최대공약수
- 한쪽이 0이 되는 조작이 끝난 시점에서 A와 B의 최대공약수

가 일치합니다. 후자는 확실하게 "0이 아닌 다른 쪽의 수"이므로, A와 B의 최대공약수는 "0이 아닌 다른 쪽의 수"가 됩니다. 이것이 바로 유클리드 호제법이 정상적으로 작동하는 이유입니다.

3.2.4 ─ 계산 횟수가 log로 나오는 이유

이어서 복잡도가 $O(log(A+B))$으로 나오는 이유에 대해서 설명하겠습니다.

일단 "1회 조작으로 A+B의 값이 반드시 2/3 이하로 줄어든다"라는 중요한 사실이 있습니다. 예를 들어서 A=33, B=88이라면, 계산 과정은 다음과 같이 이루어집니다. 확실하게 2/3배 이하로 줄어들고 있습니다.

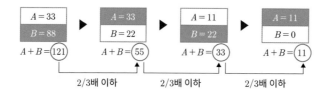

어째서 이러한 사실이 성립하는 것일까요? A<B의 경우는 A와 B를 반대로 놓으면 A≧B가 되므로, A≧B의 경우만 생각해 봅시다. A와 B의 차이가 2배 이상인지 아닌지에 따라서 상황을 나누면, 이유는 다음과 같이 정리할 수 있습니다. 둘 다 2/3배 이하로 줄어든다는 것을 알 수 있습니다.

- 차가 2배 미만: 조작에 의해서 A + B의 값은 "3B 미만"이므로 B만 감소시킵니다.
- 차가 2배 이상: 조작에 의해서 A + B의 값은 "3B 이상"이므로, "2B 미만"으로 줄입니다.

예를 들어서 B의 값을 10으로 고정해서 생각해본다면, 다음과 같습니다. A의 값이 20 미만인 경우, 20 이상인 경우 모두 반드시 2/3배 이하로 줄어듭니다.

조작 전	조작 후	$A + B$의 변화
A=10, B=10	A=0, B=10	20 → 10
A=11, B=10	A=1, B=10	21 → 11
A=12, B=10	A=2, B=10	22 → 12
A=13, B=10	v=3, B=10	23 → 13
A=14, B=10	A=4, B=10	24 → 14
A=15, B=10	A=5, B=10	25 → 15
A=16, B=10	A=6, B=10	26 → 16
A=17, B=10	A=7, B=10	27 → 17
A=18, B=10	A=8, B=10	28 → 18
A=19, B=10	A=9, B=10	29 → 19

차이가 2배 미만: 반드시 B = 10만큼만 감소

조작 전	조작 후	$A + B$의 변화
A=20, B=10	A=0, B=10	30 → 10
A=21, B=10	A=1, B=10	31 → 11
A=22, B=10	A=2, B=10	32 → 12
A=23, B=10	A=3, B=10	33 → 13
A=24, B=10	A=4, B=10	34 → 14
A=25, B=10	A=5, B=10	35 → 15
A=26, B=10	A=6, B=10	36 → 16
A=27, B=10	A=7, B=10	37 → 17
A=28, B=10	A=8, B=10	38 → 18
A=29, B=10	A=9, B=10	39 → 19

차이가 2배 이상: 반드시 조작 후의 합계가 $2B$ = 20 미만

처음 A + B의 값을 S라고 할 때, 앞에서 설명한 사실을 사용하면 다음과 같은 것을 알 수 있습니다.

- 1번째 조작 후: $A+B$의 값이 $\frac{2}{3}S$ 이하가 됨
- 2번째 조작 후: $A+B$의 값이 $\left(\frac{2}{3}\right)^2 S = \frac{4}{9}S$ 이하가 됨
- 3번째 조작 후: $A+B$의 값이 $\left(\frac{2}{3}\right)^3 S = \frac{8}{27}S$ 이하가 됨
- 4번째 조작 후: $A+B$의 값이 $\left(\frac{2}{3}\right)^4 S = \frac{16}{81}S$ 이하가 됨
    $\vdots$
- L번째 조작 후: A+B의 값이 $\left(\frac{2}{3}\right)^L S$ 이하가 됨

A + B의 값은 1 미만이 될 수 없으므로 조작 횟수를 L이라고 할 때 다음과 같은 식이 성립합니다(로그 함수 log가 무엇인지 잘 모르겠다면, ➡ 2.3.10항을 다시 확인해 주세요).

$$\left(\frac{2}{3}\right)^L S \geqq 1 (\Leftrightarrow) L \leqq \log_{1.5} S$$

따라서 복잡도는 $O(logS)$, 즉 $O(log(A+B))$입니다.

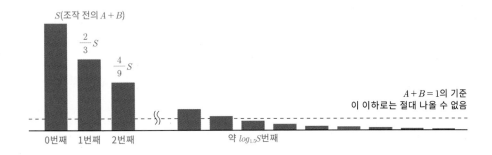

3.2.5 ⎯ 3개 이상의 최대공약수

3개 이상의 숫자도 유클리드 호제법을 사용해 최대공약수를 계산할 수 있습니다. 구체적인 알고리즘의 흐름은 다음과 같습니다.

- 일단 1번째 수와 2번째 수의 최대공약수를 계산합니다.

- 이어서 이전 계산 결과와 3번째 수의 최대공약수를 계산합니다.

- 이어서 이전 계산 결과와 4번째 수의 최대공약수를 계산합니다.

  ⋮

- 이어서 이전 계산 결과와 N번째 수의 최대공약수를 계산합니다(그 결과가 답입니다).

예를 들어서 24, 40, 60, 80, 90, 120의 최대공약수를 계산하는 과정은 다음과 같습니다. 참고로 3개 이상의 비트 연산(➡ 2.2.11항)처럼 계산 순서를 바꾸어도 결과는 그대로입니다.

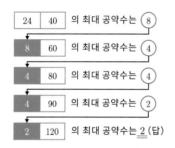

연습 문제

문제 3.2.1 ★

다음 표는 372와 506의 최대공약수를 유클리드 호제법으로 계산하는 과정을 나타낸 것입니다. 표의 남은 부분을 완성해 주세요.

단계	0	1	2	3	4	5	6
A의 값	372	372	104				
B의 값	506	134	134				

문제 3.2.2　　문제 ID : 016　★★

유클리드 호제법을 사용해서 N개의 양의 정수, $A_1, A_2, \cdots, A_N$의 최대공약수를 계산하는 프로그램을 작성해 주세요.

제약: $2 \leq N \leq 10^5$, $2 \leq A_i \leq 10^{18}$, 입력은 모두 정수

입력:

 N

 $A_1 \ A_2 \ \cdots \ A_N$

출력: 답을 출력해 주세요.

입력 예

```
3
12  18  24
```

출력 예

```
6
```

12, 18, 24의 최대공약수는 6입니다.

문제 3.2.3　　문제 ID : 017　★★★

유클리드 호제법을 사용해서 N개의 양의 정수, $A_1, A_2, \cdots, A_N$의 최소공배수를 계산하는 프로그램을 작성해 주세요.

제약: $2 \leq N \leq 10^5$, $2 \leq A_i \leq 10^{18}$, 입력은 모두 정수, 문제의 답은 10^{18} 이하

입력:

 N

 $A_1 \ A_2 \ \cdots \ A_N$

출력: 답을 출력해 주세요.

입력 예

```
3
12  18  14
```

출력 예

```
252
```

12, 18, 24의 최대공배수는 252입니다.

3.3 경우의 수와 알고리즘

이번 절 앞부분에서는 팩토리얼, 이항계수, 곱의 법칙 등 기본적인 경우의 수 공식에 대해서 살펴보겠습니다. 이 내용은 프로그램의 계산 횟수가 어느 정도 되는지 예측할 때 중요하게 사용됩니다. 이번 절의 뒷부분에서는 이와 같은 공식들을 사용할 수 있는 3개의 프로그래밍 문제를 살펴보며, 경우의 수라는 주제에 익숙해질 수 있게 하겠습니다.

3.3.1 ── 기본 공식① : 곱의 법칙

사건1이 일어나는 경우가 N가지, 사건2가 일어나는 경우가 M가지일 때 사건1과 사건2가 일어나는 경우의 조합은 모두 NM가지입니다. 예를 들어서 다음과 같은 상황을 생각해 봅시다.

- 내일 아침 식사는 주먹밥, 식빵, 샌드위치 중에서 선택할 수 있음

- 내일 아침은 5:00, 6:00, 7:00, 8:00 중에 하나로 알람을 맞추고 일어날 예정임

여기에서 내일 아침 식사를 "사건1", 알람을 맞추는 시각을 "사건2"라고 합시다. 그러면 사건1이 일어나는 방법은 3가지, 사건2가 일어나는 방법은 4가지가 됩니다. 아침 식사과 알람 시각의 조합은 3 × 4 = 12가지가 나올 수 있습니다. 이처럼 조합 수를 곱해서 구하는 것을 곱의 법칙이라고 이야기합니다.

3.3.2 ── 기본 공식② : 곱의 법칙 확장

3.3.1항에서 소개한 곱의 법칙은 사건이 3개 이상인 경우로도 확장할 수 있습니다. 사건1이 일어나는 경우가 A_1가지, 사건2이 일어나는 경우가 A_2가지, …, 사건N이 일어나는 경우가 A_N가지라고 할 때 사건 1, 2, …, N이 일어나는 경우의 조합은 $A_1A_2\cdots A_N$가지입니다. 예를 들어 다음과 같은 선택지 중에서 "형태", "색", "타입"을 선택해서 로고 마크를 만드는 경우를 생각해 봅시다.

- 형태: 원, 사각형, 삼각형 중에서

- 색: 붉은색, 파란색 중에서

- 타입: 1, 2, 3, 4 타입 중에서

여기에서 형태의 선택지는 3가지, 색의 선택지는 2가지, 타입의 선택지는 4가지입니다. 따라서 로고 마크를 만드는 방법은 모두 3 × 2 × 4 = 24가지입니다. 다음 트리 그림을 보면 패턴의 수가 차례대로 3배, 2배, 4배 된다는 것을 알 수 있을 것입니다.

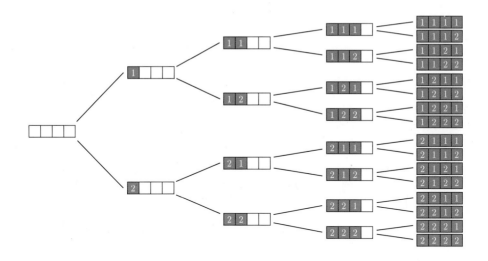

추가적으로 M가지 선택지가 나오는 사건을 N번 조합해야 한다면

$$M \times M \times M \times \cdots \times M = M^N$$

가지 경우의 수가 나옵니다. 예를 들어서 모든 요소가 1 또는 2인 길이 4의 배열 $A=(A_1, A_2, A_3, A_4)$는 $2^4=16$가지 나올 수 있습니다.

또한 N개의 대상을 고르는 방법은 모두 2^N가지입니다. 이는 대상1을 선택할 것인가?(Yes/No), 대상2를 선택할 것인가?(Yes/No), …, 대상N을 선택할 것인가?(Yes/No)로 2가지 선택지가 반복되는 것이기 때문입니다(➡ 2.4.6항).

3.3.3 ─ 기본 공식③ : n개의 대상을 나열하는 방법의 수는 n!

n개의 대상을 나열하는 방법은

$$n! = n \times (n-1) \times \cdots \times 3 \times 2 \times 1$$

가지 있습니다. 예를 들어서 3개의 정수 1, 2, 3을 나열하는 방법은 3!=3×2×1=6가지입니다. 방법의 수가 3!인 이유는 다음 트리 그림처럼

- 왼쪽에 적을 정수를 선택하는 방법은 3가지

- 중앙에 적을 정수를 선택하는 방법은 2가지(1번째 요소는 이미 사용했으므로 제외)

- 오른쪽에 적을 정수를 선택하는 방법은 1가지(1, 2번째 요소는 이미 사용했으므로 제외)

이라고 생각하면 쉽게 이해할 수 있을 것입니다.

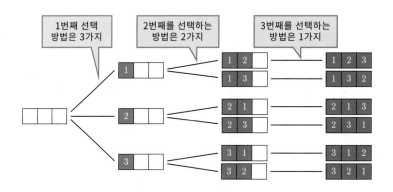

3.3.4 ─ 기본 공식④ : n개의 대상 중에서 r개를 나열하는 방법은 $_nP_r$

이어서, n개 중에서 r개의 대상을 선택하고, 이를 일렬로 나열하는 방법의 수를 살펴봅시다. 식으로 표현해 보면 다음과 같습니다.

$$_nP_r = \frac{n!}{(n-r)!} = n \times (n-1) \times (n-2) \times \cdots \times (n-r+1)$$

예를 들어서 A, B, C, D라는 사람 중에서 2명을 선택해서 줄을 세우는 방법은 $_4P_2$=12가지입니다. 이전 절과 마찬가지로, "첫 번째 사람을 선택하는 방법은 n가지", "두 번째 사람을 선택하는 방법은 n−1가지", …처럼 생각하고, 곱의 법칙을 적용하면 이와 같은 식을 도출할 수 있습니다.

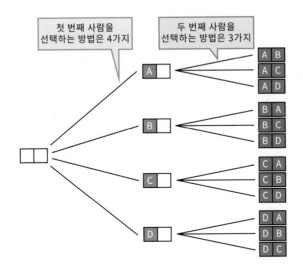

3.3.5 ── 기본 공식⑤ : n개에서 r개를 선택하는 방법은 $_nC_r$

이어서 n개에서 r개를 선택하는 방법을 살펴봅시다. 이를 이항 계수라고 부르며, 다음과 같은 식으로 나타냅니다.

$$_nC_r = \frac{n!}{r!(n-r)!}$$

조금 어렵지만, 이 식은 $_nP_r$ 식과 비교해서 도출할 수 있습니다. r개의 대상을 정렬하는 방법은 $r!$가지이므로, 나열하는 순서를 구별했을 경우의 패턴 수는 구별하지 않은 경우의 $r!$배가 됩니다. 따라서 $_nP_r = r! \times {_nC_r}$이 성립합니다.

예를 들어서 다음 그림은 A, B, C, D 중에서 2개를 선택하는 방법 $_4C_2$=6가지를 나타냅니다. 나열하는 순서를 구별하는 경우($_4P_2$=12가지)는 그 2!=2배가 됩니다.

3.3.6 ─ 응용 예① : 물건 구매 경우의 수

지금부터 3.3.8항까지는 경우의 수 공식을 알고리즘으로 응용하는 예에 대해 소개하겠습니다. 일단 다음과 같은 문제를 생각해 봅시다.

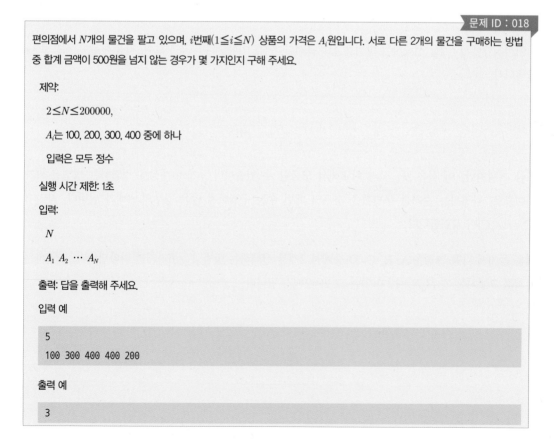

일단 상품 선택 방법을 전체 탐색(➡ 2.4절)하는 방법을 생각해 볼 수 있습니다. N개 중에서 2개의 물건을 선택하므로, 전부 $_NC_2$가지 선택 방법이 있습니다(➡ 3.3.5항). 이때 복잡도는 $O(N^2)$입니다. 이는 효율이 좋지 않다는 의미입니다.

따라서 조금 다른 방법을 생각해 봅시다. 합계 금액이 500원이 되는 구매 방법을 생각해 보면, 다음 2가지 방법밖에 없다는 것을 알 수 있습니다.

- 방법A: 100원 물건 1개, 400원 물건 1개
- 방법B: 200원 물건 1개, 300원 물건 1개

100원, 200원, 300원, 400원 물건의 수를 각각 a, b, c, d개라고 하면, 곱의 법칙을 사용해서 각각의 방법이 몇 가지 나오는지 구할 수 있습니다.

- 방법A: a가지 × d가지 = ad가지
- 방법B: b가지 × c가지 = bc가지

따라서 답은 ad + bc입니다. a, b, c, d 값은 복잡도 O(N)으로 계산할 수 있으므로, $N=200000$이라고 해도 1초 이내로 답을 구할 수 있습니다(➡ 연습 문제 3.3.4).

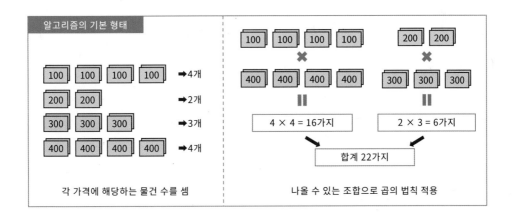

3.3.7 — 응용 예② : 같은 색의 카드 조합하기

이어서 소개하는 문제는 카드의 선택 방법 개수를 구하는 문제입니다.

N개의 카드가 있고, 왼쪽에서 i번째($1 \leq i \leq N$) 카드의 색은 A_i입니다. $A_i=1$일 때는 붉은색, $A_i=2$일 때는 노란색, $A_i=3$일 때는 파란색입니다. 같은 색의 카드를 2장 선택하는 방법의 가짓수를 계산해 주세요.

제약:

$2 \leq N \leq 500000$,

$1 \leq A_i \leq 3$

입력은 모두 정수

실행 시간 제한: 1초

입력:

N

$A_1 \ A_2 \ \cdots \ A_N$

출력: 답을 출력해 주세요.

입력 예

```
6
1 3 2 1 1 2
```

출력 예

```
4
```

다음 4가지 방법이 있습니다.

- 왼쪽에서 1번째 카드와 왼쪽에서 4번째 카드를 선택
- 왼쪽에서 1번째 카드와 왼쪽에서 5번째 카드를 선택
- 왼쪽에서 4번째 카드와 왼쪽에서 5번째 카드를 선택
- 왼쪽에서 3번째 카드와 왼쪽에서 6번째 카드를 선택

일단 카드 선택 방법을 전체 탐색하는 방법이 있습니다. N개 중에서 2개의 카드를 선택하므로, 전체 탐색 알고리즘의 복잡도는 $O(N^2)$이 됩니다. 따라서 효율이 좋지 않습니다.

따라서 다른 방법을 생각해 봅시다. 붉은색, 노란색, 파란색 카드의 수를 각각 x, y, z장이라고 할 때, 다음과 같은 것을 알 수 있습니다.

- 붉은색 카드를 2장 선택하는 방법은 ${}_x C_2$가지
- 노란색 카드를 2장 선택하는 방법은 ${}_y C_2$가지
- 파란색 카드를 2장 선택하는 방법은 ${}_z C_2$가지

따라서 답은 다음과 같습니다.

$$ {}_x C_2 + {}_y C_2 + {}_z C_2 = \frac{x(x-1)}{2} + \frac{y(y-1)}{2} + \frac{z(z-1)}{2} $$

붉은색, 노란색, 파란색 카드의 수를 세는 복잡도는 $O(N)$입니다. 따라서 전체 탐색과 비교했을 때 효율이 훨씬 좋습니다(➡ 연습 문제 3.3.5).

각 카드의 장수를 셈

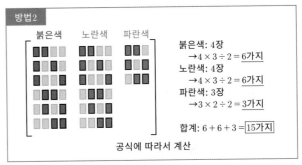

공식에 따라서 계산

3.3.8 — 응용 예③ : 전체 탐색 계산 횟수

마지막으로 소개할 문제는 5개의 카드를 선택하는 문제입니다.

N개의 카드가 있고, 왼쪽에서 i번째($1 \leqq i \leqq N$) 카드에는 정수 A_i가 적혀있습니다. 카드를 5장 선택하는 방법 중에서 선택한 카드에 적혀있는 정수의 합이 딱 10000이 되는 경우가 몇 가지인지 계산해 주세요.

제약:

$5 \leqq N \leqq 100$

$1 \leqq A_i \leqq 1000$

입력은 모두 정수

실행 시간 제한: 5초

입력:

N

A_1 A_2 $\cdots$ A_N

출력: 답을 출력해 주세요.

입력 예 1

```
5
100 150 200 250 300
```

출력 예 1

```
1
```

왼쪽에서 1, 2, 3, 4, 5번째 카드를 선택하면, 정수의 합이 딱 10000이 나옵니다. 이 이외의 선택 방법이 없으므로, 1이라고 출력하면 정답입니다.

입력 예 2

```
13
243 156 104 280 142 286 196 132 128 195 265 300 130
```

출력 예 2

```
4
```

다음 4가지 방법이 있습니다.

- 왼쪽에서 1, 8, 10, 12, 13번째 카드를 선택합니다.

- 왼쪽에서 2, 3, 4, 10, 11번째 카드를 선택합니다.

- 왼쪽에서 2, 6, 9, 12, 13번째 카드를 선택합니다.

- 왼쪽에서 4, 8, 9, 10, 11번째 카드를 선택합니다.

이 문제도 전체 탐색부터 생각해 볼 수 있습니다. 이번에는 5장의 카드를 선택하므로, 전체 탐색 알고리즘의 복잡도는 $O(N^5)$처럼 보입니다. 단순하게 계산해도 $100^5 = 10^{10}$이므로, 5초 내에 답을 구할 수 없을 것입니다($\Rightarrow$ 2.4절).

하지만 사실 답을 구할 수 있습니다. N장의 카드에서 5장을 선택하는 방법은 N^5가 아니라, $_NC_5$입니다. N = 100도 카드를 선택하는 방법은

$$_{100}C_5 = \frac{100 \times 99 \times 98 \times 97 \times 96}{5 \times 4 \times 3 \times 2 \times 1} = 75287520$$

가지밖에 되지 않습니다.

이는 10^9보다 훨씬 작으므로, 5초 이내에 실행이 완료될 것이라 예측할 수 있습니다. 실제로 코드 3.3.1을 N = 100으로 실행해 보면, 필자의 환경에서 약 0.087초 만에 답을 냈습니다. 이처럼 경우의 수 공식은 계산 횟수를 예상해 볼 때도 활용할 수 있습니다.

코드 3.3.1 **5장의 카드를 전체 탐색하는 프로그램**

```
# 입력
N = int(input())
A = list(map(int, input().split()))

# 5개의 카드 번호(i, j, k, l, m)을 전체 탐색
answer = 0
for i in range(0, N):
    for j in range(i + 1, N):
        for k in range(j + 1, N):
            for l in range(k + 1, N):
                for m in range(l + 1, N):
                    if A[i] + A[j] + A[k] + A[l] + A[m] == 1000:
                        answer += 1

# 출력
print(answer)
```

연습 문제

문제 3.3.1   ★

$_2C_1, _8C_5, _7C_2, _{10}C_3$의 값을 각각 계산해 주세요.

문제 3.3.2   ★

"ALGO-PATISSERIE"라는 케이크 집에서는 크기, 토핑, 네임 플레이트의 유무를 다음 중에서 하나씩 선택해서 케이크를 구매합니다.

- 크기: 작은 크기, 중간 크기, 큰 크기, 아주 큰 크기

- 토핑: 사과, 바나나, 오렌지, 블루베리, 초콜릿

- 네임플레이트: 있음, 없음

케이크 하나를 구매하는 방법이 몇 가지인지 구해 주세요.

문제 3.3.3   〉문제 ID : 021 ★★

$1 \leq r \leq n \leq 20$을 만족하는 n과 r이 주어졌을 때, $_nC_r$을 출력하는 프로그램을 작성해 주세요.

제약:

$1 \leq r \leq n \leq 20$

입력은 모두 정수

입력: n r

출력: 답을 출력해 주세요.

입력 예

```
6 2
```

출력 예

```
15
```

문제 3.3.4   〉문제 ID : 018 ★★

3.3.6항에서 소개한 문제를 푸는 프로그램을 작성해 주세요.

문제 3.3.5   〉문제 ID : 019 ★★

3.3.7항에서 소개한 문제를 푸는 프로그램을 작성해 주세요.

문제 3.3.6   문제 ID : 022 ★★★

N장의 카드가 있고, 왼쪽에서 i번째에 있는 카드에는 A_i가 작성되어 있습니다. 합이 100000가 되는 2장의 카드를 선택하는 방법이 몇 가지인지 구하는 프로그램을 작성해 주세요. $2 \leqq N \leqq 200000$, $1 \leqq A_i \leqq 99999$에서 최대 1초 이내에 실행을 종료할 수 있게 만들어보세요.

제약:

$2 \leqq N \leqq 200000$

$1 \leqq A_i \leqq 99999$

입력은 모두 정수

입력:

N

$A_1 \, A_2 \cdots A_N$

출력: 답을 출력해 주세요.

입력 예

```
6
40000 50000 20000 80000 50000 30000
```

출력 예

```
2
```

합이 1000이 되는 선택 방법은 다음과 같은 2가지입니다.

-왼쪽에서 2번째 카드와 왼쪽에서 5번째 카드를 선택합니다.

-왼쪽에서 3번째 카드와 왼쪽에서 4번째 카드를 선택합니다.

문제 3.3.7   ★★★

다음과 같은 바닥판 형태의 도로가 있습니다. 시작 지점에서 끝 지점까지 최단거리로 가는 방법이 몇 가지 있는지 계산해 주세요 (➡ 4.6.8항).

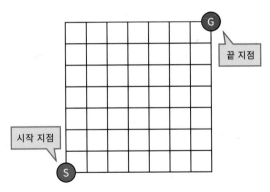

3.4 확률·기댓값과 알고리즘

이번 절의 앞부분에서는 3.5절에서 소개할 "몬테카를로법"을 이해할 때 필요한 확률, 기댓값, 기댓값의 선형성에 대해서 설명하겠습니다. 추가적으로 뒷부분에서는 알고리즘 개선을 위한 3가지 응용 예를 소개하고, 기댓값의 성질에 대해 살펴보겠습니다.

3.4.1 ─ 확률이란?

"어떤 사건이 어느 정도로 일어나는지"를 수치로 나타낸 것을 확률이라고 부릅니다. 예를 들어서 "비가 올 확률이 80%"라는 말을 기상 예보에서 들어봤을 것입니다. 이는 같은 예보를 100회 내보냈을 때, 80회 정도는 비가 내린다는 의미입니다. 확률은 퍼센트를 사용해서 나타내기도 하지만, 일반적으로는 0 이상 1 이하의 실수를 사용해서 나타냅니다. 예를 들어서 "확률 80%"는 "확률 0.8"과 같은 의미입니다.

추가로 N가지 패턴이 같은 가능성으로 일어난다고 합시다. 그중에서 M가지 패턴이 나왔을 때를 사건A라고 부른다면, 사건A가 일어날 확률 $P(A)$는

$$P(A) = \frac{M}{N}$$

입니다. 예를 들어서 일반적인 주사위는 한 번 던졌을 때 1, 2, 3, 4, 5, 6이라는 눈이 나올 확률이 같습니다. 따라서 각 눈이 나올 확률은 다음 표와 같습니다.

주사위 눈	1	2	3	4	5	6
확률	$\frac{1}{6}$	$\frac{1}{6}$	$\frac{1}{6}$	$\frac{1}{6}$	$\frac{1}{6}$	$\frac{1}{6}$

이어서 "주사위 2개를 던졌을 때 나오는 눈의 합이 8 이하가 되는 확률"을 생각해 봅시다. 다음 그림처럼 주사위의 눈이 나오는 조합은 6×6=36가지입니다. 이는 모두 같은 가능성으로 나올 것입니다.

주사위 눈의 합이 8 이하가 되는 경우는 이 중에서 26가지입니다. 따라서 구하고자 하는 확률은 $\frac{26}{36} = \frac{13}{18}$으로 계산할 수 있습니다(참고: ➡ 연습 문제 3.4.1).

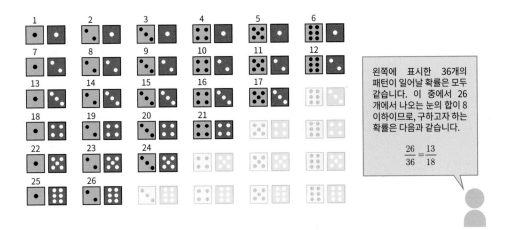

왼쪽에 표시한 36개의 패턴이 일어날 확률은 모두 같습니다. 이 중에서 26개에서 나오는 눈의 합이 8 이하이므로, 구하고자 하는 확률은 다음과 같습니다.

3.4.2 ── 기댓값이란?

1회 시행으로 얻어지는 평균적인 값을 기댓값이라고 부릅니다. 예를 들어 확률 $\frac{1}{2}$로 4000원을 얻을 수 있고, 확률 $\frac{1}{2}$로 2000원을 얻을 수 있는 내기가 있다고 합시다. 평균적으로 3000원을 얻을 수 있을 것입니다. 이 "3000원"과 같은 값을 수학적 용어로 기댓값이라고 합니다.

조금 더 엄밀하게 수식을 사용해서 설명해 보겠습니다. 어떤 시행을 했을 때의 결과로 N개의 패턴을 얻을 수 있고, i번째 결과(얻을 수 있는 상금 등) x_i가 일어날 수 있는 확률을 p_i라고 합시다. 이때 결과의 기댓값은 다음과 같은 수식으로 나타낼 수 있습니다.

$$\sum_{i=1}^{N} p_i x_i = p_1 x_1 + p_2 x_2 + \cdots + p_N x_N$$

기댓값을 사용하면, 예를 들어 "이 내기에 참여해도 괜찮은지" 등을 알 수 있습니다. 예를 들어서 확률 0.1로 상금 10000원, 확률 0.2로 상금 1000원을 얻을 수 있고, 남은 확률 0.7은 아무것도 받을 수 없는 내기가 있다고 해 봅시다. 얻을 수 있는 상금의 기댓값은

$$(10000×0.1)+(1000×0.2)+(0×0.7)=1200$$

입니다. 따라서 참가비가 1000원이라면 참가하는 것이 이득입니다. 반면 참가비가 1500원 또는 2000 원이라면, 손해이므로 참가하지 않는 것이 좋습니다.

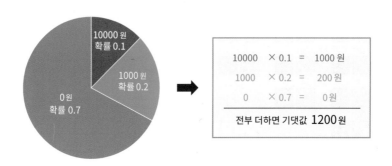

3.4.3 ── 기댓값의 선형성이란?

기댓값은 다음과 같은 기댓값의 선형성이라는 성질이 성립합니다.

> 2개의 시행을 하고, 1번째 시행 결과를 X, 2번째 시행 결과를 Y라고 합시다. 이때 X의 기댓값을 E[X], Y의 기댓값을 E[Y]라고 하면, X + Y의 기댓값은 E[X] + E[Y]입니다.
>
> 이는 3개 이상의 시행할 때도 마찬가지입니다. N회 시행하고, i번째 결과의 기댓값을 X_i라고 하면, 모든 결과의 합계 기댓값은 $X_1+X_2+\cdots+X_N$입니다.

즉 "합의 기댓값"은 "기댓값의 합"과 같다는 것입니다. 조금 이해하기 힘든 분들도 있을 것이므로, 구체적인 응용 예를 몇 가지 소개하겠습니다.

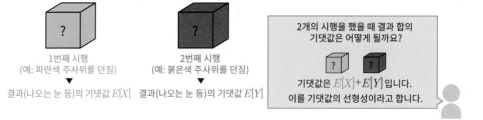

3.4.4 — 응용 예① : 2개의 주사위

일단 프로그래밍을 사용하지 않고 손으로 다음과 같은 문제를 풀어봅시다.

> 10, 20, 30, 40, 50, 60이 같은 확률로 나오는 파란색 주사위와 0, 1, 3, 5, 6, 9가 같은 확률로 나오는 붉은색 주사위가 있습니다.
> 파란색과 붉은색 2개의 주사위를 동시에 던져서 나온 눈을 더한 값의 기댓값을 구해 주세요.

가장 간단한 방법으로는 다음과 같이 $6 \times 6 = 36$가지의 모든 조합에서 나오는 눈의 합을 계산한 뒤, 전체 평균을 구하는 방법이 있을 것입니다. 하지만 이 방법은 계산이 조금 귀찮습니다.

		붉은 주사위					
		0	1	3	5	6	9
파란 주사위	10	10	11	13	15	16	19
	20	20	21	23	25	26	29
	30	30	31	33	35	36	39
	40	40	41	43	45	46	49
	50	50	51	53	55	56	59
	60	60	61	63	65	66	69

구하고자 하는 기댓값은…

$$\frac{1}{36} \times (10 + 11 + 13 + 15 + 16 + 19$$
$$+ 20 + 21 + 23 + 25 + 26 + 29$$
$$+ 30 + 31 + 33 + 35 + 36 + 39$$
$$+ 40 + 41 + 43 + 45 + 46 + 49$$
$$+ 50 + 51 + 53 + 55 + 56 + 59$$
$$+ 60 + 61 + 63 + 65 + 66 + 69)$$
$$= \frac{1}{36} \times 1404 = \underline{\underline{39}}$$

파란색 주사위가 나올 수 있는 기댓값은 (10+20+30+40+50+60)÷6=35, 붉은색 주사위가 나올 수 있는 기댓값은 (0+1+3+5+6+9)÷6=4입니다. 이 두 값을 더하면 35+4=39가 되어, 위에서 구했던 기댓값과 같습니다. 이처럼 "나올 수 있는 눈의 합의 기댓값"은 "나올 수 있는 눈의 기댓값의 합"과 같다는 신기한 성질이 있습니다. 이를 기댓값의 선형성이라고 이야기합니다.

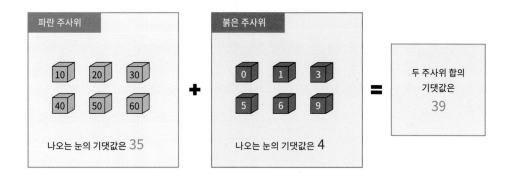

3.4.5 ─ 응용 예② : 두 주사위 문제 일반화

이번에는 3.4.4항의 문제를 일반화해서, 다음과 같은 문제를 생각해 봅시다.

문제 ID : 023

파란색과 붉은색의 N면체 주사위가 있습니다. 각 주사위에서 나오는 눈은 다음과 같습니다.

- 파란 주사위: $B_1, B_2, \cdots, B_N$이 같은 확률로 나옴

- 붉은 주사위: $R_1, R_2, \cdots, R_N$이 같은 확률로 나옴

2개의 주사위를 동시에 던졌을 때, 나오는 눈의 합계만큼 상금이 주어집니다. 받을 수 있는 상금의 기댓값을 계산해 주세요.

제약:

$2 \leq N \leq 100000$

$0 \leq B_i, R_i \leq 100$

입력은 모두 정수

실행 시간 제한:

1초

입력:

N

$B_1\ B_2 \cdots B_N$

$R_1\ R_2 \cdots R_N$

입력 예

```
3
1 2 3
10 20 30
```

출력 예

```
22.000000000000
```

상금의 기댓값이 22이므로, 이를 출력해도 정답입니다. 예상되는 답과의 절대 오차 또는 상대 오차가 10^{-6} 이하라면, 정답으로 인정합니다.

이 문제도 일단 나오는 눈의 조합을 전체 탐색하는 방법이 있을 것입니다. 하지만 나오는 눈의 조합은 전부 N^2가지 나오므로(곱의 법칙 ➡3.3.1항), N=100000처럼 큰 경우 1초 이내에 답을 구할 수 없습니다.

여기에서도 다음과 같이 "기댓값의 선형성"을 사용해 봅시다.

(두_주사위_눈의_합의_기대값)=(파란_주사위_눈의_기대값)+(붉은_주사위_눈의_기대값)

파란 주사위 눈의 기댓값은 $(B_1+B_2+\cdots+B_N)\div N$이며, 붉은색 눈의 기댓값은 $(R_1+R_2+\cdots+R_N)\div N$이므로, 구하고자 하는 답은 다음과 같은 식을 활용해 구할 수 있습니다.

$$\frac{B_1+B_2+\cdots+B_N}{N}+\frac{R_1+R_2+\cdots+R_N}{N}$$

이 값은 복잡도 $O(N)$으로 구할 수 있습니다. 예를 들어서 코드 3.4.1처럼 구현하면, N=100000이라고 해도 1초 이내에 실행이 종료됩니다.

코드 3.4.1 상금 기댓값을 구하는 문제

```python
# 입력
N = int(input())
B = list(map(int, input().split()))
R = list(map(int, input().split()))

# 답 계산
blue = 0.0
red = 0.0
for i in range(N):
    blue += B[i] // N
    red += R[i] // N

# 출력
print("{:.12f}".format(blue + red))
```

3.4.6 ── 응용 예③ : 시험에서 모든 객관식 문제 찍기

이번 절의 마지막 내용으로 다음과 같은 문제를 생각해 봅시다.

어떤 국어 시험에서 N개의 문제가 나옵니다. 모든 문제는 객관식 문제입니다. i번째(1 ≤ i ≤ N) 문제는 P_i개의 선택지가 있으며, 답은 1개입니다. 또한 배점은 Q_i입니다.

철수는 문제를 하나도 풀 수 없었기 때문에, 모든 문제를 랜덤하게 찍기로 결정했습니다. 철수가 받을 수 있는 점수의 기댓값을 계산해 주세요.

제약:

  $1 \leq N \leq 50$

  $2 \leq P_i \leq 9$

  $1 \leq Q_i \leq 200$

  입력은 모두 정수

실행 시간 제한:

  1초

입력

  N

  $P_1 Q_1$

  $P_2 Q_2$

  $\vdots$

  $P_N Q_N$

출력:

  철수가 받을 수 있는 점수의 기댓값을 출력해 주세요. 참고로 실제 정답과의 절대 오차 또는 상대 오차가 10^{-6} 이하라면 정답으로 인정합니다.

입력 예

```
2
2 50
4 100
```

출력 예

```
50.000000000000
```

일단 각각의 문제를 정답 또는 오답으로 설정하고, 전체 탐색하는 방법이 있을 것입니다. 하지만 정답과 오답 조합은 2^N가지 있을 수 있습니다(곱의 법칙 ➡3.3.2항). 따라서 N = 50이라면, 10^{15}가지 이상의 패턴을 확인해야 합니다. 그러므로 한번 다음과 같은 "기댓값의 선형성"을 활용해 봅시다.

(합계 점수의 기댓값)=(1번 문제 점수의 기댓값)+⋯+(N번 문제 점수의 기댓값)

선택지가 x개이므로, 문제를 맞힐 확률은 1/x입니다. 따라서 1번째 문제의 점수 기댓값은 Q_1/P_1점, 2번째 문제의 점수 기댓값은 Q_2/P_2, ⋯, N번째 문제의 점수 기댓값은 Q_N/P_N입니다. 따라서 다음과 같은 식으로 구하고자 하는 답을 계산할 수 있습니다.

$$\frac{Q_1}{P_1} + \frac{Q_2}{P_2} + \cdots + \frac{Q_N}{P_N}$$

이 값은 복잡도 $O(N)$으로 구할 수 있으므로 코드 3.4.2처럼 구현하면 $N=50$이라도 1초 이내에 답을 구할 수 있습니다. 다음 그림은 $N=3$, $(P_1, Q_1)=(4, 100)$, $(P_2, Q_2)=(3, 60)$, $(P_3, Q_3)=(5, 40)$일 때, 계산 과정 예를 나타낸 것입니다.

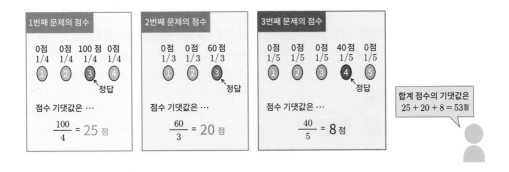

이처럼 기댓값의 선형성을 응용하면 알고리즘을 개선할 수 있는 경우가 있습니다. 이 성질은 '더해진 횟수 생각하기(➡ 5.7절)'에서도 사용합니다.

코드 3.4.2 **국어 점수의 기댓값을 구하는 문제**

```python
# 입력
N = int(input())
P = [ None ] * N
Q = [ None ] * N
```

```
for i in range(N):
    P[i], Q[i] = map(int, input().split())

# 답 계산
answer = 0
for i in range(N):
    answer += Q[i] / P[i]

# 출력
print("{:.12f}".format(answer))
```

연습 문제

문제 3.4.1 ★

"파란색 주사위를 2개 던졌을 때, 나오는 눈의 합이 8 이하인 확률"을 구하는 문제에서 한 학생이 다음과 같은 답을 냈습니다.

> 파란색 주사위 2개를 던졌을 때 나오는 눈의 조합은 다음과 같이 21가지이다. 그중에서 나오는 눈의 합이 8 이하인 경우는 15가지이므로, 답은 $\frac{15}{21} = \frac{5}{7}$ 이다.

하지만 실제 답은 $\frac{13}{18}$ 입니다. 학생의 답이 틀린 이유가 무엇인지 설명해 주세요(힌트: (1, 1)이 나오는 확률과 (1, 2)가 나오는 확률이 같을까요?).

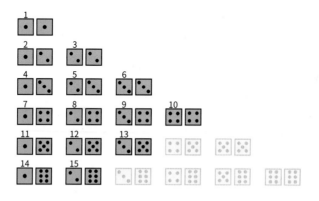

문제 3.4.2 ★

다음과 같은 확률로 상금을 얻을 수 있는 내기에 참가했을 때 얻을 수 있는 상금의 기댓값을 계산해 주세요. 추가적으로 참가비가 500원이라고 할 때 참가하는 것이 이득인지, 아니면 손해인지 판단해 주세요.

	1등	2등	3등	4등	5등
상금	100만 원	10만 원	1만 원	1000원	0원
확률	$\dfrac{1}{10000}$	$\dfrac{9}{10000}$	$\dfrac{9}{1000}$	$\dfrac{9}{100}$	$\dfrac{9}{10}$

문제 3.4.3　문제 ID : 025　★★★

지호의 여름 방학은 N일입니다. 철수는 i번째 날($1 \leqq i \leqq N$)의 공부 시간을 다음과 같은 과정으로 결정합니다.

- 1번째 날의 시작에 주사위를 던집니다.
- 주사위의 눈이 1, 2가 나온 경우: A_i 시간 공부한다.
- 주사위의 눈이 3, 4, 5, 6이 나온 경우: B_i 시간 공부한다.

철수의 여름 방학 공부 시간의 기댓값을 구하는 프로그램을 작성해 주세요.

제약:

$2 \leqq N \leqq 200000$

$0 \leqq A_i, B_i \leqq 24$

입력은 모두 정수

입력:

N

$A_1 \ A_2 \ \cdots \ A_N$

$B_1 \ B_2 \ \cdots \ B_N$

출력:

답을 출력해 주세요. 실제 정답과의 절대 오차 또는 상대 오차가 10^{-3} 이하면 정답으로 인정합니다.

입력 예

```
5
3 1 4 1 5
9 2 6 5 3
```

출력 예

```
21.333333333333
```

문제 3.4.4 ▶문제 ID : 026 ★★★★

1달러를 지불하면, N가지 코인 중 하나가 같은 확률로 출현하는 기계가 있습니다. 모든 종류의 코인을 모을 때까지 필요한 금액의 기댓값을 계산하는 프로그램을 작성해 주세요(힌트: ➡ 2.5.10항).

제약:

$2 \leq N \leq 10^6$

N은 정수

입력:

N

출력:

답을 출력해 주세요. 실제 정답과의 절대 오차 또는 상대 오차가 10^{-6} 이하라면 정답으로 인정합니다.

입력 예:

```
5
```

출력 예

```
11.416666666667
```

3.5 몬테카를로법: 통계적 접근 방법

지금까지 전체 탐색, 이진 탐색, 소수 판정법, 유클리드 호제법 등의 다양한 알고리즘을 살펴보았습니다. 그런데 지금까지 랜덤성은 한 번도 활용하지 않았습니다. 이번 절에서 다루는 몬테카를로법은 랜덤한 수를 활용하는 알고리즘입니다. 랜덤한 수를 활용한다니, 대체 어떤 알고리즘일까요?

3.5.1 ── 도입: 동전 던지기

몬테카를로법을 본격적으로 살펴보기 전에, 어떤 동전을 10개 던졌을 때 앞면이 나오는 확률이 어떻게 될지 생각해 봅시다. 앞면이 나오는 개수의 기댓값은 5일 것입니다. 그런데 편차는 어느 정도 생길까요? 예를 들어서 앞면만 나온다거나, 또는 뒷면만 나온다고 하는 상황이 있을 수 있을까요? 실제로 앞면이 나오는 개수의 확률 분포(개수별 확률)는 다음과 같습니다. 그래서 "10개 중에서 2개만 앞면이 나온다" 같은 상황이 꽤 많이 나옵니다. 2개 이하 또는 8개 이상이 나오는 확률의 합계는 11%이기 때문입니다.

개수	0	1	2	3	4	5	6	7	8	9	10
확률	0.001	0.010	0.044	0.117	0.205	0.246	0.205	0.117	0.044	0.010	0.001

추가적으로 이 확률 분포를 그래프로 나타내보면 다음과 같습니다. 중앙에 있는 "5개"가 확률 0.246으로 가장 크기는 하지만, 던진 개수가 10개 정도라면 편차가 꽤 크다는 것을 알 수 있습니다.

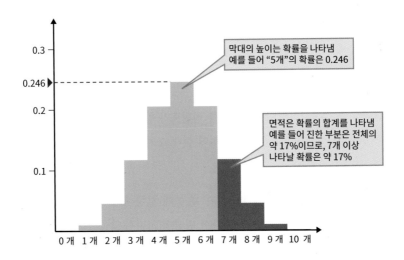

하지만 100개 던질 때는 어떻게 될까요? 이때부터는 앞면만 나오는 확률이 거의 없으며, 약 96%의 확률로 앞면이 나오는 개수가 40~60개 정도됩니다.

추가적으로 다음 그래프를 보면, 던진 횟수가 많아질수록, 편차가 줄어드는 것을 알 수 있습니다(앞면이 나오는 비율이 40~60%인 부분을 진한색으로 표시했습니다). 즉 많이 던지면 던질수록, 동전을 던졌을 때 앞면이 나오는 확률을 더 정확하게 추측할 수 있다는 것입니다.

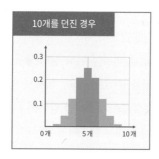
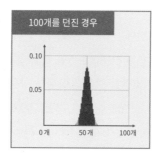
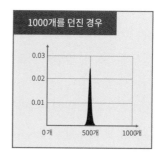

3.5.2 — 몬테카를로법

몬테카를로법은 난수를 사용한 알고리즘의 일종입니다. 몬테카를로법의 예로 다음과 같은 방법이 자주 사용됩니다.

> 어떤 사건의 성공 확률을 측정할 때, n회의 랜덤한 시행을 합니다. 이때 m회 성공한 경우, 이론적으로 성공 확률은 $\frac{m}{n}$과 근사할 것입니다. 예를 들어서 동전을 10번 던졌을 때 6번 앞면이 나왔다면, "n번 던졌을 때 앞면이 나올 확률은 약 60%이다"라고 할 수 있습니다.

이 방법은 시행 횟수 n을 증가시키면 증가시킬수록 정밀도가 좋아집니다. 예를 들어서 시행 횟수가 100배 늘어나면, 구하고자 하는 값과 이론값의 평균적인 절대 오차(➡ 2.5.7항)가 10분의 1 정도로 줄어든다고 알려져 있습니다(➡ 3.5.6항).

참고로 "10분의 1"이라는 말은 평균 이야기입니다. 운 좋게 시행 횟수가 적어도 오차가 적게 나올수도 있고, 운 나쁘게 아무리 많이 실행해도 오차가 기대한 만큼 적어지지 않을 수도 있습니다.

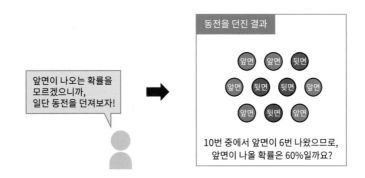

3.5.3 — 응용 예 : 원주율 π 계산하기

몬테카를로법의 첫 번째 응용 예로 "원주율 π의 근삿값을 계산하는 방법"에 대해 소개하겠습니다. π의 근삿값은 다음과 같은 방법으로 계산할 수 있습니다.

- 단계1: 한 변이 1cm인 정사각형 내부에 n개의 점을 랜덤한 위치에 찍습니다.

- 단계2: 왼쪽 아래 꼭짓점을 중심으로 반지름 1cm인 원 내부에 있는 점의 개수를 m이라고 합니다.

- 단계3: 이때 $\frac{4m}{n}$ 을 원주율 π의 근삿값으로 합니다.

예를 들어서 다음 그림의 경우, 20개의 점 중에서 16개의 점이 원 안에 찍혀 있습니다. 따라서 원주율의 근삿값은 4×16÷20=3.2입니다. π=3.14159265358979…이므로, 거의 비슷합니다.

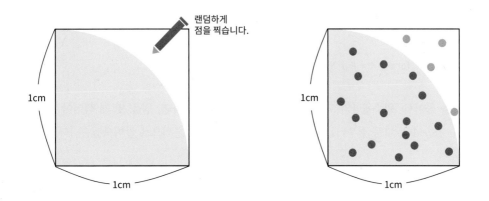

몬테카를로 법으로 원주율을 구하는 코드를 작성해 보면, 코드 3.5.1과 같습니다. n을 다양하게 놓고 필자의 환경에서 테스트했을 때, 다음 표와 같은 결과가 나왔습니다. n이 커질수록 실제 원주율과 점점 가까워진다는 것을 알 수 있을 것입니다.

시행 횟수 n	100	10000	1000000	100000000
원 내부에 있는 점의 수 m	80	7785	784772	78533817
몬테카를로법으로 구한 근삿값	3.2	3.114	3.139088	3.14135268
오차	약 0.06	약 0.028	약 0.0025	약 0.0002

그런데 어떻게 이 방법으로 π가 구해지는 것일까요? 정사각형 내부에서 반경 1cm인 원이 들어있는 부분(위의 그림에서 파란색 영역)의 면적은 $\frac{\pi}{4}$입니다. 따라서 파란색 영역 내부에 점을 찍을 확률이 $\frac{\pi}{4}$이기 때문입니다.

코드 3.5.1 원주율 π의 근삿값을 출력하는 프로그램

```
import random
N = 10000 # N은 시행 횟수(적절하게 변경해서 사용해 주세요)
M = 0
for i in range(N):
    px = random.random() # 0 이상, 1 미만의 랜덤한 수 생성
    py = random.random() # 0 이상, 1 미만의 랜덤한 수 생성
    # 원점에서의 거리 sqrt(px * px + py * py)가
    # 1이어야 하므로, 양쪽에 제곱해서 px * px + py * py <= 1을 확인
    if px * px + py * py <= 1.0:
        M += 1

print("{:.12f}".format(4 * M / N))
```

그런데 예를 들어서 "원주율과의 오차를 0.05 이내로 줄이고 싶다면, 점을 몇 개 찍어야 할까?"라는 의문이 들 수 있습니다. 다음 절부터는 이러한 의문에 대한 답을 이론적으로 살펴보겠습니다.

3.5.4 ─ 이론적으로 검증하기 전에① : 평균과 표준편차

몬테카를로법을 이론적으로 검증해 보기 전에, 기본적인 통계 관련 지식을 정리하겠습니다. 일단 데이터와 확률 분포의 대략적인 특징을 나타내는 수치로, 다음과 같은 2개의 수치가 많이 사용됩니다.

- 평균값 μ(뮤): 데이터의 평균적인 값
- 표준편차 σ(시그마): 데이터가 흩어진 정도

N개의 데이터 $x_1, x_2, \cdots, x_N$이 있을 때, 그 평균 값 μ와 표준편차 σ는 다음과 같은 식으로 정의합니다.

$$\mu = \frac{x_1, x_2, \cdots, x_N}{N}$$

$$\sigma = \sqrt{\frac{(x_1 - \mu)^2 + (x_2 - \mu)^2 + \cdots + (x_N - \mu)^2}{N}}$$

표준편차 수식이 조금 어렵게 보이므로, 구체적인 예를 들어 설명하겠습니다. 예를 들어서 다음 데이터A와 데이터B의 평균값은 모두 100이지만, 표준편차는 데이터B가 더 작습니다. 데이터들의 분포가 평균값에 더 밀집되어 있기 때문입니다.

참고로 데이터뿐만 아니라, 확률 분포에서도 표준편차라는 개념이 있으므로 주의해 주세요. 이 책에서는 이를 자세하게 다루지는 않지만, 확률 분포에서의 표준편차는 "분산이 흩어져있는 정도"를 나타내는 표현입니다.

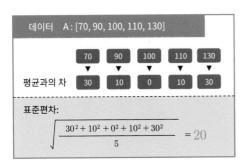

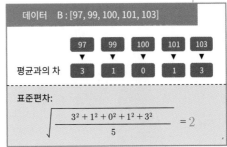

3.5.5 — 이론적으로 검증하기 전에② : 정규 분포란?

이어서 정규 분포에 대해서 살펴봅시다. 정규 분포는 다음과 같은 확률 분포를 의미하며, 평균 μ와 표준편차 σ라는 2개의 매개 변수로 결정됩니다. 일반적으로 특별한 문제 없이 만들어진 시험 점수 분포를 포함해서 세상의 다양한 분포가 이와 같은 정규 분포 형태를 따릅니다.

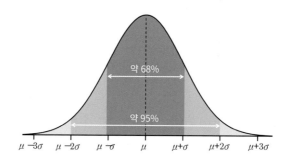

그리고 정규 분포에는 68-95-99.7 법칙이라고 부르는 다음과 같은 중요한 성질이 있습니다.

- $\mu-\sigma$ 이상, $\mu+\sigma$ 이하의 범위에 전체 약 68%가 포함되어 있다.
- $\mu-2\sigma$ 이상, $\mu+2\sigma$ 이하의 범위에 전체 약 95%가 포함되어 있다.
- $\mu-3\sigma$ 이상, $\mu+3\sigma$ 이하의 범위에 전체 약 99.7%가 포함되어 있다.

예를 들어서 시험 점수 분포 평균이 50점, 표준편차가 10점이면서 정규 분포를 따른다면, 30점 이상 70점 미만의 비율이 약 95%이고, 이 범위에 포함되지 않는 비율은 약 5% 정도밖에 되지 않는다는 의미입니다. 참고로 표준편차가 클수록 점수의 분산이 넓어집니다.

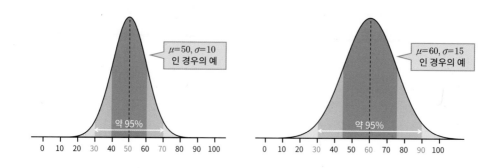

3.5.6 — 몬테카를로법의 이론적 검증

사전 지식과 관련된 준비가 끝났으므로, 이제 몬테카를로법을 이론적으로 검증해 봅시다. 일단 다음과 같은 중요한 성질이 알려져 있습니다[3].

> 확률 p로 성공하는 시행을 n회 수행한다고 할 때(이때 n은 충분히 큰 값입니다), n회 중에서 성공하는 것의 비율은 평균 $\mu = p$, 표준편차 $\sigma = p(1-p)/n$인 정규 분포와 근사합니다. 예를 들어서 앞면이 나오는 확률이 50%인 코인을 100회 던진다면,
>
> - $\mu=0.5$
> - $\sigma = \sqrt{\dfrac{0.5 \times (1-0.5)}{100}} = 0.05$
>
> 가 되므로 68-95-99.7 법칙에 의해서 앞면이 나오는 코인의 비율이 0.4 이상~0.6 이하, 즉 앞면이 나오는 횟수가 40회 이상 ~60회 미만일 확률은 95%라는 것을 알 수 있습니다. 이는 3.5.1항에서 살펴보았던 "약 96%"와 거의 일치합니다.

이 성질을 사용해서, 몬테카를로법으로 원주율의 근삿값을 예측해 봅시다. 3.5.2항에서 살펴보았던 알고리즘에 따라서 반지름이 1인 원 내부에 점이 찍혀있을 확률은 $p=\dfrac{\pi}{4}$입니다. 예를 들어 시행 횟수가 1만 회라면, 원 안에 찍혀있는 점의 비율이 다음과 같은 정규 분포를 따를 것입니다.

- 평균: $\mu = \dfrac{\pi}{4} \fallingdotseq 0.7854$
- 표준편차: $\sigma = \sqrt{\dfrac{\dfrac{\pi}{4}\left(1 - \dfrac{\pi}{4}\right)}{10000}} \fallingdotseq 0.0041$

68-95-99.7법칙에 따라서, 1만 회 점을 찍었을 때 원 내부에 점이 들어있을 비율은 0.7854−3×0.0041=0.7731 이상 ~ 0.7854+3×0.0041=0.7977 이하가 될 확률이 99.7%입니다. 추가적으로 구하고자 하는 원주율의 근삿값은 "비율에 4를 곱한 값"이므로, 약 99.7%의 확률로 근삿값은

- 0.7731×4=3.0924 이상
- 0.7977×4=3.1908 이하

가 됩니다. 이를 기반으로 몬테카를로법의 경우, 시행 횟수가 약 1만 회일 때 원주율을 0.05 정도의 오차로 계산할 수 있다는 것을 알 수 있습니다[4].

---

3 이는 중심 극한 정리의 특수한 경우입니다. 증명이 어려우므로, 이 책에서는 다루지 않겠습니다.
4 원주율의 값은 삼각함수 등을 사용해서 굉장히 빠르게 계산할 수 있습니다. 하지만 몬테카를로법은 고급 수학 지식이 없어도 사용할 수 있는 굉장히 직 감적인 방법입니다.

마지막으로 3.5.2항에서 "시행 횟수를 100배 늘리면, 오차가 10분의 1 정도로 줄어든다"라고 이야기 했었습니다. 이는 표준편차가 $\sqrt{p(1-p)/n}$이기 때문입니다. 이 식에서 n이 100배가 되면, 표준편차가 0.1배가 됩니다. 지금까지 몬테카를로법이 왜 정상적으로 작동하는지 살펴보았습니다.

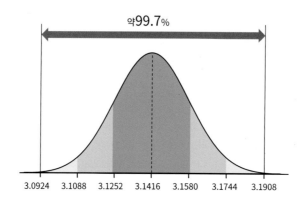

연습 문제

문제 3.5.1 ★

1. 앞면이 나오는 확률이 50%인 코인을 10000회 던졌을 때에 앞면이 나오는 횟수는 평균 μ, 표준편차 σ인 정규 분포와 근사하다고 할 수 있습니다. μ와 σ의 값을 구해 주세요.

2. 앞면이 나오는 횟수가 4900회 이상 ~ 5100회 이하일 확률은 어느 정도인가요?

3. 철수가 10000회 같은 동전을 던졌을 때, 5800회 앞면이 나왔습니다. 이 동전은 앞면이 나올 확률이 50%라고 말할 수 있을까요?

문제 3.5.2 ★★★

"좌표 (3, 3)을 중심으로 하는 반지름 3인 원"과 "좌표 (3, 7)을 중심으로 하는 반지름 2인 원"이 있습니다. 이때 다음과 같은 질문에 답해 주세요.

1. $0 \leq x < 6, 0 \leq y < 9$인 직사각형 영역에 랜덤하게 100만 개의 점을 찍어주세요. 이때 몇 개의 점이 두 원 중 적어도 하나에 포함되었나요?[5]

2. 1.의 결과를 사용해서 두 원 중에서 적어도 한쪽에 포함되는 부분의 면적을 구해 주세요.

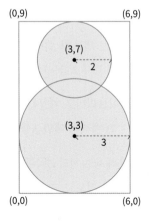

---

5 (옮긴이) 그림에서 파란색 영역 안에 찍힌 점의 개수와 넓이를 구하는 문제입니다.

3.6 정렬과 재귀

이번 절에서는 여러 개의 숫자를 오름차순으로 나열하는 조작인 '정렬(sort)'을 다룹니다. 정렬은 예를 들어 수능 성적을 기반으로 학생들을 나열하는 상황 등에 사용할 수 있습니다. 일상 생활에서 굉장히 많이 사용되는 알고리즘입니다.

배열을 정렬하는 방법은 굉장히 많이 알려져 있습니다. 이번 절에서는 가장 간단한 정렬 방법인 '선택 정렬'과 효율적인 알고리즘으로 유명한 '병합 정렬'을 소개하겠습니다. 추가적으로 병합 정렬을 이해하는 데 필요한 '재귀적 접근 방법'도 함께 살펴보겠습니다.

3.6.1 정렬이란?

여러 개의 데이터를 특정 순서로 나열하는 조작을 정렬이라고 부릅니다. 예를 들어서,

- [31, 41, 59, 26]을 오름차순으로 정렬하면, [26, 31, 41, 59]가 됩니다.

- [2, 3, 3, 1, 1, 3]을 내림차순으로 정렬하면, [3, 3, 3, 2, 1, 1]이 됩니다.

- ["algo", "mast", "er"]를 ABC 순서로 정렬하면, ["algo", "er", "mast"]가 됩니다.

이와 같은 조작이 정렬입니다. 이번 절에서는 별도의 설명이 없을 경우, 첫 번째 예처럼 N개의 정수 $A_1, A_2, \cdots, A_N$을 오름차순으로 정렬하는 문제를 다루겠습니다.

정렬은 여러 프로그래밍 언어에서 표준 라이브러리로 제공합니다. 예를 들어 파이썬의 경우는 A.sort() 형태로, C++의 경우는 sort(A + 1, A + N + 1) 형태로 배열 A를 오름차순으로 정렬할 수 있습니다[6].

코드 3.6.1은 파이썬의 sort() 함수를 사용해서 N개의 정수를 오름차순으로 정렬하는 프로그램입니다. 복잡도는 $O(NlogN)$입니다. 따라서 N이 10만 정도로 크다고 해도 1초 이내로 실행을 완료합니다.

코드 3.6.1 N개의 정수 A[1], A[2], …, A[N]을 입력하고, 오름차순으로 정렬하는 프로그램

```python
# 입력(예를 들어 N = 5, A = [3, 1, 4, 1, 5]를 입력하면)
N = int(input())
A = list(map(int, input().split()))

# 배열 A 전체를 정렬
A.sort()
```

---

6 (옮긴이) A_1부터 A_N까지 정렬할 때의 코드입니다.

```
# 출력(1, 1, 3, 4, 5 순서로 출력)
for i in range(N):
    print(A[i])
```

그런데 구체적으로 어떤 정렬 알고리즘들이 있을까요? 일단 간단한 정렬 알고리즘인 '선택 정렬'부터 살펴봅시다.

3.6.2 ─ 선택 정렬

선택 정렬은 아직 정렬되지 않은 대상들 중에서 가장 작은 수를 찾는 조작을 반복하며, 배열을 정렬하는 방법입니다. 알고리즘의 기본적인 흐름은 다음과 같습니다.

> 다음과 같은 조작을 $N-1$회 반복하며, i번째 조작에서 다음과 같은 것을 합니다.
>
> 1. 아직 정렬되지 않은 부분(A_i부터 A_N까지)에서 가장 작은 요소를 찾아 A_{min}이라고 합니다.
>
> 2. A_i와 A_{min}을 바꿉니다.
>
> 조작을 완료하면 $A_1, A_2, \cdots, A_N$이 오름차순으로 정렬됩니다.

예를 들어서 리스트 [50, 13, 34, 75, 62, 20, 28, 11]에 선택 정렬을 적용하면, 다음 그림과 같이 진행됩니다. 이 그림은 정렬이 완료된 부분을 주황색으로, 아직 정렬되지 않은 부분의 최솟값 A_{min}을 붉은색으로 표시했습니다.

1번째 조작에서는 가장 작은 요소를 판정하고, 2번째 조작에서는 2번째로 작은 요소가 판정된다는 것을 알 수 있습니다. 3번째 이후의 조작도 마찬가지입니다.

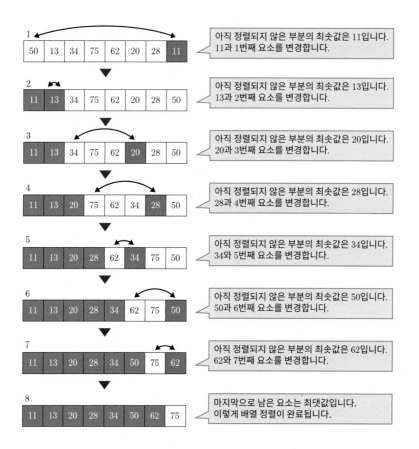

선택 정렬의 구현 예로 코드 3.6.2를 생각할 수 있습니다.

그럼 알고리즘의 복잡도를 예측해 봅시다. k개의 수 중에서 최솟값을 찾으려면, k − 1회 비교해야 할 것입니다. 따라서 1번째 조작에서는 N − 1회 비교합니다. 2번째 이후부터도 N − 2회, N − 3회, …, 2회, 1회만큼 비교해야 할 것입니다. 1부터 N까지 정수의 총합은 $N(N+1)/2$(➡ 2.5.10항)이므로, 합계 비교 횟수는 다음과 같습니다.

$$(N-1)+(N-2)+\cdots+2+1 = \frac{N(N-1)}{2}$$

따라서 이 알고리즘의 복잡도는 $O(N^2)$이라고 할 수 있습니다. N이 1만 정도라면 충분히 빠르게 동작하지만, 더 커지면 시간이 많이 소모됩니다. 복잡도를 개선하려면 어떻게 해야 할까요? 다음 절에서는 이를 위해서 '재귀'라는 접근 방법에 대해서 살펴보겠습니다.

코드 3.6.2 선택 정렬 구현

```python
# 입력
N = int(input())
A = list(map(int, input().split()))

# 선택 정렬
for i in range(N - 1):
    min_position = i
    min_value = A[i]
    for j in range(i + 1, N):
        if A[j] < min_value:
            min_position = j  # min_position는 최솟값의 인덱스(0~N-1)
            min_value = A[j]  # min_value는 현재 시점에서의 최솟값
    # A[i]과 A[min_position]을 스왑
    A[i], A[min_position] = A[min_position], A[i]

# 출력
for i in range(N):
    print(A[i])
```

3.6.3 ⟋ 재귀란?

알고리즘을 작성할 때, 자기자신을 인용하는 형태로 정의하는 것을 재귀적 정의라고 합니다. 이와 관련하여 자기자신을 호출하는 함수를 재귀 함수라고 합니다.

재귀적 정의를 사용하면, 알고리즘의 흐름을 간결하게 작성할 수 있을 뿐만 아니라, 경우에 따라서는 프로그램 구현도 굉장히 편리하게 할 수 있습니다. 다음 절에서는 재귀라는 개념에 익숙해질 수 있게 프로그래밍을 사용하지 않고 재귀적 정의에 대해서 소개하겠습니다.

3.6.4 ⟿ 재귀적 정의의 예: 5! 구하기

일단 5!(➡ 3.3.3항)을 계산하는 알고리즘을 for 반복문을 사용하지 않고 작성해 봅시다. 자연스럽게 생각해 보면, 다음과 같습니다. 하지만 설명이 쓸데없이 길어보입니다. 10!, 100!이라면 설명이 훨씬 길어질 것입니다.

1. 일단 1×2의 값을 계산합니다.

2. 이어서 1.의 결과에 3을 곱합니다.

3. 이어서 2.의 결과에 4를 곱합니다.

4. 마지막으로 3.의 결과에 5를 곱합니다.

여기에서 다음과 같은 재귀적 정의를 사용하면, 알고리즘을 간략하게 설명할 수 있습니다. 이 알고리즘의 N에 5를 넣으면, 5!를 구할 수 있습니다.

조작N:

- N이 1이라면: 1을 리턴

- N이 2 이상이라면: (조작N-1의 계산 결과) × N을 리턴

※ 조작N을 계산할 때, 같은 조작을 하는 조작N-1을 활용하므로 재귀적이라고 할 수 있습니다.

다음 그림은 조작5를 실행했을 때의 계산 과정을 나타낸 것입니다. 문제없이 1×2×3×4×5=120을 구함을 알 수 있습니다.

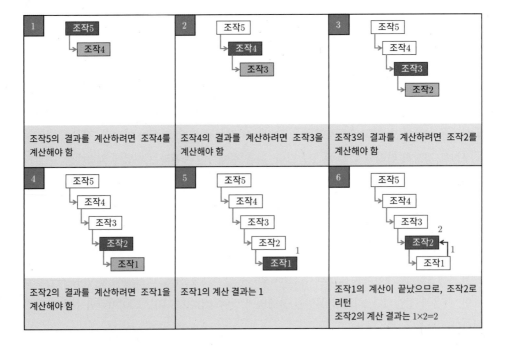

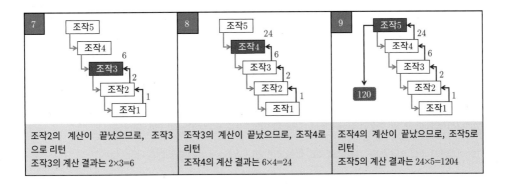

조작2의 계산이 끝났으므로, 조작3으로 리턴 조작3의 계산 결과는 2×3=6	조작3의 계산이 끝났으므로, 조작4로 리턴 조작4의 계산 결과는 6×4=24	조작4의 계산이 끝났으므로, 조작5로 리턴 조작5의 계산 결과는 24×5=1204

3.6.5 — 재귀 함수의 예① : 팩토리얼

3.6.4항에서 재귀적 정의로 팩토리얼을 구하는 알고리즘을 설명했습니다. 이는 코드 3.6.3처럼 구현할 수 있습니다. 함수 func(N)의 값을 계산할 때, 같은 함수 func(N - 1)을 호출하고 있으므로 func(N)은 재귀 함수라고 말할 수 있습니다. 여기에서 N = 1에 해당하는 조건문이 없으면, 프로그램이 영원히 종료되지 않으므로 주의해 주세요(➡ 3.6.8항).

코드 3.6.3 재귀 함수로 팩토리얼 계산하기[7]

```python
def func(N):
    if N == 1:
        return 1 # 이처럼 재귀 함수를 끝내는 경우를 "베이스 케이스"라고 부릅니다.
    return func(N - 1) * N

N = int(input())
print(func(N))
```

예를 들어서 N = 5라면, 다음과 같은 형태로 동작합니다. 3.6.4항에서 소개했던 손 계산 때와 같은 과정으로 계산된다는 것을 알 수 있을 것입니다(조작N이 func(N)으로 바뀌었을 뿐입니다).

1. func(5)는 func(4) * 5를 리턴해야 하므로, 함수 func(4)를 호출합니다.

2. func(4)는 func(3) * 5를 리턴해야 하므로, 함수 func(3)을 호출합니다.

---

7 (옮긴이) 파이썬은 함수의 호출과 관련된 스택 개수에 제한이 있습니다. 기본적으로는 1000이므로, 재귀적으로 함수를 1000번 호출하면 오류가 발생합니다. 이 제한은 sys.getrecursionlimit()으로 확인할 수 있으며, sys.setrecursionlimit(depth)로 변경할 수 있습니다. 추가적으로 이는 sys 모듈의 함수이므로, import sys로 모듈을 읽어 들여야 사용할 수 있습니다.

3. `func(3)`는 `func(2)` * 5를 리턴해야 하므로, 함수 `func(2)`를 호출합니다.

4. `func(2)`는 `func(1)` * 5를 리턴해야 하므로, 함수 `func(1)`을 호출합니다.

5. `func(1)`은 N == 1이라는 조건을 만족하므로, 1을 리턴합니다.

6. `func(2)`는 `func(1)`의 호출이 끝났으므로, 값을 리턴합니다. 1 * 2 = 2를 리턴합니다.

7. `func(3)`는 `func(2)`의 호출이 끝났으므로, 값을 리턴합니다. 2 * 3 = 6을 리턴합니다.

8. `func(4)`는 `func(3)`의 호출이 끝났으므로, 값을 리턴합니다. 6 * 4 = 24를 리턴합니다.

9. `func(5)`는 `func(4)`의 호출이 끝났으므로, 값을 리턴합니다. 24 * 5 = 120을 리턴합니다.

함수 호출을 그림으로 정리해 보면, 다음과 같습니다.

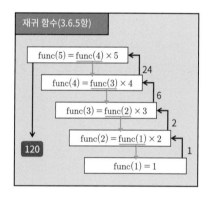
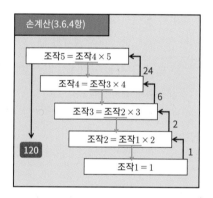

3.6.6 ── 재귀 함수의 예② : 유클리드 호제법

재귀 함수를 사용했을 때 구현이 간략해지는 예로 유클리드 호제법(➡ 3.2절)이 있습니다. 유클리드 호제법은 A와 B의 최대공약수를 "큰 숫자를 작은 숫자로 나눈 나머지로 변경하는 과정을 반복한다"라는 방법으로 구하는 알고리즘입니다.

이 알고리즘은 코드 3.2.2처럼 while 반복문을 사용해 구현할 수도 있지만, 코드 3.6.4처럼 재귀 함수를 사용하면, 굉장히 짧게 구현할 수 있습니다. 참고로 재귀 함수도 일반적인 함수처럼 2개 이상의 매개 변수를 가질 수 있습니다.

코드 3.6.4 재귀 함수를 활용한 유클리드 호제법

```python
def GCD(A, B):
    if B == 0:
        return A  # 베이스 케이스
    return GCD(B, A % B)

A, B = map(int, input().split())
print(GCD(A, B))
```

예를 들어 함수 GCD(777, 123)를 호출하는 경우, 다음과 같은 흐름으로 진행됩니다.

1. 777 mod 123 = 39이므로, GCD(777, 123)는 GCD(123, 39)를 호출합니다.

2. 123 mod 39 = 6이므로, GCD(123, 39)는 GCD(39, 6)를 호출합니다.

3. 39 mod 6 = 3이므로, GCD(39, 6)는 GCD(6, 3)를 호출합니다.

4. 6 mod 3 = 0이므로, GCD(6, 3)는 GCD(3, 0)를 호출합니다.

5. 여기에서 GCD(3, 0)는 B == 0라는 조건을 만족하므로, A의 값인 3을 리턴합니다.

6. GCD(6, 3)는 GCD(3, 0)의 리턴값인 3을 리턴합니다.

7. GCD(39, 6)는 GCD(6, 3)의 리턴값인 3을 리턴합니다.

8. GCD(123, 39)는 GCD(39, 6)의 리턴값인 3을 리턴합니다.

9. GCD(777, 123)는 GCD(123, 39)의 리턴값인 3을 리턴합니다.

참고로 GCD(A, B)를 호출할 때는 A가 반드시 B보다 커야합니다. 처음 호출할 때는 A가 큰 값으로 들어와야 이후의 호출에서는 A에 작은 값, B에 큰 값을 작은 값으로 나눈 나머지가 들어갑니다. "작은 값으로 나눈 나머지"는 반드시 "작은 값"보다 작기 때문입니다. 다음 그림은 코드 3.2.2와 코드 3.6.4의 흐름을 정리해본 것입니다. A와 B의 값이 어떻게 변화하는지 살펴보기 바랍니다.

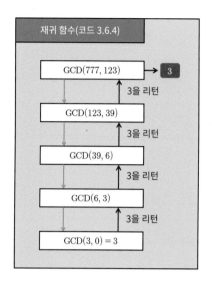

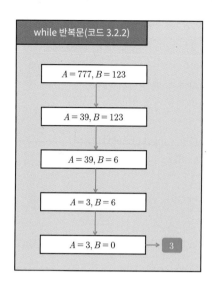

3.6.7 ── 재귀 함수의 예③ : 분할 정복법으로 합계 구하기

3.6.4~3.6.6항에서 살펴본 예는 재귀 함수 내부에서 자신을 1번만 호출했습니다. 그런데 재귀 함수 내부에서 자신을 2번 이상 호출할 수도 있습니다. 예를 들어서 N개의 정수 $A_1, A_2, \cdots, A_N$의 합계를 구하는 문제를 생각해 봅시다(➡ 2.1.5항).

물론 자연스럽게 구현한다면, 단순하게 for 반복문을 사용해서 합계를 구할 수 있을 것입니다. 그래도 재귀 함수를 공부해본다는 측면에서 다음과 같이 재귀 함수를 사용하는 구현 방법도 생각해 봅시다.

코드 3.6.5 분할 정복법으로 구간의 합계 계산하기

```python
def solve(l, r, A):
    if r - l == 1:
        return A[l]
    m = (l + r) // 2  # 구간 [l, r)의 중앙을 기준으로 분할 정복
    s1 = solve(l, m, A)  # s1은 A[l] + ... + A[m-1]의 합계를 계산
    s2 = solve(m, r, A)  # s2는 A[m] + ... + A[r-1]은 합계를 계산
    return s1 + s2

# 입력
N = int(input())
A = list(map(int, input().split()))
```

```
# 재귀함수 호출 → 답 출력
answer = solve(0, N, A)
print(answer)
```

여기에서 함수 solve(l, r, A)는 $A_l, A_{l+1}, \cdots, A_{r-1}$의 합계를 구하는 조작이며, 다음과 같은 2개의 값을 계산해서 리턴값을 만들어냅니다.

- solve(l, m, A): $A_l, A_{l+1}, \cdots, A_{m-1}$의 합계
- solve(m, r, A): $A_m, A_{m+1}, \cdots, A_{r-1}$의 합계

예를 들어서 $N=4, (A_1, A_2, A_3, A_4)=(3,1,4,1)$이라면, 프로그램은 다음 그림과 같이 동작합니다. 조금 복잡하게 느껴지는 알고리즘이지만, 합계로 3 + 1 + 4 + 1 = 9를 정확하게 계산해 줍니다.

참고로 문제를 여러 개의 문제로 분할하고 각각의 부분적인 문제를 재귀적으로 푼 뒤, 각각의 계산 결과를 결합(정복)해서 문제를 풀어나가는 알고리즘을 분할 정복법이라고 부릅니다. 분할 정복법은 이번 절의 후반부에서 다루는 병합 정렬에서도 사용됩니다.

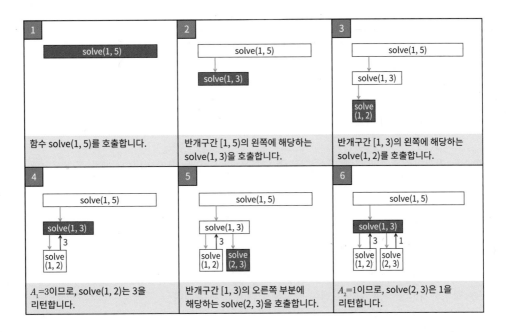

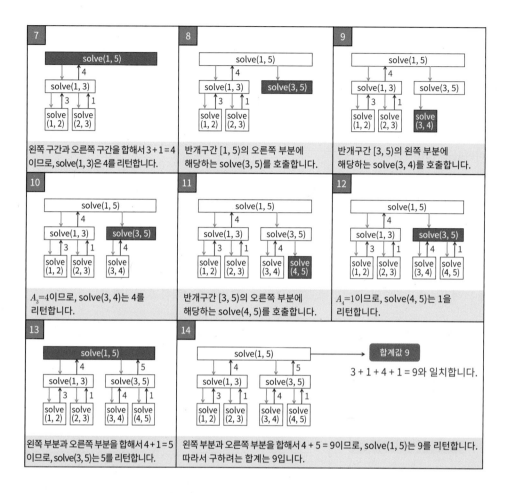

3.6.8 ── 재귀 함수를 구현할 때의 주의점

재귀 함수는 알고리즘을 간략하게 작성하는 데 도움을 줄 수 있는 도구입니다. 예를 들어서 3.6.5항의 팩토리얼 계산을 생각해 봅시다. 반복문으로 작성했을 때보다 재귀 함수로 만들었을 때가 훨씬 더 이해하기 쉽습니다.

하지만 조금이라도 프로그램을 잘못 작성해 버리면 문제가 생기므로, 재귀 함수를 작성할 때는 주의해야 합니다. 예를 들어서 팩토리얼을 계산하는 코드 3.6.6을 생각해 봅시다. 여기에서 N == 1을 확인하는 조건문을 작성하지 않았다면, 프로그램이 영원히 끝나지 않게 됩니다.

예를 들어서 func(5)를 계산하는 경우,

func(5) → func(4) → func(3) → func(2) → func(1) → func(0) → func(−1) → func(−2) → func(−3) → func(−4) → ⋯처럼 되어서, 재귀 함수가 멈추지 않습니다.

코드 3.6.6   **실행이 영원히 끝나지 않는 프로그램의 예**

```python
def func(N):
    # func(N) → func(N-1) → ...
    # → func(0) → func(-1) → func(-2) → ...처럼
    # 무한하게 호출되어서, 프로그램이 정상적으로 작동하지 않습니다.
    return func(N - 1) * N

N = int(input())
print(func(N))
```

3.6.9   병합 정렬

이제 이번 절의 목표인 "병합 정렬"을 살펴보겠습니다. 병합 정렬은 N개의 수 A_1, A_2, ⋯, A_N을 오름차순으로 정렬하는 알고리즘입니다. 복잡도가 $O(NlogN)$밖에 안 되는 효율적인 정렬 알고리즘입니다.

병합 정렬은 2개의 정렬된 배열을 결합하는 Merge 조작을 기반으로 합니다. 따라서 Merge 조작이 무엇인지부터 살펴보겠습니다.

Merge 조작

"길이가 a인 배열 A"와 "길이가 b인 배열 B"가 있습니다. 이때 배열 A와 B는 이미 정렬되어 있다고 합시다. 2개의 배열을 병합하면서 오름차순으로 정렬하는 프로그램을 작성해 주세요.

예를 들어서, 배열 [13, 34, 50, 75]와 배열 [11, 20, 28, 62]가 있다면 병합 후에 [11, 13, 20, 28, 34, 50, 62, 75]이 되면 됩니다. 복잡도는 $O(a+b)$가 되는 것이 좋습니다.

이는 다음과 같은 알고리즘을 사용해서, a + b − 1회의 비교로 병합할 수 있습니다.

1. 배열 C를 준비합니다. 배열 C는 초기에 비어 있습니다.

2. 다음과 같은 조작을 배열 A, 배열 B의 모든 요소가 사라질 때까지 반복합니다[9].

   ▪ 배열 A가 비어있다면, 배열 B에서 가장 작은 요소를 배열 C로 이동합니다.

   ▪ 배열 B가 비어있다면, 배열 A에서 가장 작은 요소를 배열 C로 이동합니다.

   ▪ 이 외의 경우에는 배열 A의 남은 요소 중에 가장 작은 요소, 배열 B의 남은 요소 중에서 가장 작은 요소를 비교합니다. 그리고 작은 요소를 배열 C로 이동합니다.

예를 들어서 배열 A가 [13, 34, 50, 75]이고 배열 B가 [11, 20, 28, 62]라면, 다음과 같은 과정으로 조작합니다. 참고로 Merge 조작을 하는 프로그램 구현은 ➡ 연습 문제 3.6.3에서 다룹니다.

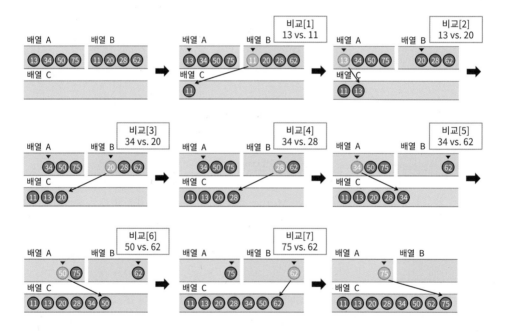

그럼 Merge 조작을 활용해서, 배열을 정렬해 봅시다. 병합 정렬은 분할 정복법을 사용하는 다음과 같은 알고리즘입니다.

---

8   배열 A와 B는 이미 정렬되어 있으므로, 배열 A와 배열 B에서 작은 요소는 가장 앞에 있는 요소를 확인하면 됩니다.

> **병합 정렬**
>
> - k개의 요소로 구성되는 배열을 각각 $k/2$개의 요소를 가지는 배열 A와 배열 B로 나눕니다.
> - 배열 A를 대상으로 병합 정렬하고, 정렬한 후의 배열을 A'라고 합니다.
> - 배열 B를 대상으로 병합 정렬하고, 정렬한 후의 배열을 B'라고 합니다.
> - 배열 A'와 B'를 대상으로 Merge 조작을 하면, k개의 요소를 갖는 배열이 모두 정렬됩니다.
>
> ※ 처음에는 N개의 수 $A_1, A_2, \cdots, A_N$을 대상으로 병합 정렬합니다.

예를 들어서 4개의 요소를 갖는 배열 [31, 41, 59, 26]에 병합 정렬을 적용하면, 다음과 같이 이루어집니다.

1. 배열 [31, 41, 59, 26]을 [31, 41]과 [59, 26]으로 분할합니다.
2. 배열 [31, 41]을 대상으로 병합 정렬해서, [31, 41]을 구합니다.
3. 배열 [59, 26]을 대상으로 병합 정렬해서, [26, 59]를 구합니다.
4. 배열 [31, 41]과 [26, 59]를 대상으로 Merge 조작해서, [26, 31, 41, 59]를 구합니다.

이렇게 하면, 4개의 수가 오름차순으로 정렬됩니다(과정2와 과정3에서 두 배열에 대한 자세한 병합 정렬 과정은 생략했습니다). 흐름을 그림으로 정리해 보면, 다음과 같습니다.

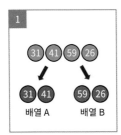   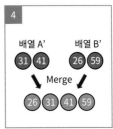

예를 한 가지 더 살펴봅시다. 8개의 요소를 갖는 배열 [50, 13, 34, 75, 62, 20, 28, 11]에 병합 정렬을 적용하면 다음 그림과 같은 흐름으로 이루어집니다. 그림에서 번호(1~21)는 처리 순서를 나타냅니다.

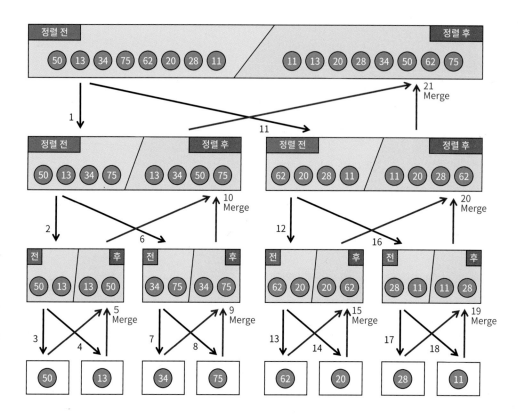

참고로 병합 정렬에서 k개의 요소를 k/2개의 배열로 나누는 분할 방법은 어떻게 해도 상관없습니다. 배열의 반개구간 [l, r)($A_l, A_{l+1}, \cdots, A_{r-1}$을 나타냄 ➡ 2.5.8항)을 병합 정렬하는 경우, $m = \lfloor (l+r)/2 \rfloor$을 기준으로

- 반개구간 [l, m) ($A_l, A_{l+1}, \cdots, A_{m-1}$)
- 반개구간 [m, r) ($A_m, A_{m+1}, \cdots, A_{r-1}$)

처럼 분할하는 것이 일반적입니다. 자세한 구현 방법은 ➡ 연습 문제 3.6.3에서 다룹니다.

3.6.10 — 병합 정렬의 복잡도

이어서 병합 정렬의 복잡도(Merge 조작의 비교 횟수)를 계산해 봅시다. Merge 조작을 하면, 배열의 길이가 1/2배가 되므로 병합 단계는 약 $log_2 N$개입니다. 그리고 각 단계에서의 비교 횟수는 N회 이하이므로, 전체 비교 횟수는 최대 $O(N \, log N)$입니다.

예를 들어서 N = 8이라면, 다음과 같이 최대 17회 비교가 일어납니다.

- 아래에서 1번째 단계에서는 "길이가 1인 배열 2개의 Merge(최대 비교 횟수 1회)"를 4회 합니다.

- 아래에서 2번째 단계에서는 "길이가 2인 배열 2개의 Merge(최대 비교 횟수 3회)"를 2회 합니다.

- 아래에서 3번째 단계에서는 "길이가 4인 배열 2개의 Merge(최대 비교 횟수 7회)"를 1회 합니다.

- 따라서 비교 횟수는 (1 × 4) + (3 × 2) + (7 × 1) = 17회 이하입니다.

3.6.2항에서 소개한 선택 정렬은 N(N−1)/2 = 28회 비교합니다. 따라서 약 1.6배의 차이가 있습니다. 이러한 차이는 N이 증가할수록 점점 커집니다. 예를 들어서 N = 1000이라면, 두 알고리즘 성능 차이가 약 50배 정도 됩니다.

3.6.11 — 그 밖의 정렬 알고리즘

지금까지 선택 정렬과 병합 정렬이라는 2개의 정렬 알고리즘을 설명했습니다. 이 이외에도 여러 정렬 알고리즘들이 알려져 있습니다. 그럼 마지막으로 대표적인 정렬 알고리즘들을 간단하게 몇 가지 소개하겠습니다.

삽입 정렬

차례대로 앞에서부터 정렬 완료된 부분에 요소를 적절하게 삽입하는 작업을 반복하는 알고리즘입니다. 어느 정도 정렬이 되어있는 배열에 대해서는 빠르게 작동하지만, 평균적인 경우 또는 최악의 경우에서는 복잡도가 $O(N^2)$이라서 효율적이지는 않습니다.

퀵 정렬

실용적으로 사용할 수 있는 알고리즘 중 빠르게 작동한다고 알려진 정렬 알고리즘 중 하나입니다. 평균 복잡도가 $O(N \log N)$이며, 병합 정렬과 마찬가지로 분할 정복 아이디어를 사용합니다. 더 빠르게 처리할 수 있게 난수를 활용하기도 합니다.

계수 정렬

N개의 숫자에서 최댓값을 B라고 할 때 1의 개수, 2의 개수, …, B의 개수를 세어서 배열을 정렬하는 알고리즘입니다. 복잡도는 O(N + B)입니다. [2, 3, 3, 1, 1, 3]과 같이 요소 값이 작은 배열에서는 유용합니다[9]. 이 책에서는 지면 관계로 자세하게 설명하지 않지만, 관심 있다면 따로 찾아보기 바랍니다!

연습 문제

문제 3.6.1 ★★

다음 재귀 함수를 기반으로 다음과 같은 질문에 답해 주세요.

1. func(2)를 실행했을 때의 리턴값을 구해 주세요.

2. func(3)를 실행했을 때의 리턴값을 구해 주세요.

3. func(4)를 실행했을 때의 리턴값을 구해 주세요.

4. func(5)를 실행했을 때의 리턴값을 구해 주세요.

```python
def func(N):
    if N <= 2:
        return 1
    return func(N - 1) + func(N - 2)
```

문제 3.6.2 ★★★★★

다음 알고리즘으로 길이가 N인 배열 A[1], A[2], …, A[N]이 작은 순서대로 정렬된다는 것을 증명해 주세요. 참고로 이 정렬 알고리즘은 2021년 10월에 발표된 것입니다[10].

```python
for i in range(1, N + 1):
    for j in range(1, N + 1):
        if A[i] < A[j]:
            # 스왑
            A[i], A[j] = A[j], A[i]
```

---

9 (옮긴이) 다만 계수 정렬은 요소가 부동소수점인 배열에는 아예 사용할 수 없습니다. 또한 요소 값의 분산이 큰 배열은 너무 많은 메모리를 소비하기 때문에 활용하기 힘듭니다.
10 https://arxiv.org/abs/2110.01111

문제 3.6.3 　문제 ID : 027　★★★

다음 프로그램은 정수 N과 N개의 정수 $A_1, A_2, \cdots, A_N$을 입력받습니다. 그리고 이를 기반으로 병합 정렬합니다. 다만 일부분이 빠져 있습니다. 이 프로그램이 적절하게 동작할 수 있게 프로그램을 완성해 주세요. 참고로 깃허브에 C, C++, 자바로도 미완성 프로그램을 준비했습니다. 자신이 좋아하는 언어를 선택해서 코드를 작성해 보기 바랍니다.

```python
def MergeSort(A):
    # 길이가 1이라면 이미 정렬되어 있으므로, 아무것도 하지 않음
    if len(A) == 1:
        return A

    # 2개로 분할하고, 분할한 배열을 정렬
    m = len(A) // 2
    A_Dash = MergeSort(A[0:m])
    B_Dash = MergeSort(A[m:len(A)])

    # 이 시점에서 다음 2개의 배열은 정렬되어 있음
    # 배열 A'는 [A_Dash[0], A_Dash[1], ..., A_Dash[m-1]]
    # 배열 B'는 [B_Dash[0], B_Dash[1], ..., B_Dash[len(A)-m-1]]
    # 아래 내용은 Merge 조작
    c1 = 0
    c2 = 0
    C = []
    while (c1 < len(A_Dash) or c2 < len(B_Dash)):
        if c1 == len(A_Dash):
            # 배열 A'가 비어있는 경우
            C.append(B_Dash[c2])
            c2 += 1
        elif c2 == len(B_Dash):
            # 배열 B'가 비어있는 경우

        else:
            # 비어있지 않은 경우

    # 배열 A', 배열 B'를 병합한 배열 C를 리턴
    return C

# 메인 부분
N = int(input())
```

```
A = list(map(int, input().split()))

# 병합 정렬 → 답 출력
Answer = MergeSort(A)
print(*Answer)
```

제약:

$2 \leqq N \leqq 200000$

$1 \leqq A_i \leqq 10^9$

입력은 모두 정수

입력:

N

$A_1 A_2 \cdots A_N$

출력:

주어진 배열을 오름차순으로 정렬하고, 띄어쓰기로 구분해서 출력해 주세요.

입력 예

```
3
3 1 2
```

출력 예

```
1 2 3
```

3.7 동적계획법(점화식 사용하기)

이번 절에서는 수열 점화식에 대해 간단하게 살펴보고, 이를 사용하는 '동적계획법'이라는 알고리즘을 살펴보겠습니다. 동적계획법은 굉장히 중요한 알고리즘이며, 굉장히 넓게 활용됩니다. 예를 들어서 편의점에서 최적의 물건을 구매하는 방법, 여러 도시를 최단 거리로 횡단하는 방법과 관련된 문제들을 풀 때 활용합니다. 그럼 일단 수열 점화식부터 살펴봅시다.

3.7.1 ── 수열 점화식이란? : 점화식의 예① : 등차 수열

수열에서 '앞 항의 값을 기반으로 다음 항의 값을 구하는 규칙'을 점화식이라고 부릅니다.

간단한 점화식을 소개해 보면, 다음과 같습니다.

- $a_1 = 1$
- $a_n = a_{n-1} + 2 \, (n \geq 2)$

점화식을 만족하는 수열을 구하는 가장 간단한 방법은 항을 차례대로 하나씩 계산하는 것입니다. 예를 들어 위의 점화식을 만족하는 수열을 4번째까지 계산해 보면 다음과 같이 계산할 수 있습니다.

a_1	a_2	a_3	a_4	a_5	a_6	a_7	a_8	a_9
1								

1번째 항은
$a_1 = 1$

a_1	a_2	a_3	a_4	a_5	a_6	a_7	a_8	a_9
1	3							

2번째 항은 앞의 항에
2를 더한 것입니다.
$a_2 = a_1 + 2 = 3$

a_1	a_2	a_3	a_4	a_5	a_6	a_7	a_8	a_9
1	3	5						

3번째 항은 앞의 항에
2를 더한 것입니다.
$a_3 = a_2 + 2 = 5$

a_1	a_2	a_3	a_4	a_5	a_6	a_7	a_8	a_9
1	3	5	7					

4번째 항은 앞의 항에
2를 더한 것입니다.
$a_4 = a_3 + 2 = 7$

a_1	a_2	a_3	a_4	a_5	a_6	a_7	a_8	a_9
1	3	5	7	9				

5번째 항은 앞의 항에
2를 더한 것입니다.
$a_5 = a_4 + 2 = 9$

a_1	a_2	a_3	a_4	a_5	a_6	a_7	a_8	a_9
1	3	5	7	9	11			

6번째 항은 앞의 항에
2를 더한 것입니다.
$a_6 = a_5 + 2 = 11$

3.7.2 — 점화식의 예② : 피보나치 수열

이어서 조금 복잡한 점화식을 살펴봅시다.

바로 앞의 항만 활용할 필요는 없습니다. 2개 이전의 항을 활용할 수도 있습니다.

- $a_1=1, a_2=1$

- $a_n=a_{n-1}+a_{n-2}(n \geq 3)$

이와 같은 점화식도 앞에서부터 차례대로 계산하면, 다음 그림과 같습니다. 수열은 a = (1, 1, 2, 3, 5, 8, 13, 21, 34, 55, …)처럼 이어집니다. 참고로 이 수열은 "피보나치 수열"이라는 이름이 붙어 있습니다. 점화식이 아니라 일반항을 구할 수도 있지만, 복잡한 형태입니다[11].

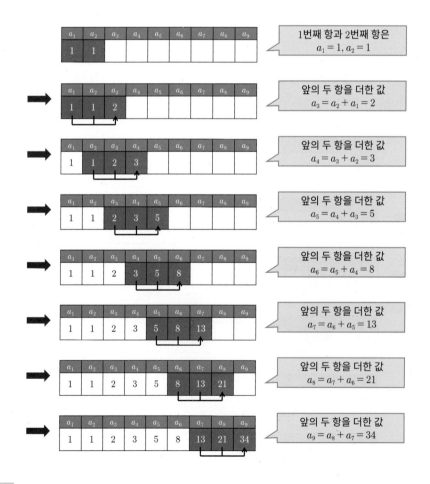

11 $a_n = \frac{1}{\sqrt{3}} \times \left(\left(\frac{1+\sqrt{5}}{2} \right)^n - \left(\frac{1-\sqrt{5}}{2} \right)^n \right)$

3.7.3 ── 점화식의 예③ : 복잡한 점화식

추가적으로 복잡한 예로 다음 조건을 만족하는 수열의 5번째 항 a_5를 구해 봅시다. 이때 함수 min(a, b)는 a와 b 중에서 작은 것을 리턴하는 함수입니다(➡ 2.3.2항)

- $a_1=0, a_2=2$

- $a_n=\min(a_{n-1}+|h_{n-1}-h_n|, a_{n-2}+|h_{n-2}-h_n|(n\geq3))$

- 이때 수열 h의 앞의 항 5개는 8, 6, 9, 2, 10이라고 합시다.

이와 같이 복잡한 점화식은 앞의 두 예와 달리, 일반항을 구할 수 없습니다. 다음과 같이 앞의 항부터 차례차례 계산하면서 구해야 합니다. 이렇게 구하면 $a_5=7$이라는 것을 알 수 있습니다. 이처럼 앞에서부터 차례대로 하나씩 계산하는 방법은 이번 절의 후반부에서 다루는 '동적계획법'과 굉장히 깊은 관계를 갖고 있습니다.

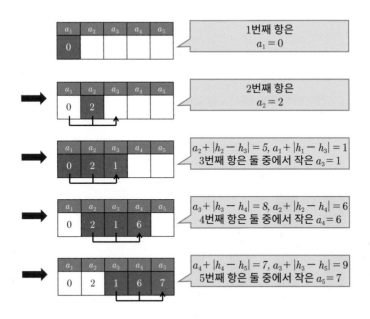

3.7.4 — 동적계획법이란?

이제 본격적으로 점화식을 응용한 알고리즘인 동적계획법에 대해서 살펴봅시다.

동적계획법을 한 문장으로 설명하면, "수열 점화식처럼 작은 문제(점화식으로 설명하면 앞 항)의 결과를 사용해서 푸는 알고리즘"이라고 할 수 있습니다. 3.6절까지 다루었던 이진 탐색법, 소수 판정법, 몬테카를로법, 정렬 알고리즘과 비교해서 적용 범위가 굉장히 넓으며, 특정한 알고리즘보다는 알고리즘의 설계 방법에 가깝습니다.

3.7.5항부터 3.7.8항에 걸쳐서, 구체적인 적용 예를 몇 가지 살펴봅시다.

3.7.5 — 동적계획법의 예① : 개구리의 이동

첫 번째로 소개할 문제는 "이동으로 소비하는 체력의 최솟값을 구하는 문제"입니다. 일단 프로그램을 사용하지 않고, 손 계산으로 풀어봅시다.

다음과 같이 5개의 발판이 일렬로 정렬되어 있습니다. 개구리는 "1개 또는 2개 앞의 발판으로 점프"하는 행동을 반복해서 발판1부터 발판5까지 이동해야 합니다.

개구리는 점프할 때 출발 지점과 도착 지점의 높이 차(절댓값)만큼 체력을 소비합니다. 소비하는 체력 합계로 생각할 수 있는 최솟값을 구해 주세요.

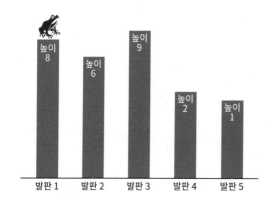
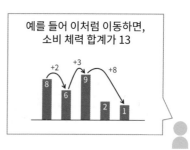

일단 개구리의 이동 방법을 전체 탐색으로 풀 수 있을 것입니다. 현재 문제에서는 발판이 5개밖에 없어서 개구리의 이동 방법도 5가지밖에 없으므로 충분히 현실적입니다. 하지만 발판의 수를 N으로 늘리면, 확인해야 하는 패턴의 수가 지수 함수적(➡ 2.4절)으로 늘어납니다. 따라서 실용적인 방법이라고 할 수 없습니다.

그럼 다른 방법을 검토해 봅시다. 곧바로 발판5에 도달하는 방법을 구할 수는 없으므로, 다음과 같은 순서대로 생각해 봅시다.

- 발판1에서 발판1까지 이동하기 위해 소비해야 하는 최소 체력 dp[1]을 구합니다.

- 발판1에서 발판2까지 이동하기 위해 소비해야 하는 최소 체력 dp[2]를 구합니다.

- 발판1에서 발판3까지 이동하기 위해 소비해야 하는 최소 체력 dp[3]을 구합니다.

- 발판1에서 발판4까지 이동하기 위해 소비해야 하는 최소 체력 dp[4]를 구합니다.

- 발판1에서 발판5까지 이동하기 위해 소비해야 하는 최소 체력 dp[5]를 구합니다.

- 이때 dp[5]의 값이 답입니다.

이렇게 하면, 다음 그림과 같은 계산 방법으로 답이 7이라는 것을 알 수 있습니다. 참고로 각 단계에서 도착하는 발판을 붉은색으로 표시했습니다.

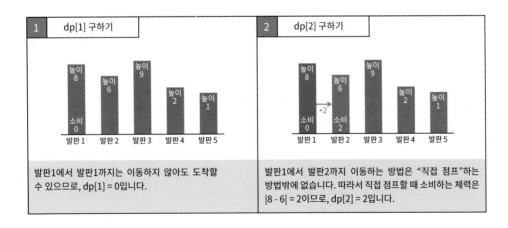

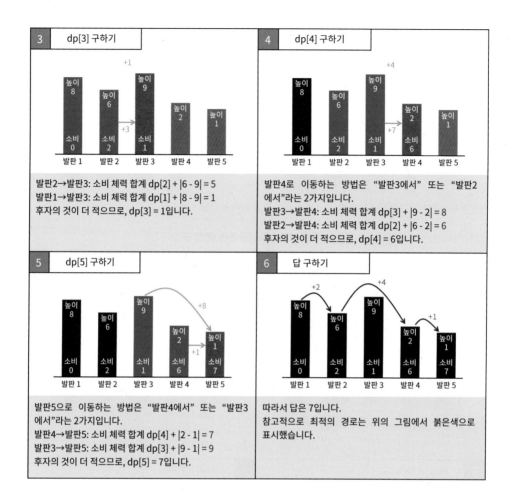

3.7.6 ─ 동적계획법의 예② : 개구리의 이동 일반화

이번에는 3.7.5항의 문제를 일반화해서, 다음과 같은 문제를 생각해 봅시다.

N개의 발판이 있고, 왼쪽에서 i번째 발판(발판i)의 높이를 h_i라고 합니다. 개구리는 다음과 같은 이동을 반복해서, 발판1에서 발판N으로 이동해야 합니다.

- 발판i에서 i+1로 점프합니다. 체력 $|h_i - h_{i+1}|$을 소비합니다($1 \leq i \leq N-1$).
- 발판i에서 i+2로 점프합니다. 체력 $|h_i - h_{i+2}|$를 소비합니다($1 \leq i \leq N-2$).

소비하는 체력 합계로 생각할 수 있는 최솟값을 구해 주세요. 예를 들어서 $N=5$, $(h_1, h_2, h_3, h_4, h_5)=(8,6,9,2,1)$이라고 할 때, 3.7.5항과 같은 문제가 되어 답은 7입니다.

제약:

   $2 \leq N \leq 100000$

   $1 \leq h_i \leq 10000$

   입력은 모두 정수

실행 시간 제한:

   2초

입력:

   N

   $h_1\ h_2 \cdots h_N$

출력: 정답을 출력해 주세요.

입력 예:

```
4
10 30 40 20
```

출력 예

```
30
```

발판 1→2→4로 이동하면, 비용 합계가 $|10-30|+|30-20|=30$입니다.

출전

Educational DP Contest A – Frog 1

이 문제도 3.7.5항처럼 발판1에서 i까지 이동하기 위해 소비해야 하는 체력의 최솟값을 dp[i]로 두고, dp [1] → dp [2] → ⋯ → dp [N]을 차례대로 계산하면 됩니다.

일단 발판1에서 발판1까지는 이동하지 않아도 도착할 수 있으므로, dp[1] = 0입니다. 추가적으로 발판1에서 발판2까지 이동하는 방법은 직접 점프하는 방법밖에 없으므로, dp[2] = $|h_1-h_2|$ 입니다. 이어서 발판3 이후의 경우, 발판 i(3 ≤ i ≤ N)로 이동하는 방법은 다음과 같은 2가지라고 할 수 있습니다.

- 체력 $|h_{i-1}-h_i|$를 사용해서, 1개 앞의 발판으로 점프
- 체력 $|h_{i-2}-h_i|$를 사용해서, 1개 앞의 발판으로 점프

그리고 각각의 방법을 사용해서, 발판 i에서 누적 소비 체력은 다음과 같이 구할 수 있습니다.

- 1개 앞으로 점프: $dp[i-1]+|h_{i-1}-h_i|$ ··· (1)

- 2개 앞으로 점프: $dp[i-2]+|h_{i-2}-h_i|$ ··· (2)

소비 체력이 적은 경로를 선택하는 것이 이득이므로, dp[i]는 (1)과 (2) 중에서 작은 값이 됩니다(3.7.3 항에서 다루었던 점화식과 같습니다). 이를 기반으로 앞에서부터 차례대로 항을 하나씩 계산하는 프로그램을 작성하면, 코드 3.7.1과 같습니다. 복잡도는 $O(N)$이라고 생각할 수 있습니다.

코드 3.7.1 개구리 소비 체력의 최솟값을 구하는 문제

```python
# 입력
N = int(input())
H = list(map(int, input().split()))


# 동적계획법
dp = [ None ] * N
dp[0] = 0
for i in range(1, N):
    if i == 1:
        dp[i] = abs(H[i - 1] - H[i])
    if i >= 2:
        v1 = dp[i - 1] + abs(H[i - 1] - H[i])  # 1개 이전 발판에서 점프할 때
        v2 = dp[i - 2] + abs(H[i - 2] - H[i])  # 2개 이전 발판에서 점프할 때
        dp[i] = min(v1, v2)

# 답 출력
print(dp[N - 1])
```

3.7.7 ── 동적계획법의 예③ : 계단을 오르는 방법

이어서 소개할 문제는 계산을 오르는 방법의 수를 세는 문제입니다.

철수는 N개의 발판으로 구성된 계단을 오르려고 합니다. 그는 한 번에 1개 또는 2개의 계단을 오를 수 있습니다. 0번째 발판에서 출발해서 N번째 발판에 도착할 때까지의 이동 방법이 몇 가지 있는지 계산해 주세요.

제약:

$1 \leq N \leq 45$

N은 정수

실행 시간 제한:

1초

입력:

N

출력: 정답을 출력해 주세요.

입력 예

```
4
```

출력 예

```
5
```

0번째부터 4번째까지 이동하는 방법은 다음과 같이 5개입니다.

- 0→1→2→3→4
- 0→1→2→4
- 0→1→3→4
- 0→2→3→4
- 0→2→4

따라서 5를 출력하면 정답입니다.

일단은 구체적인 예로 $N=6$일 때의 답을 생각해 봅시다. 최종적으로 6번째 계단까지 올라가는 방법을 구하면 되지만, 곧바로 이를 구하는 것은 조금 힘들 수밖에 없습니다. 따라서 다음과 같이 차례대로 생각해 봅시다.

- 0번째 계단에서 0번째 계단으로 올라가는 방법의 수 dp[0]을 구합니다.
- 0번째 계단에서 1번째 계단으로 올라가는 방법의 수 dp[1]을 구합니다.
- 0번째 계단에서 2번째 계단으로 올라가는 방법의 수 dp[2]를 구합니다.

- 0번째 계단에서 3번째 계단으로 올라가는 방법의 수 dp[3]을 구합니다.

- 0번째 계단에서 4번째 계단으로 올라가는 방법의 수 dp[4]를 구합니다.

- 0번째 계단에서 5번째 계단으로 올라가는 방법의 수 dp[5]를 구합니다.

- 0번째 계단에서 6번째 계단으로 올라가는 방법의 수 dp[6]을 구합니다(이것이 답입니다).

일단 0번째 계단은 시작 지점이므로, dp[0] = 1이 됩니다. 추가적으로 0번째 계단에서 1번째 계단까지 오르는 방법은 "한 걸음으로 오른다"라는 1가지 방법밖에 없으므로, dp[1] = 1입니다. 이어서 2번째 계단 이후는 마지막 행동을 나누어서 생각할 수 있습니다. 철수가 n번째 계단까지 오를 때, 마지막 행동은 다음과 같이 2가지로 구분해서 생각할 수 있습니다.

패턴A: n번째 계단까지 n − 1번째 계단에서 한 걸음에 한 계단 오르기

패턴B: n번째 계단까지 n − 2번째 계단에서 한 걸음에 두 계단 오르기

패턴A를 사용해서 올라가는 방법의 수는 n − 1번째 계단에서 올라가는 방법의 수 dp[n − 1]과 같습니다. 이어서 패턴B를 사용해서 올라가는 방법의 수는 n − 2번째 계산에서 올라가는 방법의 수는 dp[n − 2]와 같습니다. 따라서 dp[n] = dp[n − 1] + dp[n − 2]입니다(피보나치 수 ➡ 3.7.2항).

모든 점화식이 갖춰졌으므로, 앞에서부터 차례대로 계산해 봅시다. 계산해 보면, 다음과 같이 답이 13이라는 것을 알 수 있습니다.

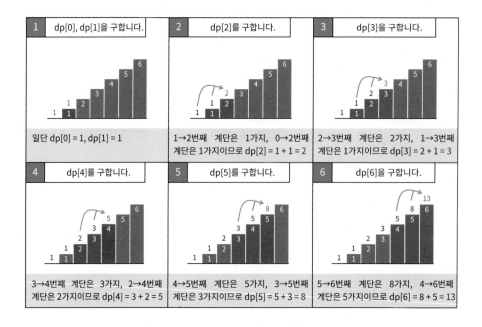

N이 6 이외의 경우에서도 dp[n] = dp[n−1] + dp[n−2]라는 점화식을 앞에서부터 차례대로 계산하면, 복잡도 $O(N)$으로 답을 구할 수 있습니다. 구현 예로는 코드 3.7.2를 생각해 볼 수 있습니다.

코드 3.7.2 계단을 오르는 방법을 구하는 프로그램

```python
# 입력
N = int(input())

# 동적계획법
dp = [ None ] * (N + 1)
for i in range(N + 1):
    if i <= 1:
        dp[i] = 1
    else:
        dp[i] = dp[i - 1] + dp[i - 2]

# 답 출력
print(dp[N])
```

3.7.8 ── 동적계획법의 예④ : 냅색 문제 ──────

마지막으로 소개할 문제는 냅색 문제라는 유명한 문제입니다[12]. 조금 난이도가 높지만, 차근차근 도전해 봅시다.

N개의 물건이 있고, 물건에는 1, 2, …, N이라는 번호가 붙어 있습니다. 물건 $i(1 \leq i \leq N)$의 무게는 w_i, 가격은 v_i입니다.

철수는 무게의 합계가 W를 초과하지 않게, N개의 물건 중에서 몇 가지를 고르려고 합니다. 선택한 물건 가치 합계로 생각할 수 있는 최댓값을 구해 주세요.

제약:

$1 \leq N \leq 100$

$1 \leq W \leq 10^5$

---

12 (옮긴이) 냅색(knapsack)은 "배낭"이라는 뜻입니다. "배낭 문제"라고 해도 되겠지만, 일반적으로 "냅색 문제"라고 부르므로, 이 표현을 사용하겠습니다.

$1 \leq w_i \leq W$

$1 \leq v_i \leq 10^9$

입력은 모두 정수입니다.

실행 시간 제한:

2초

입력:

$N\ W$

$w_1\ v_1$

$w_2\ v_2$

$\vdots$

$w_N\ v_N$

출력: 정답을 출력해 주세요.

입력 예

```
3 8
3 30
4 50
5 60
```

출력 예

```
90
```

물건 1, 3을 선택하면, 무게 총합이 $3+5=8$이 되며, 가치 합계는 $30+60=90$이 됩니다.

예를 들어서 $N=4$, $W=10$, $(w_i, v_i)=(3,100),(6,210),(4,130),(2,57)$의 경우를 생각해 봅시다. 모든 패턴 $2^4=16$가지를 확인하면, "물건2와 3을 선택했을 때, 물건 가치의 최댓값이 340이 된다"라는 것을 알 수 있습니다. 하지만 N = 100이라면 2^{100}가지 패턴이 존재하므로 전체 탐색했을 때는 2초 내로 답을 낼 수 없습니다.

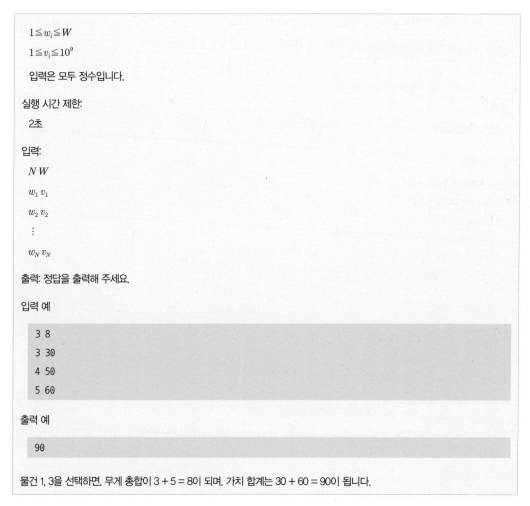

그럼 다음과 같이 2차원 배열을 사용한 동적계획법을 생각해 봅시다.

- dp[i][j]: 물건 i까지 중에서 무게의 합계가 j가 되도록 선택했을 때, 가치의 최댓값

지금까지는 dp[0], dp[1], dp[2], …와 같은 1차원 배열을 사용했지만, 이번 문제는 2차원 배열을 사용해 점화식을 만들어야 함에 주의해 주세요.

참고로 2차원 배열을 어떻게 사용하는 것인지 느낌이 잘 떠오르지 않는다면, 다음과 같은 2차원 칸에 숫자를 쓴다고 생각해 보기 바랍니다. 예를 들어서 (0번째부터 세어서) 위에서 3번째, 왼쪽에서 8번째 칸은 dp[3][8]에 대응되며, 무게 합계가 8이 되도록 물건 1, 2, 3 중에서 선택했을 때의 최대 가격을 의미합니다.

그럼 이번 절의 앞부분에서 다루었던 N = 4의 예에서 i = 0, 1, 2, 3, 4 순서로 dp[i][j]를 계산해 봅시다 (즉, 물건 1→2→3→4의 순서로 선택할지 또는 선택하지 않을지 결정해 나갑니다).

일단 i = 0의 경우입니다. 아무것도 선택하지 않았을 경우, 합계와 가격의 합이 모두 0이므로 dp[0][0] = 0입니다. 추가적으로 무게의 합계가 1 이상 되는 선택 방법이 존재하지 않으므로, 일단 $dp[0][1]$, $dp[0][2]$, $dp[0][3]$,…의 값을 모두 −로 표시해둡니다.

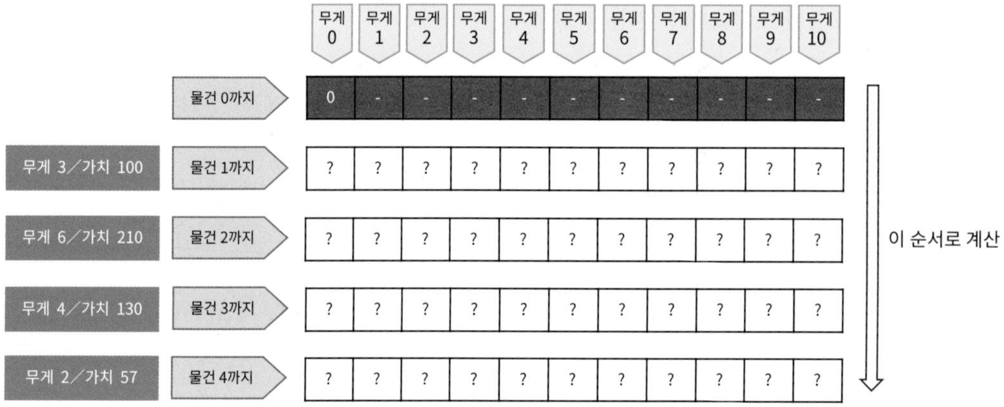

	무게 0	무게 1	무게 2	무게 3	무게 4	무게 5	무게 6	무게 7	무게 8	무게 9	무게 10
물건 0까지	0	-	-	-	-	-	-	-	-	-	-
무게 3／가치 100 물건 1까지	?	?	?	?	?	?	?	?	?	?	?
무게 6／가치 210 물건 2까지	?	?	?	?	?	?	?	?	?	?	?
무게 4／가치 130 물건 3까지	?	?	?	?	?	?	?	?	?	?	?
무게 2／가치 57 물건 4까지	?	?	?	?	?	?	?	?	?	?	?

이 순서로 계산

이어서 $i \geqq 1$의 경우입니다. 무게 합계가 j가 되도록, 물건 i까지 중에서 물건을 선택하는 방법은 다음과 같은 2가지가 있습니다(3.7.7항처럼 마지막 행동(여기에서는 마지막 물건 i)으로 상황을 구분합니다).

> 방법A: 물건 i − 1까지의 가중치 총합을 j라고 할 때, 물건 j를 선택하지 않음
>
> 방법B: 물건 i − 1까지의 가중치 총합을 $j-w_i$라고 할 때, 물건 j를 선택

이때 방법A의 합계 가격은 dp[i−1][j], 방법B의 합계 가격은 dp[i−1][j−w_i]+v_i이므로, 둘 중에서 큰 것을 dp[i][j]로 하면 됩니다.

$$dp[i][j]=\max(dp[i-1][j], dp[i-1][j-w_i]+v_i)$$

이 점화식에 따라서 $i=1,2,3,4$ 순서로 표를 채워나가면, 다음 그림과 같이 됩니다. 예를 들어서 [4][9]의 값은 다음 중에서 큰 값인 310입니다.

- 방법A의 경우: dp[3][9]=310
- 방법B의 경우: dp[3][7]+57=287

참고로 j<w_i의 경우, 방법B를 선택할 수 없으므로 주의해 주세요.

여기에서 구해야 하는 답은 dp[N][0], dp[N][1], ⋯ , dp[N][W] 중에서 최댓값이므로, 현재 예에서는 340입니다.

마지막으로 복잡도를 생각해 봅시다. 답을 구하기 위해서 0≦i≦N, 0≦j≦W를 만족하는 모든 (i,j)에 대해서 dp[i][j]를 계산해야 하므로, 복잡도는 $O(NW)$입니다. 이번 문제의 제약은 N≦100, W≦100000이므로 1초에 10^9회 계산할 수 있다고 생각하면 실행 시간 제한인 2초 내로 답을 구할 수 있습니다.

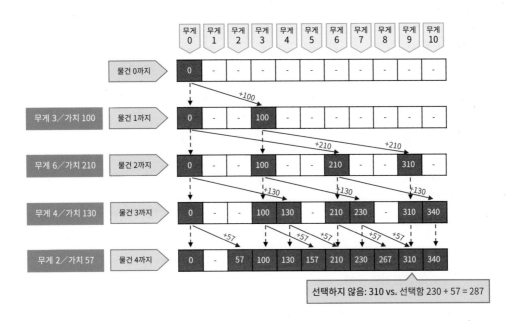

조금 복잡하지만, 코드 3.7.3처럼 구현할 수 있습니다. 위 그림에서 (–)로 되어있는 부분을 -10^{18}처럼 작은 값으로 초기화해 두면, (–)인지 아닌지 따로 구분할 필요가 없어지므로 구현이 간단해집니다.

코드 3.7.3 **냅색 문제**

```python
# 입력
N, W = map(int, input().split())
w = [ None ] * N
v = [ None ] * N
for i in range(N):
    w[i], v[i] = map(int, input().split())

# 배열 초기화
INF = 10 ** 18
dp = [ [ None ] * (W + 1) for i in range(N + 1) ]
```

```python
dp[0][0] = 0
for i in range(1, W + 1):
    dp[0][i] = -INF

# 동적계획법
for i in range(1, N + 1):
    for j in range(0, W + 1):
        if j < w[i - 1]:
            # j < w[i-1]라면, 방법A로 선택
            dp[i][j] = dp[i - 1][j]
        else:
            # j >= w[i-1]라면 방법A와 방법B 중에 큰 것으로 선택
            dp[i][j] = max(dp[i - 1][j], dp[i - 1][j - w[i - 1]] + v[i - 1])

# 답을 계산하고 출력
answer = max(dp[N])
print(answer)
```

3.7.9 — 그 밖의 대표적인 문제

적절한 점화식을 세우고 하나하나 계산하면, 해결하기 어려워 보이는 문제도 효율적으로 풀 수 있는 경우가 많습니다. 이번 절에서는 예로 냅색 문제를 포함해서, 4가지 문제를 살펴보았습니다. 동적계획법으로 풀 수 있는 문제는 이 이외에도 많습니다. 대표적인 몇 가지 문제를 소개해 보면 다음과 같습니다.

부분합 문제

N개의 정수 $A_1, A_2, \cdots, A_N$ 중에서 몇 가지를 선택해서, 합계를 S로 만들 수 있는지 판정하는 문제입니다. 2.4.6항에서는 전체 탐색으로 풀었지만, 이 문제도 냅색 문제와 비슷한 접근 방법을 활용해서 복잡도 $O(NS)$로 풀 수 있습니다.

코인 문제

N가지 종류의 동전($A_1, A_2, \cdots, A_N$원)만 사용해서 S원을 지불할 때, 최소 몇 개의 동전이 필요한지 구하는 문제입니다. 이때 각 종류의 동전은 여러 개 사용해도 됩니다. 이 문제도 냅색 문제와 비슷한 접근 방법을 사용해서, 복잡도 O(NS)로 풀 수 있습니다. 참고로 1000원, 5000원, 10000원밖에 없는 특수한 경우는 탐욕 알고리즘(➡ 5.9절)으로 풀 수 있습니다.

편집 거리

문자열 S를 (1) 한 문자 제거, (2) 한 문자 추가, (3) 한 문자를 원하는 문자로 변경하는 조작으로 문자열 T로 변경할 때, 최소 조작 횟수를 구하는 문제입니다. 조금 어렵게 보이지만, 2차원 동적계획법을 사용하면, $O(|S| \times |T|)$시간으로 풀 수 있습니다(이때 $|X|$는 문자열 X의 길이를 의미합니다).

가중치 구간 스케줄링 문제

"○○시에 시작해서, △△시에 일을 종료하면, ××만 원을 받는다"라는 일이 N개 있을 때, 최대 몇 원을 받을 수 있는지, 그리고 최적의 일 선택 방법은 어떻게 되는지 구하는 문제입니다. 참고로 보수가 모두 일정하다면, 탐욕 알고리즘(➡ 5.9절)으로 풀 수 있습니다.

순회 세일즈맨 문제(TSP 문제)

가능한 한 짧은 시간 동안 모든 도시를 방문하고, 출발 지점으로 돌아가는 방법을 찾는 문제입니다. 도시의 수를 N이라고 할 때, 전체 탐색하면 복잡도 $O(N!)$으로 풀 수 있습니다. 비트 전체 탐색(➡ 칼럼2)을 사용하면, 이미 방문한 정점 집합을 정수로 나타낸 뒤 동적계획법을 사용할 수 있습니다. 이를 활용하면 $O(N^2 \times 2^N)$으로 답을 구할 수 있습니다(이 테크닉을 Bit DP라고 부릅니다).

이 외에도 다양한 문제를 동적계획법으로 풀 수 있습니다. 일상 생활 속에서도 동적계획법으로 풀 수 있는 다양한 문제들을 생각해 보기 바랍니다.

연습 문제

문제 3.7.1 ★

다음 점화식을 만족하는 수열의 1번째 항부터 10번째 항까지 차근차근 계산해 주세요.

1. $a_1=1$, $a_n=2a_{n-1}(n\geq2)$

2. $a_1=1$, $a_2=1$, $a_3=1$, $a_n=a_{n-1}+a_{n-2}+a_{n-3}(n\geq4)$

문제 3.7.2 ★★

다음과 같은 도로망이 있을 때, 시작 지점에서 끝 지점까지 최단 경로로 가는 방법이 몇 가지 있는지 구해 주세요.

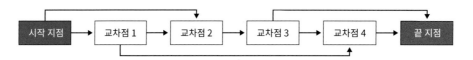

문제 3.7.3 ★★

다음 그림과 같은 바둑판 모양의 도로가 있을 때, 시작 지점에서 끝 지점으로 가는 방법이 몇 가지 있는지 구해 주세요. 이때 × 모양은 통과할 수 없는 교차로를 의미합니다. (단, 왔던 경로를 되돌아가지 않습니다.)

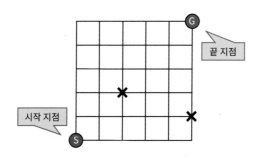

문제 3.7.4 　문제 ID : 009 ★★★

2.4.6항에서 다룬 부분합 문제를 동적계획법을 사용해 푸는 프로그램을 작성해 주세요.

문제 3.7.5 ★★

1.1.4항에서 다룬 문제에서 무게, 가치, 가중치의 가치 상한을 각각 어떤 것으로 생각하면, 냅색 문제처럼 되는지 생각해 보세요.

문제 3.7.6 ▶문제 ID : 031◀ ★★★

철수의 여름 방학은 N일입니다. i번째 날($1 \leq i \leq N$)에 공부하면, 실력이 A_i만큼 실력이 늘어납니다. 하지만 철수는 2일 연속으로 공부하고 싶지 않아 합니다. 철수가 여름 방학 동안 어떻게 공부해야 실력을 최대로 늘릴 수 있을까요? 해당 방법으로 공부했을 때 늘릴 수 있는 실력의 최댓값을 구하는 프로그램을 작성해 주세요.

제약:

$2 \leq N \leq 500000$

$1 \leq A_i \leq 10^9$

입력은 모두 정수입니다.

입력:

N

$A_1 \, A_2 \cdots A_N$

출력: 정답을 출력해 주세요.

입력 예

```
5
2 5 3 3 1
```

출력 예

```
8
```

2번째 날, 4번째 날에 공부하면 실력이 5 + 3 = 8만큼 향상됩니다.

칼럼 3 **배열의 이진 탐색**

복잡도에 $\log$가 붙어있는 알고리즘은 꽤 많습니다. 예를 들어 2.4.7항에서는 숫자 맞추기 게임을 다루면서 이진 탐색법, 3.2절에서는 유클리드 호제법을 소개했습니다. 이번 칼럼에서는 추가적인 예로 배열의 요소를 이진 탐색하는 방법에 대해서 살펴보겠습니다.

일단 "오름차순으로 정렬된 배열 $A=[A_1, A_2, \cdots, A_N]$ 내부에 x가 존재하는지"는 다음과 같은 알고리즘을 사용해서 $O(logN)$으로 판정할 수 있습니다.

1. 배열 전체를 탐색 범위로 합니다.

2. 배열 범위 중앙에 있는 값과 x를 비교합니다. 이 결과에 따라서 다음 조작을 합니다.

    ▪ 같은 경우: 이 시점에서 Yes가 결정됩니다.

    ▪ x가 더 작은 경우: 탐색 범위를 반으로 나누고, 앞부분의 중앙에 있는 값을 비교합니다. 이를 반복합니다.

    ▪ y가 더 작은 경우: 탐색 범위를 반으로 나누고, 뒷부분의 중앙에 있는 값을 비교합니다. 이를 반복합니다.

3. 탐색을 종료했는데도 Yes가 결정되지 않는다면, 답은 No입니다.

다음 그림은 배열 내부에 x = 170이 있는지 탐색하는 흐름을 나타낸 것입니다. 2.4.7항에서 소개했던 숫자 맞추기 게임을 푸는 알고리즘과 비슷하게, 한 번 탐색할 때마다 탐색 범위가 절반으로 줄어듭니다.

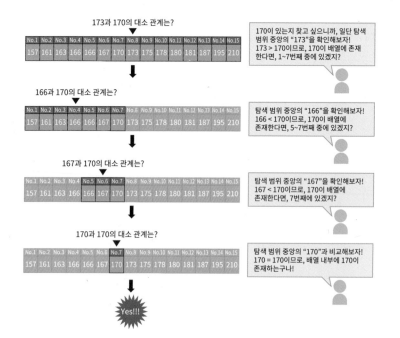

칼럼 3 배열의 이진 탐색

일반적인 경우의 풀이: 정렬의 필요성

이어서 배열 $A=[A_1, A_2, \cdots, A_N]$이 오름차순으로 정렬되어 있지 않은 경우도 생각해 봅시다. 이때는 방금 살펴보았던 이진 탐색 알고리즘이 제대로 작동하지 않습니다. 따라서 값을 탐색하기 전에 미리 배열을 오름차순으로 정렬(➡ 3.6절)해야 합니다.

배열의 정렬은 직접 구현해도 괜찮지만, 3.6.1항에서 언급한 것처럼 파이썬과 C++ 등의 프로그래밍 언어가 기본적으로 제공해 주는 표준 라이브러리를 활용해도 됩니다. 예를 들어 파이썬의 경우는 A.sort()라는 형태로 배열 A에 들어 있는 내용을 정렬할 수 있습니다. 지금까지 내용을 정리하면, 코드 3.8.1과 같이 구현할 수 있습니다.

(프로그램이 제대로 작동하는지는 이 책의 자동 채점 시스템에서 [문제 ID: 032]로 확인할 수 있습니다).

코드 3.8.1 이진 탐색 구현 예

```python
# 입력
N, X = map(int, input().split())
A = list(map(int, input().split()))

# 배열 정렬
A.sort()

# 이진 탐색
answer = "No"
left, right = 0, N - 1
while left <= right:
    mid = (left + right) // 2
    if A[mid] == X:
        answer = "Yes"
        break
    if A[mid] > X:
        # 탐색 범위를 앞부분으로 변경
        right = mid - 1
    if A[mid] < X:
        # 탐색 범위를 뒷부분으로 변경
```

```
        left = mid + 1

# 답 출력
print(answer)
```

이렇게 하면 일반적인 배열 $A=[A_1, A_2, \cdots, A_N]$에 요소 x가 존재하는지를 $O(logN)$으로 판정할 수 있게 됩니다. 배열 정렬에 복잡도 $O(NlogN)$이 필요하므로 얼핏보면 좋지 않게 보일 수도 있지만, 값을 여러 번 활용할수록 이렇게 정렬하고 이진 탐색으로 확인하는 코드가 효율적입니다.

참고로 파이썬은 bisect 모듈, C++는 표준라이브러리의 lower_bound 함수를 사용해서 간단하게 이진 탐색할 수 있습니다. 관심 있다면 꼭 살펴보기 바랍니다.

정리

3.1 소수 판정법

빠른 소수 판정법

N이 소수인지 판정하려면 2 이상 $\sqrt{N}$ 이하의 정수로 나누어보고, 어떤 정수로도 나누어지지 않는 경우 소수라고 판정할 수 있음. 이때 복잡도는 $O(\sqrt{N})$

귀류법

사실 F를 증명할 때 사실 F가 틀렸다고 가정해두고, 이것이 모순된다는 것을 유도하는 방법

3.2 유클리드 호제법

유클리드 호제법

정수A와 B의 최대공약수를 구하기 위해 "큰 수를 작은 수로 나눈 나머지로 변경하는 조작"을 한쪽이 0이 될 때까지 반복하는 방법

유클리드 호제법의 구체적인 예

$$55 \rightarrow 22 \rightarrow 22 \rightarrow 0$$
$$33 \quad 33 \quad 11 \quad \underline{11}$$

3.3 경우의 수와 알고리즘

곱의 법칙

사건A가 일어나는 방법이 N가지, 사건B가 일어나는 방법이 M가지일 때, 두 사건이 함께 일어나는 조합은 NM가지

그 밖의 중요한 공식

n개의 수를 나열하는 방법의 가짓수: $n!$ 가지(팩토리얼)

n개에서 r개를 선택하는 방법의 가짓수: nCr 가지(이항 계수)

3.4 확률·기댓값과 알고리즘

기댓값이란?

1회 시행에서 얻을 수 있는 평균적인 값. 예를 들어서 80%의 확률로 1000원, 20%의 확률로 5000원을 얻을 수 있다면, 기댓값은

$1000×0.8+5000×0.2=1800$원

기댓값의 선형성

합의 기댓값은 각각의 기댓값을 더한 것과 같다는 성질

$E[X+Y]=E[X]+E[Y]$

3.5 몬테카를로법: 통계적 접근 방법

몬테카를로법

랜덤한 수를 사용한 알고리즘의 일종

예를 들어서 N회 랜덤한 시행을 하고 M회 성공한 경우, 시행의 성공률을 M/N으로 보는 방법을 많이 사용함

시행 횟수를 X배 할수록 정밀도가 $\sqrt{X}$ 만큼 높아짐

통계적 용어

평균값: 데이터의 중심 위치

표준편차: 데이터의 분포 상태

정리

3.6 정렬과 재귀

재귀 함수란?

자기 자신을 호출하는 함수를 나타냄

예를 들어 $n!$을 구하는 함수는 다음과 같이 작성함

```python
def func(n):
    if n == 1:
        return 1
    return n * func(n - 1)
```

정렬이란?

배열을 오름차순으로 나열하는 조작

파이썬에서는 간단하게 sort 함수로 구현할 수 있음

선택 정렬

정렬되지 않은 부분의 최솟값을 찾고, 정렬되지 않은 부분의 가장 왼쪽 요소와 교환하는 작업을 반복하는 알고리즘. 복잡도는 $O(N^2)$

병합 정렬

배열을 2개로 분할하고, 분할된 것을 정렬한 후, 다시 2개의 배열을 병합해서 정렬하는 알고리즘. 복잡도는 $O(NlogN)$

3.7 동적계획법(점화식 사용하기)

점화식

이전 값의 결과를 기반으로 이번 항의 값을 구하는 규칙

예: $a_n = a_{n-1} + a_{n-2}$

동적계획법

작은 문제의 결과를 사용해서 점화식을 세우고 해결하는 설계 방법

냅색 문제 등 응용 범위가 굉장히 넓음

4

고급 알고리즘

4.1 컴퓨터로 도형 문제 풀기: 계산 기하학

계산 기하학은 도형 문제를 컴퓨터로 효율적으로 풀 수 있는 알고리즘을 탐구하는 학문입니다. 1970년대부터 시작된 새로운 학문이지만, 이미 많은 알고리즘들이 고안되었습니다.

기하학 알고리즘을 구현하려면 벡터와 삼각 함수(➡ 칼럼 4)라는 지식을 알아야 합니다. 따라서 이번 절에서는 일단 이와 관련된 내용을 설명하겠습니다. 이후에 기본적인 문제로 "점과 선분의 거리를 구하는 문제"를 다루고, 이어서 계산 기하학과 관련된 대표적인 문제들을 몇 가지 소개하겠습니다. 참고로 이번 절의 내용은 현재 삼각 함수를 모르는 분도 읽어 나갈 수 있으므로 안심하고 읽기 바랍니다.

4.1.1 ─ 벡터란?

벡터는 두 점의 상대적인 위치를 표현하기 위해 사용하는 것입니다. 2차원 벡터[1]는 성분 표시를 사용해서 (x 좌표 차이, y 좌표 차이) 형태로 표현할 수 있습니다. 예를 들어서 점 S의 좌표가 (1, 1), 점 T의 좌표가 (8, 3)이라고 할 때, 점 S에서 점 T를 향하는 벡터의 성분 표시는 (7, 2)입니다. 일반적으로 점 S에서 점 T로 향하는 벡터를 $\overrightarrow{ST}$라고 적으며, $\overrightarrow{ST}=(7,2)$처럼 성분 표시를 표현합니다. 또한 벡터는 $\vec{a}, \vec{b}$처럼 하나의 문자를 사용해서 표현하기도 합니다.

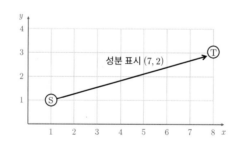

벡터는 크기와 방향을 갖는 양이라고 이야기할 수 있으며, 크기와 방향이 둘 다 같으면 "같은 벡터이다"라고 이야기합니다. 예를 들어서 다음 그림에서 $\overrightarrow{AB}$와 $\overrightarrow{CD}$는 시작점과 끝점이 다르지만, 크기와 방향이 같습니다. 따라서 두 벡터는 같은 벡터입니다. 반면 아래 그림에서 $\overrightarrow{EG}$와 $\overrightarrow{GH}$는 크기가 다르므로, 또한 $\overrightarrow{IJ}$와 $\overrightarrow{KL}$은 방향이 다르므로 같은 벡터가 아닙니다.

---

1 2차원 벡터를 평면 벡터라고 부릅니다. 3차원 벡터도 있지만, 이 책에서는 다루지 않습니다.

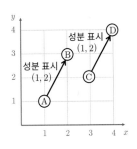 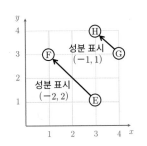 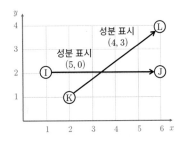

4.1.2 — 벡터의 덧셈과 뺄셈

벡터는 실수와 마찬가지로 덧셈과 뺄셈을 할 수 있습니다. 벡터 $\vec{a}$의 성분 표시를 (a_x, a_y), $\vec{b}$의 성분 표시를 (b_x, b_y)라고 할 때

- 덧셈 $\vec{a}+\vec{b} = (a_x+b_x, a_y+b_y)$

- 뺄셈 $\vec{a}-\vec{b} = (a_x-b_x, a_y-b_y)$

입니다. 그림으로 나타내보면 다음과 같습니다.

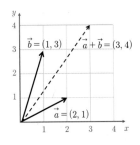 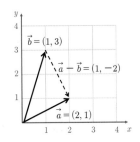 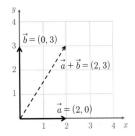

4.1.3 — 벡터의 크기

시작점에서 끝점까지 화살표의 길이를 "벡터의 크기"라고 하며, $|\vec{a}|$, $|\overrightarrow{AB}|$처럼 절댓값 기호(➡ 2.2.2항)를 붙여서 표현합니다. 일반적으로 벡터 a의 성분 표시를 (a_x, a_y)라고 할 때

$$|\vec{a}| = \sqrt{(a_x)^2 + (a_y)^2}$$

로 계산합니다.

예를 들어서 점 A의 좌표가 (1, 1), 점 B의 좌표가 (5, 4)라고 할 때 |$\overrightarrow{AB}$|=5입니다.

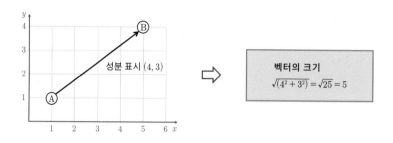

4.1.4 — 벡터의 내적

벡터 $\vec{a}$의 성분 표시를 (a_x, a_y), 벡터 $\vec{b}$의 성분 표시를 (b_x, b_y)라고 할 때 내적 $\vec{a} \cdot \vec{b}$는 다음 식과 같이 정의합니다. 벡터끼리 연산해서, 결과로 하나의 실수가 나온다는 것을 꼭 기억해 주세요.

$$\vec{a} \cdot \vec{b} = a_x b_x + a_y b_y$$

내적을 조금 더 쉽게 풀어서 설명하면, 같은 성분끼리 곱한 뒤 더하는 것입니다. 예를 들어서 $\vec{a}$=(5, 0), $\vec{b}$=(4, 3)이라고 할 때 $\vec{a} \cdot \vec{b}$=(5×4)+(0×3)=20입니다.

다음 그림과 같이 내적이 0이라면, 두 벡터는 수직이라는 의미입니다. 추가적으로 양수라면 두 벡터가 이루는 각이 90도보다 작다는 의미, 음수라면 두 벡터가 이루는 각이 90도보다 크다는 의미입니다[2].

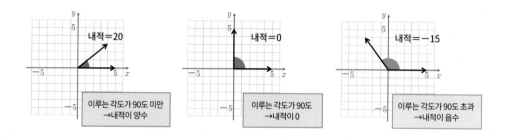

---

2 일반적으로 벡터 $\vec{a}, \vec{b}$가 이루는 각을 θ라고 할 때, 내적은 |$\vec{a}$|×|$\vec{b}$|×$\cos\theta$로 구할 수 있습니다.

4.1.5 — 벡터의 외적

벡터의 외적은 원래 3차원 공간에서 정의된 것이지만[3], 2차원 평면 위의 벡터도 외적의 크기를 계산할 수 있습니다. 벡터 $\vec{a}$의 성분 표시를 (a_x, a_y), 벡터 $\vec{b}$의 성분 표시를 (b_x, b_y)라고 할 때 외적의 크기 $|\vec{a} \times \vec{b}|$는 다음과 같은 식으로 나타낼 수 있습니다[4].

$$|\vec{a} \times \vec{b}| = |a_x b_y - a_y b_x|$$

예를 들어서 $\vec{a}=(4,1)$, $\vec{b}=(1,3)$이라고 할 때, $|\vec{a} \times \vec{b}|=(4\times3)-(1\times1)=11$입니다.

그럼 이어서 기하학 알고리즘을 구현할 때 사용되는 중요한 두 가지 성질을 소개하겠습니다.

성질1. 외적의 크기는 2개의 벡터가 만드는 평행사변형의 면적과 반드시 같다.

성질2. 외적 식에서 절댓값을 제외한 값 $a_x b_y - a_y b_x$를 $cross(\vec{a}, \vec{b})$라고 할 때

- 점 A, B, C가 시계 방향으로 배치되어 있다면, $cross(\overrightarrow{BA}, \overrightarrow{BC})$가 양수
- 점 A, B, C가 반시계 방향으로 배치되어 있다면, $cross(\overrightarrow{BA}, \overrightarrow{BC})$가 음수
- 점 A, B, C가 일직선 위에 있다면, $cross(\overrightarrow{BA}, \overrightarrow{BC})$가 0

성질1은 점과 선분의 거리를 계산할 때 사용합니다. 성질2는 조금 어렵지만, 선분의 교차 판정(➡ 연습 문제 4.1.5)을 할 때 사용합니다. 다음 그림은 각각의 성질을 그림으로 나타내본 것입니다.

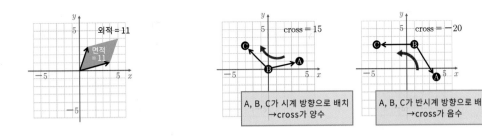

---

[3] 3차원 벡터 $a=(a_x, a_y, a_z)$, $b=(b_x, b_y, b_z)$의 외적은 $a\times b=(a_y b_z-a_z b_y,\ a_z b_x-a_x b_z,\ a_x b_y-a_y b_x)$입니다.

[4] 벡터 $\vec{a}, \vec{b}$가 이루는 각을 θ라고 할 때, 외적의 크기는 $|\vec{a}| \times |\vec{b}| \times |\sin\theta|$라는 식으로 나타낼 수 있습니다.

4.1.6 ─ 예제 : 점과 선분의 거리

지금까지 벡터와 관련된 기본적인 지식을 살펴보았으므로, 계산 기하학에서 가장 기본적인 문제 하나를 살펴봅시다. 이 문제를 풀 때는 내적을 활용한 각도 판정(➡ 4.1.4항), 외적을 활용한 평행사변형의 면적 계산(➡ 4.1.5항)을 사용해야 합니다.

2차원 평면 위에 점 A, B, C가 있습니다. 점 A의 좌표는 (a_x, a_y), 점 B의 좌표는 (b_x, b_y), 점 C의 좌표는 (c_x, c_y)입니다. "점 A"와 "선분 BC위에 있는 점"의 최단 거리를 구해 주세요.

실행 시간 제한: 1초

제약:

$$-10^9 \leq a_x, a_y, b_x, b_y, c_x, c_y \leq 10^9$$

입력은 모두 정수입니다.

점 A, B, C의 위치는 절대 겹치지 않습니다.

입력:

```
a_x a_y
b_x b_y
c_x c_y
```

출력

정답을 출력해 주세요. 실제 정답과의 절대 오차 또는 상대 오차가 10^{-6} 이하라면 정답으로 인정합니다.

입력 예

```
0 5
1 1
3 0
```

출력 예

```
4.123105625618
```

일단 점과 선분의 위치 관계에 따라서 다음과 같은 3가지 패턴이 나올 수 있습니다. 어떤 패턴인지 판정할 때는 4.1.4항에서 설명한 '벡터 내적과 각도의 관계'를 사용합니다.

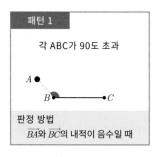

패턴 1

각 ABC가 90도 초과

판정 방법
$\overrightarrow{BA}$와 $\overrightarrow{BC}$의 내적이 음수일 때

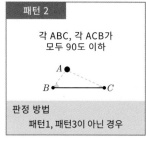

패턴 2

각 ABC, 각 ACB가
모두 90도 이하

판정 방법
패턴1, 패턴3이 아닌 경우

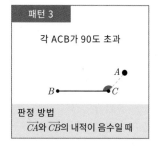

패턴 3

각 ACB가 90도 초과

판정 방법
$\overrightarrow{CA}$와 $\overrightarrow{CB}$의 내적이 음수일 때

이어서 각각의 패턴에서 답을 어떻게 구할지 생각해 봅시다. 위의 그림에서 확인할 수 있는 것처럼 패턴 1에서 "점 A와 가장 가까운 선분 BC 위의 점"은 점 B입니다. 따라서 답은 AB 사이의 거리입니다. 마찬가지로 패턴 3에서 "점 A와 가장 가까운 선분 BC 위의 점"은 점 C입니다. 따라서 답은 AC 사이의 거리입니다.

패턴 2는 살짝 복잡합니다. 점 A에서 선분 BC 위로 내린 수직선이 접하는 점을 H라고 합시다. 이때 "점 A와 가장 가까운 선분 BC 위의 점"은 점 H입니다. 따라서 답은 AH 사이의 거리입니다. 참고로 점에서 선분과 수직이 되도록 내린 직선을 수직선 또는 수선이라고 표현합니다. 또한 수직선(수선)과 선분의 교점을 '수직선의 발(수선의 발, foot of perpendicular)'이라고 표현합니다.

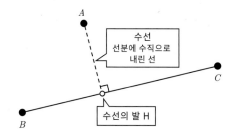

그럼 AH 사이의 거리는 어떻게 구해야 할까요? 다음 그림과 같이 BA와 BC로 만들어지는 평행사변형을 생각해 봅시다. 일반적으로 평행사변형의 면적은 밑변 × 높이로 계산합니다. 밑변은 선분 BC의 길이, 높이는 AH 사이의 길이로 계산할 수 있습니다. 따라서 면적을 S라고 할 때, AH 사이의 거리는 'S를 BC의 길이로 나눈 값'이 됩니다.

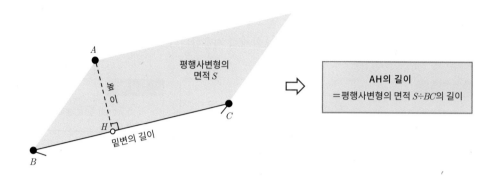

4.1.5항에서 성질1로 "외적의 크기는 2개의 벡터가 만드는 평행사변형의 면적과 반드시 같다"라고 했으므로, 면적 S는 외적의 크기 $|\overrightarrow{BA} \times \overrightarrow{BC}|$입니다. 따라서 AH 사이의 거리를 d라고 하면, 다음과 같은 식을 만들 수 있습니다.

$$d = \frac{|\overrightarrow{BA} \times \overrightarrow{BC}|}{|\overrightarrow{BC}|}$$

예를 들어서 점 A, 점 B, 점 C의 좌표를 각각 A(3, 3), B(2, 1), C(6, 4)라고 두고 생각해 봅시다. $\overrightarrow{BA}$ =(1,2), $\overrightarrow{BC}$=(4,3)이므로, BC의 길이는 $\sqrt{4^2 + 3^2}$ = 5입니다. 이어서 $\overrightarrow{BA}$, $\overrightarrow{BC}$가 만드는 평행사변형의 면적은 $|1 \times 3 - 2 \times 4|$ = 5입니다. 점과 선분 사이의 거리는 평행사변형의 면적을 BC의 길이로 나눈 값이므로, 5÷5=1이 됩니다.

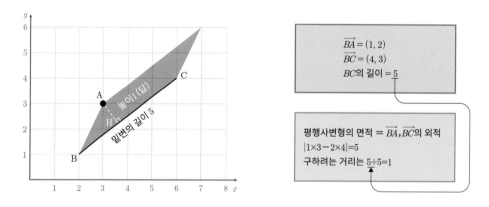

이를 코드로 구현해 보면, 코드 4.1.1과 같습니다. 참고로 루트 값은 파이썬의 경우 math.sqrt 함수를 사용해서 계산할 수 있습니다. C++의 경우는 sqrt 함수를 사용합니다(➡ 2.2.4항).

코드 4.1.1 점과 선분 사이의 거리를 구하는 프로그램

```python
import math

# 입력
ax, ay = map(int, input().split())
bx, by = map(int, input().split())
cx, cy = map(int, input().split())

# 벡터 BA, BC, CA, CB의 성분 표시를 구함
BAx, BAy = ax - bx, ay - by
BCx, BCy = cx - bx, cy - by
CAx, CAy = ax - cx, ay - cy
CBx, CBy = bx - cx, by - cy

# 어떤 패턴에 해당되는지 판정
pattern = 2
if BAx * BCx + BAy * BCy < 0:
    pattern = 1
if CAx * CBx + CAy * CBy < 0:
    pattern = 3

# 점과 직선의 거리 구하기
if pattern == 1:
    answer = math.sqrt(BAx ** 2 + BAy ** 2)
if pattern == 3:
    answer = math.sqrt(CAx ** 2 + CAy ** 2)
if pattern == 2:
    S = abs(BAx * BCy - BAy * BCx)
    BCLength = math.sqrt(BCx ** 2 + BCy ** 2)
    answer = S / BCLength

# 답 출력
print("{:.12f}".format(answer))
```

4.1.7 — 그 밖의 대표적인 문제

이번 절의 마지막 내용으로 계산 기하학과 관련된 대표적인 문제 몇 가지를 소개하겠습니다.

가장 가까운 점 찾기 문제

N개의 점이 주어졌을 때, 가장 가까운 두 점 사이의 거리를 구하는 문제입니다. 모든 쌍의 거리를 계산하는 방법을 사용하면 $O(N^2)$ 시간 알고리즘으로 간단하게 만들 수 있습니다(➡ 연습 문제 4.1.2). 분할 정복법이라는 알고리즘을 사용하면, $O(NlogN)$ 시간으로 빠르게 만들 수 있다고 알려져 있습니다.

볼록 다각형 만들기 문제

N개의 점을 모두 포함하는 다각형 중에서 가장 작은 다각형을 구하는 문제입니다. Andrew 알고리즘을 사용하면, $O(NlogN)$ 시간으로 구할 수 있습니다.

보로노이 다이어그램 만들기

N개의 점이 주어졌을 때, 각각의 점이 지배하는 영역(다른 어떤 점보다 가까운 영역)을 구하는 문제입니다. 지배하는 영역의 경계는 반드시 두 점의 수직 이등분선이 됩니다. 따라서 수직이등분선을 전부 구하는 방법을 사용해 볼 수 있습니다. 추가적으로 평면 주사라는 개념을 기반으로 만든 Fortune 알고리즘을 사용하면, $O(NlogN)$ 시간으로 보르노이 다이어그램을 구할 수 있습니다. 보르노이 다이어그램은 실제 사회에서도 초등학교를 배정하는 상황 등에 응용됩니다.

미술관 문제

N개의 꼭짓점을 가진 다각형 모양의 미술관이 있습니다. 그리고 CCTV로 전체 영역을 감시하고 싶습니다. 이때 사용할 수 있는 CCTV의 최솟값을 구하는 문제입니다. 평면 주사를 사용해서 다각형을 삼각형으로 분할하면, $O(NlogN)$ 시간으로 $\lfloor N/3 \rfloor$개 이하의 카메라만 사용하는 해를 하나 구성할 수 있습니다.

이번 절에서 설명한 수학적 지식을 활용해서 이러한 문제들을 풀 수 있기는 하지만, 효율적인 알고리즘을 스스로 떠올리기는 매우 어렵습니다. 관심 있다면 꼭 따로 찾아보기 바랍니다.

연습 문제

문제 4.1.1 ★

벡터 $\vec{A} = (2, 4)$, $\vec{B} = (3, -9)$에 대해서 다음 문제의 답을 구해 주세요.

1. $|\vec{A}|, |\vec{B}|, |\vec{A} + \vec{B}|$를 각각 계산해 주세요.

2. 벡터의 내적 $\vec{A} \cdot \vec{B}$를 계산해 주세요.

3. $\vec{A}$와 $\vec{B}$로 만들어지는 각이 90도보다 큰지 판정해 주세요.

4. 벡터 외적의 크기 $|\vec{A} \times \vec{B}|$를 계산해 주세요.

문제 4.1.2 　문제 ID : 034　★★

2차원 평면 위에 N개의 점이 있고, i번째 점($1 \leq i \leq N$)의 좌표는 (x_i, y_i)입니다. 가장 가까운 두 점의 거리를 구하는 프로그램을 작성해 주세요. 복잡도 $O(NlogN)$인 알고리즘이 알려져 있지만, 단순하게 복잡도 $O(N^2)$으로 풀어도 괜찮습니다.

제약

$2 \leq N \leq 2000$

$0 \leq x_i, y_i \leq 10^6$ $(1 \leq i \leq N)$

입력은 모두 정수입니다.

입력

N

$x_1 \, y_1$

$\vdots$

$x_N \, y_N$

출력

정답을 출력해 주세요. 실제 정답과의 절대 오차 또는 상대 오차가 10^{-9} 이하라면 정답으로 인정합니다.

입력 예

```
4
0 1
2 0
2 3
3 1
```

출력 예

```
1.4142135623730950488016887242
```

문제 4.1.3 문제 ID : 035 ★★★

2차원 평면 위에 2개의 원이 있습니다. 1번째 원의 중심 좌표는 (x_1, y_1)이며, 반지름은 r_1입니다. 2번째 원의 중심 좌표는 (x_2, y_2)이며, 반지름은 r_2입니다. 두 원의 위치 관계는 다음과 같이 5가지 나올 수 있습니다. 두 원의 관계에 따라, 위치 관계에 해당하는 번호를 출력하는 프로그램을 작성해 주세요.

1. 한 원이 다른 원을 완전히 포함하며, 두 원이 접하지 않는 경우

2. 한 원이 다른 원을 완전히 포함하며, 두 원이 접하는 경우

3. 두 원이 서로 교차하는 경우

4. 두 원 내부에 공통 부분이 없지만, 두 원이 접하는 경우

5. 두 원 내부에 공통 부분이 없으며, 두 원이 접하지도 않는 경우

실행 시간 제한

1초

제약

$0 \leq x_1, x_2, y_1, y_2 \leq 10^6$

$1 \leq r_1, r_2 \leq 10^6$

입력은 모두 정수입니다.

입력

$x_1 \; y_1 \; r_1$

$x_2 \; y_2 \; r_2$

출력

위치 관계에 맞는 번호를 출력해 주세요.

입력 예1

```
4 1 2
1 5 3
```

출력 예1

```
4
```

입력 예2

```
6 6 6
6 6 6
```

출력 예2

```
2
```

2개의 원이 완전히 일치하므로, 2번 위치 관계입니다.

문제 4.1.4 　문제 ID : 036　★★★

시침의 길이가 A cm, 분침의 길이가 B cm인 시계가 있습니다. H시 M분이 되었을 때, 두 바늘의 끝은 몇 cm 떨어져 있게 될까요? 답을 구하는 프로그램을 작성해 주세요(출전: AtCoder Beginner Contest 168 C - : (Colon)).

　제약

　　$1 \leq A, B \leq 1000$

　　$1 \leq H \leq 11$

　　$0 \leq M \leq 59$

입력은 모두 정수입니다.

　입력

　　A B H M

　출력

　　단위를 제외하고 답을 출력해 주세요. 실제 정답과의 절대 오차 또는 상대 오차가 10^{-9} 이하라면 정답으로 인정합니다.

입력 예1

```
3 4 9 0
```

출력 예1

```
5.00000000000000000000
```

두 바늘이 다음 그림과 같으므로, 답은 5cm입니다.

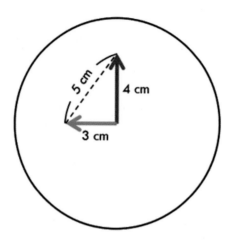

입력 예2

```
3 4 10 40
```

출력 예2

```
4.5642571943300556760S
```

두 바늘이 다음 그림과 같습니다. 분침이 움직일 때, 시침도 움직인다는 것에 주의해 주세요.

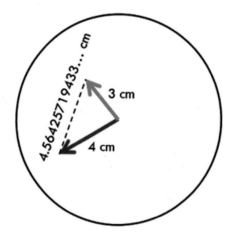

문제 4.1.5 문제 ID : 037 ★★★★

2차원 평면 위에 2개의 선분이 있습니다. 1번째 선분은 좌표 (x_1, y_1)과 좌표 (x_2, y_2)를 연결합니다. 2번째 선분은 좌표 (x_3, y_3)과 좌표 (x_4, y_4)를 연결합니다. 두 선분이 교차하는지 교차하지 않는지 판정하는 프로그램을 작성해 주세요(출전: AOJ CGL_2_B - Intersection 일부 수정).

제약

$0 \leq x_1, x_2, x_3, x_4, y_1, y_2, y_3, y_4 \leq 10^9$

$(x_1, y_1) \neq (x_2, y_2)$

$(x_3, y_3) \neq (x_4, y_4)$

입력은 모두 정수입니다.

입력

$x_1 \; y_1$

$x_2 \; y_2$

$x_3 \; y_3$

$x_4 \; y_4$

출력

두 선분이 교차하면 Yes, 교차하지 않는다면 No를 출력해 주세요.

입력 예1

```
1 1
2 2
1 2
2 1
```

출력 예1

```
Yes
```

입력 예2

```
100000001 200000000
200000000 200000000
100000000 100000000
100000000 300000000
```

출력 예2

```
No
```

4.2 계차와 누적합

이번 절에서는 서로 반대 조작인 '계차'와 '누적합'을 살펴보겠습니다. 원래 5장의 수학적 접근 방법편에서 살펴봐야 하는 내용이지만, 미분법(➡ 4.3절) 및 적분법(➡ 4.4절)과 관련 있는 내용이므로, 지금 설명하겠습니다.

4.2.1 ── 계차와 누적합의 개념

프로그래밍 문제를 풀 때는 다음과 같은 2개의 접근 방식을 많이 사용합니다[5].

- 정수 $A_1, A_2, \cdots, A_N$이 있을 때, 계차 $B_i = A_i - A_{i-1}$
- 정수 $A_1, A_2, \cdots, A_N$이 있을 때, 누적합 $B_i = A_1 + A_2 + \cdots + A_i$

여기에서 계차의 첫 항 B_1의 값이 A_1이라고 생각하면, 계차와 누적합은 서로 반대로 생각할 수 있습니다. 예를 들어서

- [3, 4, 8, 9, 14, 23]의 계차는 [3, 1, 4, 1, 5, 9]
- [3, 1, 4, 1, 5, 9]의 누적합은 [3, 4, 8, 9, 14, 23]

입니다. 다음과 같이 다른 예에서도 같은 성질이 성립합니다.

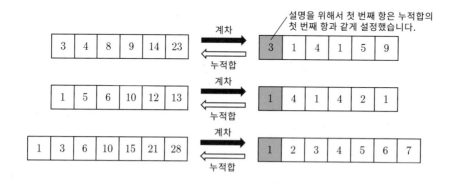

---

5 문헌에 따라서 계차를 $B_i = A_{i+1} - A_i$(전진 차분)로 나타내는 경우도 있지만, 이 책에서는 원활한 설명을 위해 $B_i = A_i - A_{i-1}$(후진 차분)을 나타내게 설명하겠습니다.

계차는 직접 계산해도 복잡도 $O(N)$으로 구할 수 있습니다. 하지만 누적합을 직접 계산하면 B_1을 구하기 위해서 1번의 덧셈, B_2를 구하기 위해서 2번의 덧셈, $\cdots$, B_N을 구하기 위해서 N번의 덧셈을 해야 하므로, 합계 계산 횟수는 $1+2+\cdots+N=N(N+1)/2$회가 됩니다. 따라서 복잡도는 $O(N^2)$이 됩니다.

이때 누적합이 계차의 반대라는 것을 사용해서 다음과 같은 순서로 계산하면, 복잡도를 $O(N)$으로 개선할 수 있습니다. 다음 그림은 [3, 1, 4, 1, 5, 9]의 누적합을 구하는 과정을 나타낸 것입니다.

- 일단 $B_1=A_1$입니다.

- 이어서 $i=2,3,\cdots,N$ 순서로 $B_i=B_{i-1}+A_i$입니다.

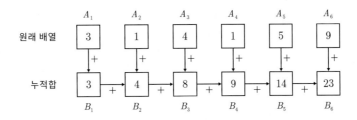

4.2.2 — 예제1 : 입장 인원 계산하기

"ALGO-RESORT"라는 리조트에서 N일 동안 열리는 행사가 개최되어서, i번째 날($1 \leq i \leq N$)에 A_i 명의 사람이 입장할 예정입니다. 다음과 같은 질문 Q개에 답하는 프로그램을 작성해 주세요.

- 1번째 질문: L_1번째 날에서 R_1번째 날까지 입장하는 인원수의 합계는?
- 2번째 질문: L_2번째 날에서 R_2번째 날까지 입장하는 인원수의 합계는?

$\vdots$

- Q번째 질문: L_Q번째 날에서 R_Q번째 날까지 입장하는 인원수의 합계는?

제약

　$1 \leq N, Q \leq 10^5$

　$1 \leq A_i \leq 10000$

　$1 \leq L_i \leq R_i \leq N$

입력은 모두 정수입니다.

실행 시간 제한

1초

입력

$N\ Q$

$A_1\ A_2\ \cdots\ A_N$

$L_1\ R_1$

$L_2\ R_2$

$\vdots$

$L_Q\ R_Q$

출력

Q줄의 출력을 해 주세요. i번째 줄($1 \le i \le Q$)에는 i번째 질문의 답을 정수로 출력해 주세요.

입력 예

```
10 5
8 6 9 1 2 1 10 100 1000 10000
2 3
1 4
3 9
6 8
1 10
```

출력 예

```
15
24
1123
111
11137
```

이 입력에는 5개의 질문이 포함되어있습니다.

- 1번째 질문은 2번째 날부터 3번째 날까지의 합계 입장 인원을 묻는 것이므로, 6 + 9 = 15입니다.
- 2번째 질문은 1번째 날부터 3번째 날까지의 합계 입장 인원을 묻는 것이므로, 8 + 6 + 9 + 1 = 24입니다.
- 생략

일단 답을 직접 계산하는 방법을 생각해 볼 수 있을 것입니다. 하지만 한 번의 질문을 답하려면, 최대 N 번 덧셈을 해야 합니다. 질문은 모두 Q개이므로, 이렇게 계산하면 복잡도가 $O(NQ)$가 되어 버립니다. 따라서 문제의 실행 시간 제한인 1초 내에 문제를 풀 수 없을 것입니다. 따라서 다음과 같은 2가지 값이 같다는 성질을 사용해서 복잡도를 개선해 봅시다.

- x번째 날에서 y번째 날 까지의 누적 입장자 수

- [y번째 날까지의 누적 입장자 수] − [x−1번째 날까지의 누적 입장자 수]

달리 말하면 $[A_1, A_2, \cdots, A_N]$의 누적합을 $[B_1, B_2, \cdots, B_N]$이라고 할 때, j번째 질문의 답이 $B_{R_j} - B_{L_{j-1}}$이라는 의미입니다. 다음 그림은 각 날짜의 입장자 수를 3, 1, 4, 1, 5, 9, 2, 6명이라고 할 때, 누적 입장자 수를 계산하는 예를 나타낸 것입니다. 직접 계산했을 때와 계산 결과가 일치하는 것을 확인할 수 있습니다.

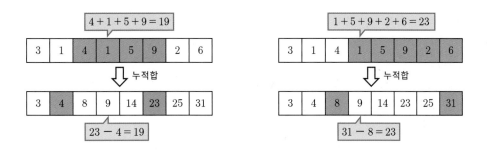

따라서 코드 4.2.1처럼 누적합을 계산한 뒤, 각각의 질문에 대해서 $B_{R_j} - B_{L_{j-1}}$을 출력하는 프로그램을 만들면 됩니다. 이렇게 만들면 복잡도 $O(N+Q)$로 정답을 구할 수 있습니다. 다만 $L_j=1$일 때 구현에 주의해 주세요($B_0=0$으로 설정해 두면 편리하게 구현할 수 있습니다).

코드 4.2.1 예제 1을 푸는 프로그램

```python
N, Q = map(int, input().split())
A = list(map(int, input().split()))
L = [ None ] * Q
R = [ None ] * Q
for j in range(Q):
    L[j], R[j] = map(int, input().split())


B = [ None ] * (N + 1)
B[0] = 0
for i in range(N):
    B[i + 1] = B[i] + A[i]


for j in range(Q):
    print(B[R[j]] - B[L[j] - 1])
```

4.2.3 예제2 : 눈 시뮬레이션

마지막으로 계차라는 개념을 활용하는 예로 다음 문제를 생각해 봅시다.

ALGO라는 나라는 N개의 지역으로 구분되어 있으며, 서쪽부터 차례대로 1부터 N까지의 번호가 붙어 있습니다. 처음에는 어떠한 지역에도 눈이 쌓여있지 않던 상태였습니다. 어느 날부터 Q일 동안 눈이 계속 내려 각 지역에 눈이 내려서 쌓였습니다. i번째 날($1 \leq i \leq Q$)에 지역 $L_i, \cdots, R_i$에는 눈이 X_i cm만큼 쌓일 것이라 예상됩니다.

예상대로 눈이 모두 내린 후에 눈이 얼마나 쌓였는지 대소 관계를 나타내야 합니다. N-1 문자의 문자열을 출력하는 프로그램을 작성해 주세요. i번째 문자는 다음을 의미합니다.

- (지역 i에 쌓인 눈) > (지역 i+1에 쌓인 눈)이라면: >
- (지역 i에 쌓인 눈) = (지역 i+1에 쌓인 눈)이라면: =
- (지역 i에 쌓인 눈) < (지역 i+1에 쌓인 눈)이라면: <

제약

$2 \leq N \leq 100000$

$1 \leq Q \leq 100000$

$1 \leq L_i \leq R_i \leq N, 1 \leq X_i \leq 10000$

입력은 모두 정수입니다.

실행 시간 제한

1초

입력

$N\ Q$

$L_1\ R_1\ X_1$

$L_2\ R_2\ X_2$

$\vdots$

$L_Q\ R_Q\ X_Q$

출력

답을 출력해 주세요.

입력 예

```
5 3
1 2 3
2 5 4
2 4 1
```

출력 예

〈〉=〉

쌓인 눈의 양은 다음과 같이 변화합니다.

- 처음에는 구간1부터 차례대로 [0, 0, 0, 0, 0]입니다.
- 1번째 날이 끝나면 구간1부터 2가 3만큼 증가되어, [3, 3, 0, 0, 0]이 됩니다.
- 2번째 날이 끝나면 구간2부터 5가 4만큼 증가되어, [3, 7, 4, 4, 4]가 됩니다.
- 3번째 날이 끝나면 구간2부터 4가 1만큼 증가되어, [3, 8, 5, 5, 4]가 됩니다.

따라서 답은 〈〉=〉입니다.

일단 지역 i의 현재 적설량을 A_i로 나타내는 배열을 만들고, 차례대로 값들을 더해서 A_i를 구한 뒤, 비교하는 방법을 생각해 볼 수 있을 것입니다. 하지만 각 날짜에 최대 N번 덧셈해야 하고, 이를 Q일 동안 반복해야 합니다. 이렇게 계산하면 복잡도가 $O(NQ)$로 나오므로, 문제의 실행 시간 제한을 만족할 수 없습니다.

따라서 계차를 활용해 봅시다. '지역 i에 쌓인 눈'에서 '지역 $i-1$에 쌓인 눈'을 뺀 값을 B_i라고 하면, 지역 l부터 지역 r까지에 쌓인 눈을 x cm만큼 증가시키는 조작은 다음과 같습니다.

- B_l의 값을 x만큼 증가시키고, B_{r+1}의 값을 x만큼 감소시킨다.

다음 그림은 쌓인 눈의 양 $[A_1, A_2, \cdots, A_N]$과 그 계차 $[B_1, B_2, \cdots, B_N]$이 변화하는 예를 나타낸 것입니다. 쌓인 눈은 하루에 모든 지역이 변화하지만, 그 계차는 두 지역만 변화합니다.

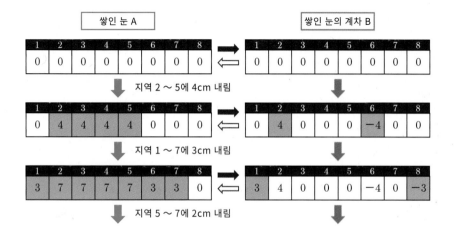

추가적으로 "지역 i에 쌓인 눈"과 "지역 i + 1에 쌓인 눈"의 대소 관계는 $B_{i+1} > 0$인지로 판정할 수 있습니다. 따라서 코드 4.2.2처럼 계차 B_i를 배열로 만들어두고, 적절하게 계산하는 프로그램을 만들면, 복잡도 $O(N+Q)$로 답을 구할 수 있습니다.

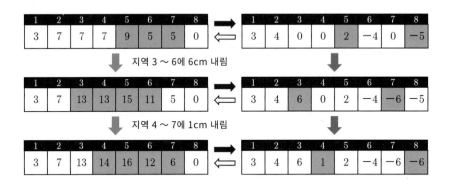

참고로 계차의 반대가 누적합이라는 성질을 사용하면, 이웃한 지역의 대소 관계뿐만 아니라, 눈이 모두 내린 후 각 지역에 쌓인 눈의 양까지 계산할 수 있습니다. 구체적으로 계산한 계차 $[B_1, B_2, \cdots, B_N]$로 누적합을 계산하면, 최종적으로 쌓인 눈 $[A_1, A_2, \cdots, A_N]$이 됩니다(➡ 연습 문제 4.2.2).

코드 4.2.2 예제 2를 푸는 프로그램

```
# 입력
N, Q = map(int, input().split())
L = [ None ] * Q
R = [ None ] * Q
X = [ None ] * Q
for i in range(Q):
    L[i], R[i], X[i] = map(int, input().split())

# 계차 계산하기
B = [ 0 ] * (N + 2)
for i in range(Q):
    B[L[i]] += X[i]
    B[R[i] + 1] -= X[i]

# 답 구하고 출력하기
answer = ""
for i in range(2, N + 1):
```

```
    if B[i] > 0:
        answer += "<"
    if B[i] == 0:
        answer += "="
    if B[i] < 0:
        answer += ">"
print(answer)
```

연습 문제

문제 4.2.1 　문제 ID : 040　★★★

ALGO 철도 회사의 1호선에는 N개의 역이 있으며, 서쪽부터 차례대로 1부터 N까지의 번호가 붙어 있습니다. 역$_i$와 역$_{i+1}(1 \leq i \leq N-1)$은 양방향으로 연결되어 있으며, 거리가 A_i미터입니다. 철수는 역 B_1에서 출발해서, 역 $B_2, B_3, \cdots, B_{M-1}$을 차례대로 경유해서, 역 B_M으로 가는 여행을 하려고 계획을 세웠습니다. 철수가 여행을 하면서, 전체 몇 미터 이동하는지 복잡도 $O(N+M)$으로 구하는 프로그램을 작성해 주세요(출전: "제9회 일본 정보 올림피아드 본선1 - 여행자" 일부 수정).

　제약

　　$2 \leq N \leq 200000$

　　$2 \leq M \leq 200000$

　　$1 \leq A_i \leq 10^7 (1 \leq i \leq N-1)$

　　$1 \leq B_i \leq N (1 \leq j \leq M)$

　　$B_j \neq B_{j+1} (1 \leq j \leq M-1)$

　　입력은 모두 정수입니다.

　입력

　　N

　　$A_1 \cdots A_{N-1}$

　　M

　　B_1

　　$\vdots$

　　B_M

　출력

　　철수의 여행이 끝났을 때 철수가 몇 미터 이동했는지 단위(미터)를 제외하고 출력해 주세요.

입력 예

```
4
8 6 9
6
2
1
3
2
3
4
```

출력 예

```
43
```

철수는 역2에서 출발해서, 다음과 같이 이동합니다.

- 역2에서 역1로 이동합니다. 이때 이동한 거리는 8m입니다.

- 역1에서 역3으로 이동합니다. 이때 이동한 거리는 14m입니다.

- 역3에서 역2로 이동합니다. 이때 이동한 거리는 6m입니다.

- 역2에서 역3으로 이동합니다. 이때 이동한 거리는 6m입니다.

- 역3에서 역4로 이동합니다. 이때 이동한 거리는 9m입니다.

따라서 전체 이동 거리는 43m입니다.

문제 4.2.2　문제 ID : 041　★★★

어떤 편의점은 0시에 문을 열고, T시에 문을 닫습니다. 이 편의점에는 N명의 종업원이 일하고 있으며, i번째($1 \leq i \leq N$) 종업원은 L_i시에 출근해서, R_i에 퇴근합니다. 이때 L_i, R_i는 정수이며, $0 \leq L_i < R_i \leq T$를 만족합니다. $t=0, 1, 2, \cdots, T-1$ 각각에 대해서, t+0.5시에 편의점에 있는 종업원의 수를 출력하는 프로그램을 작성해 주세요. 복잡도는 $O(N+T)$ 정도로 나오게 구현해 주세요.

제약

　$1 \leq T \leq 500000$

　$1 \leq N \leq 500000$

　$0 \leq L_i < R_i \leq T (1 \leq i \leq N)$

　입력은 모두 정수입니다.

입력

　T

　N

　$L_1\ R_1$

　$\vdots$

　$L_N\ R_N$

출력

전부 T줄을 출력합니다. t + 1번째 줄(0 ≤ t ≤ T-1)에는 시각 t + 0.5에 편의점에 있는 종업원의 수를 출력해 주세요.

입력 예

```
10
7
0 3
2 4
1 3
0 3
5 6
5 6
5 6
```

출력 예

```
2
3
4
1
0
3
0
0
0
0
```

이 편의점은 0시에 개점하고, 10시에 폐점합니다. 종업원이 일하는 시간을 그림으로 나타내면, 다음과 같습니다.

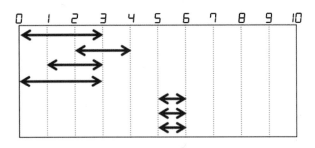

문제 4.2.3   ★★★★

함수 $f(x)$는 $f(x){=}ax^2{+}bx{+}c$ 형태를 나타내는 함수입니다(a, b, c가 0인 경우도 있습니다). 이때 철수는 "$f(1){=}A_1, f(2){=}A_2, \cdots,$ $f(N){=}A_N$이다"라고 대답했습니다. 다음 프로그램은 2개의 계차를 받고, 철수가 확실하게 거짓말을 하고 있을 때 False, 거짓말을 하고 있다고 할 수는 없을 때 True를 리턴합니다. 이를 증명해 주세요.

```
# f(1) = A[1], f(2) = A[2], ..., f(N) = A[N]
# 예를 들어 N = 3, A=[1, 4, 9, 16]이라면 B=[3, 5, 7], C = [2, 2]이 되어 True를 리턴합니다.
def func():
    for i in range(1, (N - 1) + 1):
        B[i] = A[i + 1] - A[i]
    for i in range(1, (N - 2) + 1):
        C[i] = B[i + 1] - B[i]
    for i in range(1, (N - 3) + 1):
        if C[i] != C[i + 1]
            return False
    return True
```

4.3 뉴턴법 : 수치 계산해 보기

계산기를 사용하거나 프로그래밍 언어의 `math.sqrt` 함수 등을 사용해서 $\sqrt{2}$의 값을 쉽게 계산할 수 있을 것입니다. 그런데 이 값은 어떻게 계산하는 것일까요? 이번 절에서는 알고리즘 이해에 필요한 '미분법'을 설명하고, 효율적인 수치 계산 방법으로 알려져 있는 뉴턴법을 소개하겠습니다.

4.3.1 ─ 도입 : 미분의 개념

특정 점에서 "함수의 기울기(➡ 2.3.5항)와 같은 것"을 구하는 조작을 미분이라고 부릅니다.

간단한 예로 $y=x^2$이라는 그래프가 있을 때, $x=1$ 부근의 기울기를 계산해 봅시다. 그래프를 확대해 보면, x의 값이 0.01만큼 증가할 때 y의 값이 0.02만큼 증가하는 직선과 비슷하다는 것을 알 수 있습니다. 따라서 기울기는

$$\text{기울기} = \frac{y \text{의 증가량}}{x \text{의 증가량}} = \frac{0.02}{0.01} = 2$$

라고 할 수 있습니다. 이와 같은 값을 계산하는 것이 바로 미분입니다.

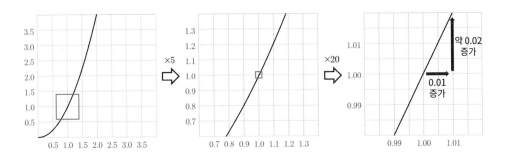

일반적으로 $y=f(x)$ 그래프가 있을 때, $x=a$ 부근의 기울기를 "$x=a$일 때의 미분 함수 값"이라고 부르며, $f'(a)$라고 작성합니다. 예를 들어서 $f(x)=x^2$이라고 할 때, $x=1$ 부근의 기울기는 $f'(1)=2$입니다.

구체적인 예를 하나 더 살펴봅시다. 예를 들어서 $y=1/x$ 그래프를 확대해 보면, $x=2$ 부근의 기울기가 -0.25라는 것을 알 수 있습니다. 따라서 $f(x)=1/x$일 때 $f'(2)=-0.25$입니다. 미분이 어떤 것인지 감이 잡히나요?

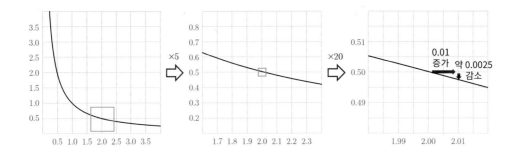

4.3.2 접선과 미분 계수의 관계

함수 $y=f(x)$ 그래프와 점 $(a, f(a))$에서 접하는 직선을 접선이라고 합니다. 예를 들어서

- $y=x^2$ 위의 점 $(1, 1)$에 접하는 접선은 아래 그림처럼 $y=2x-1$
- $y=x^2$ 위의 점 $(2, 4)$에 접하는 접선은 아래 그림처럼 $y=4x-4$

입니다. 함수와 그 접선은 점 $(a, f(a))$에서 접하지만, 교차하지는 않는다는 것에 주의해 주세요. 참고로 부드러운 함수[6]의 경우, 어떤 점에서의 접선은 반드시 하나 존재합니다.

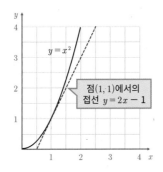
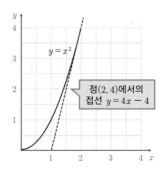

그리고 점 $(a, f(a))$에서 접선의 기울기는 미분 함수 $f'(a)$와 같다는 중요한 성질이 있습니다. 예를 들어서 $f(x)=x^2$ 위의 점 $(1,1)$에서 접선의 기울기는 2입니다. 이 값은 $f'(1)=2$와 같습니다. 이와 같은 성질이 성립하는 이유는 '그래프를 확대했을 때, 함수와 그 접선이 같은 것처럼 보이기 때문이다'라고 이해하면 됩니다.

6 　 수학적인 용어로 "미분 가능한 함수"라고 이야기합니다.

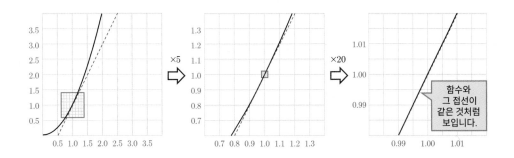

4.3.3 ── 다양한 함수의 미분

하지만 일부 함수는 이와 같이 귀찮은 계산을 하지 않아도, $f'(x)$의 값을 계산할 수 있습니다. 4.3.1항에서는 함수 그래프를 확대해서, 미분 함수 $f'(x)$를 구했습니다. 이번 절에서는 일차 함수를 미분하는 간단한 예를 살펴보고, 일반적인 다항 함수를 미분하는 방법을 살펴보겠습니다.

패턴1: 일차 함수의 미분

일단 일차 함수 $f(x)=ax+b$의 기울기는 모든 점에서 a입니다. 따라서 모든 실수 x에 대해서 $f'(x)=a$입니다. 예를 들어 $f(x)=2x-1$이 있다면, $f'(1)=2, f'(2)=2$입니다.

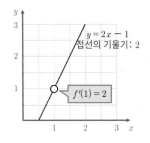 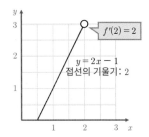

패턴2: 일반 다항식 함수의 미분

이어서 $f(x)$가 일반 다항식 함수(➡ 2.3.7항)라면, 다음과 같은 과정으로 미분 함수를 계산할 수 있습니다.

1. $f(x)$의 모든 항에 ① 해당 항의 차수를 곱한 뒤, ② 차수를 1만큼 감소시키면 $f'(x)$가 됩니다.

2. $x=t$에서 미분 함수는 $f'(t)$입니다.

예를 들어서 $f(x)=x^2$일 때, $f'(x)=2x$, $f(x)=x^3$일 때 $f'(x)=3x^2$, $f(x)=x^4$일 때 $f'(x)=4x^3$입니다. 이와 같은 방법을 사용해서 미분 함수를 계산해 보는 예를 그림에 나타냈습니다.

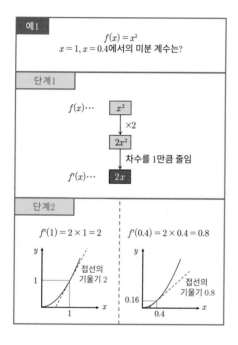
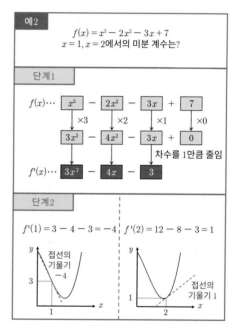

4.3.4 ⎯ 미분의 정확한 정의

지금까지는 단순하게 '함수의 기울기'를 구하는 것이 미분이라고 이야기했습니다. 이번에는 보다 정확한 미분의 정의[7]를 소개하겠습니다. 고등학교 수학에서는 이번에 소개하는 식을 사용해 미분 함수를 정의하는 경우가 많습니다.

4.3.5항에서 소개하는 '$\sqrt{2}$를 구하는 문제'는 이와 같은 정의를 사용하지 않아도 풀 수 있습니다. 그래도 꼭 기억해두고 넘어가는 것이 좋습니다.

---

7 정확하다고 이야기하기는 했지만, 엡실론–델타 논법을 사용하면 더 정확하게 정의할 수 있습니다.

함수 $f(x)$에 대해서 다음과 같은 값을 "$x=a$에서의 미분 함수"라고 이야기하며, $f'(a)$라고 표기합니다.

$$f'(a) = \lim_{h \to 0} \frac{f(a+h)-f(a)}{h}$$

이 식은 lim이라는 기호를 사용했습니다. lim은 "h를 0에 가깝게 만들 때, 값이 어떻게 될 것인가?"라는 의미입니다. 예를 들어서 $f(x)=x^2$가 있을 때, $x=1$에서의 미분 함수 $f'(1)$는 다음과 같이 구할 수 있습니다.

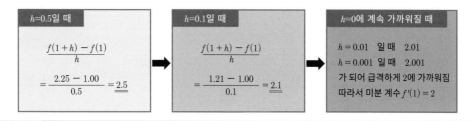

4.3.5 — 뉴턴법으로 구해 보기

수학적 지식을 모두 설명했으므로, 이제 본론으로 들어가봅시다. 뉴턴법은 함수의 접선을 반복해서 그어서, 어떤 수치의 근삿값을 계산하는 알고리즘입니다. 예를 들어 $\sqrt{2}$의 근삿값은 다음과 같은 알고리즘으로 계산할 수 있습니다.

1. 적당한 초깃값 a를 설정하고, 함수 $y=x^2$과 $y=2$ 그래프를 그립니다.
2. 다음과 같은 과정을 반복합니다.
    - $y=x^2$의 점 (a, a^2)에서의 접선을 그립니다.
    - a의 값을 '접선과 직선 $y=2$의 교점'의 x 좌표로 변경합니다.
3. 조작을 모두 끝낸 후의 a 값이 바로 $\sqrt{2}$의 근삿값입니다.

예를 들어서 초깃값을 $a=2$로 설정하고, 알고리즘을 적용하면 다음 그림과 같은 과정이 이루어집니다. a의 값이 2→1.5→1.416…로 변화하면서, 실제 $\sqrt{2}=1.414213…$과 가까워집니다. 이렇게 되는 이유는 $y=x^2$과 $y=2$ 그래프 교점의 x 좌표가 $\sqrt{2}$이기 때문입니다.

참고로 3번째 그림과 6번째 그림에서는 $f(x)=x^2$의 미분 함수가 $f'(x)=2x$라는 것을 사용했습니다.

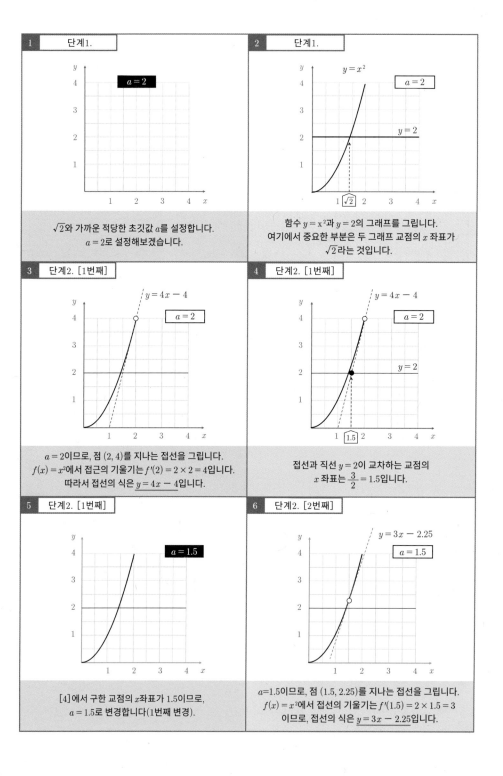

1 단계1.

$a = 2$

$\sqrt{2}$와 가까운 적당한 초깃값 a를 설정합니다.
$a = 2$로 설정해보겠습니다.

2 단계1.

$y = x^2$

$a = 2$

$y = 2$

$\sqrt{2}$

함수 $y = x^2$과 $y = 2$의 그래프를 그립니다.
여기에서 중요한 부분은 두 그래프 교점의 x좌표가
$\sqrt{2}$라는 것입니다.

3 단계2. [1번째]

$y = 4x - 4$

$a = 2$

$a = 2$이므로, 점 $(2, 4)$를 지나는 접선을 그립니다.
$f(x) = x^2$에서 접근의 기울기는 $f'(2) = 2 \times 2 = 4$입니다.
따라서 접선의 식은 $y = 4x - 4$입니다.

4 단계2. [1번째]

$y = 4x - 4$

$a = 2$

$y = 2$

1.5

접선과 직선 $y = 2$이 교차하는 교점의
x좌표는 $\frac{3}{2} = 1.5$입니다.

5 단계2. [1번째]

$a = 1.5$

[4]에서 구한 교점의 x좌표가 1.5이므로,
$a = 1.5$로 변경합니다(1번째 변경).

6 단계2. [2번째]

$y = 3x - 2.25$

$a = 1.5$

$a = 1.5$이므로, 점 $(1.5, 2.25)$를 지나는 접선을 그립니다.
$f(x) = x^2$에서 접선의 기울기는 $f'(1.5) = 2 \times 1.5 = 3$
이므로, 접선의 식은 $y = 3x - 2.25$입니다.

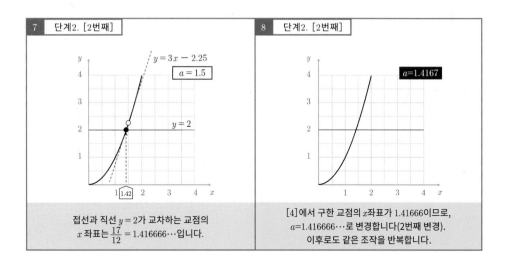

조작을 반복하면서 a의 값이 다음과 같이 변화합니다. 붉은색은 $\sqrt{2}$ 의 정확한 값인 $1.41421356\cdots$과 일치하는 부분을 나타낸 것입니다.

조작 횟수	a의 값	일치하는 자릿수의 개수
초깃값	2.0000000000000000000000000	0개
1번째 조작 후	1.5000000000000000000000000	1개
2번째 조작 후	1.4166666666666666666666666	3개
3번째 조작 후	1.4142156862745098039215686	6개
4번째 조작 후	1.4142135623746899106262955	12개
5번째 조작 후	1.4142135623730950488016896	24개

반복할 때마다 일치하는 자릿수가 배로 늘어납니다. 이와 같이 뉴턴법을 사용하면, 몇 번의 계산만으로도 $\sqrt{2}$ 의 값을 거의 정확하게 계산할 수 있습니다. 이를 코드로 구현해 보면 코드 4.3.1과 같습니다.

코드 4.3.1 뉴턴법 구현 예

```
r = 2.0 # √2를 구할 것이므로
a = 2.0 # 초깃값은 적당한 수를 할당합니다.
repeats = 5

for i in range(1, repeats + 1):
    # 점 (a, f(a))의 x 좌표와 y 좌표를 구합니다.
```

```
japyo_x, japyo_y = a, a * a

# 접선 식 y = jupseon_a * x + jupseon_b를 구합니다.
jupseon_a = 2.0 * japyo_x
jupseon_b = japyo_y - jupseon_a * japyo_x

# 다음 a의 값 next_a를 구합니다.
next_a = (r - jupseon_b) / jupseon_a
print("Step #{}: a = {:.12f} -> {:.12f}".format(i, a, next_a))
a = next_a
```

4.3.6 — 뉴턴법 일반화

이전 절에서는 $\sqrt{2}$를 구하는 알고리즘을 소개했습니다. 일반적으로 $f(x)=r$이 되는 x의 값은 다음과 같은 과정으로 구할 수 있습니다.

---

1. 적절한 초깃값 a를 설정합니다.

2. 다음 조작을 여러 번 반복합니다.
   - $y=f(x)$ 위에 있는 점 $(a, f(a))$에서의 접선을 구합니다.
   - a의 값을 "접선과 직선 $y=r$의 교점"의 x 좌표로 변경합니다.

3. 조작을 끝낸 후의 a 값이 $f(x)=r$이 되는 x의 근삿값입니다.

일반화한 뉴턴법을 사용하면, 다음과 같이 다양한 근삿값을 계산할 수 있습니다.

- $f(x)=x^2$, $r=2$일 때, $\sqrt{2}$가 계산됩니다.

- $f(x)=x^2$, $r=3$일 때, $\sqrt{3}$이 계산됩니다.

- $f(x)=x^3$, $r=2$일 때, $\sqrt[3]{2}$이 계산됩니다(➡연습 문제 4.3.2).

- $f(x)=e^x$, $r=2$일 때, $log_e 2$가 계산됩니다(➡최종 확인 문제 21).

- $f(x)=x^x$, $r=2$일 때, $x^x=2$가 되는 x 값이 계산됩니다.

4.3.7 수치 계산과 관련된 대표적인 문제

일반적으로 손 계산으로 푸는 것이 불가능한 수식 또는 대규모의 수식을 프로그램을 사용해서 효율적으로 계산하는 것을 수치 계산이라고 부릅니다. 4.3.5항에서는 수치 계산의 예로 뉴턴법을 소개했습니다. 이 외에도 다양한 문제들이 알려져 있습니다. 그럼 대표적인 문제를 몇 가지 소개하겠습니다.

수치 미분·수치 적분

세상에 있는 모든 함수가 다항식 함수처럼 정확하게 미분 계수를 계산할 수 있는 것은 아닙니다. 대신 근삿값을 수치적으로 계산할 수 있는데, 이를 수치 미분이라고 부릅니다. 예를 들어서 엄밀한 미분 정의(➡ 4.3.4항)에서 살펴본 식을 기반으로 계산하는 방법이 있습니다. 추가적으로 미분의 반대 조작인 적분(➡ 4.4절)의 근삿값을 구하는 것을 수치 적분이라고 부릅니다(➡ 연습 문제 4.4.2).

아주 큰 정수 계산

'(100만 자리 수) × (100만 자리 수)를 곱하는 계산'처럼 거대한 수를 연산하는 문제입니다. 예를 들어 곱셈의 경우, 자릿수를 N이라고 할 때, 단순하게 하나하나 계산하면 복잡도가 $O(N^2)$이 나옵니다[8]. 하지만 Karatsuba 법 또는 고속 푸리에 변환을 사용하면 빠르게 계산할 수 있습니다.

▌연습 문제

문제 4.3.1 ★

1. 함수 $f(x)=7x+5$가 있을 때, $f'(x)$를 x의 식으로 나타내어 주세요.

2. 함수 $f(x)=x^2+4x+4$가 있을 때, $f'(x)$를 x의 식으로 나타내어 주세요.

3. 함수 $f(x)=x^5+x^4+x^3+x^2+x^1$가 있을 때, $f'(x)$를 x의 식으로 나타내어 주세요.

문제 4.3.2 ★★

코드 4.3.1의 다음 변수를 적절하게 변경해서, $\sqrt[3]{2}$의 근삿값을 계산해 주세요.

- japyo_y : 점 (a, f(a))의 y 좌표 값인 f(a)
- jupseon_a : 직선의 기울기 값

---

8 (옮긴이) 자릿수가 너무 커서 컴퓨터로 표현할 수 있는 기본 정수의 한계를 넘어서, 자릿수를 하나하나 계산해야 하므로, $O(N^2)$라는 복잡도가 나오는 것입니다.

문제 4.3.3 ★★★

$\sqrt{2}$의 값은 다음과 같은 이진 탐색법(➡ 2.4.7항)을 사용한 알고리즘으로도 계산할 수 있습니다.

1. $1 \leqq \sqrt{2} \leqq 2$이므로 $l=1$, $r=2$로 설정합니다.

2. 다음과 같은 조작을 반복합니다. 항상 $l \leqq 2 \leqq r$가 성립합니다.

   - $m=(l+r)/2$
   - $m^2 < 2$라면 l의 값을 m으로 변경합니다.
   - $m^2 \geqq 2$라면 r의 값을 m으로 변경합니다.

일치하는 자릿수가 6자리에 이를 때까지의 조작 횟수를 계산해 보고, 뉴턴법과의 복잡도 차이를 비교해 주세요.

문제 4.3.4 ★★★★

사칙 연산만으로 $10^{0.3}$의 근삿값을 계산하는 프로그램을 작성해 주세요. pow 함수와 sqrt 함수 등 사칙 연산이 아닌 것은 사용하지 말아주세요. 참고로 뉴턴법을 사용해 보면 좋습니다.

4.4 에라토스테네스의 체

N 이하의 소수를 모두 출력하는 방법으로 다양한 방법이 고안되어 있습니다. 예를 들어서 3.1절에서 소개했던 소수 판정 방법을 사용해서 "1이 소수인가?", "2가 소수인가?", "3이 소수인가?", ⋯와 같은 방법을 사용할 수 있습니다. 이는 복잡도가 $O(N^{1.5})$입니다.

한편 에라토스테네스의 체라는 알고리즘을 사용하면, $O(N \log N)$보다 좋은 복잡도로 소수들을 모두 출력할 수 있습니다. 이번 절에서는 에라토스테네스의 체가 무엇인지 살펴보고, 이 복잡도를 계산할 때 필요한 '적분'이라는 수학적 지식에 대해서 설명하겠습니다.

4.4.1 — 에라토스테네스의 체란?

일단 에라토스테네스의 체라는 알고리즘은 다음과 같습니다. 이를 사용하면 1부터 N까지의 소수를 효율적으로 모두 출력할 수 있습니다.

> 1. 일단 정수 2, 3, 4, ⋯, N을 적습니다.
>
> 2. 별다른 표시가 없는 가장 작은 수 2에 ○ 표시합니다. 이어서 2의 모든 배수에는 × 표시합니다.
>
> 3. 별다른 표시가 없는 가장 작은 수 3에 ○ 표시합니다. 이어서 3의 모든 배수에는 × 표시합니다.
>
> 4. 별다른 표시가 없는 가장 작은 수 5에 ○ 표시합니다. 이어서 5의 모든 배수에는 × 표시합니다.
>
> 5. 마찬가지의 방법으로 별다른 표시가 없는 가장 작은 수에 ○ 표시하고, 그 모든 배수에 ×를 표시합니다. 이와 같은 조작을 반복해서 $\sqrt{N}$ 이하의 모든 정수에 표시가 되었을 때, 반복을 종료합니다[9].
>
> 6. ○ 표시가 되어있는 정수가 소수입니다.

이 알고리즘을 사용해서 100 이하의 소수를 모두 출력해 봅시다. 다음과 같은 흐름으로 알고리즘이 진행됩니다. 결과적으로 2, 3, 5, 7, 11, ⋯, 89, 97로 25개의 소수가 있다는 것을 알 수 있습니다.

---

[9] $\sqrt{N}$까지만 계산해도 괜찮은 이유는 N 이하의 모든 합성수가 2 이상, $\sqrt{N}$ 이하의 약수를 가지기 때문입니다.(➡3.1절)

과정1 — 2 ～ 100 정수를 작성

	2	3	4	5	6	7	8	9	10	11	12	13	14	15	16	17	18	19	20
21	22	23	24	25	26	27	28	29	30	31	32	33	34	35	36	37	38	39	40
41	42	43	44	45	46	47	48	49	50	51	52	53	54	55	56	57	58	59	60
61	62	63	64	65	66	67	68	69	70	71	72	73	74	75	76	77	78	79	80
81	82	83	84	85	86	87	88	89	90	91	92	93	94	95	96	97	98	99	100

▼

과정2 — 2의 배수에 X 표시

(2) 3 ~~4~~ 5 ~~6~~ 7 ~~8~~ 9 ~~10~~ 11 ~~12~~ 13 ~~14~~ 15 ~~16~~ 17 ~~18~~ 19 ~~20~~
21 ~~22~~ 23 ~~24~~ 25 ~~26~~ 27 ~~28~~ 29 ~~30~~ 31 ~~32~~ 33 ~~34~~ 35 ~~36~~ 37 ~~38~~ 39 ~~40~~
41 ~~42~~ 43 ~~44~~ 45 ~~46~~ 47 ~~48~~ 49 ~~50~~ 51 ~~52~~ 53 ~~54~~ 55 ~~56~~ 57 ~~58~~ 59 ~~60~~
61 ~~62~~ 63 ~~64~~ 65 ~~66~~ 67 ~~68~~ 69 ~~70~~ 71 ~~72~~ 73 ~~74~~ 75 ~~76~~ 77 ~~78~~ 79 ~~80~~
81 ~~82~~ 83 ~~84~~ 85 ~~86~~ 87 ~~88~~ 89 ~~90~~ 91 ~~92~~ 93 ~~94~~ 95 ~~96~~ 97 ~~98~~ 99 ~~100~~

▼

과정3 — 3의 배수에 X 표시

(2) (3) 4 5 ~~6~~ 7 8 ~~9~~ 10 11 ~~12~~ 13 14 ~~15~~ 16 17 ~~18~~ 19 20
~~21~~ 22 23 ~~24~~ 25 26 ~~27~~ 28 29 ~~30~~ 31 32 ~~33~~ 34 35 ~~36~~ 37 38 ~~39~~ 40
41 ~~42~~ 43 44 ~~45~~ 46 47 ~~48~~ 49 50 ~~51~~ 52 53 ~~54~~ 55 56 ~~57~~ 58 59 ~~60~~
61 62 ~~63~~ 64 65 ~~66~~ 67 68 ~~69~~ 70 71 ~~72~~ 73 74 ~~75~~ 76 77 ~~78~~ 79 80
~~81~~ 82 83 ~~84~~ 85 86 ~~87~~ 88 89 ~~90~~ 91 92 ~~93~~ 94 95 ~~96~~ 97 98 ~~99~~ 100

▼

과정4 — 5의 배수에 X 표시

(2) (3) 4 (5) 6 7 8 9 ~~10~~ 11 12 13 14 ~~15~~ 16 17 18 19 ~~20~~
21 22 23 24 ~~25~~ 26 27 28 29 ~~30~~ 31 32 33 34 ~~35~~ 36 37 38 39 ~~40~~
41 42 43 44 ~~45~~ 46 47 48 49 ~~50~~ 51 52 53 54 ~~55~~ 56 57 58 59 ~~60~~
61 62 63 64 ~~65~~ 66 67 68 69 ~~70~~ 71 72 73 74 ~~75~~ 76 77 78 79 ~~80~~
81 82 83 84 ~~85~~ 86 87 88 89 ~~90~~ 91 92 93 94 ~~95~~ 96 97 98 99 ~~100~~

▼

과정5 — 7의 배수에 X 표시

(2) (3) 4 (5) 6 (7) 8 9 10 11 12 13 ~~14~~ 15 16 17 18 19 20
~~21~~ 22 23 24 25 26 27 ~~28~~ 29 30 31 32 33 34 ~~35~~ 36 37 38 39 40
41 ~~42~~ 43 44 45 46 47 48 ~~49~~ 50 51 52 53 54 55 ~~56~~ 57 58 59 60
61 62 ~~63~~ 64 65 66 67 68 69 ~~70~~ 71 72 73 74 75 76 ~~77~~ 78 79 80
81 82 83 ~~84~~ 85 86 87 88 89 90 ~~91~~ 92 93 94 95 96 97 ~~98~~ 99 100

▼

과정6 — 11의 배수에 X 표시

(2) (3) 4 (5) 6 (7) 8 9 10 (11) 12 13 14 15 16 17 18 19 20
21 ~~22~~ 23 24 25 26 27 28 29 30 31 32 ~~33~~ 34 35 36 37 38 39 40
41 42 43 ~~44~~ 45 46 47 48 49 50 51 52 53 54 ~~55~~ 56 57 58 59 60
61 62 63 64 65 ~~66~~ 67 68 69 70 71 72 73 74 75 76 ~~77~~ 78 79 80
81 82 83 84 85 86 87 ~~88~~ 89 90 91 92 93 94 95 96 97 98 ~~99~~ 100

그럼 이어서 구현 방법을 생각해 봅시다. 아쉽게 과정 1번처럼 종이 위에 손으로 숫자를 적을 수는 없습니다. 따라서 prime이라는 배열을 만들어서 사용합니다. 정수 x에 ○ 표시하는 부분은 prime[x] = True, × 표시하는 부분은 prime[x] = False하면 됩니다.

에라토스테네스의 체는 복잡도가 $O(N \log \log N)$이라고 알려져 있습니다[10]. 코드 4.4.1은 N 이하의 소수를 모두 출력하는 프로그램입니다. 필자의 환경에서는 $N=10^8$일 때 입출력을 제외하고 0.699초 정도 걸렸습니다.

그런데 $O(N \log \log N)$이라는 복잡도는 어떻게 나오는 것일까요? 이를 이해하려면 적분이라는 수학적 지식이 필요합니다. 따라서 4.4.2항에서 적분을 간단하게 설명하겠습니다.

코드 4.4.1 N 이하의 소수를 모두 출력하는 프로그램

```python
# 입력 → 배열 prime 초기화
N = int(input())
prime = [ True ] * (N + 1)


# 에라토스테네스의 체
LIMIT = int(N ** 0.5)
for i in range(2, LIMIT + 1):
    if prime[i] == True:
        # x = 2i, 3i, 4i, ...로 N 이하의 범위에서 반복
        for j in range(2 * i, N + 1, i):
            prime[j] = False


# N 이하의 소수를 오름차순으로 출력
for i in range(2, N + 1):
    if prime[i] == True:
        print(i)
```

4.4.2 ─ 적분 기본

어떤 함수로 만들어진 영역의 면적을 구하는 조작을 "적분"이라고 부릅니다. 적분은 크게 부정적분과 정적분이라는 2가지 종류로 구분됩니다. 정적분은 다음과 같은 식으로 표현하며, "함수 f(x)를 a부터 b까지 적분한다"라고 이야기 합니다. 이 책에서는 부정적분은 따로 설명하지 않습니다.

---

10 $N\log\log N$은 $N \times \log(\log N)$과 같은 의미입니다. $N=10^8$일 때, 로그의 밑을 2로 두고 계산해 보면 $\log(\log N)$은 약 5입니다.

$$\int_a^b f(x)dx$$

말로는 조금 어려울 수 있으므로 그림으로 살펴봅시다. 다음 그림처럼 3개의 직선 x = a, x = b, y = 0 과 그래프 y = f(x)로 감싸진 영역의 면적을 계산하는 것입니다. 미분이 '미세한 변화'와 '차이'에 주목하는 것과 다르게, 적분은 '누적'에 주목합니다. 따라서 미분과 적분은 반대의 개념이라고 할 수 있습니다 (➡ 4.2절).

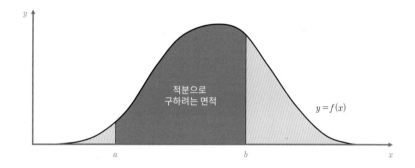

그럼 실제로 구체적인 예를 살펴봅시다. 일단 간단한 예로 다음과 같은 식을 계산해 봅시다.

$$\int_3^5 4dx$$

이는 3개의 직선 x = 3, x = 5, y = 0과 함수 y = 4로 감싸져 있는 영역의 면적을 계산하는 것입니다. 즉 다음 그림에서 색칠한 부분을 계산하는 것입니다. 이 부분은 세로 길이 4, 가로 길이가 2인 직사각형입니다. 이 면적은 4 × 2 = 8입니다.

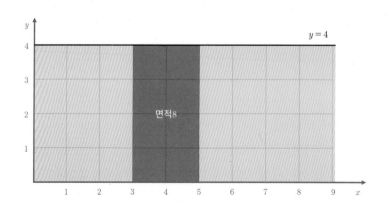

따라서 구하려는 정적분 값은 다음과 같습니다.

$$\int_3^5 4dx = 8$$

이어서 조금 복잡한 예를 살펴봅시다. 다음과 같은 식을 계산해 봅시다.

$$\int_0^5 (x-2)dx$$

이는 3개의 직선 x = 0, x = 5, y = 0과 함수 y = x − 2 로 감싸져 있는 영역의 면적을 계산하는 것입니다. 이 영역은 다음 그림과 같이 2개의 영역으로 구분됩니다. 왼쪽의 면적은 2, 오른쪽의 면적은 4.5입니다.

그래서 "답은 4.5 + 2 = 6.5이다"라고 생각하는 사람이 있을 수도 있습니다. 그런데 적분은 면적의 부호를 생각해야 합니다. 음 방향에 있는 면적은 음수입니다. 따라서 구하려는 정적분 값은 다음과 같습니다.

$$\int_0^5 (x-2)dx = (4.5 - 2) = 2.5$$

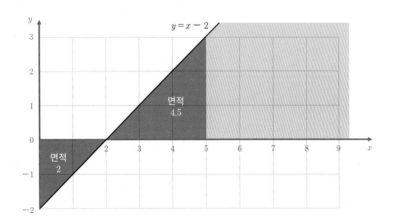

4.4.3 — 다양한 함수의 정적분

이전 절에서는 실제로 도형을 그려서 면적을 계산해 보았습니다. 그런데 미분과 마찬가지로 일부 함수는 훨씬 간단한 방법으로 적분할 수 있습니다. 이번 절에서는 다항식 함수 적분과 1/x 적분을 소개하겠습니다. 적분법이 미분법과 반대의 조작을 하는 것이라는 것을 생각하면, 혼자서도 생각해낼 수도 있을 내용입니다. 알고리즘의 복잡도를 해석할 때 정적분을 많이 활용하므로, 이번 절의 내용을 꼭 기억하는 것이 좋습니다.

패턴1: 다항식 함수의 적분

함수 $f(x)$가 다항식이라면, 다음과 같은 방법으로 a부터 b까지의 적분을 구할 수 있습니다.

1. $f(x)$의 모든 항에 ① 차수를 1만큼 증가시키고, ② 항을 차수로 나눈 함수 $F(X)$를 구합니다[11].
2. $F(b)-F(a)$가 구하고자 하는 적분값입니다.

다음 그림은 위의 방법에 따라서 함수를 적분하는 두 가지 예입니다. [예 1]은 적분 계산을 해야 하는 영역이 사다리꼴입니다. 윗변이 5, 아랫변이 11, 높이가 3인 사다리꼴이므로, 적분값은 (5+11)×3÷2=24입니다. 위 방법에 따라 구한 값과 같다는 것을 알 수 있습니다.

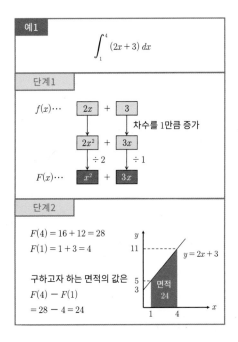

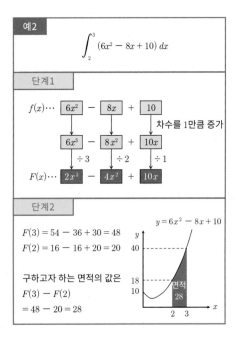

---

11 $F(x)$를 원시 함수라고 부르기도 합니다. 이는 이 책에서 다루지 않는 부정적분에서 많이 사용되는 용어입니다.

[단계 1]이 적용되는 예를 몇 가지 들어보면 다음과 같습니다. 다항식 함수의 미분(➡ 4.3.3항)에서 예로 들었던 것들을 반대로 적용한 것이라고 생각하면 쉽게 이해할 수 있을 것입니다[12].

- $f(x)=x$일 때 $F(x)=x^2/2$
- $f(x)=x^2$일 때 $F(x)=x^3/3$
- $f(x)=x^3$일 때 $F(x)=x^4/4$

패턴2: 1/x의 적분

이어서 $f(x)=1/x$, $0<a<b$일 때의 정적분을 살펴봅시다. 이는 다음과 같이 계산할 수 있습니다. 여기에서 e는 약 2.718을 나타내는 상수이며, "자연로그의 밑"이라고 부릅니다.

$$\int_a^b \frac{1}{x}dx = (\log_e b - \log_e a)$$

예를 들어서 함수 1/x를 0.5부터 3까지 적분하면, 로그 함수 공식(➡ 2.3.10항)에 의해 $\log_e 3 - \log_e$ 0.5=$\log_e 6$(약 1.8)이 나옵니다. 이 적분은 다음 그림에서 색을 칠한 부분의 면적을 계산하는 것과 같습니다. 참고로 1/x의 적분은 '에라토스테네스의 체'의 복잡도를 분석할 때도 사용됩니다.

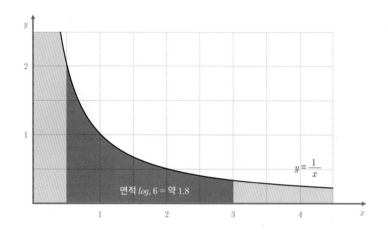

면적 $\log_e 6 =$ 약 1.8

$y = \frac{1}{x}$

---

12 t가 $t\neq-1$인 실수라고 할 때, 함수 $f(x)=x^t$를 a부터 b까지 적분한 값은 $(b^{t+1}-a^{t+1})/(t+1)$입니다.

4.4.4 — 역수 (1/x)의 합

다음과 같은 형태로 표현되는 식의 값은 $log_e N$이 된다고 알려져 있습니다.

$$\frac{1}{1} + \frac{1}{2} + \frac{1}{3} + \cdots + \frac{1}{N}$$

구체적인 N의 값이 있을 때, 식의 값은 다음과 같습니다[13]. 참고로 N의 값을 무한하게 설정해서, 무한하게 합한 것을 "조화 급수(조화수)"라고 부르며, 양의 무한대로 발산(계속 커짐)한다고 알려져 있습니다.

N	100	10000	1000000	100000000
조화급수	5.1874	9.7876	14.3927	18.9979
참고: $log_e N$	4.6052	9.2103	13.8155	18.4207

4.4.5 — 역수의 합이 log라는 것 증명하기

그림 이어서 합이 $log_e N$에 가까워진다는 것을 생각해 봅시다. 일단 다음 3개의 그림을 살펴봅시다. '영역 A의 면적 ≤ 영역 B의 면적 ≤ 영역 C의 면적'이라는 부등식이 성립합니다.

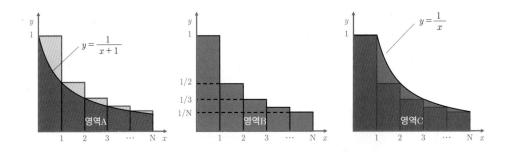

여기에서 면적B의 적분은 역수의 합 1/1 + 1/2 + ⋯ + 1/N입니다. 따라서 영역 A의 면적을 S_A, 영역 B의 면적을 S_B, 영역 C의 면적을 S_C라고 할 때, 다음과 같은 식이 성립합니다.

---

13   N이 굉장히 큰 수라고 할 때, 1/x의 합은 $log_e N$보다 약 0.5772만큼 크다고 알려져 있습니다. 이 0.5772를 "오일러 상수"라고 부릅니다.

$$S_A \leqq \frac{1}{1} + \frac{1}{2} + \frac{1}{3} + \cdots + \frac{1}{N} \leqq S_C$$

그럼 영역A의 면적을 구해 봅시다. 아래 그림에 표시된 것처럼 x축 양의 방향으로 1만큼 평행 이동하면, 영역A는 3개의 직선 $x=1$, $x=N+1$, $y=0$과 함수 $y=1/x$로 감싸진 부분이 됩니다. 이 면적은

$$\int_1^{N+1} \frac{1}{x} \, dx = \log_e(N+1) - \log_e 1 = \log_e(N+1)$$

이므로, $S_A = \log_e(N+1)$입니다.

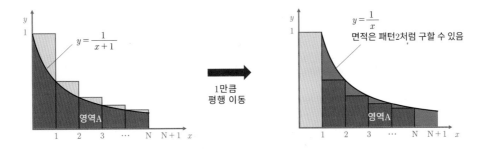

이어서 영역C는 '0<x<1 부분'과 '1$\leqq x \leqq N$ 부분'으로 나누어 생각할 수 있습니다. 전자의 면적은 확실하게 1입니다. 후자의 면적은 다음과 같은 정적분을 사용해서 계산할 수 있습니다.

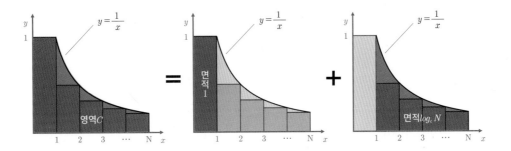

4.4.6 ─ 에라토네스의 체의 복잡도

마지막으로 이번 절의 앞부분에서 다루었던 '에라토스테네스의 체'의 복잡도를 계산해 봅시다. 알고리즘을 다시 정리해 보면 다음과 같습니다.

- 정수 2에 ○ 표시하고, 나머지 2의 배수에 × 표시합니다(따라서 $\lfloor N/2 \rfloor$개만큼 표시합니다).

- 정수 3에 ○ 표시하고, 나머지 3의 배수에 × 표시합니다(따라서 $\lfloor N/3 \rfloor$개만큼 표시합니다).

- 정수 5에 ○ 표시하고, 나머지 5의 배수에 × 표시합니다(따라서 $\lfloor N/5 \rfloor$개만큼 표시합니다).

- 정수 7에 ○ 표시하고, 나머지 7의 배수에 × 표시합니다(따라서 $\lfloor N/7 \rfloor$개만큼 표시합니다).

- 이 이외의 숫자도 같은 방법으로 계속 표시해 나갑니다.

1회 표시할 때 1회 계산한다고 생각하면, 전체 계산 횟수는 다음과 같이 계산할 수 있습니다.

$$\frac{N}{2} + \frac{N}{3} + \frac{N}{5} + \frac{N}{7} + \cdots$$

이 값은 다음 식으로 표현되는 값보다는 분명 작을 것입니다.

$$\frac{N}{1} + \frac{N}{2} + \frac{N}{3} + \cdots + \frac{N}{N} = N\left(\frac{1}{1} + \frac{1}{2} + \frac{1}{3} + \cdots + \frac{1}{N}\right)$$

여기에서 $1/x$의 합은 약 $log_e N$이므로, 계산 횟수는 약 $N log_e N$회 이하일 것입니다. 따라서 꽤 효율적인 알고리즘이라고 볼 수 있을 것입니다.

구체적으로 계산 횟수가 어느 정도 되는지 정리해 보면 다음과 같습니다. 사실 $N log_e N$보다 훨씬 적다는 것을 확인할 수 있을 것입니다. 이 이유는 N = 100일 때, $\sqrt{N}$ 이하의 숫자(2, 3, 5, 7)로만 배수를 확인하면 되기 때문입니다. 100 이하의 숫자 중에서 2, 3, 5, 7의 배수를 제외하면 11, 13, 17, 19, 23, 29, 31, 37, 41, 43, 47, 53, 59, 61, 67, 71, 73, 79, 83, 89, 97로 모두 소수입니다.

N	100	10000	1000000	100000000
계산 횟수	117	18016	2198007	248305371
참고: $N log_e N$	461	92103	13815511	1842068074

참고로 N 이하의 정수 중에서 소수인 것의 비율은 $1/log_eN$이라는 소수 정리가 알려져 있습니다. 이것까지 활용해서 에라토스테네스의 체의 복잡도를 구해 보면, O(N log log N)이 됩니다. 소수의 비율이 왜 $1/log_eN$인지는 난이도가 높은 내용이므로, 이 책에서는 다루지 않겠습니다. 관심 있다면 인터넷 등에서 찾아보기 바랍니다.

연습 문제

문제 4.4.1   ★★

다음 정적분을 각각 계산해 주세요.

$$\int_3^5 (x^3 + 3x^2 + 3x + 1)dx$$
$$\int_1^{10} \left(\frac{1}{x} + \frac{1}{x+1}\right)dx$$
$$\int_1^{10} \frac{1}{x^2 + x}dx$$

문제 4.4.2   ★★★

다음 정적분의 근삿값을 계산해 주세요. 프로그램을 작성해서 계산해도 상관없습니다. 깃허브에 있는 '실제 답'과의 절댓값 오차가 10^{-12} 이하가 되게 계산해야 합니다.

$$\int_0^1 2x^2 dx$$

문제 4.4.3   문제 ID : 042 ★★★★

양의 정수 N이 주어집니다. 정수 x의 양수인 약수 개수를 f(x)라고 할 때, 다음 값을 계산하는 프로그램을 작성해 주세요. 복잡도는 $O(NlogN)$이 되게 해 주세요(출전: AtCoder Beginner Contest 172 D - Sum of Divisors).

$$\sum_{i=1}^{N} i \times f(i) = (1 \times f(1)) + (2 \times f(2)) + \cdots + (N \times f(N))$$

제약

　$1 \leq N \leq 10^7$

　N은 정수입니다.

입력

　N

출력

답을 출력해 주세요.

입력 예1

```
4
```

출력 예1

```
23
```

입력 예2

```
10000000
```

출력 예2

```
838627288460105
```

문제 4.4.4 ★★★★★

1/1 + 1/2 + ⋯ + 1/N가 처음 30을 넘게 되는 N을 계산해 주세요.

4.5 그래프를 사용한 알고리즘

그래프란 여러 대상을 연결한 네트워크 구조를 의미합니다. 우리가 사는 세상에는 친구 관계, 지하철 노선도처럼 그래프로 표현할 수 있는 것들이 굉장히 많습니다. 그래프를 잘 다루게 되면, 최단거리 문제로 대표되는 여러 문제들을 해결할 수 있습니다. 따라서 문제 해결의 폭이 굉장히 넓어집니다. 이번 절의 앞부분에서는 그래프라는 새로운 개념에 대해서 설명하고, 뒷부분에서는 그래프 알고리즘의 예로 '깊이 우선 탐색'과 '너비 우선 탐색'에 대해 소개하겠습니다.

참고로 이 책의 자동 채점 시스템에서는 깊이 우선 탐색(4.5.6항 / 문제 ID: 043), 너비 우선 탐색(4.5.7항 / 문제 ID: 044)이 등록되어 있으니 참고해 보기 바랍니다.

4.5.1 ── 그래프란?

여러 대상을 연결해서 표현하는 네트워크 구조를 '그래프'라고 표현합니다. 그래프라는 단어를 듣고, 중고등학교 수학 시간에 배웠던 곡선 그래프 또는 원그래프 등을 떠올릴 수도 있습니다. 이는 수학(통계)에서 다루는 그래프입니다. 알고리즘을 설명할 때 '그래프'라고 하면, 네트워크 구조를 의미합니다.

그래프는 정점(vertex)과 변(edge)으로 이뤄집니다. 정점은 대상을 나타냅니다. 일반적으로 그림에서 원(또는 점)으로 표현합니다. 변은 대상들의 관계를 나타냅니다. 일반적으로 그림에서 정점을 연결하는 선분으로 표현합니다. 지하철 노선도를 생각해 보면 조금 쉽습니다. 역이 정점, 역을 연결하는 선로가 변이라고 생각하면 됩니다.

참고로 알고리즘 문제를 풀 때는 정점들을 구분하기 위해서, 정점마다 1, 2, 3, …과 같은 숫자를 붙여줍니다.

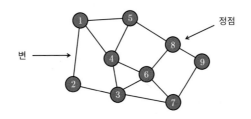

4.5.2 ── 다양한 종류의 그래프 ─────────────────────

다양한 종류의 그래프가 있습니다. 이번 절에서는 어떤 종류의 그래프가 있는지 차근차근 살펴보겠습니다.

무향 그래프와 유향 그래프

다음 그림을 살펴봅시다. 왼쪽에 있는 그림은 변에 방향 표시가 따로 없는 그래프입니다. 이러한 그래프를 무향 그래프라고 부릅니다. 반면 오른쪽에 있는 그림은 변에 방향 표시가 있습니다. 이러한 그래프를 유향 그래프라고 부릅니다. 참고로 자세한 내용은 4.5.3항에서 설명하겠지만, 지하철 노선도는 무향 그래프, SNS 팔로워 관계는 유향 그래프로 표현할 수 있습니다.

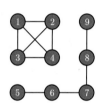
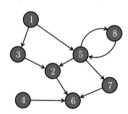

가중치 없는 그래프와 가중 그래프

다음 그림을 살펴봅시다. 왼쪽 그림처럼 변에 가중치(지하철 노선도의 경우 이동 시간 등)가 붙어있지 않은 그래프를 가중치 없는 그래프라고 부릅니다. 반면 오른쪽 그림처럼 변에 가중치가 붙어있는 그래프를 가중 그래프라고 부릅니다. 예를 들어서 지하철 노선도는 '변에 이동시간(가중치)이 적혀있는 가중 그래프'라고 할 수 있습니다. 참고로 가중치 없는 그래프는 '모든 변의 가중치가 1인 가중 그래프'라고 생각해 볼 수도 있습니다.

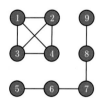
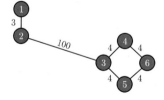

이분 그래프

직접적으로 연결된 정점이 같은 색이 되지 않게, 그래프를 흰색 또는 검정색 두 가지로 나누어서 칠할 수 있는 그래프를 이분 그래프(complete bipartite graph)라고 부릅니다. 추가적으로 그래프를 n가지 색으로 칠할 수 있는 그래프를 "n-채색 가능한 그래프(n-colorable graph)"라고 부릅니다.

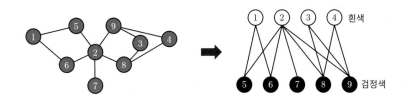

평면 그래프

모든 변이 교차하지 않게 그릴 수 있는 그래프를 평면적 그래프(planar graph)라고 부릅니다. 그리고 실제로 교차하지 않게 그려 놓은 그래프를 평면 그래프(plane graph)라고 부릅니다. 참고로 평면 그래프는 '변의 수가 정점 수의 3배보다 작고', '4가지 색만으로 이웃한 정점이 같은 색이 되지 않게 칠할 수 있다(4색 정리)'는 특징이 있습니다(➡ 최종 확인 문제 15).

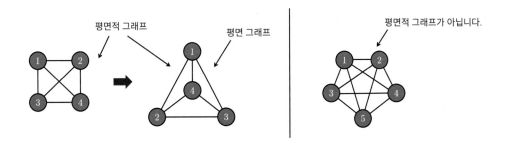

오일러 그래프

어떤 정점에서 출발하고, 모든 변을 지나, 원래 정점으로 돌아올 수 있는 경로가 존재하는 그래프를 "오일러 그래프"라고 부릅니다. 증명이 어렵지만, 연결된 무향 그래프(➡ 4.5.4항)가 오일러 그래프라면, "각각의 정점에 연결된 변의 수가 짝수이다"가 성립합니다. 다음 그림은 오일러 그래프의 예입니다. 각각의 정점에 연결된 변의 수가 짝수라는 것을 수 있습니다.

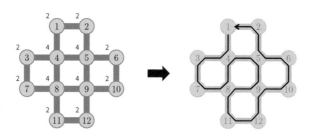

트리 구조

연결된 무향 그래프(➡ 4.5.4항) 중에서 같은 정점을 두 번 지나지 않고 원래 정점으로 돌아가는 경로(폐쇄 회로[14])가 존재하지 않는 그래프를 트리라고 부릅니다. 트리에는 변의 수가 정점의 수보다 1개만큼 적다는 등의 다양한 성질이 있습니다[15].

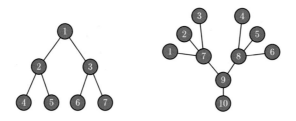

그 밖의 대표적인 그래프

마지막으로 지금까지 소개하지 않았던, 이름이 있는 그래프들을 소개하겠습니다.

- 완전 그래프(complete graph): 무향 그래프 중에서 모든 정점 사이에 변이 하나씩 있는 그래프

- 정규 그래프(regular graph): 무향 그래프 중에서 모든 정점의 차수(➡ 4.5.4항)가 같은 그래프

- 완전 이분 그래프(complete bipartite graph): 이분 그래프 중에서 다른 색으로 칠할 수 있는 모든 정점 사이에 변이 1개씩 존재하는 그래프

- 유향 비순환 그래프(Directed Acyclic Graph: DAG): 유향 그래프 중에서 같은 정점을 두번 지나지 않고 원래 정점으로 돌아올 수 있는 경로(폐쇄 회로)가 없는 그래프

---

14 (옮긴이) 사이클, 폐로, 폐쇄 회로 등으로 부릅니다.
15 방향 있는 그래프 중에서 트리 구조(방향 있는 트리)도 있지만, 이 책에서는 다루지 않습니다.

4.5.3 ─── 그래프를 사용해서 표현할 수 있는 실생활 문제

그래프는 응용 범위가 굉장히 넓습니다. 그래프를 활용하면 세상의 다양한 문제들을 표현할 수 있습니다. 이번 절에서는 7개의 구체적인 예를 살펴보면서, 그래프를 어떻게 활용할 수 있는지 소개하겠습니다.

구체적인 예1: SNS 팔로워 관계

SNS의 팔로워 관계는 사용자를 정점으로 생각할 때, 다음과 같은 형태의 그래프로 표현할 수 있습니다. 양방향 관계만 존재하는 페이스북은 무향 그래프를 사용해 표현할 수 있겠지만, 한쪽만 팔로우를 걸 수도 있는 트위터와 인스타그램은 유향 그래프를 사용해서 표현해야 할 것입니다. 이와 같은 그래프가 있다면, 예를 들어서 "가장 팔로워가 많은 사용자는 누구인가요?"와 같은 문제를 풀 수 있을 것입니다.

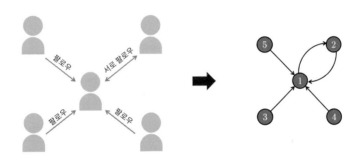

구체적인 예2: 바둑판 형태의 경로 표현하기

다음 그림과 같이 일반적인 경로는 일방통행이 아니므로, 각 칸을 정점으로 놓고 이동할 수 있는 인접한 정점과 변으로 연결한 무향 그래프로 표현할 수 있습니다. 이와 같이 그래프로 표현했다면, 예를 들어 "왼쪽 위의 칸에서 오른쪽 아래 칸까지 이동하는 최단 경로를 구해 주세요"와 같은 문제를 풀 수 있을 것입니다.

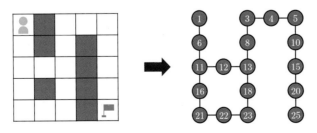

※위에서 i번째 행, 왼쪽에서 j번째 열의 정점 번호를 $5(i-1)+j$로 할당

구체적인 예3: 작업 의존 관계

"기상해야 등교할 수 있다", "등교해야 숙제를 받을 수 있다", "숙제를 끝내야 잘 수 있다"와 같은 의존 관계는 다음과 같은 유향 그래프로 표현할 수 있습니다. 이와 같이 그래프로 표현했다면, 예를 들어 "모든 작업을 수행하기 위한 과정을 구하시오"와 같은 문제를 풀 수 있을 것입니다.

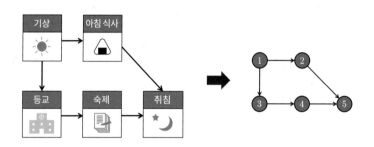

구체적인 예4: 지하철 이동 경로

지하철 이동 경로는 가중 무향 그래프로 표현할 수 있습니다. 양쪽 이동 시간이 다르다면, 가중 유향 그래프를 사용해야 할 것입니다. 이와 같이 그래프로 표현했다면, 예를 들어 '김포공항역에서 판교역까지 가는 최단 경로는 어떻게 되고, 이동하는 데 몇 분이 걸리는지 구하시오'와 같은 문제를 풀 수 있을 것입니다.

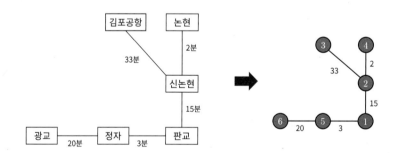

구체적인 예5: 교실 자리 바꾸기

교실에서 자리를 바꿀 때 '○○는 시력이 나빠서 앞에 앉고 싶어 한다', '△△는 창가 자리를 좋아한다', '자리를 바꾼 후에는 짝꿍이 바뀌는 것이 좋다' 등의 여러 희망 사항이 있을 수 있습니다. 이와 같은 '교실 자리 바꾸기 상황'도 학생을 정점으로 두고, 각 학생의 희망사항을 변으로 표현하는 이분 그래프로 표현할 수 있습니다.

이와 같이 그래프로 표현했다면, 예를 들어 '모든 선생님과 학생의 희망 사항을 반영할 수 있는 자리 배치를 구하시오'와 같은 문제를 풀 수 있을 것입니다(참고: 이분 매칭 문제 ➡ 4.5.8항).

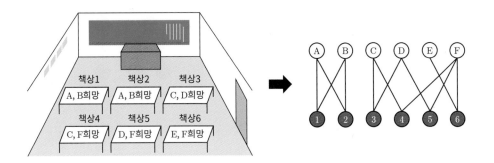

구체적인 예6: 지역 인접 관계

지역을 정점으로 두고, 인접 관계를 변으로 표현하면, '4가지 색을 사용해서, 인접하는 지역을 같은 색으로 칠하지 않게 하는 색칠 방법이 존재하는가?'와 같은 문제를 풀 수 있습니다.

일반적으로 평면이 여러 영역으로 나뉘어 있을 때, 그 인접 관계를 나타내는 그래프는 반드시 평면적 그래프입니다. 따라서 4색 정리(➡ 4.5.2항)에 의해서 답은 항상 '예'입니다(반드시 평면적 그래프가 되는 이유는 책에서 다루지 않지만, 관심 있다면 따로 찾아보세요).

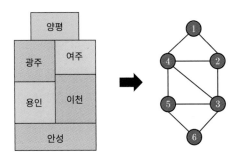

구체적인 예7: 상사와 부하의 관계

직속 상사와 부하 관계도 유향 그래프로 표현할 수 있습니다. 사장 이외의 모든 직원에게 직속 상사가 단한 명씩 존재한다면, 트리 구조를 갖는 그래프가 됩니다. 이와 같이 그래프로 표현했다면, 예를 들어 '어떤 직원 아래에 있는 모든 부하 직원(부하의 부하 포함)은 몇 명인지 구하시오'와 같은 문제를 풀 수 있을 것입니다.

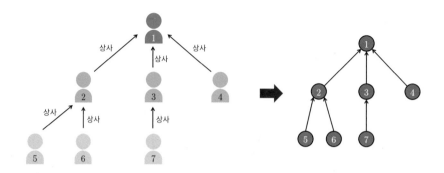

이처럼 실생활의 다양한 문제를 그래프로 표현할 수 있습니다. 주변의 여러 문제들을 생각해 보면서, 그래프로 표현할 수 있는지 생각해 보기 바랍니다.

그래프와 관련된 용어

이어서 그래프 이론과 관련된 중요한 용어를 정리하겠습니다.

인접 관계와 연결 성분

정점 u와 정점 v가 직접 변으로 연결되어 있을 때, "u와 v는 서로 인접하다"라고 표현합니다. 예를 들어서 다음 그래프에서 정점1과 정점2는 인접합니다. 정점1과 정점3은 어떻게든 이동할 수 있지만, 직접 연결되어 있지는 않으므로 인접하지 않습니다.

이어서 모든 정점에서 여러 변을 지나 다른 모든 정점으로 이동할 수 있다면, 그래프가 "연결되어 있다"라고 표현합니다. 추가적으로 서로 이동할 수 있는 정점들을 그룹으로 구분했을 때, 각각의 그룹을 "연결 성분"이라고 표현합니다. 예를 들어 다음 그래프는 {1, 2, 3, 4} / {5, 6, 7, 8, 9} / {10, 11, 12} / {13}이라는 4개의 연결 성분으로 구성되어 있습니다.

연결 성분1

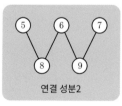

연결 성분2

연결 성분3

연결 성분4

정점의 차수

정점에 연결된 변의 수를 '차수'라고 합니다. 유향 그래프의 경우 해당 정점에서 나오는 변의 개수를 '출차수', 정점으로 들어가는 변의 수를 '입차수'라고 구분해서 부릅니다.

무향 그래프에서는 차수의 합계가 반드시 변의 2배입니다. 또한 유향 그래프에서는 입차수의 합계와 출차수의 합계가 반드시 변의 개수와 같습니다.

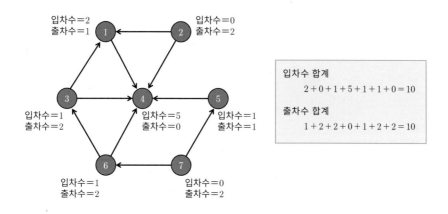

다중 변과 자기 루프

같은 정점 사이에 여러 개의 변이 있을 때, 이러한 변들을 다중 변(또는 평행 변)이라고 부릅니다. 추가적으로 같은 정점을 연결하는 변을 자기 루프라고 부릅니다. 그림으로 설명해 보면, 다음과 같습니다.

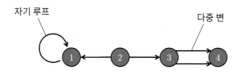

최단거리

어떤 그래프의 정점 s에서 정점 t까지의 최단 경로는 다음과 같이 정의할 수 있습니다.

- 가중치 없는 그래프의 경우: s에서 t로 이동하는 경로 중에서 지나는 변의 수가 최소인 것

- 가중치 그래프의 경우: s에서 t로 이동하는 경로 중에서 지나는 변의 가중치 합이 최소인 것

예를 들어서 다음 그림의 왼쪽의 경우, 정점1에서 정점2로 이동하는 최단 경로는 '1 → 5 → 4 → 2'이며, 길이는 3입니다. 또한 오른쪽 그림의 경우, 정점1에서 정점2로 이동하는 최단 경로는 '1 → 3 → 4 → 7 → 2'이며, 길이는 2800입니다.

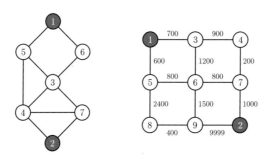

4.5.5 ─ 그래프 구현 방법

그래프의 종류와 기본적인 용어 설명이 모두 끝났으므로, 이제 그래프를 구현하는 방법에 대해서 소개하겠습니다. 그래프를 사용하는 알고리즘을 먼저 알고 싶다면, 일단 이번 절을 건너뛰어서 4.5.6항을 보고, 필요에 따라서 이번 절을 참고하기 바랍니다.

대표적인 구현 방법으로 특정 정점과 인접한 정점을 리스트로 관리하는 '인접 리스트' 표현 방식이 있습니다. 다음 그림에서 왼쪽 형태의 그래프를 인접 리스트로 표현하면, 오른쪽 그림과 같습니다[16].

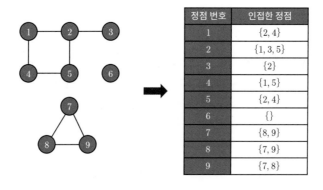

정점 번호	인접한 정점
1	{2, 4}
2	{1, 3, 5}
3	{2}
4	{1, 5}
5	{2, 4}
6	{}
7	{8, 9}
8	{7, 9}
9	{7, 8}

16　이 외에도 인접 행렬이라는 표현 방법이 있지만, 정점 수의 제곱과 비례해서 메모리를 사용하므로 비효율적입니다.

인접 리스트 표현은 (정점 수) + (변의 수)와 비례하는 만큼의 메모리 용량만 사용합니다. 따라서 변의 수가 수백만 개라고 해도, 소비하는 메모리는 100MB 정도밖에 안 됩니다. 최근에는 집에서도 1GB 이상의 메모리를 가진 컴퓨터를 사용하므로, 충분히 현실적인 구현 방법입니다.

리스트를 구현하는 방법은 굉장히 많습니다. 파이썬의 경우, 기본적으로 제공되는 리스트를 사용해서 구현할 수 있습니다[17]. 코드 4.5.1은 무향 그래프를 입력으로 받은 뒤, 각 정점과 인접한 정점 번호를 출력하는 프로그램입니다.

참고로 이번 절에서 소개하는 모든 소스 코드는 인접 리스트 표현을 사용합니다. 또한 입력은 다음과 같은 형식으로 받습니다.

$N \ M$
$A_1 \ B_1$
$A_2 \ B_2$
$\vdots$
$A_M \ B_M$

※N은 그래프의 정점 수, M은 변의 수입니다. 이후의 줄은 변($1 \leq i \leq M$)을 의미하며, 정점 A_i와 정점 B_i가 양방향 연결되어 있다는 것을 나타냅니다.

코드 4.5.1 인접 리스트 형식을 사용한 예

```python
# 입력
N, M = map(int, input().split())
A = [ None ] * M
B = [ None ] * M
for i in range(M):
    A[i], B[i] = map(int, input().split())

# 인접리스트 작성
G = [ list() for i in range(N + 1) ] # G[i]는 정점i와 인접한 정점 리스트
for i in range(M):
    G[A[i]].append(B[i]) # 정점 A[i]와 인접한 정점으로 B[i]를 추가
    G[B[i]].append(A[i]) # 정점 B[i]와 인접한 정점으로 A[i]를 추가
```

---

17 C, C++, 자바 구현 예는 깃허브 페이지(1.3절)를 참고해 주세요.

```python
# 출력(len(G[i])은 정점i와 인접한 정점 리스트의 크기 = 차수)
for i in range(1, N + 1):
    output = str(i) + ": {"
    for j in range(len(G[i])):
        if j >= 1:
            output += ","
        output += str(G[i][j]) # G[i][j]는 정점i와 인접한 정점 중 j+1번째인 것
    output += "}"
    print(output)
```

4.5.6 ── 깊이 우선 탐색

4.5.6, 4.5.7항에서는 중요한 그래프 알고리즘으로 깊이 우선 탐색과 너비 우선 탐색을 소개합니다. 두 알고리즘 모두 조금 어렵지만, 잘 사용할 수 있게 되면 최단거리 알고리즘으로 대표되는 그래프를 활용한 여러 알고리즘을 풀 수 있게 됩니다. 따라서 확실하게 공부해서, 문제 해결을 위한 무기를 늘려 봅시다.

일단 깊이 우선 탐색은 "이동할 수 있는 만큼 이동한 뒤, 더 이상 이동할 수 없는 정점에 도달했을 때 이전 정점으로 돌아와서 다른 길로 다시 이동하는 알고리즘"이라고 할 수 있습니다. 영어로는 Depth First Search라고 부르며, 생략해서 DFS라고 부르기도 합니다.

깊이 우선 탐색을 응용하면, 굉장히 다양한 문제를 풀 수 있습니다. 예를 들어서 그래프가 연결됐는지 판정할 수 있습니다. 어떤 형태로 이루어지는 알고리즘인지 정리해 보면, 다음과 같습니다.

과정1. 모든 정점을 흰색으로 표시합니다.

과정2. 처음으로 정점1을 방문하고, 정점1을 회색으로 칠합니다.

과정3. 이어서 다음 조작을 반복합니다. 조작 a가 정점1에서 이루어지는 순간 탐색을 종료합니다.

    a. 인접한 정점이 모두 회색으로 칠해져 있는 경우, 이전 정점으로 돌아갑니다.

    b. 그렇지 않은 경우, 현재 정점을 회색으로 칠한 뒤, 인접한 흰색으로 칠해진 정점 중에서 번호가 가장 작은 정점[18]을 방문합니다.

과정4. 최종적으로 모든 정점이 회색으로 칠해졌다면, 그래프가 연결된 것입니다.

---

18 설명을 위해서 간단하게 가장 번호가 작은 정점부터 방문한다고 했지만, 인접한 흰색 정점에서 아무것이나 방문해도 상관없습니다.

알고리즘이 적용되는 예를 그림으로 하나하나 소개해 보면, 다음 그림과 같습니다. 그림에서 두꺼운 선은 이동한 경로를 나타내며, 이전 정점으로 돌아오는 시점에 두꺼운 선을 다시 얇은 선으로 되돌립니다.

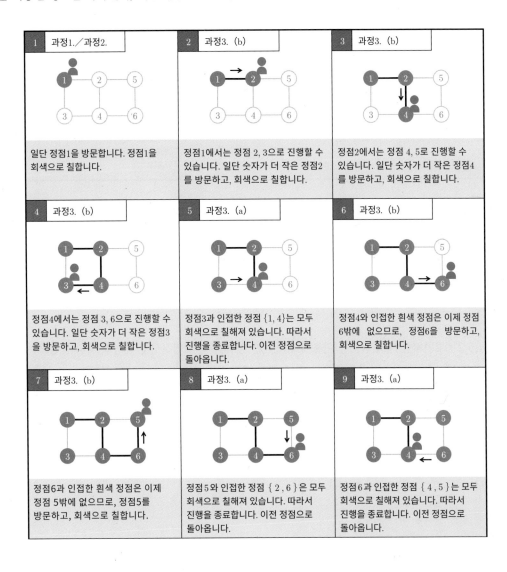

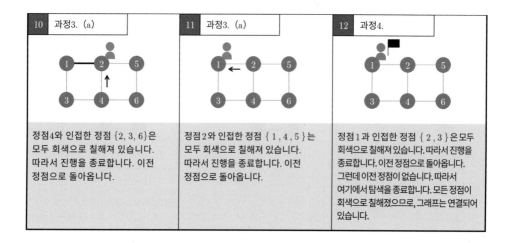

깊이 우선 탐색을 구현하는 대표적인 방법으로, 다음과 같은 두 가지가 있습니다

1. 배열 또는 스택[19]을 사용해서 "이동했던 경로"를 기록하고, 이를 활용해서 한 걸음 뒤로 갈 때 어디로 가야 하는지 구합니다.

2. 재귀 함수(➡ 3.6절)로 구현합니다.

코드 4.5.2는 2번처럼 재귀 함수를 사용해서 구현한 방법입니다. 연결성을 판정할 때의 복잡도는 O(N + M)입니다[20]. 추가적으로 1번을 활용한 구현 예는 책의 분량 때문에 책에 넣지 못하고, 깃허브에 업로드해 두었습니다. 꼭 참고해 보기 바랍니다. 깃허브 링크와 예제 프로그램들의 프로그래밍 언어와 관련해서는 '이 책의 구성 / 이 책을 읽는 방법'(1.3절)을 참고해 주세요.

코드 4.5.2 재귀 함수를 사용해서 구현한 깊이 우선 탐색

```python
import sys

# 깊이 우선 탐색을 하는 함수
def dfs(pos, G, visited):
    visited[pos] = True
    for i in G[pos]:
        if visited[i] == False:
            dfs(i, G, visited)
```

---

19 '맨 위에 요소를 쌓는다', '맨 위의 요소를 조사한다', '맨 위에 쌓인 요소를 제거한다'라고 하는 3 종류의 조작을 할 수 있는 데이터 구조입니다.
20 이 프로그램은 번호가 작은 정점부터 방문한다고 할 수는 없습니다. 그래도 판정에는 문제없습니다(주4.5.5를 참고).

```
# 재귀 호출 상한을 120000으로 설정
sys.setrecursionlimit(120000)

# 입력
N, M = map(int, input().split())
A = [ None ] * M
B = [ None ] * M
for i in range(M):
    A[i], B[i] = map(int, input().split())

# 인접 리스트 작성
G = [ list() for i in range(N + 1) ]
for i in range(M):
    G[A[i]].append(B[i])
    G[B[i]].append(A[i])

# 깊이 우선 탐색
visited = [ False ] * (N + 1)
dfs(1, G, visited)

# 연결 판정(answer = true일 때 연결)
answer = True
for i in range(1, N + 1):
    if visited[i] == False:
        answer = False
if answer == True:
    print("The graph is connected.")
else:
    print("The graph is not connected.")
```

4.5.7 ─ 너비 우선 탐색

너비 우선 탐색은 "출발 지점과 가까운 정점부터 차례대로 확인한다"라는 아이디어로 그래프를 탐색하는 알고리즘입니다. 영어로는 Breadth First Search라고 작성하며, 줄여서 BFS라고 부르기도 합니다. 너비 우선 탐색은 큐라는 자료 구조를 사용해서 구현하는 경우가 많으므로, 일단 큐가 무엇인지부터 살펴보겠습니다.

큐란?

큐(Queue)는 다음과 같은 3가지 조작을 할 수 있는 자료 구조입니다.

> 조작1: 큐의 가장 뒤에 요소 x를 추가한다.
>
> 조작2: 큐의 가장 앞 요소를 확인한다.
>
> 조작3: 큐의 가장 앞 요소를 추출한다.

음식점에서 줄을 서는 경우를 생각해 보면, 쉽게 떠올릴 수 있는 자료구조라고 생각합니다. 조작1은 줄의 가장 뒤에 가서 사람이 서는 것, 조작2는 가장 앞에 있는 사람의 이름을 확인하는 것, 조작3은 가장 앞에 있는 사람을 가게 안으로 들이는 것에 대응합니다. 다음은 큐가 변화하는 형태를 그림으로 나타낸 것입니다.

큐는 굉장히 다양한 방법으로 구현할 수 있습니다. 파이썬의 경우는 기본적으로 queue 모듈에 큐가 구현되어 있습니다. 이와 관련된 내용은 이후의 너비 우선 탐색 관련 소스 코드를 확인해 주세요.

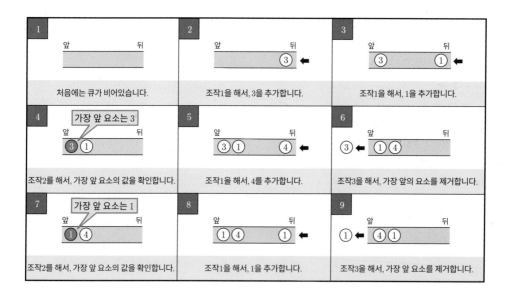

너비 우선 탐색의 흐름

이어서 너비 우선 탐색 알고리즘의 흐름을 설명하겠습니다. 너비 우선 탐색을 활용하면 다양한 문제를 풀 수 있습니다. 예를 들어서 정점1부터 각 정점으로 이동할 수 있는 최단 경로의 길이(➡ 4.5.4)를 구하는 문제는 다음과 같은 알고리즘을 활용합니다. 이 흐름에서는 리스트 dist[x]에 정점1부터 정점x까지의 최단 경로 길이를 기록합니다.

> 과정1. 모든 정점을 흰색으로 칠합니다.
>
> 과정2. 큐 Q에 정점1을 추가합니다. dist[1] = 0으로 설정하고, 정점1을 회색으로 칠합니다.
>
> 과정3. 큐 Q가 완전히 빌 때까지 다음 조작을 반복합니다.
> - Q의 가장 앞 요소 pos를 확인합니다.
> - Q 가장 앞의 요소를 추출합니다.
> - 정점 pos와 인접한 정점 중 흰색으로 칠해진 정점을 nex라고 할 때, dist[nex]를 dist[pos] + 1로 변경합니다. 이어서 Q에 nex를 추가합니다. 큐에 정점을 추가할 때, 해당 정점을 회색으로 칠합니다.

이 알고리즘을 구체적인 그래프에 적용해 보면, 다음과 같습니다. 이 그림에서 정점 왼쪽 위에 있는 숫자가 최단경로입니다. 사람의 위치는 현재 탐색하고 있는 정점 pos를 나타냅니다.

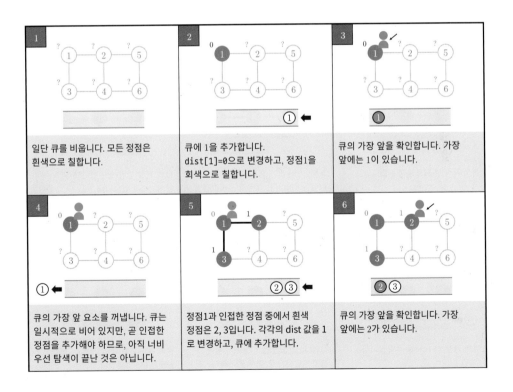

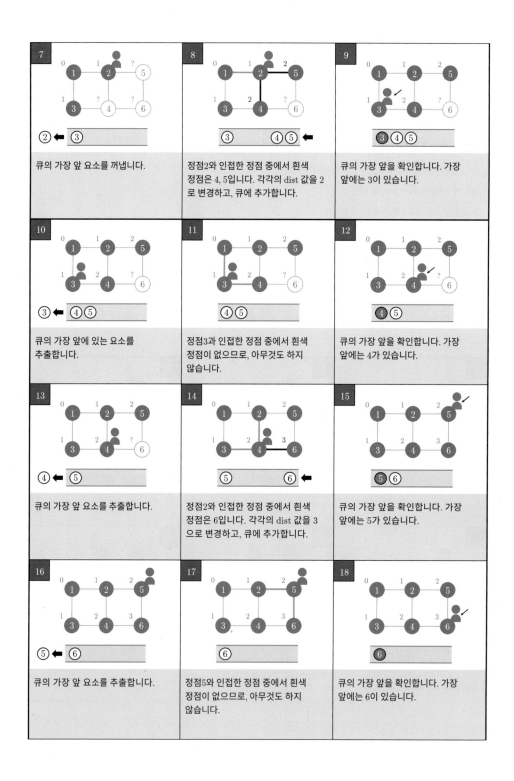

7   ② ← ③

큐의 가장 앞 요소를 꺼냅니다.

8   ③   ④⑤ ←

정점2와 인접한 정점 중에서 흰색 정점은 4, 5입니다. 각각의 dist 값을 2로 변경하고, 큐에 추가합니다.

9   ③④⑤

큐의 가장 앞을 확인합니다. 가장 앞에는 3이 있습니다.

10   ③ ← ④⑤

큐의 가장 앞에 있는 요소를 추출합니다.

11   ④⑤

정점3과 인접한 정점 중에서 흰색 정점이 없으므로, 아무것도 하지 않습니다.

12   ④⑤

큐의 가장 앞을 확인합니다. 가장 앞에는 4가 있습니다.

13   ④ ← ⑤

큐의 가장 앞 요소를 추출합니다.

14   ⑤   ⑥ ←

정점2와 인접한 정점 중에서 흰색 정점은 6입니다. 각각의 dist 값을 3으로 변경하고, 큐에 추가합니다.

15   ⑤⑥

큐의 가장 앞을 확인합니다. 가장 앞에는 5가 있습니다.

16   ⑤ ← ⑥

큐의 가장 앞 요소를 추출합니다.

17   ⑥

정점5와 인접한 정점 중에서 흰색 정점이 없으므로, 아무것도 하지 않습니다.

18   ⑥

큐의 가장 앞을 확인합니다. 가장 앞에는 6이 있습니다.

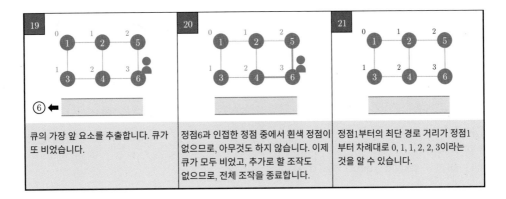

큐의 가장 앞 요소를 추출합니다. 큐가 또 비었습니다.	정점6과 인접한 정점 중에서 흰색 정점이 없으므로, 아무것도 하지 않습니다. 이제 큐가 모두 비었고, 추가로 할 조작도 없으므로, 전체 조작을 종료합니다.	정점1부터의 최단 경로 거리가 정점1부터 차례대로 0, 1, 1, 2, 2, 3이라는 것을 알 수 있습니다.

너비 우선 탐색에서는 다음과 같이 최단 경로의 길이가 적은 정점부터 큐에 추가됩니다.

- 일단 최단 경로 길이 0인 정점이 큐에 추가됩니다.

- pos가 최단 경로 길이 0인 정점일 때, 최단 경로 길이 1인 정점이 큐에 추가됩니다.

- pos가 최단 경로 길이 1인 정점일 때, 최단 경로 길이 2인 정점이 큐에 추가됩니다.

- pos가 최단 경로 길이 2인 정점일 때, 최단 경로 길이 3인 정점이 큐에 추가됩니다.

그래서 너비 우선 탐색이 최단 경로 길이를 구할 수 있는 것입니다.

너비 우선 탐색 구현

프로그래밍에서는 정점을 회색으로 칠하는 행동을 할 수 없으므로, 대신 다음과 같은 방법으로 이를 구현합니다.

- 일단 처음에 dist[x]의 값을 나올 수 없는 값(예: -1)으로 설정합니다.

- 이렇게 설정해 두면, dist[x]가 나올 수 없는 값일 때 정점 x가 흰색, 이 외의 값일 때 정점 x가 회색이라고 판단할 수 있습니다.

코드 4.5.3은 파이썬의 리스트를 사용한 구현 예입니다. 그래프의 정점 수를 N, 변의 수를 M이라고 했을 때, 복잡도는 O(N + M)입니다. 추가적으로 다른 프로그래밍 언어의 구현 예도 깃허브에 있으므로 참고해 보세요.

코드 4.5.3 큐를 사용해서 구현한 너비 우선 탐색

```python
import queue

# 입력
N, M = map(int, input().split())
A = [ None ] * M
B = [ None ] * M
for i in range(M):
    A[i], B[i] = map(int, input().split())

# 인접 리스트 작성
G = [ list() for i in range(N + 1) ]
for i in range(M):
    G[A[i]].append(B[i])
    G[B[i]].append(A[i])

# 너비 우선 탐색 초기화(dist[i] = -1일 때 아직 도달하지 않은 흰색 정점으로 취급)
dist = [ -1 ] * (N + 1)
Q = queue.Queue()
dist[1] = 0
Q.put(1) # Q에 1을 추가(조작1)

# 너비 우선 탐색
while not Q.empty():
    pos = Q.get() # Q의 앞을 확인하고, 이를 꺼냄(조작2, 3)
    for nex in G[pos]:
        if dist[nex] == -1:
            dist[nex] = dist[pos] + 1
            Q.put(nex) # Q에 nex를 추가(조작1)

# 정점1에서 각 정점까지의 최단 거리를 출력
for i in range(1, N + 1):
    print(dist[i])
```

4.5.8 ─── 그 밖의 대표적인 그래프 알고리즘

지금까지 깊이 우선 탐색을 활용한 그래프 연결 판정, 너비 우선 탐색을 활용한 최단 거리 계산이라는 2 가지 알고리즘을 살펴보았습니다. 이 외에도 굉장히 많은 그래프 알고리즘들이 알려져 있습니다. 대표적인 알고리즘 몇 가지를 소개하겠습니다. 설명에서 복잡도를 나타낼 때 N은 정점 수, M은 변의 수를 의미합니다.

단일 시작점 최단거리 문제

어떤 시작점에서 각 정점까지의 최단 거리 길이를 구하는 문제입니다. 가중치 없는 그래프의 경우, 너비 우선 탐색(➡ 4.5.7항)으로 O(N + M) 시간 내에 풀 수 있습니다. 가중치 있는 그래프의 경우, 데이크스트라(Dijkstra) 알고리즘으로 $O(N^2)$ 시간에 풀 수 있습니다. 여기에서 우선 순위 큐라는 자료 구조를 사용하면, 복잡도를 $O(M \log N)$으로 만들 수 있습니다[21].

모든 정점까지의 최단 경로 문제

모든 두 정점 조합 사이의 최단 경로를 구하는 문제입니다. 플로이드-워셜(Warshall‒Floyd) 알고리즘을 사용하면, $O(N^3)$ 시간에 풀 수 있습니다. 큐 등의 자료 구조들을 사용하지 않아도, 단순한 삼중 반복문으로 구현할 수 있다는 특징이 있습니다.

최소 전역 트리 문제

여러 개의 도시가 있고, "어떤 도시에서 어떤 도시를 연결하는 경로를 만들려면 ○○원이 필요하다"라는 형식의 정보가 몇 개 주어집니다. 이때 최소 비용으로 모든 도시를 오고 가게 만드는 경로를 만드는 방법을 구하는 문제입니다. 프림(Prim) 알고리즘, 크러스컬(Kruskal) 알고리즘 등을 사용하면, 정보의 수가 수십만 개라고 해도, 1초 이내에 답을 구할 수 있습니다.

최대 플로 문제

여러 개의 물탱크가 있고, "어떤 탱크에서 어떤 탱크로 흐르는 파이프라인이 연결되어 있으며, 초당 ○ 리터의 물을 흘릴 수 있다"라는 형식의 정보가 주어집니다. 이때 시작 시점부터 종료 시점까지 매초 최대 몇 리터의 물을 흘릴 수 있는지 묻는 문제입니다. 포드-풀커슨(Ford‒Fulkerson) 알고리즘, 디닉(Dinic) 알고리즘 등 다양한 알고리즘이 고안되어 있습니다.

---

21 가중치가 음수인 변이 있다면, Dijkstra 알고리즘을 사용할 수 없습니다. 이때는 Bellman-Ford 알고리즘을 사용해야 합니다. Bellman-Ford 알고리즘의 복잡도는 O(NM)입니다.

이분 매칭 문제

이분 그래프가 주어집니다. 변이 정점을 공유하지 않는다는 조건을 두고, 가장 많은 변을 선택하는 방법을 찾는 문제입니다. 호프크로프트-카프(Hopcroft - Karp) 알고리즘을 사용하면 $O(MN)$시간으로 풀 수 있다고 알려져 있습니다.

프로그래밍 대회(➡ 칼럼1)에서는 이와 같은 알고리즘을 사용하는 문제가 많이 출제됩니다. 책의 분량 문제로 이러한 알고리즘까지 설명하지는 않지만, 흥미 있다면 관련된 내용들을 꼭 따로 찾아보기 바랍니다.

연습 문제

문제 4.5.1　★

다음 그림에서 A~D를 보고 (1) 가중치 없는 무향 그래프, (2) 가중치 없는 유향 그래프, (3) 가중치 있는 무향 그래프, (4) 가중치 있는 유향 그래프를 구분해 주세요. 추가적으로 각각의 그래프에서 최대 차수(유향 그래프의 경우 출차수)를 갖는 정점이 어떤 것인지 찾고, 정점 번호를 써주세요.

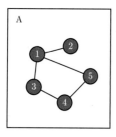
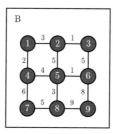
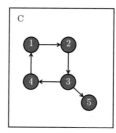
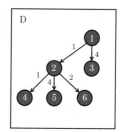

문제 4.5.2　★★

다음과 같은 그래프 E, F가 있습니다. 어떤 정점에서 출발했을 때, 모든 변을 한 번씩 지나서 원래 정점으로 돌아오는 경로가 있는지 존재 여부를 판단해 주세요. 존재한다면, 경로를 하나만 표시해 보세요.

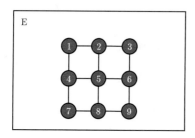
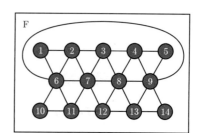

문제 4.5.3 ★★

다음과 같은 그래프가 있을 때, 다음 질문에 답해 주세요.

1. 인접한 정점이 같은 색이 되지 않게 그래프의 정점을 붉은색과 파란색 2가지 색으로 구분해서 칠할 수 있는 방법이 없다는 것을 증명해 주세요.

2. 인접한 정점이 같은 색이 되지 않게 그래프의 정점을 빨간색, 파란색, 초록색 3가지로 칠할 수 있는 예를 하나만 그려보세요.

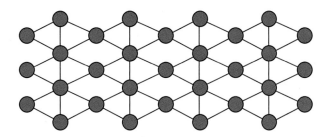

문제 4.5.4 ★★★

깊이 우선 탐색을 다음 그래프에 적용할 때, 방문하게 되는 정점 번호 순서를 적어주세요. 정점1에서 출발하고, 인접 정점으로 이동할 때는 방문하지 않은 정점 중 번호가 가장 작은 번호로 이동한다고 가정합니다.

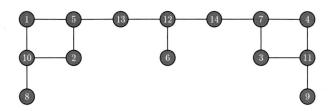

문제 4.5.5 〔문제 ID : 045〕 ★★★

정점의 수가 N, 변의 수가 M인 그래프가 주어집니다. 각 정점에는 1부터 N까지의 번호가 붙어 있습니다. i번째 변(1 ≤ i ≤ M)은 정점 A_i와 정점 B_i를 양방향으로 연결합니다.

"인접한 정점 중에서 자기자신보다 정점 번호가 작은 것이 딱 하나 있는 정점"의 수를 출력하는 프로그램을 작성해 주세요. 복잡도는 $O(N+M)$이 나오게 코드를 구성해 주세요(출전: 競プロ典型90問078 - Easy Graph Problem).

문제 4.5.6 〔문제 ID : 046〕 ★★★

4.5.3항에서 보았던 미로의 시작 시점에서 종료 지점까지 이동해야 합니다. 가장 적은 횟수로 이동할 때의 이동 횟수가 몇 회인지 구하는 프로그램을 작성해 주세요. 미로의 크기가 H × W일 때, 복잡도가 $O(HW)$가 나오게 코드를 구성해 주세요. 다음 그림은 미로의 구체적인 예를 나타낸 것입니다(출전: AtCoder Beginner Contest 007 C - 너비 우선 탐색).

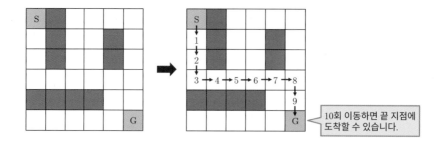

10회 이동하면 끝 지점에 도착할 수 있습니다.

문제 4.5.7   문제 ID : 047 ★★★★

정점 수가 N, 변의 수가 M인 그래프가 주어집니다. 각 정점에는 1부터 N까지의 번호가 붙어 있으며, i번째 변(1≤i≤M)은 정점 A_i와 정점 B_i를 양방향으로 연결합니다. 그래프가 이분 그래프인지 판정하는 프로그램을 작성해 주세요. 복잡도는 $O(N+M)$이 나오게 코드를 구성해 주세요.

제약

2≤N, M≤200000

$1≤A_i<B_i≤N(1≤i≤M)$

입력은 모두 정수입니다.

입력

N M

$A_1 B_1$

⋮

$A_M B_M$

출력

주어진 그래프가 이분 그래프라면 Yes, 아니라면 No를 출력해 주세요.

입력 예1

```
8 7
1 5
1 6
2 7
3 7
4 6
5 8
6 8
```

출력 예1

```
Yes
```

입력 예2

```
6 7
1 6
2 6
3 6
2 4
3 5
1 3
1 4
```

출력 예2

```
No
```

문제 4.5.8　문제 ID : 048　★★★★★

정수 K가 주어집니다. K의 양의 배수 중에서 각 자릿수의 합으로 얻을 수 있는 최솟값을 구하는 프로그램을 작성해 주세요. 복잡도는 $O(K)$이 나오게 코드를 구성해 주세요(출전: AtCoder Regular Contest 084 D - Small Multiple).

제약

$2 \leq K \leq 10^5$

K는 정수입니다.

입력

K

출력

답을 출력해 주세요.

입력 예

```
6
```

출력 예

```
3
```

12=6×2일 때 최솟값입니다. 따라서 답은 1+2=3입니다.

4.6 효율적인 나머지 계산

프로그래밍 문제를 해결할 때, "큰 수를 적절한 숫자로 나눈 나머지"를 사용하는 경우가 꽤 많습니다. 또한 프로그래밍 대회에서 자주 출제될 뿐만 아니라, RSA 암호처럼 실제 회사 내부에서도 사용됩니다. 이번 절에서는 나머지를 구할 때 중요한 "모듈러 역수" 등과 관련된 지식을 설명한 후, 3개의 예제를 소개하겠습니다. 참고로 4.6.2항부터 4.6.4항까지는 난이도가 높으므로, 너무 어렵게 느껴진다면 일단 건너뛰어도 상관없습니다.

4.6.1 — 덧셈, 뺄셈, 곱셈과 나머지 계산

덧셈, 뺄셈, 곱셈만 사용된 식의 값을 M으로 나눈 나머지를 계산할 때는 아무 때나 나머지를 구해도, 문제없이 결과가 나온다는 특별한 성질이 있습니다. 예를 들어서 $12 \times (34+56+78-91)$을 10으로 나눈 나머지를 계산할 때

- 직접 계산해 보면, $12 \times (34+56+78-91) \rightarrow 12 \times 77 = 924$(10으로 나눈 나머지 4)

- 계산 전에 모든 나머지를 구해 보면, $2 \times (4+6+8-1) \rightarrow 2 \times 17 = 34$(10으로 나눈 나머지 4)

- 계산 중간에도 나머지를 구해 보면, $2 \times (4+6+8-1) \rightarrow 2 \times 7 = 14$(10으로 나눈 나머지 4)

위의 세 항목을 보면, 모두 같은 나머지가 나온다는 것을 알 수 있습니다. 다음 그림은 3가지 다른 예를 소개하는 것입니다. 모두 나머지를 제대로 구할 수 있습니다. 왼쪽에서 3번째 예처럼 적당한 시점에서 나머지를 계산하면, 큰수를 계산할 필요가 없어져서 계산이 쉬워집니다.

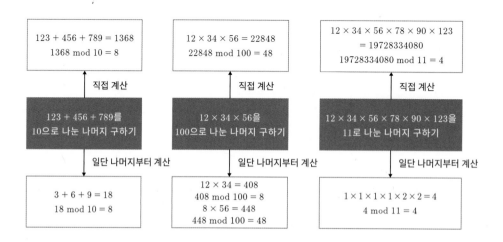

이와 같은 성질을 수식으로 나타내보면, 다음과 같습니다. 여기에서 c, d는 a, b를 M으로 나눈 나머지입니다.

- a+b≡c+d(mod M)

- a−b≡c−d(mod M)

- a×b≡c×d(mod M)

- 여기에서 ≡는 합동식을 의미합니다. x≡y(mod M)은 $|x-y|$의 값이 M의 배수라는 의미이고, 특히 x와 y가 "음이 아닌 정수"라면 x mod M = y mod M이라는 의미입니다.

이는 왼쪽 변과 오른쪽 변의 차이를 중심으로 증명할 수 있습니다. 예를 들어 덧셈식의 경우, $a-c=V_1$, $b-d=V_2$라고 할 때, 좌변과 우변의 차는 V_1+V_2입니다. 여기에서 V_1, V_2는 모두 M의 배수이므로[22], 좌변과 우변의 차(V_1+V_2)가 M의 배수라는 것을 알 수 있습니다. 뺄셈과 곱셈의 경우도 마찬가지 방법으로 증명할 수 있으므로, 직접 해 보기 바랍니다.

$$a+b-(c+d)=a-c+b-d=V_1+V_2$$

4.6.2 — 나누기도 같은 방법으로 계산할 수 있을까?

덧셈, 뺄셈, 곱셈으로 구성된 식은 원하는 때에 나머지를 계산해도 최종적인 나머지를 계산할 수 있으며, 이를 활용하면 경우에 따라서 큰 수를 계산할 필요가 없다고 설명했습니다. 그런데 나눗셈은 일반적으로 이와 같은 계산을 적용할 수 없습니다. 예를 들어 100 ÷ 50을 11로 나눈 나머지는 2입니다. 하지만 식의 항들을 처음부터 나누어서 나머지를 구하면, 1 ÷ 6이 되어서, 11로 나눈 나머지가 완전히 달라집니다.

하지만 가능한 경우가 있습니다. a, b가 다음과 같은 조건을 충족한다면, 다음 그림처럼 a ÷ b를 11로 나눈 나머지는 반드시 2가 됩니다.

- a를 11로 나누었을 때, 나머지가 10이다.

- b를 11로 나누었을 때, 나머지가 6이다.

---

22 (옮긴이) 초기 조건이 "c, d는 a, b를 M으로 나눈 나머지"였으므로, $a-c$와 $b-d$는 "M으로 딱 나누어 떨어지는 수"가 됩니다. 즉 배수입니다.

- a를 b로 나누었을 때, 나누어 떨어진다.

그럼 "mod 11의 세계에서는 $1 \div 6$을 11로 나눈 나머지가 2이다"가 성립할 수 있게, 나눗셈을 정의할 수 있는 방법은 없을까요? M이 소수일 때는 다음 절에서 소개하는 모듈러 역수를 사용해 이를 정의할 수 있습니다.

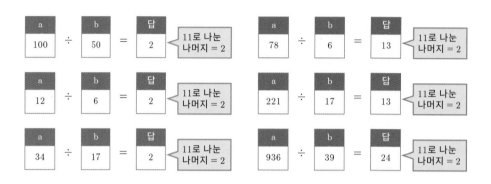

4.6.3 — 나눗셈의 나머지와 모듈러 역수

M이 소수일 때, 나눗셈에서의 mod M 규칙을 정의할 때 중요한 것은 곱셈의 반대가 나눗셈이라는 것입니다. 예를 들어,

- $4 \times 2 \equiv 8 \pmod{11}$이므로, $8 \div 2 \equiv 4 \pmod{11}$

- $2 \times 6 \equiv 1 \pmod{11}$이므로, $1 \div 6 \equiv 2 \pmod{11}$[23]

이어야 합니다(4.6.1항에서 설명한 것처럼 $\equiv$로 연결된 두 식은 합동식입니다). 이 식이 성립하지 않는다면, 어떤 수를 곱한 후 같은 수로 나누었을 때 원래 숫자가 아니게 될 것입니다.

그럼 이 규칙을 기반으로, mod 11에서의 '$\div 2$'를 생각해 보면 다음 그림과 같습니다.

---

23 (옮긴이) $1 \div 6 \equiv 2 \pmod{11}$이라는 수식이 이상하게 보일 수 있는데, 여기에서의 나눗셈 기호를 일반적인 정수의 나눗셈이라고 생각하지 말고, 새로운 기호라고 분리해서 생각해 주세요.

1×2를 11로 나눈 나머지가 2라는 의미입니다.

$$1 \times 2 \equiv 2 \ (\mathrm{mod}\ 11) \longrightarrow 2 \div 2 \equiv 1 \ (\mathrm{mod}\ 11)$$
$$2 \times 2 \equiv 4 \ (\mathrm{mod}\ 11) \longrightarrow 4 \div 2 \equiv 2 \ (\mathrm{mod}\ 11)$$
$$3 \times 2 \equiv 6 \ (\mathrm{mod}\ 11) \longrightarrow 6 \div 2 \equiv 3 \ (\mathrm{mod}\ 11)$$
$$4 \times 2 \equiv 8 \ (\mathrm{mod}\ 11) \longrightarrow 8 \div 2 \equiv 4 \ (\mathrm{mod}\ 11)$$
$$5 \times 2 \equiv 10 \ (\mathrm{mod}\ 11) \longrightarrow 10 \div 2 \equiv 5 \ (\mathrm{mod}\ 11)$$

1÷2을 11로 나눈 나머지가 6이라는 의미입니다.

$$6 \times 2 \equiv 1 \ (\mathrm{mod}\ 11) \longrightarrow 1 \div 2 \equiv 6 \ (\mathrm{mod}\ 11)$$
$$7 \times 2 \equiv 3 \ (\mathrm{mod}\ 11) \longrightarrow 3 \div 2 \equiv 7 \ (\mathrm{mod}\ 11)$$
$$8 \times 2 \equiv 5 \ (\mathrm{mod}\ 11) \longrightarrow 5 \div 2 \equiv 8 \ (\mathrm{mod}\ 11)$$
$$9 \times 2 \equiv 7 \ (\mathrm{mod}\ 11) \longrightarrow 7 \div 2 \equiv 9 \ (\mathrm{mod}\ 11)$$
$$10 \times 2 \equiv 9 \ (\mathrm{mod}\ 11) \longrightarrow 9 \div 2 \equiv 10 \ (\mathrm{mod}\ 11)$$

이렇게 나눗셈을 정의할 수 있지만, 이를 실제 계산에 활용하기는 어렵습니다. 예를 들어 $9 \div 2 \ (\mathrm{mod}\ 11)$을 계산하려면, "1×2를 11로 나눈 나머지가 9인가?", "2×2를 11로 나눈 나머지가 9인가?", …, "10×2를 11로 나눈 나머지가 9인가?"처럼 전부 조사해야 하기 때문입니다.

그런데 mod 11에서 '÷ 2'는 '× 6'과 같다는 매우 재미있는 성질이 있습니다. 예를 들어서

- $9 \div 2 \equiv 10 \ (\mathrm{mod}\ 11)$이면, $9 \times 6 \equiv 10 \ (\mathrm{mod}\ 11)$
- $4 \div 2 \equiv 2 \ (\mathrm{mod}\ 11)$이면, $4 \times 6 \equiv 2 \ (\mathrm{mod}\ 11)$
- $5 \div 2 \equiv 8 \ (\mathrm{mod}\ 11)$이면, $5 \times 6 \equiv 8 \ (\mathrm{mod}\ 11)$

이 됩니다. 이 성질을 이용하면, 곧바로 '÷2'를 계산할 수 있습니다.

이어서 mod 11에서 '÷3'을 생각해 봅시다. ÷2와 마찬가지로 곱셈의 반대가 나눗셈이라는 규칙을 사용해 보면, 다음 그림과 같습니다.

$$1 \times 3 \equiv 3 \ (\mathrm{mod}\ 11) \longrightarrow 3 \div 3 \equiv 1 \ (\mathrm{mod}\ 11)$$
$$2 \times 3 \equiv 6 \ (\mathrm{mod}\ 11) \longrightarrow 6 \div 3 \equiv 2 \ (\mathrm{mod}\ 11)$$
$$3 \times 3 \equiv 9 \ (\mathrm{mod}\ 11) \longrightarrow 9 \div 3 \equiv 3 \ (\mathrm{mod}\ 11)$$
$$4 \times 3 \equiv 1 \ (\mathrm{mod}\ 11) \longrightarrow 1 \div 3 \equiv 4 \ (\mathrm{mod}\ 11)$$
$$5 \times 3 \equiv 4 \ (\mathrm{mod}\ 11) \longrightarrow 4 \div 3 \equiv 5 \ (\mathrm{mod}\ 11)$$

$$6 \times 3 \equiv 7 \ (\mathrm{mod}\ 11) \longrightarrow 7 \div 3 \equiv 6 \ (\mathrm{mod}\ 11)$$
$$7 \times 3 \equiv 10 \ (\mathrm{mod}\ 11) \longrightarrow 10 \div 3 \equiv 7 \ (\mathrm{mod}\ 11)$$
$$8 \times 3 \equiv 2 \ (\mathrm{mod}\ 11) \longrightarrow 2 \div 3 \equiv 8 \ (\mathrm{mod}\ 11)$$
$$9 \times 3 \equiv 5 \ (\mathrm{mod}\ 11) \longrightarrow 5 \div 3 \equiv 9 \ (\mathrm{mod}\ 11)$$
$$10 \times 3 \equiv 8 \ (\mathrm{mod}\ 11) \longrightarrow 8 \div 3 \equiv 10 \ (\mathrm{mod}\ 11)$$

따라서 mod 11에서의 '÷ 3'는 '× 4'와 같다는 매우 재미있는 성질이 있습니다. 예를 들어서

- $8 \div 3 \equiv 10 \ (\mathrm{mod}\ 11)$이면, $8 \times 4 \equiv 10 \ (\mathrm{mod}\ 11)$

- $9 \div 3 \equiv 3 \ (\mathrm{mod}\ 11)$이면, $9 \times 4 \equiv 3 \ (\mathrm{mod}\ 11)$

- $10 \div 3 \equiv 7 \ (\mathrm{mod}\ 11)$이면, $10 \times 4 \equiv 7 \ (\mathrm{mod}\ 11)$

가 성립합니다. 이 성질을 사용하면, 곧바로 '÷3'을 계산할 수 있습니다.

여기에서 ÷3이 ×4와 같은 이유는 $3 \times 4 \equiv 1 \ (\mathrm{mod}\ 11)$를 만족하기 때문입니다[24]. 이는 실수의 세계에서 서로 역수[25]인 3과 $\frac{1}{3}$에서 ÷3이 ×1/3과 같은 것과 같습니다.

일반적인 자연수 b가 있고, $b \times b^{-1} \equiv 1 (\mathrm{mod} 11)$을 만족한다면, mod 11에서 b^{-1}를 b의 역수라고 볼 수 있으며, ÷b는 $\times b^{-1}$와 같다고 할 수 있습니다.

그리고 이와 같은 mod에서의 역수는 일반적인 역수와 다르므로, '모듈러 역수'라고 구분해서 부릅니다. 다음 그림은 '÷4', '÷5' 등에 해당하는 모듈러 역수의 곱셈을 나타낸 것입니다.

나눗셈	÷4	÷5	÷6	÷7	÷8	÷9	÷10
모듈러 역수의 곱셈	×3	×9	×2	×8	×7	×5	×10
이유[26]	4×3=12	5×9=45	6×2=12	7×8=56	8×7=56	9×5=45	10×10=100

여기까지 이해할 수 있다면, mod 11에서의 나눗셈 연산을 곧바로 할 수 있습니다.

- $7 \div 9 \ (\mathrm{mod}\ 11)$의 값은 $7 \times 5 = 35$를 11로 나눈 나머지인 2

- $8 \div 4 \ (\mathrm{mod}\ 11)$의 값은 $8 \times 3 = 24$를 11로 나눈 나머지인 2

- $9 \div 5 \ (\mathrm{mod}\ 11)$의 값은 $9 \times 9 = 81$을 11로 나눈 나머지인 4

- $7 \div 9 \ (\mathrm{mod}\ 11)$의 값은 $7 \times 5 = 35$를 11로 나눈 나머지인 2

---

24 (옮긴이) 모듈러 역수를 구하는 방법은 굉장히 간단합니다. mod M에서 ÷a에 해당하는 모듈러 역수 b를 찾으려면, a에 무엇을 곱해야 M으로 나눈 나머지가 1이 되는지를 찾으면 됩니다. 본문처럼 mod 11에서 '÷3'에 해당하는 모듈러 역수를 찾으려면, "3에 무엇을 곱해야 11로 나눈 나머지가 1이 되는가?"를 찾으면 됩니다. 이게 바로 4입니다.

25 실수 a의 역수는 1/a입니다. 여기에서 $a \times (1/a) = 1$을 만족합니다.

26 (옮긴이) 표에서 '이유'가 잘 이해되지 않는 분이 있을 것이라 생각합니다. 이전에 언급했던 것처럼 mod M의 세계에서 'M으로 나눈 나머지가 1이 되게 하는 수'가 역수입니다. 표의 12, 45, 56, 100은 모두 11로 나눴을 때 나머지가 1이 되는 수입니다.

다른 mod M에서 나눗셈 연산(M은 반드시 소수)에서도 같습니다. $b \times b^{-1} \equiv 1 (mod\ M)$을 만족하는 정수 b^{-1}[27]을 "mod M에서 정수 b의 모듈러 역수"라고 부르며, b로 나누는 조작은 b^{-1}을 곱하는 조작과 같습니다. 따라서 mod M에서 a÷b의 값은 $a \times b^{-1}$을 M으로 나눈 나머지와 일치하므로, 모듈러 역수의 값만 알면 나눗셈한 결과를 M으로 나누었을 때의 나머지를 쉽게 알 수 있습니다.

4.6.4 ── 페르마의 소정리로 모듈러 역수 계산하기

이어서 mod M에서 b의 모듈러 역수를 쉽게 계산하는 방법을 소개하겠습니다. 단순한 방법으로

- $b \times 1 \equiv 1 \pmod{M}$ 인가?

- $b \times 2 \equiv 1 \pmod{M}$인가?

- $b \times 3 \equiv 1 \pmod{M}$인가?

- $b \times (M-1) \equiv 1 \pmod{M}$인가?

처럼 하나하나 확인하는 방법이 있습니다. 하지만 복잡도가 O(M)이 되어 느립니다.

여기에서 '소수 M'과 '1부터 M−1까지의 정수 b'에 대해서, $b^{M-1} \equiv 1 \pmod{M}$이 성립한다는 페르마의 소정리를 사용해서, $b \times b^{M-2} = b^{M-1}$로, 구하고자 하는 모듈러 역수는 b^{M-2}를 M으로 나눈 나머지라는 것을 알 수 있습니다. 이 값은 반복 제곱법(➡ 4.6.7항)을 사용하면, O(log M) 시간으로 계산할 수 있습니다.

4.6.5 ── 나머지 계산 방법 정리

지금까지 mod M과 관련된 사칙 연산에 대해서 살펴보았습니다. 내용이 조금 많았으므로 정리해 보겠습니다. 다만 여기에서 나눗셈 계산은 M이 소수일 때만 사용할 수 있다는 것에 주의해 주세요.

연산	계산 방법
$a+b \pmod{M}$	계산 중간 아무 때나 나머지를 구해도 괜찮음(4.6.1항)
$a-b \pmod{M}$	계산 중간 아무 때나 나머지를 구해도 괜찮음(4.6.1항)
$a \times b \pmod{M}$	계산 중간 아무 때나 나머지를 구해도 괜찮음(4.6.1항)
$a \div b \pmod{M}$	$a \times b^{M-2} \bmod M$을 반복 제곱법(4.6.7항)으로 계산

---

27 (옮긴이) 모듈러 역수를 나타내는 표현입니다.

4.6.6항부터는 이와 같은 계산 방법을 사용할 수 있는 문제와 구현 예를 살펴보겠습니다.

4.6.6 ── 예제1 : 피보나치 수열의 나머지 ──

문제 ID : 049

정수 N이 주어집니다.

피보나치 수열 $(a_1=1, a_2=1, a_n=a_{n-1}+a_{n-2})(n\geq 3)$의 N번째 항 a_N을 1000000007로 나눈 나머지를 구해 주세요.

실행 시간 제한

1초

제약

$3 \leq N \leq 10^7$

N은 정수입니다.

입력

N

출력

답을 출력해 주세요.

입력 예1

6

출력 예1

8

a = (1, 1, 2, 3, 5, 8, …)입니다. N = 6이므로, 6번째 항에 있는 8을 출력합니다.

입력 예2

8691200

출력 예2

922041576

1000000007로 나눈 나머지를 구하는 것이므로 주의해 주세요.

일단 a_N의 값을 직접 계산하고, 1000000007로 나눈 나머지를 계산하는 방법이 있습니다. 간단하게 구현해 보면, 코드 4.6.1과 같습니다.

코드 4.6.1 피보나치 수 계산 방법①

```
N = int(input())

a = [ None ] * (N + 1)
a[1], a[2] = 1, 1
for i in range(3, N + 1):
    a[i] = a[i - 1] + a[i - 2]

print(a[N] % 1000000007)
```

N = 1000으로 이 프로그램을 실행해 봅시다. 피보나치 수열의 1000번째 항은

434665576869374564356885276750406258025646605173717804024817290895365554179490518904038798400792551692959225930803226347752096896232398733224711616429964409065331879382989696499285160037044761377951668492288875

라는 209자리 숫자입니다. 이를 1000000007로 나눈 나머지는 517691607입니다. 그런데 C/C++ 등의 프로그래밍 언어에서는 오버플로가 발생해서 556111428라는 잘못된 결과를 출력합니다.

파이썬은 오버플로가 발생하지 않지만, 다른 프로그래밍 언어에서 오버플로가 발생할 수 있는 큰 숫자의 사칙 연산은 굉장히 느립니다. 그래서 이번 문제는 $N=10^7$ 정도만 되어도, 200만 자리를 넘기 때문에, 1초 내로 답을 출력할 수 없는 것입니다.

4.6.1항에서 살펴본 것처럼 계산 중간에 나머지를 구하면 문제를 빠르게 풀 수 있습니다. 이를 구현한 코드는 코드 4.6.2와 같습니다.

코드 4.6.2 피보나치 수 계산 방법②

```
N = int(input())

a = [ None ] * (N + 1)
a[1], a[2] = 1, 1
for i in range(3, N + 1):
    a[i] = (a[i - 1] + a[i - 2]) % 1000000007

print(a[N] % 1000000007)
```

4.6.7 ─ 예제2 : a의 b 제곱과 나머지

정수 a, b가 주어집니다. a^b를 1000000007로 나눈 나머지를 계산해 주세요.

제약

$1 \leqq a \leqq 100$

$1 \leqq b \leqq 10^9$

입력은 모두 정수입니다.

실행 시간 제한

1초

입력

a b

출력

답을 출력해 주세요.

입력 예

```
5 23
```

출력 예

```
871631629
```

5^{23}=11920928955078125입니다. 이를 10^9+7로 나눈 나머지인 871631629를 출력한 것입니다.

일단 a^b를 직접 계산하고, 1000000007로 나누는 방법이 있을 것입니다. 하지만 파이썬에서 a^b를 구하는 데 오랜 시간이 걸릴 것이며, 일부 프로그래밍 언어에서는 오버플로도 발생할 것입니다. 예를 들어서 a=100, b=10^9라면 100의 10억 제곱(약 20억 자릿수)을 계산해야 합니다. 이는 거의 불가능에 가깝습니다. 그래서 생각을 조금 바꾸면, 코드 4.6.3처럼 곱할 때마다 나머지를 구하는 방법을 사용해 볼 수 있을 것입니다.

그런데 이 방법에도 문제가 있습니다. 복잡도가 $O(b)$이므로, 이 문제의 제약으로는 최대 10^9회 나머지 연산을 해야 합니다. 나머지 연산은 덧셈 뺄셈과 비교해서 시간이 걸리는 연산이므로, 1초 이내에 답을 구할 수 없을 수도 있습니다.

코드 4.6.3 a의 b 제곱을 계산하는 방법①

```
MOD = 1000000007

a, b = map(int, input().split())

answer = 1  # a의 0은 1이므로, answer = 1로 초기화
for i in range(b):
    answer = (answer * a) % MOD

print(answer)
```

여기에서 다음과 같은 반복 제곱법을 사용하면, 복잡도 $O(\log b)$로 빠르게 만들 수 있습니다.

---

1. $a^2=a^1\times a^1$을 1000000007로 나눈 나머지를 계산합니다.

2. $a^4=a^2\times a^2$을 1000000007로 나눈 나머지를 계산합니다.

3. $a^8=a^4\times a^4$을 1000000007로 나눈 나머지를 계산합니다.

4. a^{16}, a^{32}, a^{64}도 같은 방법으로 계산합니다.

5. 지수 법칙(➡ 2.3.9항)에 따라서 a^b는 a^1, a^2, a^4, a^8, …의 곱으로 나타낼 수 있습니다. 이를 활용해서 곱셈합니다. 예를 들어 $a^{14}=a^2\times a^4\times a^8$입니다.

※ 5.에서는 b를 2진법으로 나타냈을 때의 2^i번째 자리가 1일 때에 한해서, a^{2^i}가 곱에 포함됩니다.

다음 그림은 반복 제곱법을 사용해서, a^{14}, a^{20}, a^{25}를 계산하는 과정을 나타낸 것입니다.

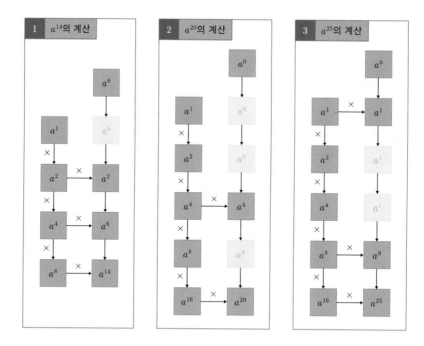

정수 b를 2진법으로 표기했을 때, 2^i의 자리가 1이라면, b AND $2^i \neq 0$라는 의미입니다. 따라서 반복 제곱법을 활용해 코드 4.6.4처럼 구현할 수 있습니다.

참고로 이번 문제의 제약에 따라서 b의 값은 2^{30} 미만입니다. 따라서 $a^1, a^2, a^4, \cdots, a^{29}$ 까지 계산해 두면 충분합니다(그래서 다음 코드에서 반복문이 30회 반복하는 것입니다).

코드 4.6.4 a의 b 제곱을 계산하는 방법②

```
# 반복제곱법(p는 a**1, a**2, a**4, a**8, ...와 같은 값을 취함)
def modpow(a, b, m):
    p = a
    answer = 1
    for i in range(30):
        if (b & (1 << i)) != 0:
            answer = (answer * p) % m
        p = (p * p) % m
    return answer


MOD = 1000000007

a, b = map(int, input().split())
```

```
print(modpow(a, b, MOD))

# 참고
# 사실 파이썬에는 "a ** b를 m으로 나눈 나머지"를 리턴하는 pow(a, b, m)이라는 표준 라이브러리가
있습니다. 이를 활용하면 코드를 다음과 같이 작성할 수 있습니다.
a, b = map(int, input().split())
print(pow(a, b, 1000000007))
```

4.6.8 ── 예제3 : 경로의 수에 나머지 적용하기

문제 ID : 051

다음 그림처럼 충분히 큰 격자가 있고, 왼쪽 아래 칸에 말이 하나 놓여 있습니다. 처음 말이 놓여 있는 칸에서 오른쪽으로 a개 만큼 이동한 후, 위로 b개만큼 이동한 칸을 (a, b)라고 표현합니다.

이때 칸 (0, 0)에서 출발해서, 위 또는 오른쪽으로 이웃한 칸으로 이동을 반복해서, (X, Y)에 도착하는 방법이 몇 가지 있을까 요? 정수 X, Y가 주어지며, 답을 1000000007(소수)로 나눈 나머지를 구해 주세요.

격자의 예

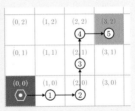
$(X, Y) = (3, 2)$일 때 이동 경로의 예

제약

$1 \leq X, Y \leq 10^5$

입력은 모두 정수입니다.

실행 시간 제한

1초

입력

X Y

출력

답을 출력해 주세요.

입력 예1

1 2

출력 예1

3

(0, 0)에서 (1, 2)로 이동하는 방법은 다음과 같이 3가지입니다.

- (0, 0) → (0, 1) → (0, 2) → (1, 2)
- (0, 0) → (0, 1) → (1, 1) → (1, 2)
- (0, 0) → (1, 0) → (1, 1) → (1, 2)

입력 예2

860 120

출력 예2

445891023

1000000007로 나눈 나머지를 구하는 것이므로 주의해 주세요.

일단 말을 칸 (X, Y)로 이동시키려면, X + Y만큼 이동해야 합니다. 그리고 이 중에서 "X만큼 오른쪽" 또는 "Y만큼 위쪽"으로 이동하면 됩니다.

따라서 구하려는 경우의 수는 X + Y개 중에서 Y개를 선택하는 방법의 수, $_{X+Y}C_Y$가지라고 할 수 있습니다(➡ 3.3.5항). 다음 그림은 $(X, Y)=(3,2)$일 때, 이동 경로를 나타낸 것입니다. 전부 $_5C_2=10$가지입니다.

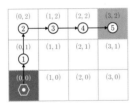

위쪽, 위쪽, 오른쪽, 오른쪽, 오른쪽의 경우

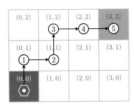

위쪽, 오른쪽, 위쪽, 오른쪽, 오른쪽의 경우

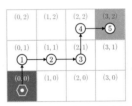

위쪽, 오른쪽, 오른쪽, 위쪽, 오른쪽의 경우

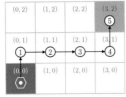

위쪽, 오른쪽, 오른쪽, 오른쪽, 위쪽의 경우

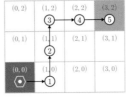

오른쪽, 위쪽, 위쪽, 오른쪽, 오른쪽의 경우

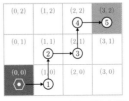

오른쪽, 위쪽, 오른쪽, 위쪽, 오른쪽의 경우

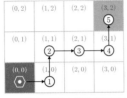

오른쪽, 위쪽, 오른쪽, 오른쪽, 위쪽의 경우

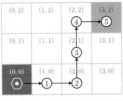

오른쪽, 오른쪽, 위쪽, 위쪽, 오른쪽의 경우

오른쪽, 오른쪽, 위쪽, 오른쪽, 위쪽의 경우

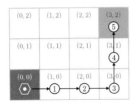

오른쪽, 오른쪽, 오른쪽, 위쪽, 위쪽의 경우

따라서 구하려는 이항계수의 값은 다음 식으로 나타낼 수 있습니다.

$$_{X+Y}C_Y = \frac{(X+Y)!}{X! \times Y!}$$

추가적으로 1000000007은 소수이므로, 나눌 때 4.6.4항에서 소개했던 방법을 사용할 수 있습니다. 따라서 다음 알고리즘을 사용해서 답을 1000000007로 나눈 나머지를 계산할 수 있습니다.

> 1. 분자 $(X+Y)!$을 1000000007로 나눈 나머지를 계산하고, 이를 a라고합니다.
>
> 2. 분모 $X! \times Y!$을 1000000007로 나눈 나머지를 계산하고, 이를 b라고 합니다.
>
> 3. $a \div b (\bmod 1000000007)$의 값은 $a \times b^{1000000005}$를 1000000007으로 나눈 나머지를 구해서 계산할 수 있습니다.

$M=1000000007$이라고 하면, 알고리즘 전체의 복잡도는 $O(X+Y+\log M)$입니다. 코드 4.6.5처럼 구현하면, 1초 이내에 정답을 구할 수 있습니다. 참고로 division(a, b, m)은 $a \div b (\bmod m)$를 구하는 함수입니다.

코드 4.6.5 　 경로의 수를 구하는 프로그램①

```python
# 반복 제곱법
def modpow(a, b, m):
    p = a
    answer = 1
    for i in range(30):
        if (b & (1 << i)) != 0:
            answer = (answer * p) % m
        p = (p * p) % m
    return answer

# division(a, b, m)은 a÷b mod m을 리턴하는 함수
def division(a, b, m):
    return (a * modpow(b, m - 2, m)) % m

MOD = 1000000007

# 입력
X, Y = map(int, input().split())

# 이항계수의 분자와 분모 구하기(과정1/과정2)
bunja, bunmo = 1, 1
for i in range(1, X + Y + 1):
    bunja = (bunja * i) % MOD
for i in range(1, X + 1):
    bunmo = (bunmo * i) % MOD
for i in range(1, Y + 1):
    bunmo = (bunmo * i) % MOD
```

```
# 답 구하기(과정3)
print(division(bunja, bunmo, MOD))
```

추가적인 구현 방법으로 코드 4.6.6처럼 팩토리얼 값 1!, 2!, 3!, 4!, …를 1000000007로 나눈 나머지를 미리 계산해두는 방법도 생각해 볼 수 있습니다. 예를 들어서 이번 문제의 경우, $X+Y$의 최댓값이 200000이므로, 200000!까지를 미리 계산해 두면 될 것입니다. 이렇게 해 두면, 다음 값을 정수 시간으로 구할 수 있습니다.

- 이항계수 $_{X+Y}C_Y$의 분모 $a=(X+Y)!$을 M=1000000007로 나눈 나머지
- 이항계수 $_{X+Y}C_Y$의 분자 $b=X!+Y!$을 M=1000000007로 나눈 나머지

$a \div b (\mod M)$의 값은 반복 제곱법으로 계산할 수 있으므로, 이항 계수를 복잡도 $O(\log M)$으로 구할 수 있습니다. 이번 문제에서는 이항 계수를 1회만 계산하므로, 팩토리얼을 미리 계산하는 프로그램과 이전 프로그램의 실행 시간에 큰 차이가 없습니다. 하지만 이항 계수 계산을 여러 번 활용하는 상황에서는 미리 팩토리얼을 계산해두는 것이 굉장히 유용합니다.

코드 4.6.6 경로의 수를 구하는 프로그램②

```
# 반복 제곱법(p는 a**1, a**2, a**4, a**8, ...와 같은 값을 취함)
def modpow(a, b, m):
    p = a
    answer = 1
    for i in range(30):
        if (b & (1 << i)) != 0:
            answer = (answer * p) % m
        p = (p * p) % m
    return answer


# division(a, b, m)은 a÷b mod m을 리턴하는 함수
def division(a, b, m):
    return (a * modpow(b, m - 2, m)) % m


# ncr은 n!을 r! × (n-r)!로 나눈 값
def ncr(n, r):
    global fact, MOD
```

```
        return division(fact[n], fact[r] * fact[n - r] % MOD, MOD)

MOD = 1000000007
LIMIT = 200000


# 리스트 fact의 초깃값(fact[i]는 i 팩토리얼을 1000000007로 나눈 나머지)
fact = [ None ] * (LIMIT + 1)
fact[0] = 1
for i in range(1, LIMIT + 1):
    fact[i] = fact[i - 1] * i % MOD

# 입력 → 답 출력
X, Y = map(int, input().split())
print(ncr(X + Y, Y))
```

4.6.9 ── 발전 : RSA 암호에 대해서 ──────────────────

마지막으로 나머지 계산과 깊은 관련을 갖고 있는 주제로 "RSA 암호"를 소개하겠습니다.

일단 각각의 수신자는 서로 다른 공개키와 비밀키를 준비합니다. 이때 공개키는 양의 정수 조합 (n, e), 비밀키는 양의 정수 d입니다. n은 2개의 서로 다른 소수 p와 q의 곱으로 나타내져야 합니다. 그리고 n − 1 이하의 모든 음이 아닌 정수 m에 대해서, $m^{ed} \equiv m \pmod{n}$이 될 수 있게, 공개키와 비밀키 조합을 설정합니다[28]. 공개키는 송신자도 볼 수 있지만, 비밀키는 송신자가 볼 수 없습니다.

송신자X가 수신자Y에게 메일을 전송하고 싶다고 합시다. 이때 다음과 같이 RSA 암호라는 방법을 사용하면, 안전하게 메일을 전달할 수 있습니다.

---

1. 송신자X가 수신자Y의 공개키를 입수합니다.

2. 메일 문장을 숫자로 나타낸 것을 m으로, m^e를 n으로 나눈 나머지 x를 계산합니다.

3. 2.에서 계산한 x를 수신자 Y에게 전송합니다.

4. x^d를 n으로 나눈 나머지를 계산합니다. 여기에서 $x^d = m^{ed} \equiv m \pmod{n}$이므로, 원래 문장을 알아낼 수 있습니다.

---

28 $ed \equiv 1 \pmod{(p-1)(q-1)}$가 될 수 있게 정수 e와 d를 결정하면, 반드시 음이 아닌 정수 m에 대해서 $m^{ed} \equiv m \pmod{n}$이 된다고 알려져 있습니다. 이와 같은 정수 조합은 확장 유클리드 알고리즘을 사용해서 구할 수 있습니다.

여기에서 중요한 것은 비대칭성입니다. 2022년을 기준으로 공개키 n, e가 500자리 정도의 수일 때, 공개키를 기반으로 개인키 d를 현실적인 시간 내에 구하는 알고리즘이 발견되지 않았습니다. 반면 소수 p, q를 나열하거나, 거듭제곱을 계산하는 것은 가능합니다. 그래서 지금까지도 암호가 안전하게 유지되고 있는 것입니다.

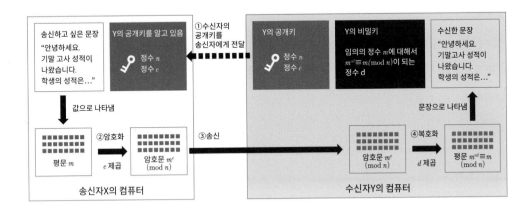

연습 문제

문제 4.6.1 ★

1. $21 \times 41 \times 61 \times 81 \times 101 \times 121$을 20으로 나눈 나머지를 계산해 주세요.

2. 202112^5를 100으로 나눈 나머지를 계산해 주세요.

문제 4.6.2 문제 ID : 052 ★★★★

2차원 격자 위의 원점 (0, 0)에 체스의 나이트가 있습니다. 나이트는 (i, j)에 있을 때, (i + 1, j + 2) 또는 (i + 2, j + 1) 중 하나로 이동할 수 있습니다. 나이트를 (X, Y)까지 이동시키는 방법이 몇 가지 있는지 구해 주세요. 답을 1000000007로 나눈 나머지를 구하는 프로그램을 작성해 주세요(출전: AtCoder Beginner Contest 145 D - Knight).

제약

  $1 \leq X \leq 10^6$

  $1 \leq Y \leq 10^6$

  입력은 모두 정수입니다.

실행 시간 제한

  2초

입력

  X Y

출력

답을 출력해 주세요.

입력 예1

```
3 3
```

출력 예1

```
2
```

$(0, 0) \to (1, 2) \to (3, 3)$과 $(0, 0) \to (2, 1) \to (3, 3)$으로 2가지 있습니다.

입력 예2

```
2 2
```

출력 예2

```
0
```

$(2, 2)$로는 이동할 수 없습니다.

입력 예3

```
999999 999999
```

출력 예3

```
151840682
```

문제 4.6.3　▶문제 ID : 053◀ ★★★★

양의 정수 N이 주어졌을 때, $4^0 + 4^1 + \cdots + 4^N$을 1000000007로 나눈 나머지를 출력하는 프로그램을 작성해 주세요. $N \leqq 10^{18}$을 만족하는 입력일 때, 1초 내에 실행되게 해 주세요.

제약

$1 \leqq N \leqq 10^8$

N은 정수입니다.

실행 시간 제한

1초

입력

N

출력

답을 출력해 주세요.

입력 예1

3

출력 예1

85

입력 예2

45

출력 예2

414031736

$4^0+4^1+\cdots+4^N=1650586719047173699865498965$입니다. 이를 1,000,000,007로 나눈 나머지는 414031736입니다.

행렬의 거듭제곱 : 피보나치 수열 빠르게 계산하기

이제 4장도 마지막 절입니다. 이번 절에서는 피보나치 수열의 N번째 항을 구하는 문제를 살펴볼 예정입니다. 그런데 피보나치 수열은 지수 함수적으로 증가하므로, 답이 거대하게 나와서 현실적이지 않습니다. 그렇다면 아래에서 9번째 자리까지 구하는 문제는 어떨까요?

4.6.6항에서 언급한 것처럼 점화식을 사용해 나머지를 구하면서 계산하면, 복잡도가 $O(N)$이 나오므로 효율이 좋지 않습니다. 하지만 행렬을 사용하면, 복잡도 $O(\log N)$까지 빠르게 만들 수 있습니다. 이번 절에서는 행렬의 기본적인 연산과 성질을 살펴보고, 행렬의 거듭제곱을 구하는 알고리즘에 대해 알아보겠습니다.

4.7.1 — 행렬이란?

수를 가로와 세로로 배열한 것을 행렬이라고 부르며, N행 M열의 크기를 갖는 행렬을 N×M 행렬이라고 부릅니다. 예를 들어서 다음 행렬 A는 3×5 행렬, B는 4×7 행렬입니다.

$$A = \begin{bmatrix} 3 & 1 & 4 & 1 & 5 \\ 9 & 2 & 6 & 5 & 3 \\ 5 & 8 & 9 & 7 & 9 \end{bmatrix} \qquad B = \begin{bmatrix} 1 & 2 & 4 & 8 & 6 & 2 & 4 \\ 1 & 3 & 9 & 7 & 1 & 3 & 9 \\ 1 & 4 & 6 & 4 & 6 & 4 & 6 \\ 1 & 5 & 5 & 5 & 5 & 5 & 5 \end{bmatrix}$$

(2, 7) 성분은 9

그리고 위에서 i번째 행($1 \leq i \leq N$), 왼쪽에서 j번째 열($1 \leq j \leq M$)의 값을 (i, j) 성분이라고 부르며, $A_{i,j}$, $B_{i,j}$처럼 표기합니다. 예를 들어서 행렬 B의 위에서 2번째 행, 왼쪽에서 7번째 열의 값은 9입니다. 따라서 $B_{2,7}=9$입니다.

4.7.2 — 행렬의 덧셈과 뺄셈

행렬 A와 B의 행 수와 열 수가 같다면, 덧셈 A + B와 뺄셈 A − B를 할 수 있습니다. 행렬의 덧셈과 뺄셈은 대응되는 성분을 더하고 빼면 됩니다. 행 수와 열 수가 다르면 덧셈과 뺄셈을 할 수 없으므로 주의해 주세요.

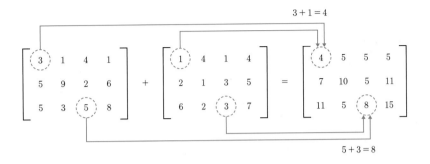

4.7.3 ─ 행렬의 곱셈

행렬 A의 열 수와 행렬 B의 행 수가 같을 때, 행렬 곱 AB를 계산할 수 있습니다. 행렬 A, B의 크기를 각각 N×M, M×L이라고 하면, 행렬 곱 AB는 N×L 행렬이 되며, 행렬 곱의 (i, j) 성분은 다음과 같은 방법으로 계산합니다.

$$\sum_{k=1}^{M} A_{i,k}B_{k,j} = (A_{i,1}B_{1,j} + A_{i,2}B_{2,j} + \cdots + A_{i,M}B_{M,J})$$

조금 어렵게 보이지만, A의 i번째 행과 B의 j번째 열에서 대응하는 성분들을 곱한 뒤, 모두 더하는 것이라고 생각하면 조금 이해하기 쉬울 것입니다. 다음 그림은 4×5 행렬과 5×3 행렬을 곱하는 계산 예를 나타낸 것입니다(계산 결과는 4×3 행렬이 됩니다).

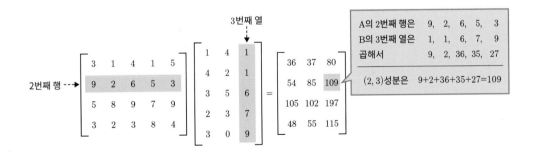

4.7.4 ─ 행렬 곱과 관련된 중요한 성질

행렬 곱은 교환 법칙 $AB=BA$가 성립하지 않습니다. 예를 들어서 행렬 A가 3×5 행렬, 행렬 B가 5×7 행렬이라면, AB는 계산할 수 있지만, BA는 계산할 수 없습니다. 추가적으로 다음 예처럼 AB와 BA를 모두 계산할 수 있는 경우에도, $AB \neq BA$입니다.

$$A = \begin{bmatrix} 1 & 1 \\ 0 & 0 \end{bmatrix} \quad B = \begin{bmatrix} 1 & 0 \\ 1 & 0 \end{bmatrix} \text{ 일 때 } \quad AB = \begin{bmatrix} 2 & 0 \\ 0 & 0 \end{bmatrix} \quad BA = \begin{bmatrix} 1 & 1 \\ 1 & 1 \end{bmatrix}$$

반면 행렬 곱은 결합 법칙 $(AB)C=A(BC)$이 성립합니다. 예를 들어서

$$\left(\begin{bmatrix} 1 & 2 \\ 3 & 4 \end{bmatrix} \begin{bmatrix} 3 & 1 \\ 4 & 1 \end{bmatrix} \right) \begin{bmatrix} 1 & 0 \\ 2 & 4 \end{bmatrix} = \begin{bmatrix} 11 & 3 \\ 25 & 7 \end{bmatrix} \begin{bmatrix} 1 & 0 \\ 2 & 4 \end{bmatrix} = \begin{bmatrix} 17 & 12 \\ 39 & 28 \end{bmatrix}$$

$$\begin{bmatrix} 1 & 2 \\ 3 & 4 \end{bmatrix} \left(\begin{bmatrix} 3 & 1 \\ 4 & 1 \end{bmatrix} \begin{bmatrix} 1 & 0 \\ 2 & 4 \end{bmatrix} \right) = \begin{bmatrix} 1 & 2 \\ 3 & 4 \end{bmatrix} \begin{bmatrix} 5 & 4 \\ 6 & 4 \end{bmatrix} = \begin{bmatrix} 17 & 12 \\ 39 & 28 \end{bmatrix}$$

가 되어 확실하게 일치합니다. 따라서 행렬 곱은 어떤 순서로 계산해도 결과가 같습니다.

4.7.5 ─ 행렬의 거듭제곱

실수와 마찬가지로 행렬도 거듭제곱을 정의할 수 있습니다.

행 수와 열 수가 같은 행렬 A를 n번 곱한 행렬 $A \times A \times A \times ... \times A$를 "A의 n제곱"이라고 부르며, A^n이라고 작성합니다. 예를 들어서

$$A = \begin{bmatrix} 1 & 1 \\ 1 & 0 \end{bmatrix}$$

라고 할 때, $A^2, A^3, A^4, A^5, A^6, A^7$은 다음과 같습니다. 참고로 결합 법칙이 성립하므로, 행렬의 거듭 제곱은 어떤 순서로 계산해도 계산 결과가 같습니다. 예를 들어서 A^4를 계산할 때, $A^2 \times A^2$ 형태로 계산해도 됩니다.

A^2의 값		A^5의 값

$$A \times A = \begin{bmatrix} 1 & 1 \\ 1 & 0 \end{bmatrix}\begin{bmatrix} 1 & 1 \\ 1 & 0 \end{bmatrix} = \begin{bmatrix} 2 & 1 \\ 1 & 1 \end{bmatrix}$$

$$A^4 \times A = \begin{bmatrix} 5 & 3 \\ 3 & 2 \end{bmatrix}\begin{bmatrix} 1 & 1 \\ 1 & 0 \end{bmatrix} = \begin{bmatrix} 8 & 5 \\ 5 & 3 \end{bmatrix}$$

A^3의 값

$$A^2 \times A = \begin{bmatrix} 2 & 1 \\ 1 & 1 \end{bmatrix}\begin{bmatrix} 1 & 1 \\ 1 & 0 \end{bmatrix} = \begin{bmatrix} 3 & 2 \\ 2 & 1 \end{bmatrix}$$

A^6의 값

$$A^5 \times A = \begin{bmatrix} 8 & 5 \\ 5 & 3 \end{bmatrix}\begin{bmatrix} 1 & 1 \\ 1 & 0 \end{bmatrix} = \begin{bmatrix} 13 & 8 \\ 8 & 5 \end{bmatrix}$$

A^4의 값

$$A^3 \times A = \begin{bmatrix} 3 & 2 \\ 2 & 1 \end{bmatrix}\begin{bmatrix} 1 & 1 \\ 1 & 0 \end{bmatrix} = \begin{bmatrix} 5 & 3 \\ 3 & 2 \end{bmatrix}$$

A^7의 값

$$A^6 \times A = \begin{bmatrix} 13 & 8 \\ 8 & 5 \end{bmatrix}\begin{bmatrix} 1 & 1 \\ 1 & 0 \end{bmatrix} = \begin{bmatrix} 21 & 13 \\ 13 & 8 \end{bmatrix}$$

4.7.6 피보나치 수열의 아래 9자리 숫자 계산하기

그럼 행렬을 활용해서 본격적으로 문제를 풀어봅시다.

문제 ID : 054

정수 N이 주어집니다. 피보나치 수열 $a_1=1$, $a_2=1$, $a_n=a_{n-1}+a_{n-2}(n \geq 3)$의 N항 a_n의 아래 9자리 숫자만 계산해 주세요.

제약

$3 \leq N \leq 10^{18}$

N은 정수입니다.

실행 시간 제한

1초

입력

N

출력

답을 출력해 주세요.

입력 예1

10

출력 예1

55

입력 예2

876543210987654321

출력 예2

942619746

일단 4.7.5항에서 살펴보았던 행렬의 거듭 제곱을 활용해 봅시다. 피보나치 수열은 1, 1, 2, 3, 5, 8, 13, 21, 34, 55, 89, 144,…처럼 이어지는데, 이것이 행렬과 어떤 관계가 있을까요?

결론부터 말하면 1, 1, 1, 0으로 구성되는 2×2 행렬을 A라고 할 때, 피보나치 수열의 N번째 항은 A^{N-1} 행렬 2번째 행의 총합입니다(행렬의 거듭 제곱을 빠르게 계산하는 방법은 이번 절의 후반부에서 다루겠습니다).

- A^2의 2번째 행의 총합은 1+1=2

- A^3의 2번째 행의 총합은 2+1=3

- A^4의 2번째 행의 총합은 3+2=5

- A^5의 2번째 행의 총합은 5+3=8

- A^6의 2번째 행의 총합은 8+5=13

- A^7의 2번째 행의 총합은 13+8=21

행렬의 거듭제곱이 되는 이유

A^{N-1}을 사용해서, A^N을 표현할 수 있는 이유에 대해 설명하겠습니다. 일단 a_2, a_3은 다음과 같이, (a_1, a_2)를 사용한 식으로 나타낼 수 있습니다. 따라서 좌변에서 $(1, 1)$ 성분은 "$a_3 = a_2 + a_1$", $(2, 1)$ 성분은 "$a_2 = a_2$"를 의미합니다[29].

$$\begin{bmatrix} a_3 \\ a_2 \end{bmatrix} = \begin{bmatrix} 1 & 1 \\ 1 & 0 \end{bmatrix} \begin{bmatrix} a_2 \\ a_1 \end{bmatrix}$$

이어서 (a_3, a_4)는 다음과 같이 (a_1, a_2)를 사용한 수식으로 나타낼 수 있습니다. 좌변에서 $(1, 1)$ 성분은 "$a_4 = a_3 + a_2$", $(2, 1)$ 성분은 "$a_3 = a_3$"를 의미합니다.

$$\begin{bmatrix} a_4 \\ a_3 \end{bmatrix} = \begin{bmatrix} 1 & 1 \\ 1 & 0 \end{bmatrix} \begin{bmatrix} a_3 \\ a_2 \end{bmatrix}$$
$$= \begin{bmatrix} 1 & 1 \\ 1 & 0 \end{bmatrix} \left(\begin{bmatrix} 1 & 1 \\ 1 & 0 \end{bmatrix} \begin{bmatrix} a_2 \\ a_1 \end{bmatrix} \right) = \begin{bmatrix} 1 & 1 \\ 1 & 0 \end{bmatrix}^2 \begin{bmatrix} a_2 \\ a_1 \end{bmatrix}$$

---

29 (옮긴이) 왜 $a_3 = a_2 + a_1$과 $a_2 = a_2$가 되는지 궁금할 수 있는데, 우변을 계산하면, $\begin{bmatrix} a_1 \\ a_2 \end{bmatrix} = \begin{bmatrix} a_2 + a_1 \\ a_2 \end{bmatrix}$가 되기 때문입니다. 두 배열이 같다는 것은 모든 항이 같다는 것이므로, 전개해서 $a_3 = a_2 + a_1$과 $a_2 = a_2$가 됩니다.

마찬가지의 방법을 반복해서 (a_4, a_5) 이후의 행렬도 계산할 수 있습니다. 식으로 나타내면 다음과 같습니다. a_N의 값이 A^{N-1}에서 (2, 1) 성분과 (2, 2) 성분의 합이라는 것을 알 수 있습니다.

$$\begin{bmatrix} a_{N+1} \\ a_N \end{bmatrix} = \begin{bmatrix} 1 & 1 \\ 1 & 0 \end{bmatrix}^{N-1} \begin{bmatrix} a_2 \\ a_1 \end{bmatrix} = A^{N-1} \begin{bmatrix} 1 \\ 1 \end{bmatrix}$$

다음은 행렬과 피보나치 수열의 관계를 그림으로 나타낸 것입니다.

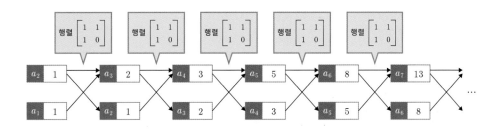

행렬을 빠르게 계산하는 방법

마지막으로 A^{N-1}의 값은 반복 제곱법(➡ 4.6.7항)을 행렬에 적용해서, 복잡도 $O(\log N)$으로 구할 수 있습니다. 구체적인 알고리즘을 적어보면, 다음과 같습니다.

1. $A^2 = A^1 \times A^1$을 계산합니다.

2. $A^4 = A^2 \times A^2$을 계산합니다.

3. $A^8 = A^4 \times A^4$을 계산합니다.

4. A^{16}, A^{32}, A^{64}도 같은 방법으로 필요한 부분까지 계산합니다.

5. A^{N-1}는 $A^1, A^2, A^4, A^8, \cdots$의 곱으로 나타내고, 이전에 계산한 값을 활용해 계산합니다. 예를 들어 $A^{11} = A^1 \times A^2 \times A^8$처럼 표현하고, 계산합니다.

   ※5.에서는 N−1을 2진법으로 나타냈을 때의 2^i번째 자릿수가 1일 때에 한해서, A^{2^i}가 곱으로 포함됩니다[30].

다음 그림은 피보나치 수열의 12번째 항을 계산할 수 있게, A^{11}을 구하는 과정을 나타낸 것입니다. 피보나치 수열의 12번째 항은 144이므로, 정확하게 계산되는 것을 알 수 있습니다.

30　(옮긴이) 표현이 조금 어려운데, A^{13}을 예로 들면 13은 2진법으로 1101입니다. 8, 4, 0번째 자리가 1이므로, $A^8 \times A^4 \times A^0 = A^{13}$처럼 표현할 수 있다는 것입니다.

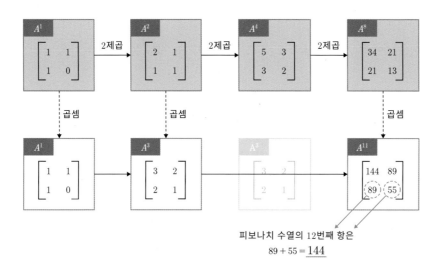

피보나치 수열의 12번째 항은
$$89 + 55 = \underline{144}$$

이와 같은 내용을 기준으로 코드 4.7.1처럼 구현하면, 굉장히 빠르게 답을 구할 수 있습니다. 예를 들어서 $N=10^{12}$의 경우, 점화식에 따라 직접 계산하면 필자의 환경에서 121분 정도 걸립니다. 하지만 반복제곱법을 사용하면, 0.0001초도 걸리지 않습니다.

구현할 때 주의점이 있다면 "어떤 수의 아래 9자리"는 "어떤 수를 10억으로 나눈 나머지"와 같으므로, 계산 중간에 10억으로 나눈 나머지를 구하는 부분이 포함된다는 것입니다.

코드 4.7.1 피보나치 수열 계산하기

```python
from copy import deepcopy

MOD = 1000000000

# 2x2 행렬 A, B의 곱을 리턴하는 함수
def multiply(A, B):
    global MOD
    C = [ [ 0, 0 ], [ 0, 0 ] ]
    for i in range(2):
        for j in range(2):
            for k in range(2):
                C[i][j] += A[i][k] * B[k][j]
                C[i][j] %= MOD
    return C
```

```
# A의 n제곱을 리턴하는 함수
def power(A, n):
    P = deepcopy(A)
    Q = [ [ 0, 0 ], [ 0, 0 ] ]
    flag = False
    for i in range(60):
        if (n & (1 << i)) != 0:
            if flag == False:
                Q = deepcopy(P)
                flag = True
            else:
                Q = deepcopy(multiply(Q, P))
        P = deepcopy(multiply(P, P))
    return Q

# 입력 → 거듭 제곱 계산(N이 2 이상이 아니라면 제대로 작동하지 않으므로 주의)
N = int(input())
A = [ [ 1, 1 ], [ 1, 0 ] ]
B = power(A, N - 1)

# 답 계산 → 출력(아래에서 9번째 자리가 0이라면, 앞에 0을 포함하지 않는 형태로 출력하므로 주의)
answer = (B[1][0] + B[1][1]) % MOD
print(answer)
```

연습 문제

문제 4.7.1 ★

다음 식을 계산해 주세요.

$$\begin{bmatrix} 1 & 0 & 1 \\ 0 & 0 & 1 \end{bmatrix} \begin{bmatrix} 1 & 0 & 1 \\ 1 & 1 & 1 \\ 1 & 0 & 1 \end{bmatrix} + \begin{bmatrix} 1 \\ 2 \end{bmatrix} \begin{bmatrix} 1 & 1 & 1 \end{bmatrix}$$

문제 4.7.2 　문제 ID : 055 ★★

다음 점화식을 만족하는 수열의 N항(a_N)을 1000000007로 나눈 나머지를 복잡도 O(log N)으로 계산하는 프로그램을 작성해 주세요.

- $a_1=1$, $a_2=1$
- $a_n=2a_{n-1}+a_{n-2}(n≥3)$

제약

$3 \leqq N \leqq 10^{18}$

N은 정수입니다.

실행 시간 제한

1초

입력

N

출력

답을 출력해 주세요.

입력 예1

```
10
```

출력 예1

```
1393
```

$a = (1, 1, 3, 7, 17, 41, 99, 239, 577, 1393, \cdots)$이므로 10번째 항은 1393입니다.

입력 예2

```
876543210987654321
```

출력 예2

```
841102483
```

문제 4.7.3 문제 ID : 056 ★★★

다음 점화식을 만족하는 수열의 N항(a_N)을 1000000007로 나눈 나머지를 복잡도 O(log N)으로 계산하는 프로그램을 작성해 주세요. 참고로 이와 같은 수열을 트리보나치 수열이라고 부릅니다(힌트: (a1, a2, a3)와 (a2, a3, a4)의 관계를 생각해 보세요).

- $a_1=1, a_2=1, a_3=2$
- $a_n=a_{n-1}+a_{n-1}+a_{n-3}(n \geq 4)$

제약

$4 \leqq N \leqq 10^{18}$

N은 정수입니다.

실행 시간 제한

1초

입력

　N

출력

　답을 출력해 주세요.

입력 예1

10

출력 예1

1393

a = (1, 1, 2, 4, 7, 13, 24, 44, 81, 149, ...)이므로 10번째 항은 149입니다.

입력 예2

876543210987654321

출력 예2

639479200

문제 4.7.4　문제 ID : 057　★★★★★

다음 값을 1000000007로 나눈 나머지를 구하는 프로그램을 각각 작성해 주세요.

　1. $2×N$ 크기의 직사각형을 $1×2$ 또는 $2×1$ 크기의 직사각형으로 완전히 채우는 방법의 수

　2. $3×N$ 크기의 직사각형을 $1×2$ 또는 $2×1$ 크기의 직사각형으로 완전히 채우는 방법의 수

　3. $4×N$ 크기의 직사각형을 $1×2$ 또는 $2×1$ 크기의 직사각형으로 완전히 채우는 방법의 수

　$N≧5$을 가정하면 좋습니다. 복잡도는 $O(logN)$ 정도 나오게 해 주세요.

제약

　$2≦K≦4$

　$5≦N≦10^{18}$

　입력은 모두 정수입니다.

실행 시간 제한

　1초

입력

　K N

출력

　답을 출력해 주세요.

입력 예1

2 6

출력 예1

13

입력 예2

4 7

출력 예2

781

칼럼 4 삼각함수

4.1절에서 계산 기하학 알고리즘을 소개했습니다. 그런데 일반적으로 원과 관련된 문제를 풀 때는 벡터뿐만 아니라 삼각함수와 관련된 지식을 알아야 하는 경우가 많습니다. 따라서 이번 칼럼에서는 삼각비와 삼각함수를 소개하겠습니다. 참고로 지면 관계로 응용 예 등은 다루지 않습니다. 관심이 있다면 인터넷 등에서 관련된 알고리즘들을 살펴보기 바랍니다.

삼각비란?

sin, cos, tan와 같은 것을 "삼각비"라고 부릅니다. 2차원 평면 위에서 "원점을 중심으로 반지름이 1인 원"과 "x축 양의 부분을 반시계 방향으로 θ만큼 회전한 선"이 만드는 교점의 좌표를 $(\cos\theta, \sin\theta)$라고 나타냅니다. 예를 들어서 다음 그림처럼 "반지름이 1인 원"과 "x축 양의 부분을 반시계 방향으로 90도만큼 회전한 선"이 만드는 교점의 좌표는 (0,1)이므로, $\cos 90°=0$, $\sin 90°=1$입니다.

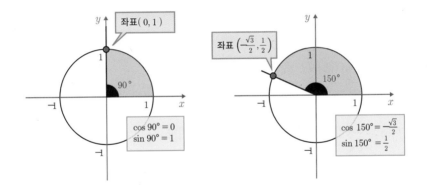

추가적으로 $\sin\theta$를 $\cos\theta$로 나눈 값을 $\tan\theta$라고 부르며, 이는 좌표 (0,0)과 $(\cos\theta, \sin\theta)$를 연결하는 선분의 기울기(➡ 2.3.5항)를 의미합니다. 예를 들어서 다음과 같이 계산할 수 있습니다.

각도	0°	30°	45°	60°	90°	120°	135°	150°	180°
$\sin\theta$	0	$\frac{1}{2}$	$\frac{\sqrt{2}}{2}$	$\frac{\sqrt{3}}{2}$	1	$\frac{\sqrt{3}}{2}$	$\frac{\sqrt{2}}{2}$	$\frac{1}{2}$	0
$\cos\theta$	1	$\frac{\sqrt{3}}{2}$	$\frac{\sqrt{2}}{2}$	$\frac{1}{2}$	0	$-\frac{1}{2}$	$-\frac{\sqrt{2}}{2}$	$-\frac{\sqrt{3}}{2}$	-1
$\tan\theta$	0	$\frac{\sqrt{3}}{3}$	1	$\sqrt{3}$	–	$-\sqrt{3}$	-1	$-\frac{\sqrt{3}}{3}$	0

칼럼 4 **삼각함수**

각도 θ에 따라서 삼각비의 값을 정리해 보면 앞의 표와 같습니다. 다만 $\cos\theta=0$일 때는 $\tan\theta$를 생각할 수 없습니다[31]. 참고로 $\frac{\sqrt{3}}{3}$은 약 0.577, $\frac{\sqrt{2}}{2}$는 약 0.707, $\frac{\sqrt{3}}{2}$는 약 0.866입니다.

호도법이란?

$30°$, $60°$처럼 $°$를 사용해서 각도를 나타내는 방법을 도수법이라고 부릅니다. 각도를 나타내는 방법에는 이 이외에도 호도법이라는 것이 있습니다. 호도법은 반지름과 호의 길이 비율로 각도를 나타내는 방법이며, 단위는 라디안(rad)입니다. 하지만 단위를 적지 않고 사용하는 경우가 많습니다.

일반적으로 도수법으로 나타낸 각도에 $\frac{\pi}{180}$을 곱하면, 단위를 $°$에서 rad로 변환할 수 있습니다. 변환 예를 구체적으로 몇 개 소개하면, 다음과 같습니다.

- $30°$를 호도법으로 나타면, $30 \times \frac{\pi}{180} = \frac{\pi}{6} rad$(약 0.524)
- $45°$를 호도법으로 나타면, $45 \times \frac{\pi}{180} = \frac{\pi}{4} rad$(약 0.785)
- $60°$를 호도법으로 나타면, $60 \times \frac{\pi}{180} = \frac{\pi}{3} rad$(약 1.047)

참고로 $\frac{\pi}{180}$라는 이상한 값을 곱하는 이유는 "반지름 1의 부채꼴이 있을 때, 호의 길이가 1이 나오게 하려면, 부채꼴의 중심각이 1 rad여야 하기 때문"입니다.

삼각 함수란?

함수 $y=\sin x$, $y=\cos x$, $y=\tan x$를 삼각함수라고 부릅니다. 각각의 그래프는 다음과 같습니다. 이때 sin과 cos 그래프는 파형으로 나옵니다(이를 정현파라고도 부릅니다). 이때 x의 단위는 rad라는 것을 꼭 기억해 주세요[32]. 추가적으로 삼각 함수는 파이썬에서 `math.sin(x)`, `math.cos(x)`, `math.tan(x)`를 사용해서 계산할 수 있으며, C++에서는 `sin(x)`, `cos(x)`, `tan(x)`를 사용해서 계산할 수 있습니다. ➡ 연습 문제 4.1.4를 포함한 다수의 계산 기하학 문제에서 사용하므로, 삼각 함수에 익숙해지는 것이 좋습니다.

---

31 (옮긴이) $\cos\theta$가 0이라면, $\tan\theta=\sin\theta/\cos\theta$에서 0으로 나눌 수 없으므로 계산할 수 없습니다.
32 $\sin x$, $\cos x$, $\tan x$는 "x가 음수인 경우"와 "x가 2π를 넘는 경우"에도 계산할 수 있습니다.

칼럼 4 삼각함수

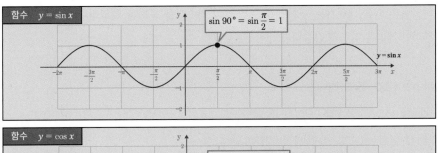

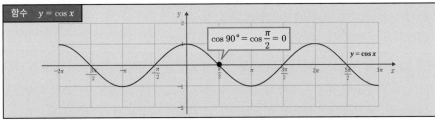

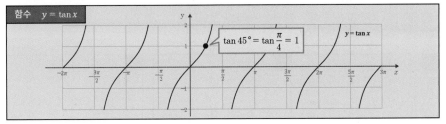

칼럼 5 **경사 하강법**

경사 하강법은 산을 내려가는 것처럼 함수 $f(x)$의 최솟값을 구하는 알고리즘입니다. 경사 하강법의 기본적인 개념은 다음과 같습니다[33].

> 1. 상수 α와 초깃값 X를 결정합니다.
>
> 2. "X의 값을 $\alpha \times f'(X)$만큼 줄인다"라는 처리를 반복합니다.
>
> ※이때 $f'(X)$는 함수 $f(x)$의 $x=X$에서의 기울기입니다(➡ 4.3절).

여기에서 "α는 1회 처리로 얼마나 X의 값을 변화시킬지"를 결정하는 파라미터입니다. 너무 작으면 X가 $f(x)$의 최솟값에 너무 느리게 다가가는 문제가 있고, 너무 크면 X가 $f(x)$의 최솟값을 지나칠 수 있으므로, 문제에 따라 적절하게 조정해서 사용해야 합니다. 다음 그림은 $\alpha = 0.05$, 함수 $f(x)=x^4-x+1$의 최솟값을 구하는 과정을 나타낸 것입니다.

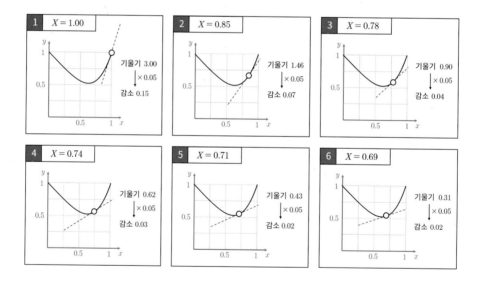

경사 하강법은 $f(x, y)=xy$처럼 여러 개의 매개변수를 가진 함수에도 응용할 수 있습니다. 예를 들어서 x, y로 구성되는 함수가 있다고 합시다. 이때 "x 방향 단면도의 기울기"와 "y 방향 단면도의 기울기"를 각각 계산하고 이를 활용하면, 어떤 방향으로 이동해야 산에서 아래로 내려갈 수 있는지

---

33 (옮긴이) 표현이 조금 어려운데, 간단하게 "함수의 아무 지점에 구슬을 놓고, 구슬이 아래로 굴러가다가 멈췄을 때 그곳을 최솟값으로 잡는 방법"이라고 생각하면 좋습니다.

판단할 수 있습니다. 다음 그림은 이러한 조작의 예입니다. 추가적으로 단면도에서 기울기를 구하는 조작을 "편미분"이라고 부릅니다.

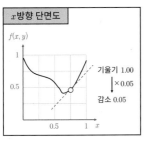 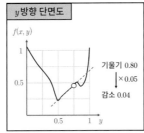 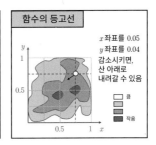

경사 하강법의 응용 예

경사 하강법은 다양한 최적화 문제에 응용할 수 있습니다. 예를 들어 2차원 평면 위에 흰색 점이 여러 개 있을 때, 합계 거리를 최소로 만들기 위한 붉은 점 하나를 찍는 문제 등에 활용할 수 있습니다. 붉은 점의 좌표를 (x, y)라고 할 때, 합계 거리를 함수 f(x, y)로 나타낼 수 있습니다. 이러한 함수에 경사 하강법을 적용하면, 답을 구할 수 있습니다.

추가적인 예로 2개의 양(x와 y)으로 나타낼 수 있는 데이터에 가장 적합한 직선(회귀 직선이라고 부릅니다)을 구하는 문제에서도 사용할 수 있습니다. 조금 바꿔 말하면, 2개의 매개변수 a, b를 사용해서 직선을 $y=ax+b$라는 식으로 나타낼 때 오차(예: 직선과의 거리 제곱의 합계) $f(a, b)$를 최소로 하는 a, b를 찾는 문제로 바꿔 말할 수 있습니다. 이때도 2개의 변수를 사용하는 경사 하강법으로 풀 수 있습니다.

추가적으로 최근에 전 세계적으로 많이 활용되는 딥러닝에도 경사 하강법이 활용됩니다.

 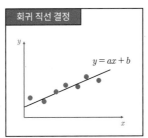 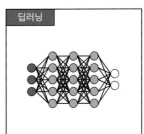

칼럼 5 경사 하강법

경사 하강법의 문제점

일단 경사 하강법은 반드시 최적의 해(답)를 찾는다는 보장이 없습니다. 예를 들어 다음 그림처럼 골짜기가 2개 있고, 이 중에서 높은 곳에 있는 것을 향해 이동하면, 여러 단계 반복해도 최적해를 구할 수 없습니다. 이를 회피하려면, 여러 개의 초깃값을 사용해서 탐색하거나, 함수에 랜덤성을 부여해서 사용하는 확률적 경사 하강법 등을 사용해야 합니다.

추가적으로 최적화 문제는 크게 (1) 매개변수가 연속적인 값인 연속 최적화 문제, (2) 매개변수가 연속적이지 않은 값을 취하는 이산 최적화 문제로 구별할 수 있습니다. 이때 경사 하강법은 연속 최적화 문제에만 사용할 수 있습니다. 이산 최적화 문제의 경우, 비슷한 접근 방법이지만 조금 다른 언덕 오르기법(Hill climbing), 시뮬레이티드 어닐링(Simulated Annealing) 등이 많이 사용됩니다. 이 책에서는 다루지 않지만, 관심 있다면 꼭 한번 찾아보기 바랍니다.

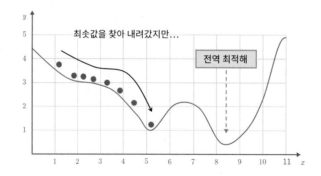

정리

4.1 컴퓨터로 도형 문제 풀기 : 계산 기하학

벡터란?

크기와 방향을 가진 화살표 같은 것

계산기하학이란?

기하학적인 문제를 컴퓨터로 풀기 위해 효율적인 알고리즘을 연구하는 학문

대표적인 문제: 볼록포 구축, 최근접 점쌍 문제 등

4.2 계차와 누적합

계차

$[A_1, A_2, \cdots, A_N]$에 대해서

$$B_i = A_i - A_{i-1}$$

(또는 $B_i = A_{i+1} - A_i$)

누적합

$[A_1, A_2, \cdots, A_N]$에 대해서

$$B_i = A_i + \cdots + A_{i-1}$$

4.3 뉴턴법 : 수치 계산해 보기

미분법이란?

어떤 점에서 접선의 기울기를 구하는 조작

x = a에서 함수 f(x)의 미분 계수는 $f'(a)$로 나타냄

뉴턴법

f(x) = r이 되는 x의 근삿값을 계산하는 알고리즘

실수 a를 다음 값으로 변경하는 과정을 반복한다.

"점 (a, f(a))에서 접선"과 "직선 y = r"의 교점의 x 좌표

4.4 에라토스테네스의 체

적분법

어떤 함수 f(x)로 얻을 수 있는 영역의 면적을 구하는 조작

역수의 합의 성질

1/1 + 1/2 + … + 1/N로 나오는 복잡도는 O(log N)

1 / x를 적분해서 도출 가능

에라토스테네스의 체

N 이하의 소수를 O(N log log N)으로 나열하는 방법

4.5 그래프를 사용한 알고리즘

그래프란?

대상과 대상 사이의 관계성을 나타낸 구조

"정점"과 "변"으로 구성됨

그래프의 분류

유향 그래프: 변에 방향이 있음

무향 그래프: 변에 방향이 없음

이분 그래프: 2개의 색으로 칠해서 구분할 수 있는 그래프

트리 구조: 사이클이 존재하지 않는 연결된 그래프

그래프를 사용한 알고리즘

깊이 우선 탐색: 방문 가능한 인접한 정점을 방문해서 그래프를 탐색하는 방법

너비 우선 탐색: 최단 거리가 가까운 정점부터 차례대로 그래프를 탐색하는 방법

그 밖의 대표적인 문제

최단 경로 문제, 최소 전역 트리 문제, 이부 매칭 문제 등

정리

4.6 효율적인 나머지 계산

M으로 나눈 나머지를 계산하는 방법

+/-/x: 계산 중간에 나머지를 구해도 괜찮음

÷: M이 소수일 때, $a \div b \equiv a \times b^{M-2} \pmod{M}$

반복 제곱법

$a^b \bmod M$을 계산할 때, $a^1, a^2, a^4, a^8, \cdots$를 먼저 계산해 두고, 이를 활용하는 방법

4.7 행렬의 거듭제곱 : 피보나치 수열 빠르게 계산하기

행렬이란?

요소가 가로세로로 나열된 것

행렬의 계산

덧셈 A+B: 같은 성분끼리 더함

곱 AB: (i, j) 성분은 $A_{i,1}B_{1,j} + \cdots + A_{i,M}B_{M,j}$

결합 법칙은 성립하지만, 교환 법칙은 성립하지 않음

거듭 제곱 A^n은 반복 제곱법으로 계산할 수 있음

5

문제 해결을 위한
수학적 접근 방법

5.1 수학적 접근 방법이 필요한 이유

2, 3, 4장에 걸쳐서 다양한 알고리즘과 함께 알고리즘을 위해 필요한 수학적 지식을 설명했습니다. 이런 지식은 프로그래밍으로 문제를 풀어나갈 때 굉장히 중요합니다. 하지만 알고리즘과 수학 지식을 배운 것만으로는 풀리지 않고, 수학적 접근 방법이 필요한 문제들이 있습니다. 구체적인 예를 하나 소개해 보겠습니다.

5.1.1 — 예제 : 말 움직이기

문제 ID : 058

다음 그림과 같이 무한한 형태의 판이 있고, 어떤 칸에 말이 배치되어 있습니다. 그리고 "말을 상하좌우에 이웃한 칸으로 움직인다"라는 조작을 N번 해야 합니다.

처음 칸에서 오른쪽으로 a만큼, 위로 b만큼 이동한 칸의 위치를 (a, b)라고 합시다. 이때 말을 N번 움직여서 (X, Y)칸으로 이동할 수 있는지 판정해 주세요.

(−4, 2)	(−3, 2)	(−2, 2)	(−1, 2)	(0, 2)	(1, 2)	(2, 2)	(3, 2)	(4, 2)
(−4, 1)	(−3, 1)	(−2, 1)	(−1, 1)	(0, 1)	(1, 1)	(2, 1)	(3, 1)	(4, 1)
(−4, 0)	(−3, 0)	(−2, 0)	(−1, 0)	☆	(1, 0)	(2, 0)	(3, 0)	(4, 0)
(−4, −1)	(−3, −1)	(−2, −1)	(−1, −1)	(0, −1)	(1, −1)	(2, −1)	(3, −1)	(4, −1)

제약

$1 \leq N \leq 10^9$

$-10^9 \leq X, Y \leq 10^9$

입력은 모두 정수입니다.

실행 시간 제한

2초

입력

N X Y

출력

(X, Y)칸으로 이동할 수 있다면 Yes, 아니라면 No를 출력해 주세요.

입력 예1

```
10 2 2
```

입력 예2
9 3 1

출력 예2
No

예를 들어서 $(N, X, Y) = (10, 2, 2)$일 때, 다음 그림과 같은 경로로 칸을 움직이면 목적을 달성할 수 있습니다. 따라서 답은 "예(Yes)"입니다. 반면 $(N, X, Y) = (9, 3, 1)$일 때는 답이 "아니오(No)"입니다.

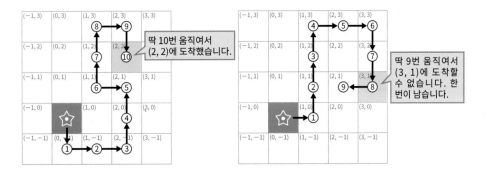

이 문제를 전체 탐색으로 풀면, 실행 시간이 굉장히 오래 걸립니다[1]. 사실 이번 문제는 다음과 같은 성질이 성립합니다.

> 다음과 같은 두 조건을 모두 충족한다면 예(Yes), 아니라면 아니오(No)를 답으로 내면 됩니다.
> - 조건1. $|X| + |Y| \le N$
> - 조건2. $X + Y$의 홀짝과 N의 홀짝이 같음

따라서 단순한 조건 분기를 사용하면, 복잡도 $O(1)$으로 풀 수 있습니다. 그런데 이 조건은 어떻게 나온 것일까요?

1　1회 조작으로 4가지 방향으로 움직일 수 있습니다. 따라서 N번 조작하면 움직이는 방법의 가짓수가 4^N가지나 됩니다. N = 300이라면 답을 구하기 위해 천문학적인 시간이 필요합니다.

해법 도출하기

해법을 한 번에 내는 것은 어려우므로, 손을 움직이면서 다음과 같은 내용을 생각해 봅시다.

- 딱 1회 조작으로 도달할 수 있는 칸은 어디인가?

- 딱 2회 조작으로 도달할 수 있는 칸은 어디인가?

- 딱 3회 조작으로 도달할 수 있는 칸은 어디인가?

일단 딱 1회 조작으로 도달할 수 있는 칸은 (0, 1), (0, −1), (1, 0), (−1, 0)입니다. 이어서 딱 2회 조작으로 도달할 수 있는 칸은 다음과 같은 수형도[2]를 그려보았을 때 (−2, 0), (−1, −1), (−1, 1), (0, −2), (0, 0), (0, 2), (1, −1), (1, 1), (2, 0)이라는 것을 알 수 있습니다.

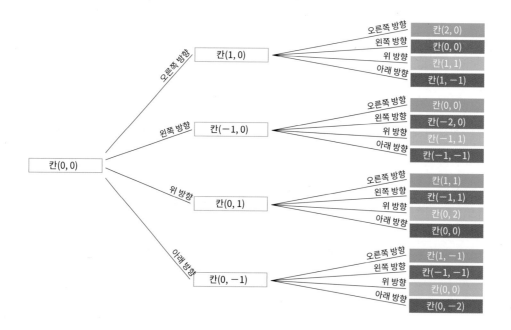

딱 1, 2, 3회 조작으로 도달할 수 있는 칸을 정리해 보면, 다음 그림과 같습니다. 그림을 관찰해 보면 도달할 수 있는 칸의 범위가 조금씩 넓어진다는 것을 알 수 있습니다. 이 칸의 상태를 수식으로 나타내면, [조건1]을 도출할 수 있습니다.

---

2 (옮긴이) 수형도(樹形圖)는 "나뭇가지 형태의 그림"이라는 뜻으로 "사건이 일어나는 모든 경우를 나뭇가지 뻗어나가는 모양으로 그린 그림"을 의미합니다.

추가적으로 a + b가 짝수인 칸만 초록색으로 칠해 보면,

- 딱 1회 조작으로 도착할 수 있는 칸은 모두 흰색

- 딱 2회 조작으로 도착할 수 있는 칸은 모두 초록색

- 딱 3회 조작으로 도착할 수 있는 칸은 모두 흰색

이라는 것을 알 수 있습니다. 어떤 규칙성이 조금씩 보입니다.

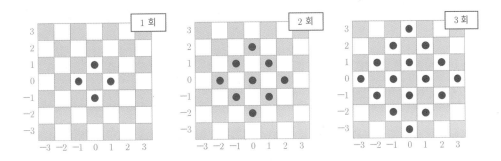

이 규칙성은 조작 횟수 N이 커져도 성립할까요? 일단 다음과 같은 성질은 성립할 것입니다.

- 초록색 칸에서 1회 움직이면, 반드시 흰색 칸으로 움직이게 된다.

- 흰색 칸에서 1회 움직이면, 반드시 초록색 칸으로 움직이게 된다.

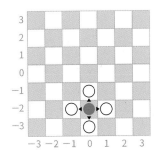
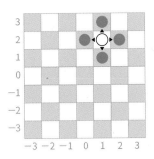

말이 처음 놓여 있는 칸은 (0, 0)이므로 초록색 칸입니다. 따라서 조작을 하게 되면, 초록색→흰색→ 초록색→초록색→…처럼 바뀔 것이라는 걸 알 수 있습니다. 이로써 조건2를 도출할 수 있습니다.

이렇게 조건 1과 2 중에서 한쪽이라도 충족하지 않으면, 답이 아니오(No)라는 것을 증명할 수 있습니다. 둘 다 충족했을 때 예(Yes)가 된다는 것은 직접 증명해 보기 바랍니다. 그래도 일단 그림들을 보면, "대충 그렇겠지"라고 짐작할 수 있을 것입니다.

5.1.3 ─ 수학적 접근 방법이 중요한 이유

이번 문제는 전체 탐색, 이진 탐색, 동적계획법, 정렬과 같은 고전적인 알고리즘과 관련 있는 수학 지식을 사용하지 않아도 풀 수 있습니다. 하지만 접근 방법을 생각할 때 다음과 같은 형태로 접근하지 못하면 풀 수 없습니다.

- N = 1, 2, 3처럼 작은 경우 생각하기(➡ 5.2절)
- 홀수 짝수에 주목하기(➡ 5.3절)

이번에 소개했던 문제 이외에도, 이와 같은 과정을 밟아야 본질을 깨달을 수 있는 경우가 많습니다.

아마 독자분들 중에는 "천재와 같은 재능이 없으면, 이와 같은 문제를 풀 수 없다"라고 생각하는 분도 있을 것입니다. 하지만 사실 이런 문제를 푸는 고전적인 접근 방법들이 있습니다. 그래서 중요한 알고리즘 지식을 이해하고, 접근 방법 패턴들을 배우다 보면 풀 수 있는 문제의 폭이 훨씬 넓어집니다.

이번 5장에서는 구체적인 문제를 풀어보면서, 고전적인 수학적 접근 방법을 9가지 포인트로 나누어 설명해 보겠습니다.

5.2 규칙성 생각하기

가장 먼저 소개할 수학적 접근 방법은 규칙성입니다. 처음 봤을 때 어려운 문제라도, 어떤 주기성을 찾으면 간단하게 풀 수 있는 경우가 많습니다. 이번 절에서는 게임에서 반드시 이기는 방법을 구하는 문제를 포함한 2개 예제를 통해, 규칙성과 관련된 테크닉을 설명하겠습니다.

5.2.1 예제1 : "2의 N제곱"의 일의 자릿수

가장 처음 소개할 문제는 누계를 구하는 계산 문제입니다.

문제 ID : 059

양의 정수 N이 주어질 때, 2^N의 일의 자리 수를 구해 주세요.

제약

$1 \leq N \leq 10^{12}$

N은 정수입니다.

실행 시간 제한

1초

입력

N

출력

답을 출력해 주세요.

입력 예1

```
10
```

출력 예1

```
4
```

$2^{10}=1024$이므로, 첫 번째 자리는 4입니다.

일단 문제를 이해해 봅시다.

"$2^{10}=1024$이므로, 일의 자릿수는 4이다"처럼 2^N을 직접 계산할 수도 있을 것입니다. 하지만 $N=10^{12}$라면 구해야 하는 자릿수가 3000억 자리 수를 넘으므로, 계산에 시간이 꽤 걸립니다. 또한 반복 제곱법(➡ 4.6.7항)을 사용해서 문제를 풀 수도 있지만, 구현이 조금 힘든 편입니다.

따라서 일단 $N=1,2,3,\cdots,16$으로 2^N의 일의 자릿수를 살펴봅시다. 다음과 같이 $2 \rightarrow 4 \rightarrow 8 \rightarrow 6 \rightarrow \cdots$가 주기적으로 반복되는 것을 알 수 있습니다.

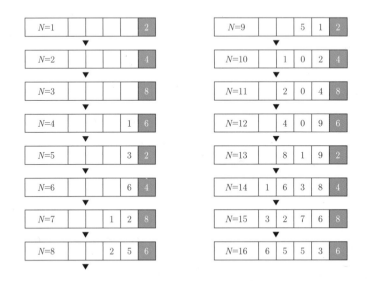

이와 같은 주기성은 N이 커져도 계속 성립합니다. 이유는 다음과 같습니다.

- 일의 자리가 2인 수에 2를 곱하면, 반드시 일의 자리가 4인 수가 나온다.

- 일의 자리가 4인 수에 2를 곱하면, 반드시 일의 자리가 8인 수가 나온다.

- 일의 자리가 8인 수에 2를 곱하면, 반드시 일의 자리가 6인 수가 나온다.

- 일의 자리가 6인 수에 2를 곱하면, 반드시 일의 자리가 2인 수가 나온다.

따라서 N을 4로 나눈 나머지가 1, 2, 3, 0일 때, 답은 2, 4, 8, 6이 됩니다. 코드 5.2.1처럼 조건 분기를 사용해서 구현하면, 복잡도 $O(1)$로 답을 구할 수 있습니다. 이처럼 규칙성과 주기성에 주목하면, 효율적인 알고리즘을 작성할 수 있는 경우가 많습니다.

코드 5.2.1 예제1을 푸는 프로그램

```
N = int(input())
if N % 4 == 1:
    print(2)
elif N % 4 == 2:
    print(4)
```

```
elif N % 4 == 3:
    print(8)
elif N % 4 == 0:
    print(6)
```

── 예제2 : 게임의 승자 구하기 ──

이어서 소개하는 문제는 양쪽이 최선을 다해서 게임을 할 때, 게임의 승자가 누가 될지 구하는 문제입니다.

N개의 돌이 있고, 플레이어 2명이 서로 번갈아가면서 돌을 잡습니다. 각 턴에서는 1~3개의 돌을 잡아야 하며, 처음 돌을 잡을 수 없게 되어버린 쪽이 패배합니다[3]. 양쪽 모두 최선을 다한다고 가정했을 때, 어느 쪽이 이기는지 구해 주세요. 선수필승이라면 First, 후수필승이라면 Second라고 출력합니다.

제약

$1 \leq N \leq 10^{12}$

N은 정수입니다.

실행 시간 제한

1초

입력

N

출력

선수필승이라면 First, 후수필승이라면 Second를 출력합니다.

입력 예1

4

출력 예1

Second

이번 문제도 N이 작은 경우부터 차례대로 생각해 봅시다. 일단 N이 3 이하라면 시작부터 모든 돌을 가질 수 있습니다. 따라서 상대방은 자신의 턴에서 돌을 잡을 수 없으므로 선수필승입니다.

---

3 (옮긴이) 자신의 턴에서 돌이 0개라면 패배합니다.

이어서 N = 4라면, 선수는 다음과 같은 3가지 선택지가 있습니다.

- 1개의 돌을 잡아서, 돌의 수를 3로 줄임

- 2개의 돌을 잡아서, 돌의 수를 2로 줄임

- 3개의 돌을 잡아서, 돌의 수를 1로 줄임

따라서 어떤 선택을 해도 후수가 돌의 수를 0으로 줄일 수 있으므로, 후수필승입니다.

여기까지의 결과를 표로 정리해 보면, 다음 그림과 같습니다. 후수필승이 되는 돌의 수에서 턴이 자신에게 돌아오면 반드시 집니다. 이를 패턴으로 쉽게 나타낼 수 있게 선수필승인 것은 "승리 상태", 후수필승인 것은 "패배 상태"라고 표현하겠습니다.

돌의 수	0	1	2	3	4	5	6	7	8	9	10	11
상태	패배	승리	승리	승리	패배							

이어서 N이 5 이상인 경우를 생각해 봅시다. 기본적으로 턴이 있는 게임은 패배 상태에서 턴을 넘기면 이기며, 승리 상태에서 턴을 넘기면 집니다[4]. 따라서 패배 상태에서 상대방에게 턴을 넘겨야 합니다. 따라서

- N = 5라면 돌을 1개 잡아서 패배 상태(4개)로 만듦

- N = 6이라면 돌을 2개 잡아서 패배 상태(4개)로 만듦

- N = 7이라면 돌을 3개 잡아서 패배 상태(4개)로 만듦

따라서 N = 5, 6, 7은 승리 상태라는 것을 알 수 있습니다.

돌의 수	0	1	2	3	4	5	6	7	8	9	10	11
상태	패배	승리	승리	승리	패배	승리	승리	승리				

4　(옮긴이) 말이 조금 어렵게 느껴질 수 있는데, 시한폭탄 돌리기로 생각해 보면 조금 쉽습니다. 시한 폭탄의 시간이 1초 남았을 때 상대방에게 폭탄을 주고 도망친다면 자신은 살아남습니다.

이어서 N = 8입니다. 돌이 8개인 상태에서 조작하는 방법은 다음과 같은 3가지입니다.

- 돌을 1개 잡아서, 돌의 수를 7로 줄임

- 돌을 2개 잡아서, 돌의 수를 6으로 줄임

- 돌을 3개 잡아서, 돌의 수를 5로 줄임

그런데 안타깝게도 5, 6, 7개는 모두 패배 상태입니다. 자신의 턴에서 돌이 8개 남았다면, 돌을 몇 개 잡아도 무조건 패배 상태로 바뀝니다. 따라서 N = 8은 패배 상태입니다.

이어서 N = 9, 10, 11입니다. 모두 돌의 수를 8개(패배 상태)로 줄일 수 있습니다. 따라서 모두 승리 상태입니다.

현재까지 예측한 내용을 보면 N = 4, 8일 때만 후수 필승(패배 상태)입니다. 따라서 "N이 4의 배수일 때는 후수필승이 되는 걸까?"라는 주기성이 조금씩 머릿속에 떠오를 것입니다.

이러한 주기성은 N이 커져도 성립할까요? 당연합니다. 다음과 같은 전략을 취하면 N이 4의 배수일 때 후수가, 이 외의 경우에 선수가 반드시 승리합니다.

N이 4의 배수인 경우 후수의 전략

- 선수가 직전에 잡은 돌의 수를 x라고 할 때, 돌을 4 – x개 잡는다.

N이 4의 배수가 아닌 경우 선수의 전략

- 첫 번째에서는 남은 돌의 수가 4의 배수가 되게 돌을 잡는다.

- 두 번째 이후에서는 후수가 직전에 잡은 돌의 수를 x라고 할 때, 돌을 4 – x개 잡는다.

다음 그림은 두 사람이 최선을 다했을 때 N = 12, 17에서 게임이 진행되는 예를 나타낸 것입니다. 승리하는 플레이어가 돌을 잡은 후에는 "남은 돌의 수"가 항상 4의 배수가 된다는 것을 알 수 있습니다.

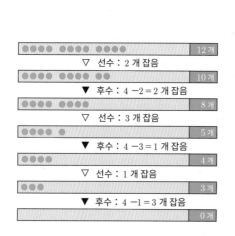

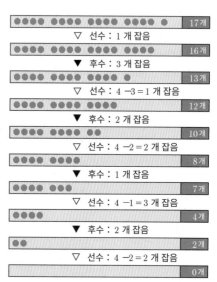

이를 활용하면 코드 5.2.2를 구현해서 정답을 구할 수 있습니다. 이처럼 N이 작은 경우부터 확인해서 규칙성을 찾아내는 것이 해답과 증명의 힌트가 되는 경우가 굉장히 많습니다. N이 클 때 최적의 전략을 찾아내는 것은 힘들지만, 앞에서 언급했던 것처럼 "기본적으로 턴이 있는 게임은 패배 상태에서 턴을 넘기면 이기며 승리 상태에서 턴을 넘기면 집니다"만 생각해 보면, N이 작을 때를 확장해서 최적의 전략을 찾을 수 있습니다.

코드 5.2.2 예제2를 푸는 프로그램

```python
N = int(input())
if N % 4 == 0:
    print("Second")
else:
    print("First")
```

연습 문제

문제 5.2.1 ★★

다음 문제를 손으로 계산해서 풀어보세요.

1. 피보나치 수열(➡ 3.7.2항)의 1번째 항부터 12번째 항까지를 4로 나눈 나머지를 각각 구해 주세요.

2. 피보나치 수열의 10000번째 항을 4로 나눈 나머지는 몇일까요?

문제 5.2.2   문제 ID : 061 ★★★

N개의 돌이 있습니다. 각각의 턴에서 현재 남은 돌의 수를 a라고 할 때, 1개 이상 $\frac{a}{2}$개 이하인 돌을 잡아야 합니다. 본문의 예와 마찬가지로 처음 돌을 잡을 수 없게 되어버린 쪽이 패배합니다. 양쪽 모두 최선을 다한다고 가정했을 때, 어느 쪽이 이기는지 구해 주세요. 선수필승이라면 First, 후수필승이라면 Second라고 출력합니다. 복잡도는 $O(log\ N)$이 나오게 해 보세요.

제약

$1 \leq N \leq 10^{18}$

N은 정수입니다.

실행 시간 제한

1초

입력

N

출력

선수필승이라면 First, 후수필승이라면 Second를 출력합니다.

입력 예1

```
2
```

출력 예1

```
First
```

입력 예1

```
3
```

출력 예1

```
Second
```

문제 5.2.3 　문제 ID : 062 ★★★★

N개의 마을이 있고, 마을에는 1부터 N까지의 번호가 붙어 있습니다. 각각의 마을에는 순간이동 장치가 1대씩 설치되어 있습니다. 마을 i$(1 \leq i \leq N)$에 있는 순간이동 장치는 마을 A_i로 전송합니다. 마을 1을 시작으로 순간이동 장치를 K번 사용해서, 어떤 마을에 도착하는지 출력하는 프로그램을 작성해 주세요. $N \leq 200000$, $K \leq 10^{18}$의 범위에서 1초 이내에 답을 구할 수 있게 해 주세요(출전: AtCoder Beginner Contest 167D − Teleporter).

제약

$2 \leq N \leq 2 \times 10^5$

$1 \leq A_i \leq N$

$1 \leq K \leq 10^{18}$

입력은 모두 정수입니다.

실행 시간 제한

1초

입력

$N\ K$

$A_1\ A_2 \cdots A_N$

출력

답을 출력해 주세요.

입력 예1

```
4 5
3 2 4 1
```

출력 예1

```
4
```

마을1에서 출발해서 순간이동 장치를 5회 사용하면, 1→3→4→1→3→4로 이동할 수 있습니다.

입력 예2

```
6 727202214173249351
6 5 2 5 3 2
```

출력 예2

```
2
```

5.3 홀수 짝수 생각해 보기

이어서 소개할 수학적 접근 방법은 홀수 짝수(패리티 비트)입니다. 전체 탐색으로 계산 횟수가 천문학적으로 나오는 문제라도 (1) 홀수 짝수로 경우를 나누어서 생각하거나, (2) 홀수 짝수에 따라 패턴이 바뀌는 성질을 사용하면 순식간에 해결할 수 있는 경우가 많습니다. 이번 절에서는 이와 관련된 테크닉을 소개하겠습니다.

5.3.1 — 예제1 : 격자 한 붓 긋기

일단 처음 소개할 문제는 격자 위를 한 붓으로 긋는 문제입니다.

문제 ID : 063

$N \times N$ 칸의 격자가 있습니다. 왼쪽 위의 칸에서 출발하고, 상하좌우로 이웃한 칸으로 이동하는 것을 반복해서, 모든 칸을 딱 1번만 지나 출발 지점으로 돌아오는 경로가 있는지 확인해 주세요(가장 첫 칸과 가장 마지막 칸은 출발한 뒤 돌아와야 하므로, 딱 1번만 지난다는 규칙에서 예외입니다).

제약

$2 \leq N \leq 10^9$

N은 정수입니다.

실행 시간 제한

1초

입력

N

출력

조건을 만족하는 것이 존재한다면 Yes, 아니라면 No를 출력해 주세요.

입력 예1

2

출력 예1

Yes

위에서 i번째, 왼쪽에서 j번째 칸을 (i, j)라고 할 때, 다음과 같이 이동하면 조건을 만족합니다. 따라서 Yes를 출력한 것입니다.

- (1, 1)→(1, 2)→(2, 1)→(2, 2)→(1, 1)

입력 예1

3

출력 예1

No

일단 비트 전체 탐색(➡ 칼럼2), 깊이 우선 탐색(➡ 2.5.6) 등을 사용해서 경로를 모두 찾아보는 방법이 있습니다. 하지만 7×7 격자 정도만 되어도, 확인해야 하는 경로의 수가 190억 개를 넘습니다. 따라서 이와 같은 방법을 100×100격자에 적용하면, 천문학적인 시간이 걸릴 것입니다.

다른 방법을 생각해 봅시다. 일단 N을 홀수와 짝수로 구분해서 생각해 봅시다. N이 짝수일 때는 답이 항상 예(Yes)입니다. 다음 그림과 같이 2번째 줄과 N번째 줄 사이를 왕복하며 오른쪽으로 진행한 뒤, 오른쪽 위에서 왼쪽 위로 이동하기만 하면 한 붓 긋기 할 수 있습니다. 무슨 느낌인지 잘 모르겠다면, 2×2와 4×4 등의 작은 경우로 직접 한 붓 긋기 해 보기 바랍니다.

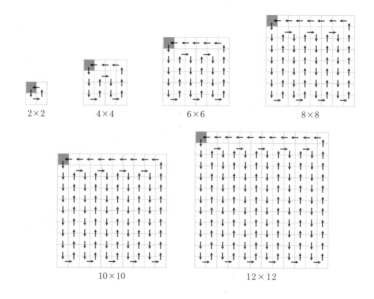

N이 홀수인 경우는 어떨까요? 답은 아니오(No)입니다. 다음 그림은 3×3의 경로를 나타내본 것입니다. 하지만 어떤 경우에도 출발 지점으로 돌아올 수 없습니다.

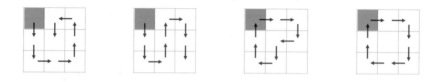

그럼 왜 아니오(No)일까요? 일단 N = 3으로 증명해 봅시다.

일단 격자를 체크무늬처럼 생각해서, 위에서 i번째 칸, 왼쪽에서 j번째 칸을 (i, j)라고 할 때, i + j가 홀수인 칸을 초록색으로 칠했다고 합시다. 이때 아래 그림처럼 초록색으로 칠해진 칸에서 시작해서 이동하면, 초록색→흰색→ 초록색→흰색→초록색→⋯처럼 번갈아가며 칸의 색이 바뀝니다.

한 붓 그리기 경로가 존재한다고 가정하고, 시작 지점을 포함해서 지나는 칸에 차례대로 1번째 칸, 2번째 칸, ⋯처럼 수를 붙여봅시다. 격자의 칸이 모두 9칸이므로, 끝 지점으로 돌아오려면 10번의 이동이 필요할 것입니다. 그런데 10은 짝수이므로, 끝 지점은 흰색이어야 합니다. 하지만 시작 지점과 끝 지점은 같은 색이어야 하므로, 끝 지점은 초록색이어야 합니다(모순 발생).

"끝 지점이 흰색이어야 한다"와 "끝 지점이 초록색이어야 한다"가 동시에 나타나는 모순이 발생하므로, 한 붓 그리기 경로가 존재하지 않는다는 것을 알 수 있습니다(참고: 귀류법➡ 3.1절)

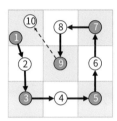

한 붓으로 그을 수 있는 경로가 존재한다면, 시작 지점과 끝 지점이 같은 색이어야 할 텐데, 시작 지점은 초록색이고, 끝 지점은 흰색이 되어버렸어…. 그러니까 한 붓으로 그을 수 없다는 의미구나!

마찬가지의 방법으로 일반적인 홀수 N의 경우도 증명할 수 있습니다. 끝 지점은 N^2+1번째 칸이지만, N이 홀수일 때는 N^2+1이 짝수이므로, 규칙성에 따라서 끝 지점은 흰색입니다. 그런데 시작 지점은 초록색이므로, 한 붓 그리기가 불가능합니다.

정리하면, N이 짝수라면 예(Yes), 홀수라면 아니오(No)입니다. 따라서 코드 5.3.1처럼 구현해서 정답을 구할 수 있습니다. 이와 같이 홀수 짝수를 구분하면 문제를 풀 수 있는 경우가 생각보다 많습니다.

코드 5.3.1　예제 1을 푸는 프로그램

```python
N = int(input())
if N % 2 == 0:
    print("Yes")
else:
    print("No")
```

5.3.2 　예제2 : 수열의 내용 변경하기

이어서 소개할 문제는 5.1절에서 다루었던 문제를 일반화한 것입니다.

길이가 N인 수열 $A=(A_1, A_2, \cdots, A_N)$이 주어집니다. '1 이상 N 이하의 정수 x를 선택하고, A_x에 +1 또는 −1을 더하는 조작'을 K번 해야 합니다. 수열의 모든 요소를 0으로 만들 수 있는지, 즉 $(A_1, A_2, \cdots, A_N)=(0, 0, \cdots, 0)$으로 만들 수 있는지 판정해 주세요.

제약

$1 \leqq N \leqq 50$

$1 \leqq K \leqq 50$

$0 \leqq A_i \leqq 50$

입력은 모두 정수입니다.

실행 시간 제한

1초

입력

$N\ K$

$A_1\ A_2\ \cdots\ A_N$

출력

수열의 요소를 모두 0으로 만들 수 있다면 Yes, 아니라면 No를 출력해 주세요.

입력 예1

```
3 3
2 0 1
```

출력 예1

```
Yes
```

입력 예2

```
5 2
1 0 0 0 0
```

출력 예2

```
No
```

이번 문제도 전체 탐색으로 생각할 수 있지만, 조작 방법이 모두 $(2N)^K$가지(➡ 3.3.2항)이므로, 계산 횟수가 폭발적으로 증가할 것입니다. 예를 들어서 N = K = 50이라면, 조작 방법이 모두 10^{100}가지라는 말도 안 되는 수가 되어버립니다.

따라서 다른 방법을 생각해 봅시다. 수열의 요소 총합 $A_1+A_2+...+A_N$이 홀수인 경우와 짝수인 경우로 나누어서 생각하면 어떨까요? 다음 그림을 보면 1회 조작할 때마다, 총합의 홀수 짝수가 "홀수→짝수→홀수→짝수→홀수→짝수→…"처럼 번갈아가며 바뀝니다. 전체 조작이 완료된 시점에서 총합은 0(짝수)이어야 하므로, "조작 횟수 K의 홀짝"과 "수열의 요소 총합 $A_1+A_2+...+A_N$"이 같아야 합니다. 같지 않다면, 곧바로 아니오(No)라고 판정할 수 있습니다.

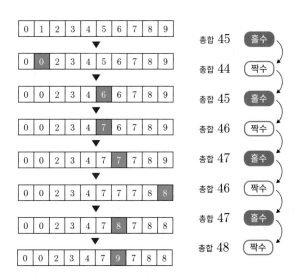

그럼 이어서 홀짝이 일치하는 경우를 생각해 봅시다. 수열의 총합은 한 번의 조작으로 1만큼만 줄일 수 있습니다. 따라서 $A_1+A_2+...+A_N>K$라면 아니오(No)라고 판정할 수 있습니다. 그렇지 않은 경우에는 다음과 같은 단계를 거쳐 모든 요소를 0으로 만들 수 있습니다.

1. 일단 −1을 더하는 조작을 $A_1+A_2+...+A_N$회 반복해서, 모든 요소를 0으로 만든다.

2. 남은 횟수를 사용해 "A_1에 1을 더하고, −1을 더한다"라는 조작을 반복합니다.

예를 들어서 $N=3, K=7, (A_1, A_2, A_3)=(1, 0, 2)$라면, 다음과 같이 조작할 수 있습니다.

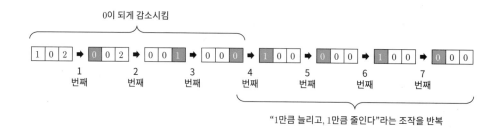

이를 코드 5.3.2처럼 구현하면, 복잡도 O(N)으로 문제를 풀 수 있습니다. 이처럼 어떤 값이 홀수 짝수로 번갈아가며 나오는 성질을 생각해 보면, 해결할 수 없어 보이는 문제도 간단하게 풀릴 때가 있습니다.

코드 5.3.2 예제2를 푸는 프로그램

```python
# 입력 → 배열 요소의 총합 S를 구함
N, K = map(int, input().split())
A = list(map(int, input().split()))
S = sum(A)

# 답 출력
if S % 2 != K % 2:
    print("No")
elif S > K:
    print("No")
else:
    print("Yes")
```

연습 문제

문제 5.3.1   문제 ID : 065 ★★

H×W 크기의 격자가 있습니다. 왼쪽 위의 칸에 대각선으로 자유롭게 움직일 수 있는 말(체스의 비숍)이 배치되어 있습니다. 말을 원하는 만큼 움직여서 도달할 수 있는 칸의 수를 출력하는 프로그램을 작성해 주세요.

제약

$1 \leq H, W \leq 10^9$

입력은 모두 정수입니다.

실행 시간 제한

1초

입력

H W

출력

말이 도달할 수 있는 칸의 수를 출력해 주세요.

입력 예1

4 5

출력 예1

10

오른쪽 그림에서 하늘색 칸에 도달할 수 있습니다.

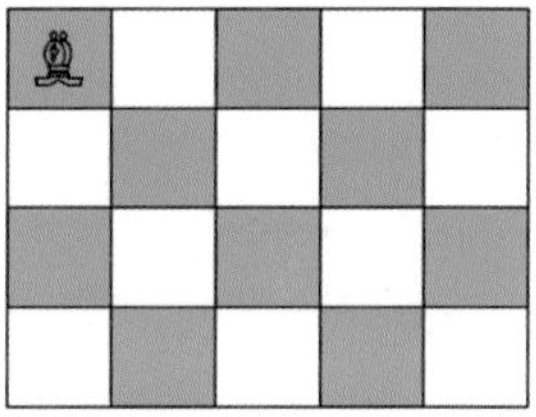

입력 예2

7 3

출력 예2

11

오른쪽 그림에서 하늘색 칸에 도달할 수 있습니다.

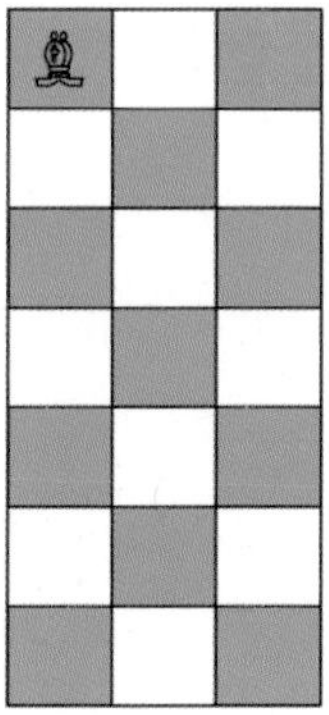

문제 5.3.2 ★★★

1, 2, 3, 4, 5, 6, 7, 8, 9, 10을 0개 이상 선택하는 방법은 $2^{10}=1024$가지입니다. 선택한 정수의 합이 홀수가 되는 경우가 몇 가지인지 구해 주세요.

5.4 집합 활용하기

이어서 소개할 수학적 접근 방법은 집합(⇒ 2.5.5항)으로 생각해서 다루는 테크닉입니다. 구체적인 예제를 통해서 '여집합 생각하기', '포함 배제의 원리 사용하기'라는 두 가지 테크닉을 알아봅시다.

5.4.1 ─ 여사건이란?

'어떤 경우' 이외의 사건을 여사건(complementary event)이라고 부릅니다. 예를 들어서 '주사위를 2개 던졌을 때 총합이 3 이하가 나오는 경우'의 여사건은 '주사위를 2개 던졌을 때 총합이 4 이상이 나오는 경우'입니다. 수학 용어를 사용해서 설명하면, 전체 사건을 U라고 할 때, 사건 A의 여사건은 'U에 포함되지만, A에는 포함되지 않는 요소'를 의미하며, A^C라고 표기합니다.

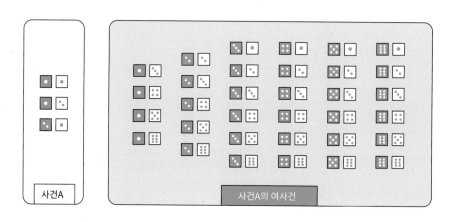

넓은 의미에서 여사건은 '어떤 조건을 충족하지 않는 것'을 의미하기도 합니다. 그런데 이를 어떻게 프로그래밍에 적용할 수 있을까요? 구체적인 예를 하나 살펴봅시다.

5.4.2 ─ 예제1 : 조건을 만족하는 카드 조합

문제 ID : 066

붉은색, 흰색, 파란색 카드가 한 장씩 있습니다. 정수 N과 K가 주어질 때, 다음과 같은 조건을 하나 이상 충족하게 각 카드에 1 이상 N 이하의 정수를 적는 방법이 몇 가지인지 구해 주세요.

- 붉은색 카드와 흰색 카드에 적혀있는 정수 차의 절댓값이 K 이상
- 붉은색 카드와 파란색 카드에 적혀있는 정수 차의 절댓값이 K 이상
- 흰색 카드와 파란색 카드에 적혀있는 정수 차의 절댓값이 K 이상

제약

　$1 \leqq N \leqq 100000$

　$1 \leqq K \leqq \min(5, N-1)$

　입력은 모두 정수입니다.

실행 시간 제한

　2초

입력

　N K

출력

　말이 도달할 수 있는 칸의 수를 출력해 주세요.

입력 예

　3 1

출력 예

　24

처음 생각해 볼 수 있는 방법은 3장의 카드에 적는 수를 전체 탐색하는 방법입니다. 하지만 카드에 정수를 적는 방법은 전부 N^3 가지 있으므로(→ 3.3.2), 계산에 시간이 꽤 걸릴 것입니다.

여기에서 여사건을 사용하면, 계산 시간을 단축할 수 있습니다. 일단 설명을 위해서, 답에 포함되는 작성 방법을 "사건A"로, 이 외의 작성 방법(여사건)을 "사건B"로 부르겠습니다.

먼저 사건B의 조건을 생각해 봅시다. 일반적으로 '여러 개의 조건 중에서 적어도 하나 이상 Yes가 되는 경우'의 여사건은 '모두 No가 되는 경우'이므로, 사건B의 조건은 다음과 같습니다.

- 조건1: 붉은색 카드와 흰색 카드에 적혀있는 정수 차의 절댓값이 K − 1 이하
- 조건2: 붉은색 카드와 파란색 카드에 적혀있는 정수 차의 절댓값이 K − 1 이하
- 조건3: 흰색 카드와 파란색 카드에 적혀있는 정수 차의 절댓값이 K − 1 이하

이어서 모든 작성 방법은 사건A와 사건B 중 하나에 속할 것이므로, 답(사건A가 되는 패턴의 수)은 전체 패턴의 수 N^3에서 사건B가 되는 패턴의 수를 뺀 값입니다. 따라서 사건B만 계산하면, 답을 구할 수 있습니다. 예를 들어서 N = 3, K = 1일 때 사건B는 3가지입니다. 그래서 $3^3-3=24$가지라는 것을 알 수 있습니다.

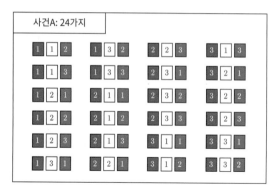
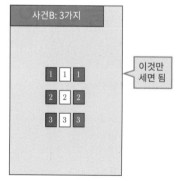

마지막으로 사건B가 되는 패턴의 수를 구하는 알고리즘을 생각해 봅시다. 붉은색·흰색·파란색 카드에 적혀있는 수를 각각 a, b, c라고 할 때, 조건 1 · 2로 다음과 같은 2개의 식이 성립합니다.

- $\max(1, a-(K-1)) \leqq b \leqq \min(N, a+(K-1))$

- $\max(1, a-(K-1)) \leqq c \leqq \min(N, a+(K-1))$

이 시점에서 a의 선택지를 N가지, b · c의 선택지를 최대 $2^K - 1$가지로 줄일 수 있습니다. N = 100000, K = 5일 때 탐색해야 하는 작성 방법의 수는 전부 $100000 \times 9 \times 9 = 8.1 \times 10^6$가지밖에 없습니다. 따라서 코드 5.4.1처럼 각각의 작성 방법이 조건3을 만족하는지 반복문을 3번 중첩해서 사용해서 확인하면, 2초 이내에 답을 구할 수 있습니다.

이처럼 조건을 만족하지 않는 패턴의 수가 적다면, 여사건의 수를 세어서 문제를 빠르게 풀 수 있습니다. 시험 점수가 만점에 가까울 경우, 틀린 문제와 그 점수를 세어서 전체 점수를 계산하는 것이 간단한 것과 같습니다.

코드 5.4.1 예제1을 푸는 프로그램

```python
# 입력
N, K = map(int, input().split())

# 사건B의 개수를 yeosagun(여사건) 변수로 셉니다.
yeosagun = 0
for a in range(1, N + 1):
    l = max(1, a - (K - 1)) # b, c의 탐색 범위 하한 l
    r = min(N, a + (K - 1)) # b, c의 탐색 범위 상한 r
    for b in range(l, r + 1):
```

```
        for c in range(l, r + 1):
            if abs(b - c) <= K - 1:
                yeosagun += 1

# 답 출력
print(N ** 3 - yeosagun)
```

5.4.3 ─ 포함 배제의 원리

집합P와 집합Q의 합집합(➡ 2.5.5항)의 요소 수는 "각 집합의 요소 수를 더한 후, 두 집합 공통 부분의 크기를 뺀 값"과 같다라는 것이 포함 배제 원리입니다. 식으로 나타내면, 다음과 같습니다.

$$|P \cup Q| = |P| + |Q| - |P \cap Q|$$

예를 들어서 1 이상 30 이하의 정수 중에서 3의 배수 또는 5의 배수인 것의 개수를 구하고 싶다고 해 봅시다. 직접 계산하는 것은 귀찮지만 '3의 배수는 3, 6, 9, …, 30으로 10개', '5의 배수는 5, 10, 15, 20, 25, 30으로 6개', '3과 5의 공배수(15의 배수)는 15, 30으로 2개'이므로, 10 + 6 − 2 = 14라고 간단하게 계산할 수 있습니다. 이것이 바로 포함 배제 원리를 사용한 접근 방법입니다.

포함 배제 원리가 성립하는 이유는 '단순하게 합집합의 크기를 두 집합의 크기 합으로 계산하면 공통 부분이 2번 중복해서 계산되므로 빼주어야 한다'가 전부입니다.

참고로 포함 배제 원리는 3개 이상의 집합으로도 확장할 수 있습니다. 이는 연습 문제 5.4.3과 5.4.4에서 다루겠습니다.

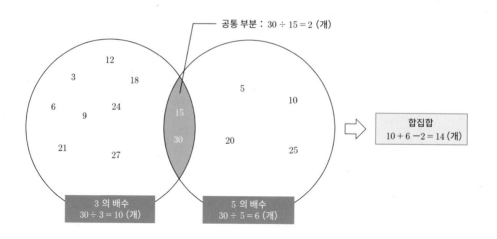

5.4.4 ── 예제2 : 100칸 계산하기

포함 배제 원리를 사용한 예로 프로그래밍을 사용하지 않고, 다음 문제를 생각해 봅시다.

다음과 같이 10×10의 칸이 있습니다. 각각의 칸에는 숫자가 적혀 있습니다. 이를 활용해서, 특정 칸을 "해당 칸의 행과 열에 적혀있는 모든 정수의 합계"로 덮어 써주세요. 예를 들어서 3번째 행 또는 왼쪽에서 5번째 열의 칸에 적혀 있는 정수는 5, 9, 6, 2, 6, 4, 3, 3, 8, 3, 2, 7, 8, 9, 0, 3, 8, 8, 1이므로, 3번째 행 · 5번째 열에는 이를 더한 95를 적으면 됩니다.

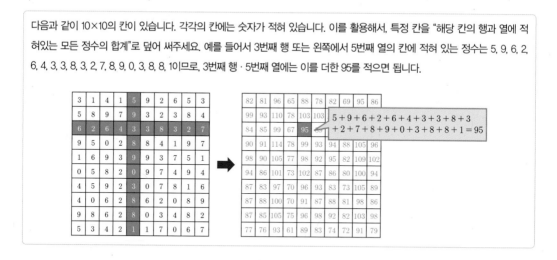

일단 각 칸마다 직접 계산하는 방법이 있습니다. 하지만 한 칸을 계산할 때 덧셈을 19번이나 해야 합니다. 이를 100칸에 대해서 하나하나 하기는 굉장히 힘들 것입니다.

여기에서 포함 배제 원리를 사용하면, 특정 칸에 적어야 하는 숫자가 "해당 행의 합계와 해당 열의 합계에서 해당 칸의 값을 뺀 것"이라는 걸 알 수 있습니다. 예를 들어서 3번째 행 · 5번째 열에 있는 칸은 다음 그림과 같은 방법으로 구할 수 있습니다.

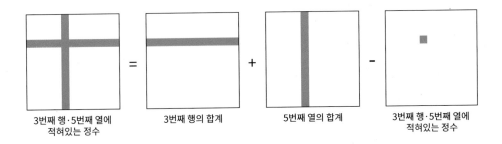

| 3번째 행·5번째 열에
적혀있는 정수 | = | 3번째 행의 합계 | + | 5번째 열의 합계 | − | 3번째 행·5번째 열에
적혀있는 정수 |

따라서 각 행과 각 열의 합계를 미리 구해 두면, 해당 칸에 어떤 숫자를 적어야 하는지 쉽게 계산할 수 있습니다. 예를 들어서 3번째 행 · 5번째 열에 있는 칸에는

- 3번째 행의 합계: 44(미리 계산)

- 5번째 열의 합계: 54(미리 계산)

- 3번째 행 · 5번째 열에 있는 칸: 3

이므로, 44+54−3=95라고 계산할 수 있습니다. 처음 소개한 방법으로는 19개의 수를 더해야 하지만, 포함 배제 원리를 사용하면 3개의 수를 더하고 빼는 것만으로 답을 구할 수 있습니다.

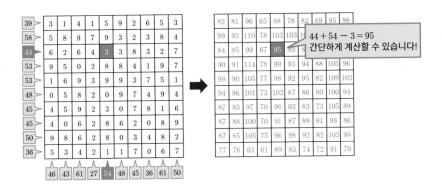

그럼 미리 계산해 두는 부분을 포함해서, 전체 계산을 몇 회 해야 하는지 생각해 봅시다. 일단 각 행의 합계를 계산하려면, 10개의 수를 더하는 계산을 10회 해야 할 것입니다. 이어서 각 열의 합계를 계산하려면, 10개의 수를 더하는 계산을 10회 해야 할 것입니다. 마지막으로 각 칸의 답을 구하려면, 각 행의 합계와 열의 합계를 더한 뒤, 중복된 부분을 빼는 계산을 100회 해야 할 것입니다.

n개의 수를 더할 때 계산 횟수가 n회여야 한다면 다음과 같이 합계 계산 횟수를 구할 수 있습니다.

$$10 \times 10 + 10 \times 10 + 3 \times 100$$
$$= 100 + 100 + 300$$
$$= 500$$

이는 직접 계산하는 경우(19×100=1900)와 비교해서 훨씬 빠르다고 할 수 있습니다.

5.4.5 — 예제2의 복잡도 생각해 보기

마지막으로 10×10문제를 일반화해서, 다음과 같은 문제를 생각해 봅시다.

문제 ID : 067

H×W칸이 있고, 각각의 칸에는 숫자가 적혀 있습니다. i번째 행·j번째 열($1 \leqq i \leqq H$, $1 \leqq j \leqq W$)에는 정수 $A_{i,j}$가 적혀있습니다. 정수 H, W, $A_{1,1}$, $A_{1,2}$, $\cdots$, $A_{H,W}$가 주어집니다. 이를 활용해서 특정 칸을 "해당 칸의 행과 열에 적혀있는 모든 정수의 합계"로 덮어 쓰는 프로그램을 작성해 주세요.

제약

$2 \leqq H, W \leqq 2000$

$1 \leqq A_{i,j} \leqq 99$

입력은 모두 정수입니다.

실행 시간 제한

2초

입력

$H\ W$

$A_{1,1}\ A_{1,2} \cdots A_{1,W}$

$A_{2,1}\ A_{2,2} \cdots A_{2,W}$

$\vdots$

$A_{H,1}\ A_{H,2} \cdots A_{H,W}$

출력

칸 (i, j)와 같은 행 또는 같은 열에 있는 칸(자기 자신 포함)에 작성된 정수를 모두 합한 값 $B_{i,j}$를 다음 형식으로 출력합니다.

$B_{1,1}\ B_{1,2} \cdots B_{1,W}$

$B_{2,1}\ B_{2,2} \cdots B_{2,W}$

$\vdots$

$B_{H,1}\ B_{H,2} \cdots B_{H,W}$

입력 예1

```
3 3
1 1 1
1 1 1
1 1 1
```

출력 예1

```
5 5 5
5 5 5
5 5 5
```

입력 예2

```
4 4
3 1 4 1
5 9 2 6
5 3 5 8
9 7 9 3
```

출력 예2

```
28 28 25 26
39 33 40 34
38 38 36 31
41 41 39 43
```

출전

競プロ典型90問 004 – Cross Sum

일단 직접 계산해야 한다면, 각 칸에 대해서 $H+W-1$개의 수를 더해야 하므로, 복잡도는 $O(HW(H+W))$가 됩니다. 반면 5.4.4항에서 설명한 포함 배제 원리를 사용하면,

- 각 행의 합계 계산: W개의 수를 더하는 작업을 H번

- 각 열의 합계 계산: H개의 수를 더하는 작업을 W번

- 각 칸의 답 계산: 3개의 수를 더하고 빼는 작업을 HW번

해야 하므로 총 계산 횟수가 5HW로 나옵니다. 따라서 복잡도는 $O(HW)$가 됩니다. 이처럼 포함 배제 원리를 사용하면, 복잡도를 크게 개선할 수 있습니다. 참고로 이번 예제의 구체적인 프로그램 구현은 연습 문제 5.4.2에서 다루겠습니다.

연습 문제

문제 5.4.1 ★★
1~6이 적혀있는 주사위를 3개 동시에 던졌을 때, 적어도 하나의 주사위라도 6이 나오는 확률을 손계산으로 구해 주세요.

문제 5.4.2 [문제 ID : 067] ★★
5.4.5항의 문제(Cross Sum)를 푸는 프로그램을 작성해 주세요.

문제 5.4.3 ★★★
1 이상 1000 이하의 정수 중에서 3 또는 5 또는 7의 배수인 것[5]의 개수를 구하는 문제(이를 문제 P라고 하겠습니다)가 있을 때, 다음 질문에 답해 주세요.

1. 1 이상 1000 이하의 정수 중에서 3, 5, 7, 15, 21, 35, 105의 배수인 것의 개수를 차례대로 $A_1, A_2, A_3, A_4, A_5, A_6, A_7$이라고 합니다. 각각의 값을 구해 주세요.

2. 철수는 "문제 P의 답을 $A_1+A_2+A_3$개이다"라고 답했습니다. 하지만 이는 틀렸습니다. 왜 틀렸는지 예를 들어서 지적해 주세요.

3. 영희는 "문제 P의 답을 $A_1+A_2+A_3-A_4-A_5-A_6$개이다"라고 답했습니다. 예를 들어서 15라는 수는 A_1, A_2에서 중복되어 더해지므로, A_4를 빼서 중복을 제외할 수 있을 것입니다. 언뜻 보면 올바르게 계산할 수 있는 것처럼 보이지만 사실은 틀렸습니다. 어떤 수에서 문제가 되는지 지적해 주세요.

4. 문제 P의 답을 $A_1, A_2, A_3, A_4, A_5, A_6, A_7$을 사용한 식으로 나타내 주세요.

5. 문제 P의 답을 구해 주세요.

문제 5.4.4 ★★★
4개 이상의 수와 관련된 포함 배제 원리를 인터넷 등에서 검색해 보세요.

문제 5.4.5 [문제 ID : 068] ★★★★
양의 정수 $N, K, V_1, V_2, \cdots, V_K$가 주어집니다. 1 이상 N 이하의 정수 중에서 $V_1, V_2, \cdots, V_K$들의 배수인 것[6]의 개수를 구하는 프로그램을 작성해 주세요. $N \leq 10^{12}$, $K \leq 10$, $V_i \leq 50$이라는 제약에서, 1초 이내에 실행을 완료하게 만들어주세요(힌트: 비트 전체 탐색 ➡칼럼2).

---

5 (옮긴이) 3, 5, 6, 7, 9, 10, 12, 14처럼 3의 배수, 5의 배수, 7의 배수를 모두 의미합니다.
6 (옮긴이) 문제 5.4.3과 마찬가지 V_1의 배수, V_2의 배수, $\cdots$, V_K의 배수를 모두 나타냅니다.

제약

$1 \leqq N \leqq 10^{12}$

$1 \leqq K \leqq 10$

$1 \leqq V_i \leqq 50$

입력은 모두 정수입니다.

실행 시간 제한

2초

입력

$N\ K$

$V_1\ V_2 \cdots V_K$

출력

답을 출력해 주세요.

입력 예1

```
100  3
2  3  5
```

출력 예1

```
74
```

입력 예2

```
100  3
2  4  6
```

출력 예2

```
50
```

입력 예3

```
10000000000000  10
13  17  19  23  29  31  37  41  43  47
```

출력 예3

```
3324865541894
```

5.5 경계 생각하기

이어서 소개할 수학적 접근 방법은 "경곗값을 생각하는 테크닉"입니다. 모든 패턴을 탐색했을 때 제한 시간 내에 풀수 없는 문제도 경곗값부터 생각해서 탐색 범위를 줄이면, 제한 시간 내에 풀 수 있는 경우가 많습니다. 이번 절에서는 2가지 예제를 통해 이와 같은 테크닉을 설명하겠습니다.

5.5.1 ── 예제1 : 두 숫자 곱의 최댓값

처음으로 소개할 문제는 두 숫자의 곱으로 생각할 수 있는 최댓값을 구하는 문제입니다.

정수 a, b, c, d가 주어집니다. $a \leq x \leq b$, $c \leq y \leq d$를 만족하는 정수 x, y가 있을 때, xy의 최댓값을 구해 주세요.

제약

$-10^9 \leq a \leq b \leq 10^9$

$-10^9 \leq c \leq d \leq 10^9$

입력은 모두 정수입니다.

실행 시간 제한

2초

입력

```
a b c d
```

출력

답을 출력해 주세요.

입력 예1

```
1 2 1 1
```

출력 예1

```
2
```

$x=1$, $y=1$일 때 $x \times y=1$, $x=2$, $y=1$일 때 $x \times y=2$이므로, 답은 2입니다.

입력 예2

```
3 5 -4 -2
```

출력 예2

-6

답은 음수가 나올 수도 있습니다.

출전

AtCoder Beginner Contest 178 B – Product Max

가장 간단한 방법은 (x, y) 조합을 전체 탐색하는 것입니다. 하지만 전부 $(b-a+1)(d-c+1)$가지를 확인해야 합니다. 이 방법은 이번 문제의 제약에서 10^{18}가지 이상의 조합이 나올 수 있으므로, 현실적인 시간 내에 문제를 풀 수 없습니다.

따라서 어떤 x, y에서 xy의 값이 최대가 되는지 구체적인 예로 생각해 봅시다. 예를 들어서

- (a, b, c, d) = (−3, 2, 5, 17)의 경우, (x, y) = (b, d)
- (a, b, c, d) = (−7, −4, 1, 13)의 경우, (x, y) = (b, c)

에서 최대가 됩니다. 두 가지 모두 다음 그림의 모서리 부분에서 최대가 됩니다.

		y의 값												
		5	6	7	8	9	10	11	12	13	14	15	16	17
	−3	−15	−18	−21	−24	−27	−30	−33	−36	−39	−42	−45	−48	−51
	−2	−10	−12	−14	−16	−18	−20	−22	−24	−26	−28	−30	−32	−34
x의 값	−1	−5	−6	−7	−8	−9	−10	−11	−12	−13	−14	−15	−16	−17
	0	0	0	0	0	0	0	0	0	0	0	0	0	0
	1	5	6	7	8	9	10	11	12	13	14	15	16	17
	2	10	12	14	16	18	20	22	24	26	28	30	32	34

최댓값

		y의 값												
		1	2	3	4	5	6	7	8	9	10	11	12	13
	−7	−7	−14	−21	−28	−35	−42	−49	−56	−63	−70	−77	−84	−91
x의 값	−6	−6	−12	−18	−24	−30	−36	−42	−48	−54	−60	−66	−72	−78
	−5	−5	−10	−15	−20	−25	−30	−35	−40	−45	−50	−55	−60	−65
	−4	−4	−8	−12	−16	−20	−24	−28	−32	−36	−40	−44	−48	−52

최댓값

사실 어떤 상황에서도 x, y의 경곗값, 즉 (x, y) = (a, c), (a, d), (b, c), (b, d) 중에서 하나가 xy의 최 댓값이 됩니다. 왜냐하면 x와 y 한쪽을 고정하면, 1차 함수(➡ 2.3.5항)가 되므로, 각 행과 각 열에서 단조 증가 또는 단조 감소가 일어나기 때문입니다.

따라서 구하려는 답은 max(ac, ad, bc, bd)가 되어, 코드 5.5.1처럼 구현할 수 있습니다. 이처럼 경곗 값만 탐색하면, 탐색해야 하는 패턴을 10^{18}에서 4개로 줄일 수 있습니다.

코드 5.5.1 예제1을 푸는 프로그램

```
a, b, c, d = map(int, input().split())
print(max(a * c, a * d, b * c, b * d))
```

5.5.2 ── 예제2 : K개의 점을 감싸는 직사각형

이어서 조금 난이도 있는 문제를 소개하겠습니다.

2차원 평면 위에 N개의 점이 있습니다. i번째 점(1 ≤ i ≤ N)은 좌표 (x_i, y_i)에 있습니다. K개 이상의 점을 감싸는 직사각형을 만든다고 할 때 나올 수 있는 직사각형 중 면적이 가장 작은 직사각형의 면적을 구해 주세요. 이때 직사각형의 각 변은 x축 또는 y축과 평행해야 합니다.

제약

$2 \leq K \leq N \leq 50$

$-10^9 \leq x_i, y_i \leq 10^9 \ (1 \leq i \leq N)$

$y_i \neq y_j \ (1 \leq i < j \leq N)$

$y_i \neq y_j \ (1 \leq i < j \leq N)$

입력은 모두 정수입니다.

실행 시간 제한

2초

입력

$N \ K$

$x_1 \ y_1$

$\vdots$

$x_N \ y_N$

출력

답을 출력해 주세요.

입력 예1

```
4 4
1 4
3 3
6 2
8 1
```

출력 예1

```
21
```

조건을 만족하는 가장 작은 면적의 직사각형은 (1, 1), (8, 1), (1, 4), (8, 4)라는 4개의 정점으로 구성됩니다. 이 면적은 $(8-1) \times (4-1) = 21$이므로, 21을 출력합니다.

입력 예2

```
4 2
0 0
1 1
2 2
3 3
```

출력 예2

```
1
```

입력 예3

```
4 3
-1000000000 -1000000000
1000000000 1000000000
-999999999 999999999
999999999 -999999999
```

출력 예3

```
3999999996000000001
```

출전

AtCoder Beginner Contest 075 D − Axis−Parallel Rectangle

가장 처음 생각해 볼 수 있는 방법은 직사각형을 모두 전체 탐색해 보는 것입니다. 하지만 나올 수 있는 직사각형이 무한하므로 활용할 수 없습니다.

따라서 '최적일 가능성이 있는 직사각형'만 탐색해 봅시다. 일단 사각형의 변과 점이 접했을 때가 최적일 가능성이 있을 것입니다.

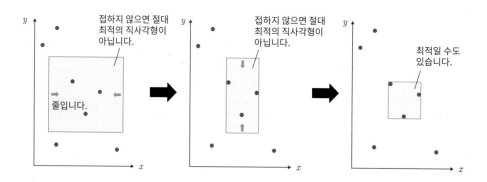

따라서 다음과 같은 조건을 모두 충족해야 합니다.

- 직사각형 왼쪽 끝의 x좌표: $X_1, X_2, X_3, \cdots, X_N$ 중에 하나와 일치
- 직사각형 오른쪽 끝의 x좌표: $X_1, X_2, X_3, \cdots, X_N$ 중에 하나와 일치
- 직사각형 위쪽 끝의 y좌표: $Y_1, Y_2, Y_3, \cdots, Y_N$ 중에 하나와 일치
- 직사각형 아래쪽 끝의 y좌표: $Y_1, Y_2, Y_3, \cdots, Y_N$ 중에 하나와 일치

이와 같은 직사각형은 N^4가지밖에 없으므로, 이번 문제의 제약으로는 전체 탐색해도 문제없습니다. 감싸져 있는 점의 수를 계산(함수 check_numpoints)할 때 복잡도 $O(N)$이 필요하므로, 알고리즘 전체의 복잡도는 $O(N^5)$입니다. 코드로 구현한다면, 코드 5.5.2와 같습니다.

코드 5.5.2 예제2를 푸는 프로그램

```python
def check_numpoints(N, X, Y, lx, rx, ly, ry):
    cnt = 0
    for i in range(N):
        # 점(X[i], Y[i])가 직사각형에 포함되어 있는지 판정
        if lx <= X[i] and X[i] <= rx and ly <= Y[i] and Y[i] <= ry:
            cnt += 1
    return cnt
```

```
# 입력
N, K = map(int, input().split())
X = [ None ] * N
Y = [ None ] * N
for i in range(N):
    X[i], Y[i] = map(int, input().split())


# 왼쪽 끝 x, 오른쪽 끝 x, 아래쪽 끝 y, 위쪽 끝 y를 전체 탐색(각각 번호가 i, j, k, l)
answer = 10 ** 19  # 일단 나올 수 없는 값을 설정
for i in range(N):
    for j in range(N):
        for k in range(N):
            for l in range(N):
                # cl <= x <= cr, dl <= y <= dr인 직사각형
                # 직사각형이 만들어지려면, cl < cr, dl < dr이어야 하므로[7]
                cl, cr, dl, dr = X[i], X[j], Y[k], Y[l]
                if cl < cr and dl < dr:
                    if check_numpoints(N, X, Y, cl, cr, dl, dr) >= K:
                        area = (cr - cl) * (dr - dl)
                        answer = min(answer, area)


# 답 출력
print(answer)
```

이처럼 아무 생각 없이 전체 탐색하면 패턴의 수가 무한이 되어버리는 문제도 경곗값을 생각해서 탐색하면 알고리즘을 개선할 수 있습니다. 이번 절에서는 2개의 문제만 살펴보았습니다. 이와 같은 테크닉을 사용할 수 있는 유명한 문제로는 선형 계획 문제(➡ 연습 문제 5.5.1)와 최소 외접원 문제 등이 있습니다.

---

7 (옮긴이) C++ 등의 프로그래밍 언어로는 본문의 설명에 있는 내용만 구현해도 2초 이내에 답을 구할 수 있습니다. 하지만 파이썬에서는 PyPy3 등을 활용해도 2.5초 정도 걸립니다. 따라서 cl<cr과 dl<dr 조건을 넣어서, 탐색하는 패턴을 1/4 정도로 더 줄였습니다.

연습 문제

문제 5.5.1 ★★

다음 조건식을 모두 만족하는 실수 조합 (x, y) 중에서 x + y의 최댓값을 손계산으로 구해 주세요(힌트: 함수 그래프를 그려보세요).

- $3x + y \leqq 10$
- $2x + y \leqq 7$
- $3x + 4y \leqq 19$
- $x + 2y \leqq 9$

참고로 이처럼 1차식 조건이 몇 개 주어질 때, 다른 1차식의 최댓값(또는 최솟값)을 구하는 문제를 "선형 계획 문제"라고 부릅니다.

문제 5.5.2 문제 ID : 071 ★★★

양의 정수 N과 양의 정수 조합 $(a_1, b_1, c_1), (a_2, b_2, c_2), \cdots, (a_N, b_N, c_N)$이 주어집니다. 다음 조건을 만족하는 실수 조합 (x, y) 중에서 x + y의 최댓값을 구하는 프로그램을 작성해 주세요.

- $a_1 x + b_1 y \leqq c_1$
- $a_2 x + b_2 y \leqq c_2$
- $a_N x + b_N y \leqq c_N$

이 문제는 $O(N)$시간으로도 풀 수 있지만, $O(N^3)$으로 풀어도 괜찮습니다. 참고로 이는 연습 문제 5.5.1을 일반화한 문제입니다.

제약
$1 \leqq N \leqq 500$
$1 \leqq a_i, b_i, c_i \leqq 10^9$

x+y가 최대일 때, x와 y는 모두 양의 정수입니다.
입력은 모두 정수입니다.
이 제약들은 복잡도 $O(N^3)$시간으로 푸는 것을 허용하는 제약입니다.

입력
N
$a_1\ b_1\ c_1$
$a_2\ b_2\ c_2$
$\vdots$
$a_N\ b_N\ c_N$

출력
x + y의 최댓값을 출력해 주세요. 실제 정답과의 절대 오차 또는 상대 오차가 10^{-6} 이하라면 정답으로 인정합니다.

입력 예1

```
2
1 3 3
3 1 3
```

출력 예1

```
1.5
```

5.6 작은 문제로 분해하기

이어서 소개할 수학적 접근 방법은 "여러 개의 작은 문제로 나누기"입니다. 프로그래밍으로 해결해야 하는 문제 중에는 복잡해서 해법이 잘 보이지 않는 것들이 꽤 많습니다. 하지만 다음과 같은 방법으로 여러 개의 작은 문제로 분해해 보면, 문제가 명쾌해지고 다루기 쉬워지는 경우가 있습니다.

1. 문제를 여러 개의 풀기 쉬운 작은 문제로 분할합니다.
2. 작은 문제를 효율적인 복잡도로 풉니다.
3. 작은 문제의 답을 전부 결합해서 원래 문제의 답을 구합니다.

이번 절에서는 2개의 예제를 통해서, 이와 같은 테크닉을 살펴보겠습니다.

5.6.1 — 예제1 : 쉼표의 수 세기

처음으로 소개할 문제는 프로그래밍을 사용하지 않고 손으로 푸는 문제입니다.

> 1 이상 3141592 이하의 정수를 하나씩 칠판에 썼을 때, 쉼표가 몇 개 나타나는지를 손계산으로 구해 주세요. 쉼표는 아래에서 3자리마다 찍는 것으로 합니다.

가장 간단한 방법은 다음 그림처럼 쉼표의 수를 하나씩 계산하고, 모두 더하는 것입니다. 하지만 300만 개 이상의 수를 확인하는 것은 사람의 힘만으로는 힘듭니다.

수	쉼표 개수	누적 개수
1	0	0
2	0	0
3	0	0
4	0	0
5	0	0
6	0	0
7	0	0
8	0	0
9	0	0
10	0	0
11	0	0
12	0	0
13	0	0
14	0	0
15	0	0

....

수	쉼표 개수	누적 개수
995	0	0
996	0	0
997	0	0
998	0	0
999	0	0
1,000	1	1
1,001	1	2
1,002	1	3
1,003	1	4
1,004	1	5
1,005	1	6
1,006	1	7
1,007	1	8
1,008	1	9
1,009	1	10

....

수	쉼표 개수	누적 개수
3,141,578	2	5,282,158
3,141,579	2	5,282,160
3,141,580	2	5,282,162
3,141,581	2	5,282,164
3,141,582	2	5,282,166
3,141,583	2	5,282,168
3,141,584	2	5,282,170
3,141,585	2	5,282,172
3,141,586	2	5,282,174
3,141,587	2	5,282,176
3,141,588	2	5,282,178
3,141,589	2	5,282,180
3,141,590	2	5,282,182
3,141,591	2	5,282,184
3,141,592	2	5,282,186

따라서 다음과 같은 문제로 분해해서 생각해 봅시다.

- 작은 문제0: 쉼표가 0개 찍혀있는 3141592 이하의 수만 뽑았을 때, 쉼표는 몇 개 찍혀있는지 구해 주세요.

- 작은 문제1: 쉼표가 1개 찍혀있는 3141592 이하의 수만 뽑았을 때, 쉼표는 몇 개 찍혀있는지 구해 주세요.

- 작은 문제2: 쉼표가 2개 찍혀있는 3141592 이하의 수만 뽑았을 때, 쉼표는 몇 개 찍혀있는지 구해 주세요.

작은 문제는 비교적 간단하게 풀 수 있습니다. 3141592 이하의 정수 중에서

- 쉼표가 0개 찍히는 범위는 1~999(999개)

- 쉼표가 1개 찍히는 범위는 1000~999999(999000개)

- 쉼표가 2개 찍히는 범위는 1000000~3141592(2141593개)

이므로 작은 문제0의 답은 999 × 0 = 0, 작은 문제1의 답은 999000 × 1 = 999000, 작은 문제2의 답은 2141593 × 2 = 4283186입니다. 원래 문제의 답은 "작은 문제 답의 합계"이므로, 0 + 999000 + 4283186 = 5282186이 됩니다.

5.6.2 예제2 : 최대공약수의 최댓값

작은 문제로 분해한다는 접근 방법은 추상적이면서 어려우므로, 구체적인 예를 하나 더 소개하겠습니다.

A 이상 B 이하 중에서 서로 다른 2개의 정수 x, y를 선택합니다. x와 y의 최대공약수(➡ 2.5.2항)로 생각할 수 있는 최댓값을 구해 주세요. 예를 들어서 (A, B) = (9, 15)의 경우, 답은 5입니다(x = 10, y = 15를 선택했을 때가 최적의 경우).

제약

$1 \leq A < B \leq 2 \times 10^5$

입력은 모두 정수입니다

실행 시간 제한

2초

입력

A B

출력

답을 출력해 주세요.

입력 예1

2 4

출력 예1

2

조건을 만족하는 (x, y) 선택 방법은 (2, 3), (2, 4), (3, 4)로 3개입니다. 각각 최대공약수는 1, 2, 1이므로, 최댓값은 2입니다.

입력 예2

199999 200000

출력 예2

1

gcd(199999, 200000) = 1입니다.

출전

제2회 일본 최강 프로그래머 학생 선수권 C – Max GCD 2

일단 직접 x, y를 전체 탐색하는 방법이 있습니다. 하지만 유클리드 호제법(➡ 3.2절)을 사용해서 최대공약수를 구한다고 해도 복잡도가 $O((B{-}A)^2 \log B)$로 나와서 느립니다.

따라서 답이 반드시 B 이하라는 것을 사용해서, 다음과 같은 작은 문제로 분해해서 생각해 봅시다.

- 작은 문제1: x, y가 모두 1의 배수가 되게 선택할 수 있는지 판정해 주세요.

- 작은 문제2: x, y가 모두 2의 배수가 되게 선택할 수 있는지 판정해 주세요.

- 작은 문제3: x, y가 모두 3의 배수가 되게 선택할 수 있는지 판정해 주세요.

  ⋮

- 작은 문제B: x, y가 모두 B의 배수가 되게 선택할 수 있는지 판정해 주세요.

이때 "Yes가 나오는 작은 문제 중 가장 높은 번호"가 구하고자 하는 "최대공약수의 최댓값"입니다. 다음 그림은 $A=9$, $B=15$일 때의 예입니다. 작은 문제 1 · 2 · 3 · 5에서 Yes, 작은 문제 4 · 6 · 7 · 8 · 9 · 10 · 11 · 12 · 13 · 14 · 15에서는 No가 나오므로, 답은 5입니다.

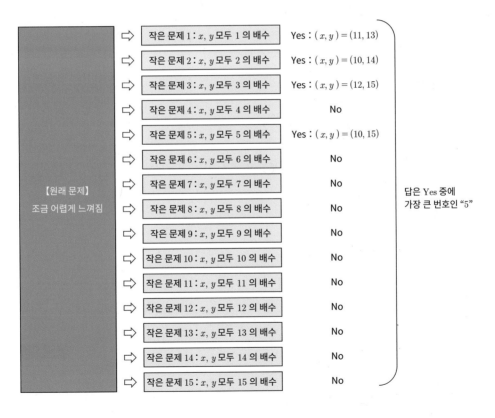

그럼 이어서 작은 문제를 풀기 쉬운 형태로 바꿔봅시다. t의 배수 중에서 A 이상 B 이하인 것이 0개 또는 1개라면, 해당 작은 문제의 답은 곧바로 No입니다. 반대로 2개 이상이라면 t의 배수 중에서 2개를 선택해서 각각 x와 y에 할당하면, x와 y 모두 t의 배수가 되게 만들 수 있습니다.

예를 들어서 (A, B, t) = (9, 15, 5)라면, 5의 배수 중에서 9 이상 15 이하의 정수인 것이 10과 15로 2개 있습니다. 따라서 다음 그림처럼 x = 10, y = 15로 놓으면, 양쪽 모두 5의 배수가 됩니다.

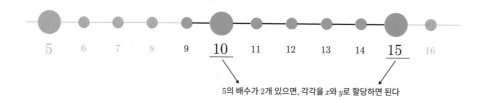

5의 배수가 2개 있으면, 각각을 x와 y로 할당하면 된다

따라서 각 작은 문제를 다음과 같이 변형해서 생각할 수 있습니다[8].

- 작은 문제1: $\lfloor B/1 \rfloor - \lceil A/1 \rceil \geqq 1$인지 판정해 주세요.

- 작은 문제2: $\lfloor B/2 \rfloor - \lceil A/2 \rceil \geqq 1$인지 판정해 주세요.

- 작은 문제3: $\lfloor B/3 \rfloor - \lceil A/3 \rceil \geqq 1$인지 판정해 주세요.

  ⋮

- 작은 문제B: $\lfloor B/B \rfloor - \lceil A/B \rceil \geqq 1$인지 판정해 주세요.

따라서 코드 5.6.1처럼 구현하면, 복잡도 $O(B)$로 문제를 풀 수 있습니다.

코드 5.6.1 예제2를 푸는 프로그램

```python
# 작은 문제 t를 푸는 함수
def small_problem(A, B, t):
    cl = (A + t - 1) // t  # A÷t의 소수점 아래를 자릅니다.
    cr = B // t  # B÷t의 소수점 아래를 자릅니다.
    if cr - cl >= 1:
        return True
    else:
        return False

A, B = map(int, input().split())
for i in range(1, B + 1):
    if small_problem(A, B, i) == True:
```

---

8   B 이하에서 가장 큰 t의 배수는 $\lfloor B/t \rfloor \times t$, A 이상에서 가장 작은 t의 배수는 $\lceil A/t \rceil \times t$입니다. 따라서 "$t$의 배수 중에서 A 이상 B 이하인 것이 2개 이상 있는가?"라는 조건은 $\lfloor B/t \rfloor - \lceil A/t \rceil \geqq 1$라고 바꿔 말할 수 있습니다.

```
        answer = i
print(answer)
```

연습 문제

문제 5.6.1 ★★

50·100·500원 동전을 사용해서, 1000원을 지불하는 방법에 대해서 다음 문제를 차근차근 답변해 주세요.

1. 500원 동전 2개를 사용해서 지불하는 방법은 몇 가지인가요?

2. 500원 동전 1개를 사용해서 지불하는 방법은 몇 가지인가요?

3. 500원 동전 0개를 사용해서 지불하는 방법은 몇 가지인가요?

4. 전체 지불 방법은 몇 가지인가요?

참고로 이 문제는 동전의 종류가 아무리 많아져도, 이번 절에서 다루었던 "작은 문제로 분해하는 접근 방법"과 "동적계획법(➡ 3.7 절)"을 활용하면 풀 수 있습니다.

문제 5.6.2 문제 ID : 073 ★★★★

오름차순으로 정렬된 N개의 양의 정수 $A_1, A_2, \cdots, A_N$에서 1개 이상의 정수를 선택하는 방법은 2^N-1가지 있습니다. 이를 활용해서 '선택한 정수 조합에서 최댓값'의 합계를 복잡도 O(N)으로 구하는 프로그램을 작성해 주세요. 표현이 조금 어려우므로, 다음 입력 예와 출력 예를 확인해 주세요. 답이 굉장히 클 가능성이 있으므로, 1000000007로 나눈 나머지를 출력해 주세요.

제약

$1 \leq N \leq 300000$

$1 \leq A_1 \leq A_2 \leq \cdots \leq A_N \leq 10^9$

입력은 모두 정수입니다.

입력

N

$A_1 \, A_2 \, \cdots \, A_N$

출력

답을 출력해 주세요.

입력 예1

```
3
3 5
```

출력 예1

```
13
```

{3}, {5}, {3, 5}라는 3가지 선택 방법이 있으므로, 답은 3 + 5 + 5 = 13입니다.

5.7 더해진 횟수 생각하기

이어서 소개할 수학적 접근 방법은 "더해진 횟수를 생각하는 테크닉"입니다. 이 방법은 범용성이 굉장히 높습니다. 초등학교 수학 시간에 배우는 덧셈 피라미드 등 다양한 곳에 활용할 수 있습니다. 하지만 지금까지 살펴보았던 적이 한 번도 없다면, 접근 방법이 조금 추상적이라 어렵다고 느낄 수도 있겠습니다. 따라서 이번 절에서는 쉬운 문제부터 어려운 문제까지 단계적으로 5개의 예제를 살펴보겠습니다. 예제들을 살펴보며, 테크닉을 확실하게 익혀봅시다.

5.7.1 — 도입: 테크닉 소개

총합과 기댓값을 계산할 때 직접 계산할 수도 있습니다. 그런데 "각 부분이 몇 번 더해졌는가?" 또는 "각 부분이 계산에 어느 정도의 영향을 주는가?"를 생각했을 때, 계산을 훨씬 빠르게 할 수 있는 경우가 있습니다. 간단하게 다음과 같은 경우를 생각해 봅시다.

> 다음 5개의 값을 모두 더한 값을 구해 주세요.
>
> - 값1: 1 + 10 + 100
> - 값2: 1 + 100
> - 값3: 1 + 10
> - 값4: 10 + 100
> - 값5: 1

이 문제는 다음과 같이 단순하게 계산할 수도 있습니다. 그런데 계산이 조금 귀찮습니다.

$$(1 + 10 + 100) + (1 + 100) + (1 + 10) + (10 + 100) + 1$$
$$= 111 + 101 + 11 + 110 + 1$$
$$= 334$$

그런데 "1을 4번 더한다", "10을 3번 더한다", "100을 3번 더한다"라고 생각하고 계산해 보면,

$$(1 \times 4) + (10 \times 3) + (100 \times 3)$$
$$= 4 + 30 + 300$$
$$= 334$$

라고 계산할 수 있습니다. 다음 그림의 왼쪽처럼 가로로 생각했던 문제를, 오른쪽처럼 세로로 생각한 것이라고 이해할 수 있습니다. 왼쪽 방법(단순한 방법)은 각 행의 총합을 계산하지만, 오른쪽 방법(개선한 방법)은 각 열의 총합을 계산하고 있습니다.

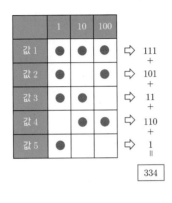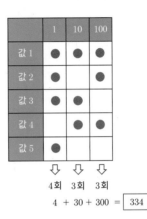

5.7.2 ─ 예제1 : 차의 합계 구하기(Easy)

더한 횟수를 생각하는 테크닉에 익숙해질 수 있게, 이번 절부터 5.7.6항까지는 구체적인 예를 몇 개 소개하겠습니다. 첫 번째 문제는 처음 보면 간단하게 생각할 수도 있는 계산 문제입니다.

N = 10일 때 다음 식을 손으로 계산해 보세요.

$$\sum_{i=1}^{N} \sum_{j=i+1}^{N} (j - i)$$

이 문제는 시그마 기호(➡ 2.5.9항)를 전개해서 직접 계산하면 풀 수 있습니다. 하지만 전부 $_{10}C_2 = 45$회 뺄셈해야 하므로, 프로그래밍하지 않고 손으로 계산하기에는 조금 귀찮습니다.

식	누적 합계		식	누적 합계		식	누적 합계
2 − 1 = 1	1		9 − 2 = 7	73		6 − 5 = 1	131
3 − 1 = 2	3		10 − 2 = 8	81		7 − 5 = 2	133
4 − 1 = 3	6		4 − 3 = 1	82		8 − 5 = 3	136
5 − 1 = 4	10		5 − 3 = 2	84		9 − 5 = 4	140
6 − 1 = 5	15		6 − 3 = 3	87		10 − 5 = 5	145
7 − 1 = 6	21		7 − 3 = 4	91		7 − 6 = 1	146
8 − 1 = 7	28		8 − 3 = 5	96		8 − 6 = 2	148
9 − 1 = 8	36		9 − 3 = 6	102		9 − 6 = 3	151
10 − 1 = 9	45		10 − 3 = 7	109		10 − 6 = 4	155
3 − 2 = 1	46		5 − 4 = 1	110		8 − 7 = 1	156
4 − 2 = 2	48		6 − 4 = 2	112		9 − 7 = 2	158
5 − 2 = 3	51		7 − 4 = 3	115		10 − 7 = 3	161
6 − 2 = 4	55		8 − 4 = 4	119		9 − 8 = 1	162
7 − 2 = 5	60		9 − 4 = 5	124		10 − 8 = 2	164
8 − 2 = 6	66		10 − 4 = 6	130		10 − 9 = 1	165 ← 답

따라서 다음과 같이 문제를 여러 부분으로 분해하고, 어떤 것이 몇 번 더해졌는지를 생각해 봅시다.

- 부분1: 1은 몇 번 더해졌는가?

- 부분2: 2는 몇 번 더해졌는가?

- 부분3: 3은 몇 번 더해졌는가

　…

- 부분10: 10은 몇 번 더해졌는가?

다음 그림처럼 부분1은 −9번, 부분2는 −7번, 부분3은 −5번, …, 부분10은 9번 더해진다는 것을 알 수 있습니다. 참고로 여기에서 뺄셈은 −1회 더하는 것으로 생각했습니다.

1		2 −1	3 −1	4 −1	5 −1	6 −1	7 −1	8 −1	9 −1	10 −1	▷ −9번 더해졌음
2	2 −1		3 −2	4 −2	5 −2	6 −2	7 −2	8 −2	9 −2	10 −2	▷ −7번 더해졌음
3	3 −1	3 −2		4 −3	5 −3	6 −3	7 −3	8 −3	9 −3	10 −3	▷ −5번 더해졌음
4	4 −1	4 −2	4 −3		5 −4	6 −4	7 −4	8 −4	9 −4	10 −4	▷ −3번 더해졌음
5	5 −1	5 −2	5 −3	5 −4		6 −5	7 −5	8 −5	9 −5	10 −5	▷ −1번 더해졌음
6	6 −1	6 −2	6 −3	6 −4	6 −5		7 −6	8 −6	9 −6	10 −6	▷ +1번 더해졌음
7	7 −1	7 −2	7 −3	7 −4	7 −5	7 −6		8 −7	9 −7	10 −7	▷ +3번 더해졌음
8	8 −1	8 −2	8 −3	8 −4	8 −5	8 −6	8 −7		9 −8	10 −8	▷ +5번 더해졌음
9	9 −1	9 −2	9 −3	9 −4	9 −5	9 −6	9 −7	9 −8		10 −9	▷ +7번 더해졌음
10	10 −1	10 −2	10 −3	10 −4	10 −5	10 −6	10 −7	10 −8	10 −9		▷ +9번 더해졌음

그럼 이어서 답을 구해 봅시다. 답은 (해당 값)×(해당 값을 몇 번 더했는가?)의 총합입니다. 따라서 다음과 같이 계산할 수 있습니다.

$$(1\times(-9))+(2\times(-7))+(3\times(-5))+(4\times(-3))+(5\times(-1))$$
$$+(6\times1)+(7\times3)+(8\times5)+(9\times7)+(10\times9)$$
$$=(-9)+(-14)+(-15)+(-12)+(-5)+6+21+40+63+90$$
$$=165$$

N이 100 정도로 증가하면, 계산 횟수의 차이가 크게 벌어집니다. 직접 계산하면 $_{100}C_2$=4950회의 뺄셈을 해야 합니다. 하지만 더해진 횟수를 생각해서 계산하면, 덧셈과 곱셈을 합쳐서 200번 정도만 계산하면 됩니다[9].

5.7.3 ── 예제2 : 차의 합 계산하기(Hard)

이어서 예제1을 일반화한 다음 문제를 생각해 봅시다.

N개의 정수 $A_1, A_2, \cdots, A_N$이 주어지고, $A_1<A_2<\cdots<A_N$을 만족합니다. 이때 다음과 같은 식을 계산해 주세요.

$$\sum_{i=0}^{N}\sum_{j=i+1}^{N}(A_j-A_i)$$

제약

$2\leq N\leq 200000$

$1\leq A_1<A_2<\cdots<A_N\leq 10^6$

입력은 모두 정수입니다.

실행 시간 제한

2초

---

9 이 문제의 답은 정수 N을 사용해서, $(N^3-N)/6$으로 나타낼 수 있습니다. 따라서 이 식에 N = 10 또는 N = 100을 대입하면, 몇 번의 계산만으로 문제를 풀 수 있습니다. 다만 이와 같은 방법은 다음 절에서 살펴보는 예제2에서는 적용되지 않습니다.

입력

N

$A_1 A_2 \cdots A_N$

출력

답을 출력해 주세요.

입력 예

```
3
1 3 5
```

출력 예

```
8
```

$(A_2 - A_1) + (A_3 - A_1) + (A_3 - A_2) = 2 + 4 + 2 = 8$이므로, 8을 출력합니다.

이 문제도 시그마 기호를 전개해서 직접 계산하는 방법을 생각해 볼 수 있을 것입니다. 하지만 그렇게 계산하면, 복잡도가 $O(N^2)$이 되어버립니다. 가장 최악의 상황을 가정해서 $N = 200000$이라면 2초 이내에 문제를 풀 수 없는 복잡도입니다.

따라서 예제1처럼 각각의 값이 몇 번씩 더해지는지를 생각해 봅시다. 횟수를 정리해 보면, 다음 표와 같습니다.

값	A_1	A_2	A_3	$\cdots$	A_i	$\cdots$	A_N
덧셈으로 더해지는 횟수	0	1	2	$\cdots$	$i-1$	$\cdots$	$N-1$
뺄셈으로 더해지는 횟수	$-N+1$	$-N+2$	$-N+3$	$\cdots$	$-N+i$	$\cdots$	0
전체 더해지는 횟수	$-N+1$	$-N+3$	$-N+5$	$\cdots$	$-N+2i-1$	$\cdots$	$N-1$

따라서 구하고자 하는 값 Answer는 (해당 값) × (몇 번 더했는가)의 총합이므로, 다음과 같은 식으로 계산할 수 있습니다.

$$Answer = \sum_{i=0}^{N} A_i(-N + 2i - 1)$$

이 식은 복잡도 $O(N)$으로 풀 수 있으므로, 직접 계산한 경우보다 훨씬 효율적입니다. 참고로, 누적합(⇒ 4.2절)을 사용해서 복잡도 $O(N)$으로 풀 수도 있습니다.

코드 5.7.1 예제2를 푸는 프로그램

```
# 입력
N = int(input())
A = list(map(int, input().split()))

# 답 구하기
answer = 0
for i in range(N):
    # i = 0부터 시작하므로, "-N + 2 * i - 1"이 아니라, "-N + 2 * i + 1"를 곱했음
    answer += A[i] * (-N + 2 * i + 1)

# 답 출력
print(answer)
```

5.7.4 ─ 예제3 : 덧셈 피라미드(Easy)

이어서 소개하는 문제는 "덧셈 피라미드"라는 유명한 문제입니다.

다음 그림과 같은 5단 피라미드가 있습니다. 가장 아래에는 정수 20, 22, 25, 43, 50이 적혀 있습니다. "이웃한 2개의 수를 더한 값을 다음 단계에 작성"하는 조작을 반복했을 때, 가장 위 단계에 계산되는 정수를 손계산으로 구해 주세요.

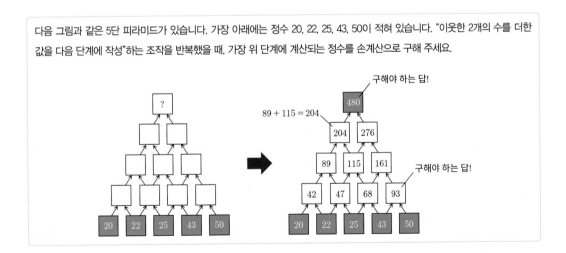

위의 그림처럼 직접 계산하는 방법도 있을 것입니다. 하지만 덧셈을 10번이나 해야 하므로 조금 귀찮습니다. 따라서 다음과 같이 문제를 여러 부분으로 분해해서, 어떤 값이 몇 번 더해졌는지를 생각해 봅시다.

- 부분1: 왼쪽에서 1번째 수(현재 20)가 몇 번 더해지는가?

- 부분2: 왼쪽에서 2번째 수(현재 22)가 몇 번 더해지는가?

- 부분3: 왼쪽에서 3번째 수(현재 25)가 몇 번 더해지는가?

- 부분4: 왼쪽에서 4번째 수(현재 43)가 몇 번 더해지는가?

- 부분5: 왼쪽에서 5번째 수(현재 50)가 몇 번 더해지는가?

다음 그림처럼 가장 아래에 있는 수를 a, b, c, d, e라는 문자로 변환해서 값을 구해 보면, 가장 위에 있는 숫자는 $a + 4b + 6c + 4d + e$가 됩니다. 각각 1, 4, 6, 4, 1회 더해진다는 것을 알 수 있습니다.

따라서 가장 위에 적혀 있는 정수는 다음과 같은 방법으로 계산할 수 있습니다.

$$
(20 \times 1) + (22 \times 4) + (25 \times 6) + (43 \times 4) + (50 \times 1)
$$
$$
= 20 + 88 + 150 + 172 + 50
$$
$$
= 480
$$

이처럼 2번째 단계, 3번째 단계 등 중간의 값을 계산하지 않고도, 곧바로 가장 위의 값을 구할 수 있습니다. 참고로 이 방법은 가장 아래의 값이 20, 22, 25, 43, 50일 때뿐만 아니라, 모든 경우에 적용할 수 있습니다.

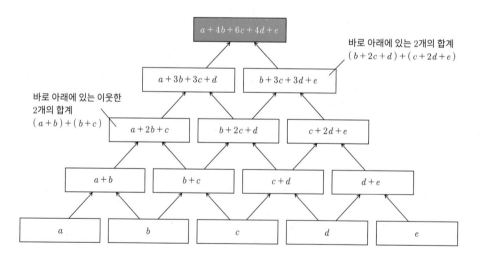

이어서 더해진 횟수가 1, 4, 6, 4, 1이 되는 다른 이유를 생각해 봅시다. 사실 어떤 칸이 더해진 횟수는 "화살표를 통해서 해당 칸에서 가장 위의 칸으로 이동하는 경로의 수"와 같습니다. 예를 들어서 "가장 아래 줄의 왼쪽에서 2번째 칸"에서 "가장 위의 칸"으로 이동하는 경로는 (1) "왼쪽→오른쪽→오른쪽→오른쪽", (2) "오른쪽→왼쪽→오른쪽→오른쪽", (3) "오른쪽→ 오른쪽→왼쪽→오른쪽", (4) "오른쪽→오른쪽→오른쪽→왼쪽"으로 4가지입니다. 따라서 왼쪽에서 2번째 칸의 수는 4번 더해지는 것입니다[10].

추가적으로 "가장 아래 줄의 왼쪽에서 i번째 칸"에서 "가장 위의 칸"으로 가기 위해 4회 이동하려면, 4번의 이동 중에서 왼쪽을 $i - 1$번 선택해야 합니다. 따라서 경로의 수는 $_4C_{i-1}$이라고 할 수 있습니다.

- 왼쪽에서 1번째 수가 더해진 횟수: $_4C_0=1$회
- 왼쪽에서 2번째 수가 더해진 횟수: $_4C_1=4$회
- 왼쪽에서 3번째 수가 더해진 횟수: $_4C_2=6$회
- 왼쪽에서 4번째 수가 더해진 횟수: $_4C_3=4$회
- 왼쪽에서 5번째 수가 더해진 횟수: $_4C_4=1$회

그럼 이와 같은 접근 방법을 활용해 다음 절의 "일반적인 덧셈 피라미드" 문제를 풀어봅시다.

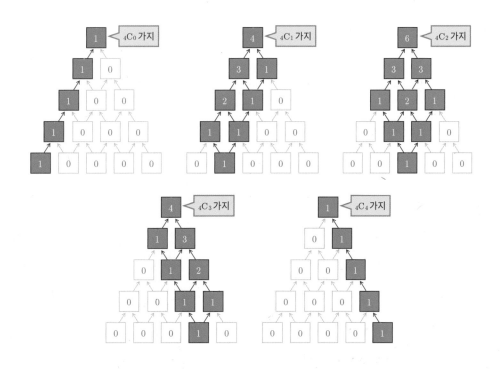

---

10   이는 동적계획법으로도 도출할 수 있습니다. 잘 모르겠다면 연습 문제 3.7.2 / 연습 문제 3.7.3으로 돌아가서 확인해 보세요.

5.7.5 예제4 : 덧셈 피라미드(Hard)

이어서 예제3을 일반화한 문제를 프로그래밍으로 풀어봅시다. 조금 어려운 문제입니다.

문제 ID : 075

N층의 피라미드가 있습니다. 가장 아래층에는 왼쪽에서부터 차례대로 $A_1, A_2, \cdots, A_N$까지 적혀있습니다. "이웃한 두 숫자를 더한 값을 위의 층에 작성"하는 조작을 반복했을 때, 가장 위에 적혀있는 정수가 몇인지 구해 주세요. 그리고 이 정수를 1000000007로 나눈 나머지를 답으로 내주세요.

제약

$2 \leq N \leq 200000$

$1 \leq A_i \leq 10^9$

입력은 모두 정수입니다.

실행 시간 제한

2초

입력

N

$A_1\ A_2\ \cdots\ A_N$

출력

답을 출력해 주세요.

입력 예

```
5
20 22 25 43 50
```

출력 예

```
480
```

피라미드는 다음과 같이 구성됩니다. 따라서 480을 출력합니다.

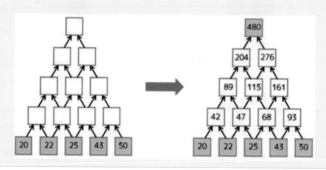

직접 계산하면 복잡도가 $O(N^2)$이 되어 효율이 좋지 않습니다. 따라서 "어떤 칸의 수가 몇 번 더해지는가?"를 생각해 봅시다. 왼쪽에서 i번째 수는 $_{N-1}C_{i-1}$회 더해질 것입니다. 따라서 가장 위 칸의 값을 Answer라고 하면, 이를 다음과 같이 구할 수 있습니다.

$$Answer = \sum_{i=1}^{N}(A_i \times {}_{N-1}C_{i-1})$$

여기까지 이해했다면, 이제 정답과 가깝습니다. 이항계수 $_nC_r$의 값은 모듈러 역수를 사용해서 계산할 수 있으므로(➡ 4.6.8항), 코드 5.7.2처럼 구현할 수 있습니다. 이렇게 하면 복잡도 O(N log P)만으로, 가장 위의 칸을 P = 1000000007로 나눈 나머지를 정확하게 구할 수 있습니다.

이처럼 무엇을 몇 번 더했는지 생각하면, 중간의 값을 하나하나 계산하지 않아도, 답을 구할 수 있는 경우가 꽤 많습니다.

코드 5.7.2 **예제4를 푸는 프로그램**

```python
# 반복제곱법(p는 a**1, a**2, a**4, a**8, ...)
def modpow(a, b, m):
    p = a
    answer = 1
    for i in range(30):
        if (b & (1 << i)) != 0:
            answer = (answer * p) % m
        p = (p * p) % m
    return answer


# division(a, b, m)은 a÷b mod m을 리턴하는 함수
def division(a, b, m):
    return (a * modpow(b, m - 2, m)) % m


# ncr는 n!을 r! × (n-r)!로 나눈 값
def ncr(n, r):
    global fact, MOD
    return division(fact[n], fact[r] * fact[n - r] % MOD, MOD)


MOD = 1000000007
LIMIT = 200000
```

```
# 배열 fact 초기화(fact[i]는 i!을 1000000007로 나눈 나머지)
fact = [ None ] * (LIMIT + 1)
fact[0] = 1
for i in range(1, LIMIT + 1):
    fact[i] = fact[i - 1] * i % MOD

# 입력
N = int(input())
A = list(map(int, input().split()))

# 답 구하기
answer = 0
for i in range(N):
    answer += A[i] * ncr(N - 1, i)
    answer %= MOD

# 답 출력
print(answer)
```

5.7.6 — 예제5 : 상금 기댓값 구하기

지금까지 합계를 구하는 문제만 다뤘습니다. 하지만 더해진 횟수를 생각하는 테크닉은 기댓값(➡ 3.4절)
과 관련된 문제를 풀 때도 활용할 수 있습니다. 일단 다음 문제를 손계산으로 풀어봅시다.

철수는 50%의 확률로 앞면이 나오는 코인을 7번 던지는 내기에 참가했습니다. 이 내기는 앞면이 3번 연속으로 나올 때마다 1만
원을 줍니다. 예를 들어서 "앞→앞→앞→앞→뒤→앞→앞"이라는 순서로 나왔다면, 1~3번째와 2~4번째가 모두 앞면이므로, 2만
원의 상금을 받습니다. 철수가 받을 수 있는 상금의 기댓값을 구해 주세요.

코인의 앞면을 모두 전체 탐색하면, 2^7=128가지 경우를 확인해야 합니다. 이를 확인하는 것은 조금 힘들므로 주어진 상금의 기댓값을 여러 부분으로 분해해 봅시다.

- 부분1: 1 · 2 · 3번째 던지기로 1만 원이 평균 몇 회 더해지는가?

- 부분2: 2 · 3 · 4번째 던지기로 1만 원이 평균 몇 회 더해지는가?

- 부분3: 3 · 4 · 5번째 던지기로 1만 원이 평균 몇 회 더해지는가?

- 부분4: 4 · 5 · 6번째 던지기로 1만 원이 평균 몇 회 더해지는가?

- 부분5: 5 · 6 · 7번째 던지기로 1만 원이 평균 몇 회 더해지는가?

여기에서 3연속으로 앞면이 나오는 확률은 0.5×0.5×0.5=0.125입니다. 따라서 모든 부분에서

- 1만 원이 더해지는 확률: 0.125

- 1만 원이 더해지지 않는 확률: 0.875

가 되어서, 더해지는 횟수의 기댓값이 0.125회라는 것을 알 수 있습니다. 따라서 구하고자 하는 답은

$$(10000 \times 0.125) + (10000 \times 0.125) + \cdots + (10000 \times 0.125)$$
$$= 1250 + 1250 + 1250 + 1250 + 1250$$
$$= 6250$$

이 됩니다. 전체 탐색으로 구하는 방법과 비교해서, 계산이 압도적으로 간단합니다.

다만 이번 문제를 보아도 "다른 기댓값 문제에서도 더해지는 횟수를 생각하는 방법이 잘 먹힐까?"라는 의문을 가진 사람들이 있을 것이라 생각합니다. 기댓값은 선형성(➡ 3.4.3)을 갖습니다. 따라서 이 테크닉은 모든 기댓값 문제에 적용할 수 있습니다.

연습 문제

문제 5.7.1 ★

2021+2021+1234+2021+1234+1234+1234+2021+1234를 계산해 주세요.

문제 5.7.2 ★★

주사위를 몇 개 던졌을 때의 "아름다움"을 "서로 다른 두 주사위의 조합 중에서 같은 눈이 나온 조합의 수"라고 정의합시다. 예를 들어서 주사위의 눈이 [1, 5, 1, 6, 6, 1]일 때, (1) 1번째와 3번째, (2) 1번째와6번째, (3) 3번째와 6번째, (4) 4번째와 5번째라는 4개의 조합에서 같은 눈이 나옵니다. 따라서 "아름다움"은 4입니다. 1~6의 눈이 같은 확률로 나오는 주사위를 4개 던졌을 때, 아름다움의 기댓값을 손 계산으로 구해 주세요.

문제 5.7.3 문제 ID : 076 ★★★

N개의 양의 정수 $A_1, A_2, A_3, \cdots, A_N$이 주어졌을 때, 다음 값을 복잡도 $O(NlogN)$으로 계산하는 프로그램을 작성해 주세요(힌트: 배열의 정렬➡3.6절)(출전: AtCoder Beginner Contest 186 D - Sum of difference).

$$\sum_{i=1}^{N} \sum_{j=i+1}^{N} |A_i - A_j|$$

제약

$2 \leqq N \leqq 2 \times 10^5$

$|A_i| \leqq 10^8$

입력은 모두 정수입니다.

실행 시간 제한

2초

입력

N

$A_1\, A_2 \cdots A_N$

출력

답을 출력해 주세요.

입력 예1

```
3
5 1 2
```

출력 예1

```
8
```

|5−1|+|5−2|+|1−2|=8입니다.

입력 예2

```
5
31 41 59 26 53
```

입력 예2

```
176
```

문제 5.7.4   문제 ID : 077 ★★★★

2차원 좌표 위에 N개의 점이 있습니다. i번째 점의 좌표를 X_i, Y_i라고 합니다. dist(i, j)를 i번째 점과 j번째 점 사이의 맨해튼 거리라고 할 때, 다음 수식의 값을 구하는 프로그램을 작성해 주세요. 맨해튼 거리는 좌표 (x_1, y_1)과 좌표 (x_2, y_2)가 있을 때, $|x_1 - x_2| + |y_1 - y_2|$를 의미합니다.

$$\sum_{i=1}^{N}\sum_{j=i+1}^{N} dist(i,j)$$

제약

$2 \leqq N \leqq 200000$

$-10^8 \leqq X_i, Y_i \leqq 10^5$

입력은 모두 정수입니다.

실행 시간 제한

1초

입력

N

$X_1\ Y_1$

$X_2\ Y_2$

$\vdots$

$X_N\ Y_N$

출력

답을 출력해 주세요.

입력 예1

```
2
1 2
10 20
```

출력 예

```
27
```

5.2 상한을 생각하기

일반적으로 '생각할 수 있는 답 중에서 가장 최적의 답을 구하는 문제'를 최적화 문제라고 부릅니다. 이러한 종류의 문제를 풀 때는 '얼마나 최적의 값과 가까운지를 나타내는 지표'를 평가값으로 활용할 때, 평가값의 상한을 활용하는 경우가 많습니다. 즉, '절대로 어떤 값을 넘는 평가값이 나올 수 없다'라는 성질을 활용해서 문제를 푸는 것입니다.

예를 들어서 자신이 생각해낸 방법이 최적이라는 확신이 들지 않을 때 상한을 예측해서 최적성을 증명할 수 있습니다. 또한 해답을 잘 모르겠는 경우에도 "상한 자체가 답이 아닌가?"라는 접근 방법으로 생각해서, 문제를 풀 수 있는 경우도 많습니다. 설명이 조금 추상적인데요. 여러 예제를 풀어보면서 어떤 테크닉인지 살펴보고, 익숙해져 봅시다.

5.8.1 ─── 예제1 : 추의 무게 ─────────────

일단 다음 문제를 생각해 봅시다. 이번 절은 '최적성의 증명'에 초점을 맞추고 있으므로, 다른 절과 비교해서 프로그래밍을 사용하지 않는 문제가 많습니다.

A · B · C · D라는 4개의 추가 있고, 다음과 같은 조건을 만족합니다.

- 추A와 추B 중에서 무거운 것은 6kg 이하입니다.

- 추B와 추C 중에서 무거운 것은 3kg 이하입니다.

- 추C와 추D 중에서 무거운 것은 4kg 이하입니다.

모든 추의 합계 무게로 나올 수 있는 최댓값을 구해 주세요.

바로 답을 적겠습니다. 추 A · B · C · D의 무게가 각각 6kg, 3kg, 3kg, 4kg일 때, 합계 무게가 최대인 16kg이 나옵니다. 그럼 17kg 이상은 나올 수 없는 것일까요? 없습니다. 이는 다음과 같이 상한을 예측해서 증명할 수 있습니다.

- 1번째 조건은 "추A · B 모두 6kg 이하"라고 바꿔 말할 수 있습니다.

- 2번째 조건은 "추B · C 모두 3kg 이하"라고 바꿔 말할 수 있습니다.

- 3번째 조건은 "추C · D 모두 6kg 이하"라고 바꿔 말할 수 있습니다.

- 이러한 조건을 만족하려면, 추A · B · C · D는 차례로 6kg, 3kg, 3kg, 4kg 이하여야 합니다. 따라서 모든 추의 무게의 최댓값은 $6 + 3 + 3 + 4 = 16(kg)$밖에 나올 수 없습니다.

참고로 최적의 답을 어떻게 구해야 할지 모르겠는 경우에도, "모든 추에 상한값을 적용시키면 모든 조건을 만족하므로, 이게 답일 것이다"처럼 상한을 힌트로서 활용할 수 있습니다.

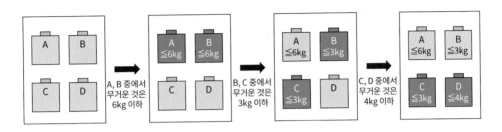

5.8.2 — 예제2 : 나이의 최댓값(Easy)

그럼 이제 본격적으로 관련된 문제를 살펴봅시다. 일단 다음 문제를 생각해 봅시다.

> ALGO라는 가족에는 6명의 사람이 있습니다. 각 사람에게는 1부터 6까지의 번호가 붙어 있습니다. 당신은 사람1의 나이가 0살이며, 다른 사람의 나이는 0 이상 120 이하의 정수라는 것을 알고 있습니다. 추가적으로 다음과 같은 7개의 조건을 만족함도 알고 있습니다.
>
> - 사람1과 사람2의 나이는 0살 차이 또는 1살 차이이다.
>
> - 사람1과 사람3의 나이는 0살 차이 또는 1살 차이이다.
>
> - 사람2와 사람4의 나이는 0살 차이 또는 1살 차이이다.
>
> - 사람2와 사람5의 나이는 0살 차이 또는 1살 차이이다.
>
> - 사람3과 사람4의 나이는 0살 차이 또는 1살 차이이다.
>
> - 사람4와 사람6의 나이는 0살 차이 또는 1살 차이이다.
>
> - 사람5와 사람6의 나이는 0살 차이 또는 1살 차이이다.
>
> 사람1, 2, 3, 4, 5, 6의 나이로 생각할 수 있는 최댓값을 구해 주세요.

일단 가족의 나이 조합을 전체 탐색하는 방법이 있을 것입니다. 하지만 별다른 추가 제약이 없다면, $121^5 = 25937424601$가지를 확인해야 합니다. 손계산은 물론이고, 프로그래밍을 사용해도 조금 힘든 일입니다.

그럼 나이 차이 관계를 그래프(➡ 4.5절)로 나타내서 생각해 봅시다. 일반적으로 두 대상의 관계를 나타내는 문제는 이처럼 그래프를 사용해서 표현했을 때 답을 찾는 방법이 조금 보입니다.

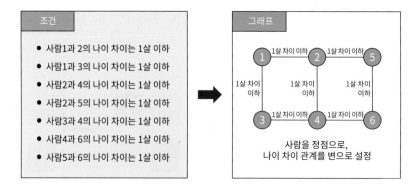

그럼 알 수 있는 정보부터 차례대로 생각해 보면, 다음과 같습니다.

1. 문제의 설명에 따라서 사람1은 0살

2. "0살 이하"라는 것이 확실한 사람은 사람1
   - 사람1과 사람2의 나이 차이는 1 이하이므로, 사람2는 0 + 1 = 1살 이하
   - 사람1과 사람3의 나이 차이는 1 이하이므로, 사람3은 0 + 1 = 1살 이하

3. "1살 이하"라는 것이 확실한 사람은 사람2와 사람3
   - 사람3과 사람4의 나이 차이는 1살 이하이므로, 사람4는 1 + 1 = 2살 이하
   - 사람2와 사람5의 나이 차이는 1살 이하이므로, 사람5는 1 + 1 = 2살 이하

4. "1살 이하"라는 것이 확실한 사람은 사람4와 사람5
   - 사람4와 사람6의 나이 차이는 1살 이하이므로, 사람6은 2 + 1 = 3살 이하

5. 따라서 나올 수 있는 상한값은 사람1부터 차례대로 [0, 1, 1, 2, 2, 3]살이고, 이는 문제의 모든 조건을 충족하므로, 답은 [0, 1, 1, 2, 2, 3]살이다.

일련의 과정을 그림으로 정리해 보면, 다음과 같습니다. 0살 이하와 이웃한 정점은 1살 이하, 1살 이하와 이웃한 정점은 2살 이하, 2살 이하와 이웃한 정점은 3살 이하라고 적혀있습니다. 여기에서 중요한 것은 1 이상 N 이하의 모든 정수 i에 대해서, 사람i의 나이가 "정점1에서 정점i로 가는 최단 경로 길이"(➡ 4.5.4항)와 같다는 것입니다.

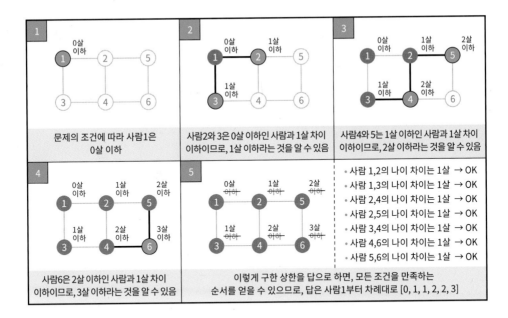

5.8.3 — 예제3 : 나이의 최댓값(Hard)

이어서 예제2를 일반화한 다음 문제를 프로그래밍으로 풀어봅시다.

문제 ID : 078

ALGO라는 가족에는 N명의 사람이 있습니다. 각 사람에게는 1부터 N까지의 번호가 붙어 있습니다. 당신은 사람1의 나이가 0살이며, 다른 사람의 나이는 0 이상 120 이하의 정수라는 것을 알고 있습니다. 추가적으로 다음과 같은 M개의 조건을 만족함도 알고 있습니다.

- 사람A_1과 사람B_1의 나이는 0살 차이 또는 1살 차이이다.
- 사람A_2과 사람B_2의 나이는 0살 차이 또는 1살 차이이다.
- ...
- 사람A_M과 사람B_M의 나이는 0살 차이 또는 1살 차이이다.

사람1, 2, 3, …, N의 나이로 생각할 수 있는 최댓값을 구해 주세요. 참고로 다음과 같은 경우, 예제2와 완전히 동일한 문제입니다.

- $N=6, M=7$
- $(A_i, B_i)=(1,2),(1,3),(2,4),(2,5),(3,4),(4,6),(5,6)$

제약

$2 \leqq N \leqq 100000$

$1 \leqq M \leqq 500000$

$1 \leqq A_i < B_i \leqq N$

입력은 모두 정수입니다.

실행 시간 제한

2초

입력

$N\ M$

$A_1\ B_1$

$A_2\ B_2$

$\vdots$

$A_N\ A_N$

출력

N줄을 출력해 주세요. i번째 줄($1 \leq i \leq N$)에는 사람 i의 나이로 생각할 수 있는 최댓값을 출력합니다.

입력 예

```
6 7
1 2
1 3
2 4
2 5
3 4
4 6
5 6
```

출력 예

```
0
1
1
2
2
3
```

나이 차이의 관계를 그래프로 나타내보면, 예제2의 경우, 사람i 나이의 최댓값이 "정점1에서 정점i까지의 최단거리 길이"와 같았습니다. 그럼 다른 경우에도 이런 사실이 성립할까요? 결론부터 말해서, 나이가 120살 이하라는 조건을 무시하면, "성립한다"입니다.

증명 방법은 굉장히 다양합니다. 예를 들어서 "x살 이하라고 적혀있는 정점의 최단 거리가 x라고 가정할 때, x + 1살 이하라고 작성된 정점의 최단 거리는 x + 1이 된다"와 같은 흐름으로 증명할 수도 있지만 (이와 같은 증명 방법을 수학적 귀납법이라고 부릅니다), 더 간단한 방법을 소개해 보겠습니다.

---

[1] 최단 거리의 길이를 넘는 해가 있을 수 없다는 것 증명하기

정점1에서 정점i까지의 최단 거리 길이를 x라고 하겠습니다. 이는 x개의 변을 지나서, 정점1에서 정점i로 가는 경로가 존재함을 의미합니다. 그런데 사람i의 나이를 x + 1이라고 해버리면, 경로 어딘가에 2살 차이의 변이 발생해버린 것이 됩니다.

예를 들어 예제2의 경우는 사람6이 4살이었다고 해 봅시다. 사람1에서 사람6으로 이동하는 경로는 "1→2→5→6"으로, 길이가 3입니다. 만약 4살이려면 다음 그림처럼 사람1과 사람2의 나이 차이, 사람2와 사람5의 나이 차이, 사람5와 사람6의 나이 차이 중에 어떤 것이 반드시 2 이상이 되어야 하는 문제가 발생합니다.

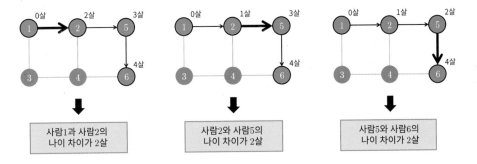

[2] 최단 거리의 길이가 M개의 조건을 모두 만족함을 증명하기

정점1에서 정점i까지의 최단 거리 길이를 $dist[i]$라고 하겠습니다. 여기에서 정점 쌍 (u, v)가 서로 인접해도, 사람u와 사람v의 나이 차이가 2살 이상, 즉 $dist[v] \geq dist[u]+2$를 만족한다고 가정하겠습니다(귀류법➡3.1절을 사용하는 것입니다).

이때 정점1에서 정점v까지 갈 때 1 → ⋯ → u → v라는 경로를 거친다면, 이동 거리가 $dist[u]+1$일 것입니다. 따라서 가정과 모순이 발생하므로, [2]를 증명할 수 있습니다.

[1], [2]로 인해서 사람i 나이의 최댓값은 그래프의 정점1에서 정점i로 이동하는 최단 경로의 길이와 일치하게 됩니다.

이어서 120살 이하라는 조건이 추가되어야 하는데, 이는 최단 경로의 길이가 120을 넘는 사람의 나이는 모두 120살로 취급하면 될 것입니다. 너비 우선 탐색(➡ 4.5.7항)으로 정점1에서 각 정점으로의 최단 거

리를 계산하면, 복잡도 $O(N+M)$으로 답을 구할 수 있습니다. 코드 4.5.3을 조금만 변경하면 풀 수 있지만, 자세한 구현은 연습 문제에서 소개하겠습니다.

이처럼 두 값의 차이와 관련된 조건이 주어질 때, 최댓값 등을 구하는 문제를 "차분 제약 계열의 최적화 문제(constrained differential optimization problem)"라고 부릅니다. 참고로 가중치 있는 그래프의 최단 경로를 구하는 데이크스트라 알고리즘(➡ 4.5.8항)을 사용하면, 두 수의 차가 2 이하 또는 3 이하와 같이 섞여 있는 문제도 해결할 수 있습니다(➡ 연습 문제 5.8.3).

연습 문제

문제 5.8.1 　문제 ID : 078 ★★★
예제3(5.8.3항)을 푸는 프로그램을 작성해 주세요.

문제 5.8.2 　문제 ID : 079 ★★★
양의 정수 N이 주어집니다. 1부터 N까지의 정수를 임의로 나열한 순열 $P_1, P_2, \cdots, P_N$에 대해, 다음으로 정의되는 점수의 최댓값을 복잡도 $O(1)$으로 구하는 프로그램을 작성해 주세요(출전: AtCoder Beginner Contest 139 D — ModSum).

$$\sum_{i=1}^{N}(i \bmod P_i) = (1 \bmod P_1) + \cdots (N \bmod N_1)$$

제약

$1 \leqq N \leqq 10^9$

입력은 모두 정수입니다.

입력

　N

출력

　답을 출력해 주세요.

입력 예1

2

출력 예1

1

　$\{1, 2\}$를 $P_1, P_2 = 2, 1$로 나열했을 때, 1이 나옵니다.

입력 예2

13

출력 예2

78

문제 5.8.3   문제 ID : 080 ★★★★★

정수 $x_1, x_2, \cdots, x_N$은 다음과 같은 조건을 모두 만족합니다.

- $x_1 = 0$이다.
- $1 \leq i \leq M$에 대해서, $|x_{A_i} - x_{B_i}| \leq C_i$를 만족한다.

x_N으로 나올 수 있는 최댓값을 구하는 프로그램을 작성해 주세요. 복잡도는 O(M log N) 정도 나오는 것이 좋습니다.

제약

$2 \leq N \leq 100000$

$0 \leq M \leq 500000$

$1 \leq A_i \leq B_i \leq N$

$0 \leq C_i \leq 10^9$

입력은 모두 정수입니다.

입력

$N\ M$

$A_1\ B_1\ C_1$

$A_2\ B_2\ C_2$

$\vdots$

$A_M\ B_M\ C_M$

출력

x_N으로 나올 수 있는 최댓값을 출력해 주세요. 계속 커질 수 있다면, -1을 출력해 주세요.

입력 예1

```
4 4
1 2 3
1 3 4
3 4 1
2 4 10
```

출력 예1

```
5
```

$x_1=0$, $x_2=3$, $x_3=4$, $x_4=5$의 경우 최댓값 5입니다.

입력 예2

```
2 0
```

출력 예2

```
-1
```

x_2가 계속 커질 수 있으므로, -1을 출력합니다.

5.9 현재만 생각하기: 탐욕법

이어서 소개할 수학적 접근 방법은 '현재만 생각했을 때, 최선이라 생각되는 방법만 선택하는 테크닉'입니다. 이를 '탐욕법'이라고 부릅니다. 오델로 게임으로 비유하면, 돌을 놓을 수 있는 수많은 방법이 있을 것입니다. 이때 '현재 상황에서 가장 많은 돌을 내 것으로 만들 수 있는 방법'을 계속해서 반복하는 전략 같은 느낌입니다.

물론 모든 문제를 탐욕법으로 풀 수 있는 것은 아닙니다. 현재만 생각해서는 안 되고, 10단계 앞까지 보아야 최적의 답을 얻을 수 있는 경우도 많습니다. 따라서 탐욕법은 탐욕법을 사용할 때 이 방법이 정당하다고 증명하는 것이 중요합니다. 이번 절에서는 2가지 예제를 살펴보면서, 탐욕법을 배워보겠습니다.

5.9.1 ─ 예제1 : 돈을 지불하는 방법

문제 ID : 081

1000원, 5000원, 10000원짜리 지폐를 사용해서 돈을 지불하려고 합니다. 최소 몇 개의 지폐를 사용해서 돈을 지불할 수 있는지 구해 주세요. 이때 사용할 수 있는 지폐의 수는 충분히 많다고 가정합니다.

예를 들어서 N = 29000이라면, 10000원 지폐 2장, 5000원 지폐 1장, 1000원 지폐 4장을 사용해서 7장만으로 돈을 지불할 수 있습니다. 이 7장이 최소입니다.

제약

$1000 \leqq N \leqq 200000$

N은 정수입니다.

실행 시간 제한

1초

입력

N

출력

답을 출력해 주세요.

입력 예1

29000

출력 예1

7

일상에서도 마주할 수 있는 상황입니다. 기본적으로 '가장 금액이 큰 지폐부터 사용한다'라는 방법을 사용해서, 지폐의 합을 최소로 선택할 수 있습니다. 이것이 바로 탐욕법입니다.

- 남은 금액이 10000원 이하가 될 때까지 10000원을 사용합니다.

- 남은 금액이 5000원 이하가 될 때까지 5000원을 사용합니다.

- 남은 금액은 1000원을 사용합니다.

따라서 코드 5.9.1과 같은 프로그램을 작성해서 답을 구할 수 있습니다. 참고로 이 방법을 사용하는 경우, 5000원은 최대 1장, 1000원은 최대 4장까지만 사용됩니다(이 사실은 이후에 정당성을 증명할 때 활용합니다).

코드 5.9.1 예제1을 푸는 프로그램

```python
N = int(input())

answer = 0

# 10000원 이상이라면 10000원으로 지불할 수 있는 만큼 지불
while N >= 10000:
    N -= 10000
    answer += 1

# 5000원 이상이라면 5000원으로 지불할 수 있는 만큼 지불
while N >= 5000:
    N -= 5000
    answer += 1

# 남은 금액은 1000원으로 지불
while N >= 1:
    N -= 1000
    answer += 1

print(answer)
```

그럼 알고리즘의 정당성을 증명해 봅시다. 이번 문제의 경우, 다음과 같이 증명할 수 있습니다. 탐욕법이 아닌 방법으로 구한 지불 방법은 지폐의 수를 더 줄일 수 있게 개선할 수 있다는 것을 보이는 접근 방법을 활용합니다.

일단 탐욕법으로 얻어지는 답(이를 X라고 합시다) 이외의 경우는 다음과 같은 조건 중 하나를 만족하게 됩니다(이는 1000원 지폐 4장 이하, 5000원 지폐 1장 이하로 지불하는 방법이 X라는 한 가지밖에 없다는 것으로 설명할 수 있습니다).

- 1000원 지폐를 5장 이상 사용하게 됨
- 5000원 지폐를 2장 이상 사용하게 됨

1000원 지폐 5장은 5000원 지폐 1장으로 교환해서, 전체 지폐 수를 4만큼 줄일 수 있습니다. 또한 5000원 지폐 2장은 10000원 지폐 1장으로 교환해서, 전체 지폐 수를 1만큼 줄일 수 있습니다. 따라서 X 이외의 답은 지폐의 수를 더 줄일 수 있으므로, X가 최적의 답이라는 것을 알 수 있습니다.

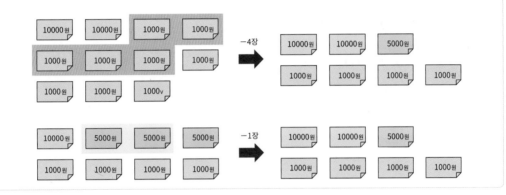

5.9.2 예제2 : 구간 스케줄링 문제

이어서 다음과 같은 문제를 생각해 봅시다. 이전보다 조금 본격적인 문제입니다.

문제 ID : 082

오늘은 영화관에서 N편의 영화가 상영됩니다. i번째 영화는 L_i시에 시작해서 R_i시에 종료됩니다. 오늘 최대 몇 편의 영화를 처음부터 끝까지 볼 수 있는지 구해 주세요. 동시에 여러 영화를 볼 수 없습니다. 현재 보고 있는 영화가 종료되어야 다음 영화를 보기 시작할 수 있습니다.

제약

$1 \leq N \leq 2000$

$0 \leq L_i < R_i \leq 86400$

입력은 모두 정수입니다.

실행 시간 제한

2초

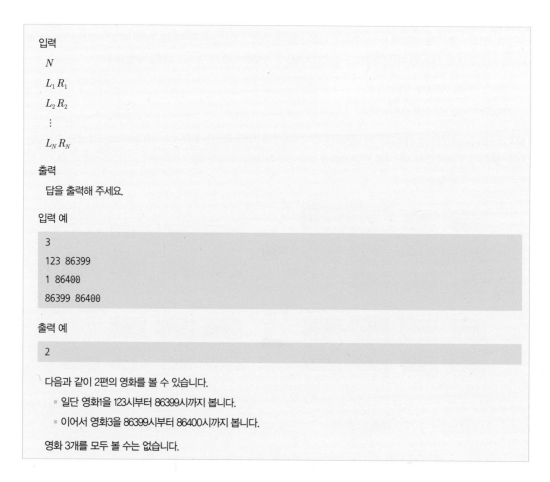

```
입력
N
L₁ R₁
L₂ R₂
⋮
Lₙ Rₙ
출력
답을 출력해 주세요.
입력 예
3
123 86399
1 86400
86399 86400
출력 예
2
```

다음과 같이 2편의 영화를 볼 수 있습니다.

- 일단 영화1을 123시부터 86399시까지 봅니다.
- 이어서 영화3을 86399시부터 86400시까지 봅니다.

영화 3개를 모두 볼 수는 없습니다.

이 문제는 '현재 볼 수 있는 영화 중에서 종료 시간이 가장 빠른 영화'를 선택하는 방법을 반복해서, 가장 많은 영화를 볼 수 있습니다. 예를 들면 다음과 같습니다.

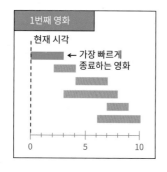

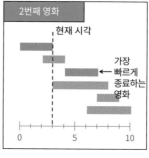

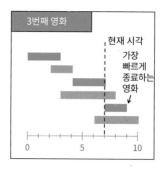

따라서 "볼 수 있는 영화 중에서 종료 시간이 가장 빠른 영화를 고른다"라는 조작을 더 이상 볼 수 있는 영화가 없어질 때까지 반복하는 프로그램을 작성하면 됩니다.

구현 방법은 굉장히 다양합니다. 코드 5.9.2처럼 그대로 구현해 보면, 최악의 경우에서 복잡도가 $O(N^2)$ 입니다. 추가적으로 미리 영화를 종료 시각 순서로 정렬(➡ 3.6절)해 두고 영화를 선택하는 방법을 활용하면, 복잡도를 $O(NlogN)$까지 줄일 수 있습니다(➡ 연습 문제 5.9.3).

코드 5.9.2 예제2를 푸는 프로그램

```python
# 입력
N = int(input())
L = [ None ] * N
R = [ None ] * N
for i in range(N):
    L[i], R[i] = map(int, input().split())


# 영화 선택 시뮬레이션
# 볼 수 있는 영화 중 종료 시간 최솟값 min_endtime은 일단 1000000(INF로 설정)처럼 나올 수 없는
값으로 설정합니다.
INF = 1000000
current_time = 0 # current_time은 현재 시각(직전에 보았던 영화의 종료 시각)
answer = 0
while True:
    min_endtime = INF
    for i in range(N):
        if L[i] >= current_time:
            min_endtime = min(min_endtime, R[i])
    if min_endtime == INF:
        break
    current_time = min_endtime
    answer += 1


# 답 출력
print(answer)
```

그럼 이 알고리즘의 정당성을 증명해 봅시다. "직전의 선택이 좋을수록, 이후의 선택도 좋을 것이다"를 사용하는 접근 방법을 활용합니다.

일단 영화를 상영하는 시각이 빠른 순서대로 고른다고 생각하면, 1번째로 선택할 영화는 종료 시각이 가장 빠른 것(이를 영화A라고 하겠습니다)을 골라도, 아무런 손해가 없습니다. 이 이유는 다음과 같이 설명할 수 있습니다.

- 문제의 답(볼 수 있는 영화의 최대 수)이 k이고 영화 $p_1, p_2, \cdots, p_k$ 순서로 선택하는 것이 최적이라고 할 때, 여기에서 p_1이 영화A가 아니라고 해 봅시다.

- 이때 영화A와 영화 $p_2, \cdots, p_k$를 선택해도, 최적해와 같은 k개의 영화를 볼 수 있으므로 손해가 아닙니다.

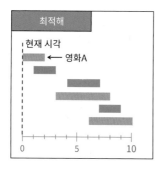
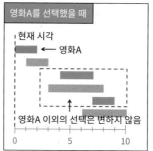
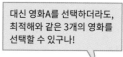

대신 영화A를 선택하더라도, 최적해와 같은 3개의 영화를 선택할 수 있구나!

추가적으로 2번째로 선택할 영화도 볼 수 있는 영화 중에 종료 시각이 가장 빠른 것(이를 영화B라고 하겠습니다)을 선택하면, 아무런 손해가 없습니다. 이 이유는 다음과 같이 설명할 수 있습니다.

- 문제의 답(볼 수 있는 영화의 최대 수)이 k이고, 영화 영화A, $p_2, p_3, \cdots, p_k$ 순서로 선택하는 것이 최적이라고 할 때, 여기에서 p_2가 영화B가 아니라고 해 봅시다.

- 이때 영화A, B와 영화 $p_3, \cdots, p_k$를 선택해도, 최적해와 같은 k개의 영화를 볼 수 있으므로 손해가 아닙니다.

3번째 이후도 마찬가지입니다. 따라서 종료 시각이 빠른 영화들을 계속해서 선택하는 것이 최적이라는 것을 알 수 있습니다.

이처럼 구간 스케줄링 문제를 포함한 일부 문제는 한쪽 끝만 생각해서, 최적해를 찾을 수 있는 경우가 많습니다. 반면 이처럼 탐욕법으로는 해결할 수 없는 문제도 많습니다.

예를 들어서 1000원 지폐, 3000원 지폐, 4000원 지폐를 사용해서 6000원을 지불하는 경우를 생각해 봅시다. 금액이 큰 지폐부터 사용하면 4000원 지폐 1장과 1000원 지폐 2장(합계 3장)을 사용하게 됩니다. 하지만 3000원 지폐 2장을 사용하는 것이 더 적은 지폐를 사용합니다. 이와 같은 상황에서는 전체 탐색(➡ 2.4절), 동적계획법(➡ 3.7절) 등의 다른 방법을 사용해야 합니다.

연습 문제

문제 5.9.1 　〈문제 ID : 081〉 ★★

예제1(5.9.1항)을 복잡도 O(1)으로 푸는 프로그램을 작성해 주세요. 참고로 코드 5.9.1은 약 N / 10000회 계산하므로, 복잡도가 O(N)입니다(힌트: 나눗셈과 나머지 연산을 적절하게 활용해 주세요).

문제 5.9.2 　〈문제 ID : 083〉 ★★★

어느 마을에는 N명의 초등학생 집과 N개의 초등학교가 있습니다. 초등학생의 집은 위치 $A_1, A_2, \cdots, A_N$에 있으며, 초등학교는 위치 $B_1, B_2, \cdots, B_N$에 있습니다. 이 마을의 초등학생은 서로 사이가 좋지 않으므로, 모든 학생이 다른 학교에 다녀야 합니다.

위치 u와 위치 v의 거리를 |u - v|라고 할 때, 집과 다니는 학교의 거리 합계로 생각할 수 있는 것 중 최솟값을 구하는 프로그램을 작성해 주세요. 복잡도는 $O(NlogN)$이 나오게 구성해 주세요(출전: 競プロ典型 90 問 014 − We Used to Sing a Song Together).

제약

　$1 \leqq N \leqq 100000$

　$0 \leqq A_i \leqq 10^9$

　$0 \leqq B_j \leqq 10^9$

　$A_1, A_2, \cdots, A_N$은 모두 다릅니다.

　$B_1, B_2, \cdots, B_N$은 모두 다릅니다.

　입력은 모두 정수입니다.

실행 시간 제한

　2초

입력

　N

　$A_1 \, A_2 \cdots A_N$

　$B_1 \, B_2 \cdots B_N$

출력

　답을 출력해 주세요.

입력 예1

```
1
869
120
```

출력 예1

```
749
```

초등학생1의 집과 초등학교1의 거리는 $|869-120|=749$입니다. 학생과 학교가 하나밖에 없으므로, 이 값이 그냥 최솟값입니다.

입력 예2

```
6
8 6 9 1 2 0
1 5 7 2 3 9
```

출력 예2

```
5
```

초등학생 1, 2, 3, 4, 5, 6을 각각 초등학교 3, 2, 6, 4, 5, 1에 다니게 하면 $|8-7|+|6-5|+|9-9|+|1-2|+|2-3|+|0-1|=5$입니다.

입력 예3

```
10
31 41 59 26 53 58 97 93 23 84
17 32 5 8 7 56 88 77 29 35
```

출력 예3

```
211
```

문제 5.9.3 ▶문제 ID : 082 ★★★★

예제2(5.9.2항)를 복잡도 $O(N \log N)$으로 푸는 프로그램을 작성해 주세요(유명한 문제이므로 문제를 풀 수 없는 경우 곧바로 답지를 보며 이해해 보기 바랍니다).

5.10 그 밖의 수학적 접근 방법

이제 5장도 마지막 절입니다. 5.2절부터 5.9절까지는 규칙성, 홀수 짝수의 성질, 집합을 다루는 방법, 작은 문제로 나누는 방법 등 많이 활용되는 접근 방법을 패턴별로 나누어 살펴보았습니다. 하지만 어려운 문제는 이와 같은 내용으로도 접근하기 힘들 수 있습니다. 이번 절에서는 어려운 문제를 풀 때 활용할 수 있는 수학적 접근 방법을 6가지 살펴보겠습니다.

5.10.1 오차와 오버플로

처음으로 소개할 문제는 얼핏보면 간단해 보이는 판정 문제입니다.

문제 ID : 084

정수 a, b, c가 주어집니다. $\sqrt{a} + \sqrt{b} < \sqrt{c}$인지 판정해 주세요.

제약

$1 \leq a, b, c \leq 10^9$

입력은 모두 정수입니다.

실행 시간 제한

2초

입력

a b c

출력

조건에 만족한다면 Yes, 아니라면 No를 출력합니다.

입력 예1

```
2 3 9
```

출력 예1

```
No
```

입력 예2

```
2 3 10
```

출력 예2

```
Yes
```

출전

파나소닉 프로그래밍 대회 2020 C – Sqrt Inequality

일단 sqrt 함수(➡ 2.2.4항)를 사용하는 방법이 있습니다. 간단하게 구현해 보면, 코드 5.10.1처럼 구현할 수 있을 것입니다.

코드 5.10.1 Sqrt Inequality를 푸는 프로그램(sqrt 함수 사용)

```python
import math

a, b, c = map(int, input().split())

if math.sqrt(a) + math.sqrt(b) < math.sqrt(c):
    print("Yes")
else:
    print("No")
```

조금 충격적이지만, 이 프로그램은 일부 경우에서 틀린 답을 출력해 버립니다. 예를 들어서 (a, b, c) = (249999999, 250000000, 999999998)의 경우,

$$\sqrt{249999999} + \sqrt{250000000} < \sqrt{999999998}$$

이므로 "Yes"를 출력해야겠지만, "No"를 출력해버립니다. 문제의 원인은 sqrt 함수의 계산에 부동소수점이 사용되어서, 실수의 값이 정확하게 다루어지지 않기 때문입니다[11].

일반적인 프로그래밍 언어에서 사용되는 "배정도 부동소수점(double precision)"의 경우, a와 b의 상대 오차(➡ 2.5.7항)가 대략 10^{-15} 미만일 때, 같지 않은 실수를 같다고 판정해 버릴 수 있습니다. 현재 예의 경우는

$$\sqrt{249999999} + \sqrt{250000000} = 31622.77657006101668\cdots$$
$$\sqrt{999999998} = 36122.77657006101670\cdots$$

이므로, 상대 오차가 10^{-18}밖에 되지 않아서 부동소수점의 한계를 넘어버립니다. 프로그래밍 언어에서 사용할 수 있는 기본적인 연산이 먹히지 않는다면 어떻게 해야 할까요?

---

11 실수는 정수와 다르게 소수점 아랫부분이 무한하게 나아갈 수 있습니다. 따라서 컴퓨터로 정확하게 다루는 것이 불가능합니다. 따라서 적당한 범위(예를 들어 소수점 이하 ○○번째 자리) 내에서 근삿값으로 다뤄야 합니다.

해결 방법 중 하나는 모든 것을 정수로 처리하는 방법이 있습니다. 예를 들어서 이번 문제는 다음과 같이 식을 변형해서 모두 정수로 처리할 수 있습니다.

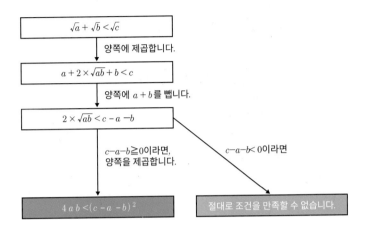

따라서 코드 5.10.2처럼 구현하면, 정확하게 답을 구할 수 있습니다.

코드 5.10.2 Sqrt Inequality를 푸는 프로그램(정수로 처리)

```python
a, b, c = map(int, input().split())

if c - a - b < 0:
    print("No")
elif 4 * a * b < (c - a - b) * (c - a - b):
    print("Yes")
else:
    print("No")
```

이처럼 아주 미세한 오차로 답이 달라질 수 있는 문제는 모두 정수로 계산하는 방법을 검토해 보는 것이 좋습니다.

추가적으로 오답을 낼 수 있는 다른 원인으로 오버플로가 있습니다. 이는 계산 도중에 값이 너무 커져서, 컴퓨터가 계산할 수 있는 한계를 넘어버리는 상황을 의미합니다.

C++ 등의 프로그래밍 언어는 2^{64} 이상의 정수를 나타낼 수 없습니다. 파이썬은 아주 큰 수도 다룰 수 있지만, 10^{19}보다 큰 수를 다룰 때 계산에 시간이 오래 걸립니다. 따라서 계산 순서를 변경하는 등의 방법으로 오버플로가 발생하지 않게 주의해야 합니다.

이어서 소개하는 문제는 단순한 계산 문제입니다.

다음과 같은 구구단 표에 81개의 정수가 적혀있습니다. 이 숫자들의 합계를 구해 주세요.

	1	2	3	4	5	6	7	8	9
1단	1	2	3	4	5	6	7	8	9
2단	2	4	6	8	10	12	14	16	18
3단	3	6	9	12	15	18	21	24	27
4단	4	8	12	16	20	24	28	32	36
5단	5	10	15	20	25	30	35	40	45
6단	6	12	18	24	30	36	42	48	54
7단	7	14	21	28	35	42	49	56	63
8단	8	16	24	32	40	48	56	64	72
9단	9	18	27	36	45	54	63	72	81

물론 81개의 숫자를 모두 더해서 답을 구할 수도 있겠지만, 손으로 계산해 보기에는 조금 힘들 수 있습니다.

손으로 조금 더 쉽고 빠르게 계산하려면, 다음과 같은 분배 법칙을 사용하는 것이 좋습니다.

실수 $A, X_1, X_2, \cdots, X_n$이 있을 때, 다음과 같은 식이 성립합니다.

$$A_{X_1} + A_{X_2} + A_{X_3} + \cdots + A_{X_N} = A(X_1 + X_2 + X_3 + \cdots + X_n)$$

실제 예를 소개해 보면, 다음과 같습니다.

$$6 \times 3 + 6 \times 7 + 6 \times 10$$
$$= 6 \times (3 + 7 + 10)$$
$$= 6 \times 20$$
$$= 120$$

감이 잘 오지 않는다면, 다음 그림처럼 직사각형의 면적을 계산하는 경우를 생각해 보세요.

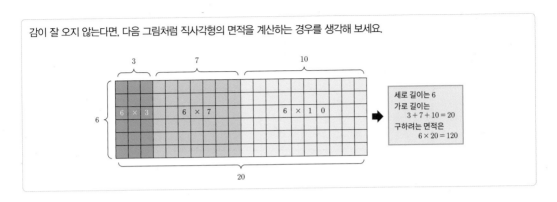

그럼 이 문제에 분배 법칙을 적용해 봅시다. 일단 각 단의 총합을 생각해 보겠습니다.

- 1단 총합: $(1 \times 1) + (1 \times 2) + \cdots + (1 \times 9) = 1 \times (1 + 2 + \cdots + 9) = 1 \times 45$

- 2단 총합: $(2 \times 1) + (2 \times 2) + \cdots + (2 \times 9) = 2 \times (1 + 2 + \cdots + 9) = 2 \times 45$

- 3단 총합: $(3 \times 1) + (3 \times 2) + \cdots + (3 \times 9) = 3 \times (1 + 2 + \cdots + 9) = 3 \times 45$

- :

- 9단 총합: $(9 \times 1) + (9 \times 2) + \cdots + (9 \times 9) = 9 \times (1 + 2 + \cdots + 9) = 9 \times 45$

이어서 답은 단의 총합을 모두 더한 것이므로, 다음과 같이 계산할 수 있습니다.

$$(1 \times 45) + (2 \times 45) + (3 \times 45) + \cdots + (9 \times 45) = (1 + 2 + 3 + \cdots + 9) \times 45$$
$$= 45 \times 45$$
$$= 2025$$

이처럼 분배 법칙을 사용하면, 계산 횟수를 줄일 수 있는 경우가 있습니다. 어떤 느낌인지 잘 모르겠다면, 다음 그림처럼 정사각형 면적을 생각해 보기 바랍니다.

	1	2	3	4	5	6	7	8	9	
1	1	2	3	4	5	6	7	8	9	⇨ 단의 면적: 1×45
2	2	4	6	8	10	12	14	16	18	⇨ 단의 면적: 2×45
3	3	6	9	12	15	18	21	24	27	⇨ 단의 면적: 3×45
4	4	8	12	16	20	24	28	32	36	⇨ 단의 면적: 4×45
5	5	10	15	20	25	30	35	40	45	⇨ 단의 면적: 5×45
6	6	12	18	24	30	36	42	48	54	⇨ 단의 면적: 6×45
7	7	14	21	28	35	42	49	56	63	⇨ 단의 면적: 7×45
8	8	16	24	32	40	48	56	64	72	⇨ 단의 면적: 8×45
9	9	18	27	36	45	54	63	72	81	⇨ 단의 면적: 9×45

전체 면적: $45 \times 45 = 2025$

이번에는 9×9까지 곱의 총합을 계산했습니다. 이를 10×10 또는 100×100으로도 확장해서 사용할 수 있습니다. $N \times N$을 직접 계산한다면 복잡도가 $O(N^2)$이지만, 분배 법칙을 활용하면 이를 $O(1)$로 만들 수 있습니다(➡ 연습 문제 5.10.2).

5.10.3 — 대칭성 활용

이어서 소개할 문제도 계산 문제입니다. 프로그래밍을 사용하지 않는 문제들이 계속 나와서, "이게 프로그래밍 공부에 도움이 될까?"라고 생각하는 독자도 있을 것이라 생각합니다. 필자는 테크닉을 익히려면, 직접 머리로 계산해 보는 과정이 반드시 필요하다고 생각합니다.

다음 구구단 표에는 81개의 정수가 적혀 있습니다. 그림에서 붉은색에 해당하는 부분(해당 단보다 숫자가 더 큰 경우)의 총합을 구해 주세요.

	1	2	3	4	5	6	7	8	9
1단	1	2	3	4	5	6	7	8	9
2단	2	4	6	8	10	12	14	16	18
3단	3	6	9	12	15	18	21	24	27
4단	4	8	12	16	20	24	28	32	36
5단	5	10	15	20	25	30	35	40	45
6단	6	12	18	24	30	36	42	48	54
7단	7	14	21	28	35	42	49	56	63
8단	8	16	24	32	40	48	56	64	72
9단	9	18	27	36	45	54	63	72	81

그냥 붉은색 부분에 적혀있는 36개의 숫자를 더하면 답을 구할 수 있을 것입니다. 하지만 손으로 계산하기는 조금 귀찮습니다.

대칭성을 사용해 봅시다. 실수 a, b가 있을 때 ab = ba라는 식이 성립합니다. 따라서 다음 그림의 붉은색으로 표시한 부분과 파란색으로 표시한 부분의 총합은 동일할 것입니다.

	1	2	3	4	5	6	7	8	9
1단	1	2	3	4	5	6	7	8	9
2단	2	4	6	8	10	12	14	16	18
3단	3	6	9	12	15	18	21	24	27
4단	4	8	12	16	20	24	28	32	36
5단	5	10	15	20	25	30	35	40	45
6단	6	12	18	24	30	36	42	48	54
7단	7	14	21	28	35	42	49	56	63
8단	8	16	24	32	40	48	56	64	72
9단	9	18	27	36	45	54	63	72	81

여기에서 다음과 같은 식을 만들 수 있습니다.

(위 그림에서 모든 칸에 있는 숫자의 총합)

= (붉은색 부분의 총합) + (파란색 부분의 총합) + (흰색 부분의 총합)

= 2×(붉은색 부분의 총합) + (흰색 부분의 총합)

일단 모든 칸에 적혀있는 숫자의 총합은 5.10.2항에서 구했던 것처럼 2025입니다. 그리고 흰색 부분의 총합은 $1 + 4 + 9 + 16 + 25 + 36 + 49 + 64 + 81 = 285$입니다. 따라서 답(붉은색 부분의 총합)을 x 라고 하면, 다음과 같은 식이 만들어집니다.

$$2025 = 2x + 285$$

이를 풀면 x가 870이라는 것을 알 수 있습니다. 이처럼 '두 수를 반대로 계산해도 결과는 달라지지 않는 다' 등의 대칭성을 사용하면, 계산 횟수를 줄일 수 있는 경우가 있습니다.

5.10.4 — 일반성 유지하기

이어서 소개하는 문제는 프로그래밍을 사용해서 푸는 문제입니다.

---

1 이상 N 이하의 정수 조합 (a, b, c, d)가 있을 때, 다음 조건을 만족하는 것이 존재하는지 판정해 주세요.

- a + b + c + d = X
- abcd = Y

제약

$1 \leq N \leq 300$

$1 \leq X, Y \leq 10^9$

입력은 모두 정수입니다.

실행 시간 제한

5초

입력

N X Y

출력

조건에 만족하는 정수 조합이 있다면 Yes, 아니라면 No를 출력합니다.

입력 예1

```
6 11 30
```

출력 예1

```
Yes
```

예를 들어 (a, b, c, d) = (3, 2, 5, 1)이면 조건을 만족합니다.

> **입력 예2**
>
> 1 1000000000 1
>
> **출력 예2**
>
> No
>
> 조건을 만족하는 정수 조합이 없습니다.

일단 정수 조합 (a, b, c, d)를 전체 탐색하는 방법이 있습니다. 하지만 모두 N^4가지 조합이 나올 수 있으므로, N = 300일 때 300^4=8.1×10^9가지를 확인해야 합니다. 이는 5초 내에 답을 낼 수 없습니다.

이때 중요한 것은 "일반성을 유지한다"라는 키워드입니다. 판정 문제를 풀거나 사실을 증명할 때, 어떤 특정 패턴만 확인해도 문제없다면 "○○해도 일반성을 유지한다"라고 할 수 있습니다.

일단 이번 문제는 a ≦ b ≦ c ≦ d해도 일반성이 깨지지 않습니다. 왜냐하면 a, b, c, d를 바꿔도 다음과 같이 곱과 합이 변하지 않기 때문입니다.

	합 a+b+c+d	곱 abcd
(a,b,c,d)=(1,3,5,6)	1+3+5+6=15	1×3×5×6=90
(a,b,c,d)=(1,3,6,5)	1+3+6+5=15	1×3×6×5=90
(a,b,c,d)=(1,5,3,6)	1+5+3+6=15	1×5×3×6=90
(a,b,c,d)=(1,5,6,3)	1+5+6+3=15	1×5×6×3=90
(a,b,c,d)=(1,6,3,5)	1+6+3+5=15	1×6×3×5=90
(a,b,c,d)=(1,6,5,3)	1+6+5+3=15	1×6×5×3=90
(a,b,c,d)=(3,1,5,6)	3+1+5+6=15	3×1×5×6=90
(a,b,c,d)=(3,1,6,5)	3+1+6+5=15	3×1×6×5=90
(a,b,c,d)=(3,5,1,6)	3+5+1+6=15	3×5×1×6=90
⋮	⋮	⋮

따라서 모든 패턴을 확인할 필요 없이, $1 \leq a \leq b \leq c \leq d \leq N$을 만족하는 정수 조합 (a, b, c, d)만 확인하고, 조건을 만족하는 조합이 존재하지 않는 경우 곧바로 No라고 답을 내면 됩니다.

이렇게 하면, 확인해야 하는 패턴의 수를 $_{N+3}C_4$가지(N=300이라면 약 3.4억)까지 줄일 수 있습니다. 구현 예는 코드 5.10.3과 같습니다[12].

12　이 책에서는 다루지 않지만, O(N)으로 푸는 방법도 있습니다. 사실 파이썬 등의 실행 속도가 느린 프로그래밍 언어는 $_{N+3}C_4$가지 탐색하는 방법으로도 실행 시간 제한을 맞추지 못할 수 있습니다. 따라서 O(N)으로 푸는 방법을 활용해야 할 수 있습니다. 이와 관련된 내용은 깃허브에 있는 Code_5_10_3_extra.py를 참고해 주세요.

코드 5.10.3 합이 X, 곱이 Y가 되는 N 이하의 정수 4개가 존재하는지 판정하는 프로그램

```python
# 입력
N, X, Y = map(int, input().split())

# 4개의 정수 (a, b, c, d)를 전체 탐색
flag = False
for a in range(1, N + 1):
    for b in range(a, N + 1):
        for c in range(b, N + 1):
            for d in range(c, N + 1):
                if a + b + c + d == X and a * b * c * d == Y:
                    flag = True  # 답을 찾았다면 flag를 True로 변경합니다.

# 답 출력
if flag == True:
    print("Yes")
else:
    print("No")
```

5.10.5 — 조건 바꾸기

이어서 소개하는 문제는 괄호의 짝이 맞는지 확인하는 문제입니다.

문제 ID : 086

N 문자의 '('와 ')'로 구성된 괄호열 S가 주어집니다. S가 올바른 괄호열인지 판정하는 프로그램을 작성해 주세요. 이때 올바른 괄호열이란 다음과 같은 조건 중 적어도 하나를 만족하는 것을 의미합니다.

- 빈 문자열

- 빈 문자열이 아니면서, 올바른 괄호열 A, B가 존재하고, A, B를 순서대로 연결한 문자열

- 어떤 정확한 괄호열 A가 존재하고 (, A,)를 순서대로 연결한 문자열

예를 들어서 (()())()는 올바른 괄호열이지만,))()((는 올바른 괄호열이 아닙니다.

제약

$1 \leq N \leq 500000$

N은 정수입니다.

S는 (와)로 구성되는 N문자의 문자열입니다.

실행 시간 제한

2초

입력

N

S

출력

S가 정상적인 괄호열이라면 Yes, 아니라면 No를 출력합니다.

입력 예1

8
(()())()

출력 예1

Yes

입력 예2

6
))()((

출력 예2

No

충격적일 수도 있지만, S가 올바른 괄호열이라는 말은 다음과 같은 조건을 만족한다는 의미입니다.

- S에 포함된 '('의 수와 ')'의 수가 같아야 함
- S의 1번째 문자까지의 시점에서 '('의 수는 ')'의 수 이상
- S의 2번째 문자까지의 시점에서 '('의 수는 ')'의 수 이상
- S의 3번째 문자까지의 시점에서 '('의 수는 ')'의 수 이상

  :

- S의 N번째 문자까지의 시점에서 '('의 수는 ')'의 수 이상

예를 들어서 괄호열 (()())()를 생각해 봅시다. 다음 그림은 '('의 수에서 ')'의 수를 뺀 값의 변화를 나타낸 그래프입니다. 중간에 음수가 나오지 않으며 최종적으로 0이 되므로, 올바른 괄호열이라는 것을 알 수 있습니다.

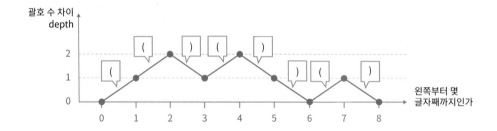

이처럼 조건을 바꿔서 (의 수에서)의 수를 뺀 depth를 왼쪽부터 차근차근 누적해서 계산하면, 복잡도 $O(N)$으로 판정할 수 있습니다. 구현하면 코드 5.10.4와 같습니다.

코드 5.10.4 괄호열이 올바른지 판정하는 프로그램

```python
# 입력
N = int(input())
S = input()

# (의 수에서 )의 수를 뺀 값을 depth에 할당합니다.
# 중간에 depth가 음수가 된다면, 곧바로 답이 No입니다.
depth = 0
flag = True
for i in range(N):
    if S[i] == '(':
        depth += 1
    if S[i] == ')':
        depth -= 1
    if depth < 0:
        flag = False

# 마지막으로 depth = 0[(와 )의 수가 같음]을 추가적으로 판정합니다.
if flag == True and depth == 0:
    print("Yes")
else:
    print("No")
```

그런데 이렇게 바꿔 말할 수 있다는 것을 어떻게 생각해야 할까요? 이번에 다룬 문제는 굉장히 유명한 문제이므로, 이번 기회에 아예 외워서 익히는 것도 좋은 방법입니다. 하지만 스스로 도출해 내고 싶다면,

필요조건(➡ 2.5.6항)을 나열해 보는 방법이 있습니다. 예를 들어 이번 문제에서는 다음과 같은 것을 생각해 볼 수 있습니다.

- '1번째 문자가 (라는 것'은 올바른 괄호열이기 위한 필요조건

- '처음 3개의 문자가 ())가 아니다'는 올바른 괄호열이기 위한 필요조건

- 앞 2개의 공통 특징을 뽑아내서, '처음 3개의 문자에서 (가)보다 많아야 한다'는 올바른 괄호열이기 위한 필요조건

이와 같이 접근해 보면, 생각한 조건들이 해법을 위한 힌트가 되며, 운이 좋다면 생각한 조건이 사실 충분조건(➡ 2.5.6항)이라는 것을 찾아낼 수도 있을 것입니다[13].

5.10.6 — 상태 수 생각하기

이번 절의 마지막 예제는 추를 작은 순서로 정렬하는 문제입니다.

> 책상 위에 4개의 추가 있습니다. 추에는 A, B, C, D라는 이름이 붙어 있습니다. 추의 무게가 1kg, 2kg, 3kg, 4kg이라는 것은 알고 있지만, 어떤 추가 해당 무게인지는 모르는 상태입니다. "2개의 추를 천칭 저울에 올려놓아서 어느 쪽이 무거운지 비교한다"라는 조작을 최대한 적게 해서 모든 추의 무게를 맞혀주세요.

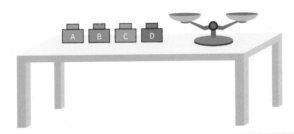

일단 모든 추 쌍을 비교하는 방법을 생각할 수 있습니다. 이때는 각각의 추를 3번씩 천칭 저울 위에 올려놓아야 할 것입니다.

- 3회 중에 3회 "무겁다"라고 나온 추는 4kg

- 3회 중에 2회 "무겁다"라고 나온 추는 3kg

---

13 알고리즘의 정당성을 증명할 때에는 충분성을 만족한다는 점, 즉 "생각한 조건을 모두 만족하는 괄호열 중에 올바르지 않은 괄호열은 없다"를 나타내야 합니다. 이 책에서는 따로 다루지 않지만, 관심 있다면 이번 문제의 충분조건을 인터넷 등으로 찾아서 확인해 보기 바랍니다.

- 3회 중에 1회 "무겁다"라고 나온 추는 2kg

- 3회 중에 0회 "무겁다"라고 나온 추는 1kg

이라는 것을 알 수 있습니다. 따라서 $_4C_2$=6회 비교가 필요합니다. 다음 그림은 추를 맞추는 과정의 한 예를 나타낸 것입니다.

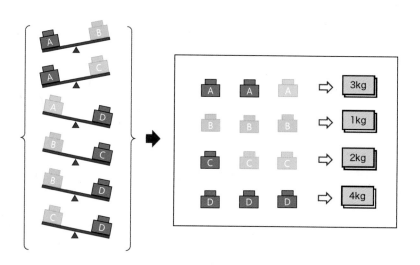

이어서 5회 비교로 답을 알아낼 수 있는지 생각해 봅시다. 사실 다음 알고리즘으로 비교하면, 5회 비교만으로도 확실하게 추의 무게를 알아낼 수 있습니다.

- 과정1: 추A와 추B를 비교합니다.

- 과정2: 추C와 추D를 비교합니다.

- 과정3: 과정1에서 무거운 것과 과정2에서 무거운 것을 비교하면, 무거운 것이 4kg입니다.

- 과정4: 과정1에서 가벼운 것과 과정2에서 가벼운 것을 비교하면, 가벼운 것이 1kg입니다.

- 과정5: 과정3에서 가벼운 것과 과정4에서 무거운 것을 비교하면, 무거운 것이 3kg입니다.

일련의 과정을 토너먼트 형식으로 나타내보면, 다음과 같습니다.

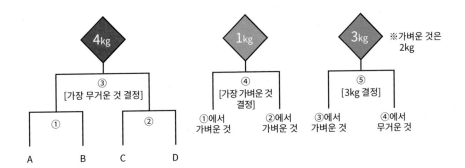

그럼 4회 비교로 추의 무게를 알아낼 수는 없을까요? 답은 없습니다. 이 사실은 "최종적인 결과로 어떤 상태가 있는가"를 생각하는 접근 방법으로 다음과 같이 증명할 수 있습니다.

일단 추의 무게 조합은 4!=24가지 나올 수 있습니다. 반면 4회 대소 비교로 얻을 수 있는 결과는 다음 조합처럼 나타낼 수 있습니다.

- 1번째 대소 비교에서 왼쪽 접시와 오른쪽 접시 중에 어느 것이 무거운가?

- 2번째 대소 비교에서 왼쪽 접시와 오른쪽 접시 중에 어느 것이 무거운가?

- 3번째 대소 비교에서 왼쪽 접시와 오른쪽 접시 중에 어느 것이 무거운가?

- 4번째 대소 비교에서 왼쪽 접시와 오른쪽 접시 중에 어느 것이 무거운가?

이러한 조합은 2^4=16가지입니다. 답의 패턴(=추의 무게 조합)보다 4회 비교로 알아낼 수 있는 조합이 더 적습니다. 따라서 다음 그림처럼, 4회 비교가 끝나더라도 아직 결과가 확정되지 않은 추가 반드시 존재합니다. 이것이 4회 대소 비교로 추의 무게를 알아낼 수 없는 이유입니다.

따라서 아까 소개했던 5회 비교가 가장 최적의 방법입니다. 이처럼 패턴 수를 기반으로 접근하면, 더 이상으로 효율적인 알고리즘이 절대로 존재하지 않는다는 것을 증명할 수 있는 경우가 꽤 많습니다.

마지막으로 추가 4개가 아니라, N개라면 어떻게 될지 생각해 봅시다. 일단 답이 되는 패턴의 수는 N!가지입니다. 반면 x회 대소 비교로 얻을 수 있는 결과는 2^x가지입니다. 따라서 x회로 추의 무게를 모두 맞히려면, 적어도 다음 식을 충족해야 합니다.

$$2^x \geq N!$$
$$(\Leftrightarrow)x \geq \log_2 N!$$

여기에서 $log_2N!$의 값은 대략 $Nlog_2N$임이 알려져 있습니다[14]. 따라서 N개의 추의 무게를 모두 알아내려면, 적어도 $O(N\ log\ N)$회 비교를 해야 함을 증명했습니다.

이번에 다룬 "추의 무게를 알아내는 문제"는 실질적으로 배열을 정렬하는 문제(➡ 3.6절)와 같습니다. 두 수의 비교를 $O(N\ log\ N)$회 반복해서 정렬하는 알고리즘으로 3.6절에서 살펴보았던 병합 정렬이 있었습니다. 방금 살펴본 증명에 따르면, 이보다 좋은 복잡도로 정렬할 수 있는 알고리즘은 존재하지 않음을 알 수 있습니다.

연습 문제

문제 5.10.1 ★

다음을 계산해 주세요.

1. 37×39+37×61

2. 2021×333+2021×333+2021×334

문제 5.10.2 문제 ID : 087 ★★

양의 정수 N이 주어집니다. 다음 값을 1000000007로 나눈 나머지를 출력하는 프로그램을 작성해 주세요. 복잡도는 $O(1)$이 나오게 코드를 구성해 주세요(힌트: ➡ 2.5.10항).

$$\sum_{i=1}^{N}\sum_{j=1}^{N}ij$$

제약

$1 \leq N \leq 10^9$

N은 정수입니다.

실행 시간 제한

2초

입력

N

출력

답을 출력해 주세요.

---

14 이를 스털링 공식(Stirling's formula)이라고 부릅니다.

입력 예1

```
2
```

출력 예1

```
9
```

입력 예2

```
869120
```

출력 예2

```
497335961
```

문제 5.10.3   문제 ID : 088 ★★

양의 정수 A, B, C가 주어집니다. 다음 값을 998244353으로 나눈 나머지를 출력하는 프로그램을 작성해 주세요. 복잡도는 $O(1)$이 나오게 코드를 구성해 주세요(출전: AtCoder Regular Contest 107 A — Simple Math).

$$\sum_{a=1}^{A}\sum_{b=1}^{B}\sum_{c=1}^{C} abc$$

제약

$1 \leqq A, B, C \leqq 10^9$

입력은 모두 정수입니다.

실행 시간 제한

2초

입력

N

출력

답을 출력해 주세요.

입력 예1

```
1 2 3
```

출력 예1

```
18
```

입력 예2

```
1000000000  987654321  123456789
```

출력 예2

```
951633476
```

문제 5.10.4 ★★

2.4.7항에서 다룬 문제(철수가 떠올린 수를 1~8 중에서 맞히는 문제)를 2회 이내에 답을 구하는 방법이 있는지 증명해 주세요.

문제 5.10.5 문제 ID : 089 ★★

양의 정수 a, b, c가 주어집니다. $\log_2 a < b \log_2 c$인지 판정하는 프로그램을 작성해 주세요. $1 \leq a, b, c \leq 10^{18}$라는 제약에서 정확하게 답을 판정할 수 있게 코드를 구성해 주세요(출전: 競プロ典型90問020 - Log Inequality를 일부 수정).

제약

$1 \leq a, b, c \leq 10^{18}$

입력은 모두 정수입니다.

실행 시간 제한

2초

입력

a b c

출력

$\log_2 a < b \log_2 c$라면 Yes, 아니라면 No를 출력해 주세요.

입력 예1

```
4 3 2
```

출력 예1

```
Yes
```

입력 예2

```
16 3 2
```

출력 예2

```
No
```

입력 예3

```
8 3 2
```

출력 예3

```
No
```

입력 예4

```
1000000000000000000 1000000000000000000 1000000000000000000
```

출력 예4

```
Yes
```

문제 5.10.6   문제 ID : 090   ★★★★★

정수 x의 각 자릿수 숫자의 곱을 $f(x)$라고 합시다. 예를 들어서 $f(352)=3\times5\times2=30$입니다. 양의 정수 N과 B가 주어집니다. 1 이상 N 이하의 정수 m 중에서 $m-f(m)=B$인 것의 개수를 구하는 프로그램을 작성해 주세요. $N, B<10^{11}$을 만족하는 상황에서 2초 이내에 답을 구할 수 있게 코드를 구성해 주세요(출전: 競プ口典型90問025 - Digit Product Equation).

제약

$1\leqq N, B\leqq10^{18}$

입력은 모두 정수입니다.

실행 시간 제한

2초

입력

N B

출력

답을 출력해 주세요.

입력 예1

```
999 434
```

출력 예1

```
2
```

$m=574$와 $m=777$이 조건을 만족합니다.

입력 예2

```
255  15
```

출력 예2

```
2
```

입력 예3

```
9999999999  1
```

출력 예3

```
0
```

문제 5.10.7   †

5.10.6항에서 다룬 문제에 대해서, 다음 질문을 답해 주세요.

1. 5개 추의 무게를 7회 이내의 비교로 모두 맞히는 방법을 구성해 주세요.

2. 5개 추의 무게를 6회 비교로 모두 확실하게 맞히는 방법이 없다는 것을 증명해 주세요.

3. 16개 추의 무게를 최소 횟수 비교로 전부 알아내는 방법을 구성하고, 그 이하의 횟수로 확실하게 맞히는 방법이 없다는 것을 증명해 주세요(사실 2022년 7월을 기준으로 미해결 문제입니다).

칼럼 6 A* 알고리즘

그래프의 최단 경로를 구하는 문제도 수학적 접근 방법을 사용하면, 계산 횟수를 줄일 수 있습니다. 일반적인 너비 우선 탐색(➡ 4.5.7항)은 시작 지점에서 최단 거리가 짧은 정점 순서로 차례대로 확인해 나갑니다. 여기에 다음과 같은 아이디어를 추가하면, 탐색해야 하는 범위를 줄일 수 있습니다.

- 시작 지점으로부터의 거리가 짧아도, 끝 지점에서 확실하게 멀 것이라 예상되는 정점은 확인하지 않습니다.
- 시작 지점에서 정점 v까지의 거리를 f(v), 정점v에서 최종 지점까지 거리의 예상값을 g(v)라고 할 때, f(v) + g(v)가 작은 정점부터 확인합니다.
- 참고로 여기에서 g(v)는 휴리스틱 비용이라고 부릅니다.

이와 같은 알고리즘을 A*라고 부릅니다. 알고리즘의 느낌을 그림으로 나타내보면, 다음과 같습니다.

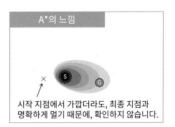

시작 지점에서 가깝더라도, 최종 지점과 명확하게 멀기 때문에, 확인하지 않습니다.

A* 알고리즘의 구체적인 예

예를 들어서 다음과 같은 6×6 크기의 미로가 있다고 합시다. 칸을 상하좌우로 한 칸씩 이동할 수 있다고 할 때, 시작 지점에서 최종 지점으로 이동하는 가장 짧은 이동 경로의 이동 횟수를 구해 주세요.

위에서 i번째, 왼쪽에서 j번째 칸을 (i, j)라고 할 때, (a, b)에서 최종 지점 $(5,6)$으로 이동하려면, 적어도 $|5-a|+|6-b|$회만큼 이동해야 할 것입니다[1]. 따라서 각 칸의 휴리스틱 비용을 $g(a, b)=|5-a|+|6-b|$라고 가정하겠습니다.

---

1   (a, b)에서 (5, 6)까지의 맨해튼 거리(➡ 연습 문제 5.7.4)입니다.

이때 A* 알고리즘은 다음과 같은 형태로 작동합니다. 이 그림에서 휴리스틱 비용은 칸의 오른쪽 아래에 표시한 삼각형 내부에 적었습니다. 현재 예에서 A*를 사용하면, 전체의 1/3만큼의 칸만 확인하면 되므로, 너비 우선 탐색으로 최단 거리를 파악하는 것보다 훨씬 효율적입니다.

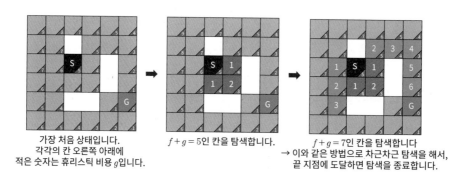

가장 처음 상태입니다.
각각의 칸 오른쪽 아래에
적은 숫자는 휴리스틱 비용 g입니다.

$f + g = 5$인 칸을 탐색합니다.

$f + g = 7$인 칸을 탐색합니다
→ 이와 같은 방법으로 차근차근 탐색을 해서,
끝 지점에 도달하면 탐색을 종료합니다.

참고로 A* 알고리즘을 구현할 때는 우선 순위 큐라는 자료 구조를 사용하는 경우가 많습니다. 이 책에서는 따로 다루지 않지만, 관심 있다면 직접 찾아보기 바랍니다.

정리

5.2 규칙성 생각하기

테크닉 개요
잘 모르겠을 때는 일부 경우를 테스트해서
규칙성과 주기성을 찾을 수 있는 경우가 있음

주기성의 예
2의 N제곱의 1의 자리는
2→4→8→6→2→…로 변화함

5.4 집합 활용하기

패턴1: 홀짝 구분하기
N이 홀수일 때, 짝수일 때를 구분해서 생각하면 해법의 힌트
가 될 수 있음

패턴2: 홀짝 변화 찾기
어떤 값이 "홀수→짝수→홀수…"로 번갈아서 변화하는 것을
생각하면 해법의 힌트가 될 수 있음

5.6 작은 문제로 분해하기

작은 문제로 분해하기
1. 문제를 여러 개의 풀기 쉬운 작은 문제로 분할
2. 작은 문제를 효율적인 복잡도로 해결
3. 작은 문제의 답을 전부 합성해서 원래 문제의 답을 계산

5.8 상한을 생각하기

테크닉 개요
어떤 상한을 넘는 평가값이 나올 수 없다는 성질을 활용하는 것

응용 예
차분 제약 계열의 문제

5.9 현재만 생각하기 : 탐욕법

탐욕법이란?
현재만 생각해서 바로 다음 최선을 선택하는 테크닉

응용 예
지불하는 지폐 수 최소화하기, 구간 스케줄링

5.3 홀수 짝수 생각해 보기

여사건
"어떤 경우" 이외의 사건
조건을 만족하지 않는 것이 적을 때는 여사건의 수를 세는 편
이 더 빠름

포함 배제 원리
집합 A, B가 있을 때 다음과 같은 식이 성립

$$|A \cup B| = |A| + |B| - |A \cap B|$$

5.5 경계 생각하기

테크닉 개요
경곗값이 답이 되는 경우도 있고, 경곗값만 탐색해서 계산 횟
수를 줄일 수 있는 경우도 있음

응용 예
선형 계획 문제, 최소 외접원 문제 등

5.7 더해진 횟수 생각하기

테크닉 개요
"무엇이 몇 번 더해졌는가"를 생각했을 때, 계산을 빠르게 만
들 수 있는 경우가 있음
가로로 보던 것을 세로로 보는 접근 방법

응용 예
덧셈 피라미드 등

5.10 그 밖의 수학적 접근 방법

- 오차를 정수로 처리
- 오버플로는 계산 순서를 변경해서 해결
- 분배 법칙

$$ax_1 + \cdots + ax_n = a(x_1 + \cdots + x_n)$$

- ab = ba 등의 대칭성 활용
- "일반성 유지하기"로 탐색 범위를 줄일 수 있음
- 조건을 적절하게 다른 표현으로 변경하면 문제를 쉽게 풀
  수 있음
- 상태 수를 생각해서 최적의 해라는 것을 증명할 수 있음

최종 확인 문제

마지막으로 최종 확인 문제 30개를 준비했습니다. 앞의 15개는 손계산으로 푸는 문제, 뒤의 15개는 실제 프로그램을 작성하는 문제입니다. 난이도 범위가 굉장히 넓습니다. 수학 기초 지식을 묻는 간단한 문제도 있고, 3~4번 여러 단계에 걸쳐 풀어야 하는 문제도 있습니다. 이 책에서 습득한 지식을 확인하고 복습하는 것이 목적이므로, 모두 정확한 정답을 내지 않아도 괜찮습니다. 사실 30개의 문제 중에는 아직 해결되지 않은 문제도 포함되어 있습니다. 수학에 대해서 어느 정도 자신감이 붙었다면, 꼭 도전해 보기 바랍니다.

문제 1 ★

$a=12$, $b=34$, $c=56$, $d=78$입니다. 이를 사용해서 다음 질문에 답해 주세요.

1. $a+2b+3c+4d$의 값을 계산해 주세요.

2. $a^2+b^2+c^2+d^2$의 값을 계산해 주세요.

3. $abcd \bmod 10$의 값을 계산해 주세요.

4. $\sqrt{b+d-a}$의 값을 계산해 주세요.

문제 2 ★

1. $y=x^2-2x+1$의 그래프를 그려주세요.

2. $y=1.2^x$의 그래프를 그려주세요.

3. $y=\log_3 x+2$의 그래프를 그려주세요.

4. $y=2^{3x}$의 그래프를 그려주세요.

문제 3 ★

1. $_4P_3$, $_{10}P_5$, $_{2021}P_1$의 값을 각각 계산해 주세요.

2. $_4C_3$, $_{10}C_5$, $_{2021}C_1$, $_{2021}C_{2020}$의 값을 각각 계산해 주세요.

3. 어떤 고등학교에는 1학년이 160명, 2학년이 250명, 3학년이 300명 있습니다. 각 학년에서 대표를 한 명씩 뽑는 방법이 몇 가지인지 구해 주세요.

4. 서로 구별할 수 있는 5장의 카드가 있습니다. 각 카드에 1 이상 4 이하의 정수를 적어 넣는 방법이 몇 가지인지 구해 주세요.

5. 1부터 8까지의 정수가 하나씩 출현하는, 길이가 8인 수열은 몇 가지 나올 수 있는지 구해 주세요.

문제 4 ★

위키 대학교의 농구 팀 "ALGO-MASTER"에는 10명의 부원이 있습니다. 각 부원의 키는 오름차순으로 182, 183, 188, 191, 192, 195, 197, 200, 205, 217cm입니다. 부원 키의 평균값과 표준편차를 계산해 주세요.

문제 5 ★

1. 빠르게 소수를 판정하는 방법을 사용해서 313이 소수인지 손계산으로 확인해 보세요.

2. 유클리드 호제법을 사용해서 723과 207의 최대공약수를 손계산으로 구해 주세요.

문제 6 ★★

1. 정적분 $\int_1^{10000} \frac{1}{x}$ 의 값을 계산하고, 소수점 아래를 반올림해서 정수로 나타내 주세요. 계산에 계산기를 사용해도 괜찮습니다.

2. 다음 프로그램의 복잡도를 O 표기법으로 나타내 주세요.

```python
for i in range(1, N + 1):
    for j in range(1, (N / i) + 1000 + 1):
        print(i, j)
```

문제 7 ★★

다음 표는 함수의 값이 처음으로 1억, 5억, 10억에 도달하는 자연수 N의 값을 나타내고 있습니다. 표를 완성해 주세요.

함수	N^2	N^3	2^N	3^N	$N!$
1억	10000				
5억	22361				
10억	31623				

문제 8 ★★

다음 행렬 A, B가 있을 때, 다음 문제에 답해 주세요.

1. 점화식 $a_1=1$, $a_2=1$, $a_n=a_{n-1}+4a_{n-2}(n \geqq 3)$을 만족하는 수열이 있을 때, 1항부터 10항까지의 값을 계산해 주세요.

2. A + B의 값, AB의 값을 계산해 주세요.

3. A^2, A^3, A^4, A^5의 값을 계산해 주세요.

4. 이전 문제에서 구한 A^2, A^3, A^4, A^5의 (1,1) 성분은 1.에서 구한 수열에 출현하는 값입니다. 이 이유를 생각해 보세요.

$$A = \begin{bmatrix} 1 & 4 \\ 1 & 0 \end{bmatrix}, B = \begin{bmatrix} 5 & 8 \\ 10 & 20 \end{bmatrix}$$

문제 9 ★★★

$1 \, XOR \, 2 \, XOR \, 3 \, XOR \, \cdots \, XOR \, 1000000007$의 값을 계산해 주세요.

문제 10 ★★★

다음 표에 적혀있는 64개의 정수를 모두 더한 값과 초록색으로 표시되어 있는 32개의 정수를 모두 더한 값을 각각 계산해 주세요. 참고로 위에서 i번째, 왼쪽에서 j번째 칸에는 정수 $4i+j$가 적혀 있습니다.

5	6	7	8	9	10	11	12
9	10	11	12	13	14	15	16
13	14	15	16	17	18	19	20
17	18	19	20	21	22	23	24
21	22	23	24	25	26	27	28
25	26	27	28	29	30	31	32
29	30	31	32	33	34	35	36
33	34	35	36	37	38	39	40

문제 11 ★★★

다음과 같은 8×8 칸의 바둑판이 있습니다. 철수는 각 칸에 독립적으로 "50%의 확률로 흰색 돌, 50%의 확률로 검은색 돌을 놓는다"라는 조작을 반복합니다. 이때 다음과 같은 질문에 답해 주세요.

1. 1번째 행에 모두 흰색 돌이 놓일 확률을 구해 주세요.

2. "[흰색 돌의 개수]×2+[검은색 돌의 개수]"의 기댓값을 구해 주세요.

3. 행, 열, 대각선은 모두 8+8+2=18개 있습니다. 각각의 행, 열, 대각선이 모두 흰색 돌이 될 때, 개수의 기댓값을 구해 주세요[1].

4. 흰색 돌의 개수가 24 이상 40 이하가 되는 확률은 약 몇 퍼센트인지 구해 주세요.

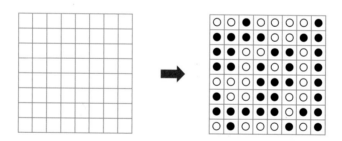

문제 12 ★★★

123을 포함하지 않는 수를 "행운의 수"라고 부릅니다. 예를 들어서 869120, 112233은 행운의 수입니다. 반면 771237은 행운의 수가 아닙니다. 1 이상 999999 이하의 정수 중에서 행운의 수는 몇 개인지 구해 주세요.

---

1 (옮긴이) "행과 열이 모두 흰색으로 되는 경우(바둑판 전체에 흰색 말이 놓일 확률)"가 아니라, 각각이 성립할 확률을 의미합니다. 즉 (1번째 행이 모두 흰색이 되는 확률 + … + 8번째 행이 모두 흰색이 되는 확률) + (1번째 열이 모두 흰색이 되는 확률 + … + 8번째 열이 모두 흰색이 되는 확률) + (1번째 대각선이 모두 흰색이 되는 확률 + 2번째 대각선이 모두 흰색이 되는 확률)을 구하면 됩니다.

문제 13 ★★★★

다음 재귀 함수 func(N)을 호출할 때의 복잡도를 O 표기법으로 나타내 주세요.

```
def func(N):
    if N <= 3:
        return 1
    return func(N - 1) + func(N - 2) + func(N - 3) + func(N - 3)
```

문제 14 ★★★★★

A, B, C, D, E라는 5명의 선수가 100미터 달리기에 참가했습니다. 순위를 알기 위해서, 다음과 같은 형식의 질문을 할 수 있습니다. 참고로 동시에 도착하는 경우는 없다고 가정합니다.

- 3명의 선수를 선택하고, 그중에서 누가 가장 먼저 들어왔는지 질문할 수 있습니다.
- 3명의 선수를 선택하고, 그중에서 누가 중간에 들어왔는지 질문할 수 있습니다.
- 3명의 선수를 선택하고, 그중에서 누가 마지막에 들어왔는지 질문할 수 있습니다.

이때 다음과 같은 질문에 답해 주세요.

1. 4번 이내의 질문으로는 모든 사람의 순위를 알 수 있는 방법이 없다는 것을 증명해 주세요.
2. 5번의 질문을 했을 때, 모든 사람의 순위를 맞히는 방법을 구성해 주세요.

문제 15 ★★★★★

모든 평면적 그래프(→ 4.5.2항)는 이웃한 정점이 같은 색이 되지 않게 정점을 5가지 색으로 칠할 수 있습니다. 이를 증명해 주세요.

참고로 이와 같은 정리를 5색 정리라고 부릅니다. 조금 어렵지만, 1976년에는 4가지 색만으로도 칠할 수 있다는 것이 증명되었습니다.

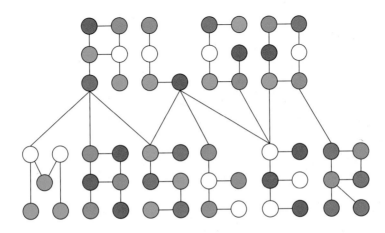

문제 16 `문제 ID : 091` ★★

정수 N, X가 주어집니다. 정수 조합 (a, b, c)에 대해서, $1 \leqq a < b < c \leqq N$와 $a+b+c=X$를 만족하는 것의 개수를 구하는 프로그램을 작성해 주세요. $3 \leqq N \leqq 100$과 $0 \leqq X \leqq 300$을 만족하는 경우, 1초 이내에 실행을 종료할 수 있게 해 주세요(출전: AOJ ITP1_7_B — How many ways?).

제약

$3 \leqq N \leqq 100$

$0 \leqq X \leqq 300$

입력은 모두 정수입니다.

실행 시간 제한

2초

입력

N X

출력

답을 출력해 주세요.

입력 예1

```
5 9
```

출력 예1

```
2
```

(a, b, c) = (1, 3, 5), (2, 3, 4)로 2가지입니다.

입력 예2

```
8 16
```

출력 예2

```
5
```

(a, b, c) = (1, 7, 8), (2, 6, 8), (3, 5, 8), (3, 6, 7), (4, 5, 7)로 5가지입니다.

입력 예3

```
3 20
```

출력 예3

```
0
```

조건을 만족하는 조합이 없습니다.

입력 예4

```
00 160
```

출력 예4

```
1213
```

문제 17 문제 ID : 092 ★★

세로 길이와 가로 길이가 정수이며, 면적이 N인 직사각형이 있습니다. 나올 수 있는 직사각형 중에서 가장 작은 둘레를 갖는 직사각형의 둘레를 구하는 프로그램을 작성해 주세요. $1 \leq N \leq 10^{12}$를 만족하는 입력에서 1초 이내에 실행이 종료되게 만들어주세요.

제약

$1 \leq N \leq 10^{12}$

N은 정수입니다.

실행 시간 제한

2초

입력

N

출력

답을 출력해 주세요.

입력 예1

```
10
```

출력 예1

```
14
```

면적이 10인 직사각형으로 다음 4가지를 생각해 볼 수 있습니다.

-세로 길이가 1, 가로 길이가 10인 직사각형(둘레 22)

-세로 길이가 2, 가로 길이가 5인 직사각형(둘레 14)

-세로 길이가 5, 가로 길이가 2인 직사각형(둘레 14)

-세로 길이가 10, 가로 길이가 1인 직사각형(둘레 22)

둘레가 가장 작은 것은 14이므로, 14를 출력합니다.

입력 예2

```
9
```

출력 예2

12

입력 예3

160

출력 예3

52

입력 예4

2147483647

출력 예4

4294967296

문제 18 ｜ 문제 ID : 093 ★★★

정수 A와 B가 주어질 때, A와 B의 최소공배수를 구하는 프로그램을 작성해 주세요. 다만 답이 10^{18}을 넘는 경우, "Large"라고 출력합니다. $1 \leqq A, B \leqq 10^{18}$을 만족하는 입력에서, 2초 이내에 실행되게 코드를 구성해 주세요.

제약

$1 \leqq A, B \leqq 10^{18}$

입력은 모두 정수입니다.

실행 시간 제한

2초

입력

A B

출력

답을 출력해 주세요.

입력 예1

4 6

출력 예1

12

4와 6의 최소 공배수는 12입니다.

입력 예2

```
1000000000000000000  3
```

출력 예2

```
Large
```

10^{18}과 3의 최소 공배수는 3×10^{18}입니다. 답이 10^{18}보다 크므로 Large를 출력합니다.

입력 예3

```
1000000000000000000  1
```

출력 예3

```
1000000000000000000
```

답이 딱 10^{18}이라면 이를 출력합니다.

문제 19 [문제 ID : 094] ★★★

N개의 양의 정수 $A_1, A_2, \cdots, A_N$은 다음과 같은 N-1개의 조건을 모두 만족합니다.

- $max(A_1, A_2) \leqq B_1$
- $max(A_2, A_3) \leqq B_2$
  …
- $max(A_{N-1}, A_N) \leqq B_{N-1}$

$A_1 + A_2 + \cdots + A_N$으로 나올 수 있는 값 중 최댓값을 구하는 프로그램을 작성해 주세요.

복잡도는 $O(N)$이 나오게 구성해 주세요(출전: AtCoder Beginner Contest 140 C — Maximal Value).

제약

$2 \leqq N \leqq 100$

$0 \leqq B_i \leqq 10^5$

입력은 모두 정수입니다.

실행 시간 제한

2초

입력

N

$B_1 B_2 \cdots B_{N-1}$

출력

답을 출력해 주세요.

입력 예1

```
3
2 5
```

출력 예1

```
9
```

예를 들어 A = (2, 1, 5), A = (-1, -2, -3), A = (2, 2, 5) 등을 생각해 볼 수 있습니다. 이 중에서 A의 총합이 최대인 것은 A = (2, 2, 5)입니다.

입력 예2

```
6
0 153 10 10 23
```

출력 예2

```
53
```

문제 20   문제 ID : 095 ★★★

위키 학교에는 1학년 N명이 재적하고 있으며, 2개의 반이 있습니다. 학번이 i번$(1 \leqq i \leqq N)$인 학생은 C_i반이며, 기말고사 점수가 P_i입니다.

다음과 같은 형식의 질문이 Q개 주어집니다. $j=1, 2, \cdots, Q$ 각각에 답하는 프로그램을 만들어주세요.

- 학번 L_j~R_j 중에서 1반인 학생의 기말고사 점수 합계
- 학번 L_j~R_j 중에서 2반인 학생의 기말고사 점수 합계

복잡도는 $O(N+Q)$가 되게 구성해 주세요.

제약

$1 \leqq N \leqq 100000$

$1 \leqq C_i \leqq 2$

$0 \leqq P_i \leqq 100$

$1 \leqq Q \leqq 100000$

$1 \leqq L_j \leqq R_j \leqq N$

입력은 모두 정수입니다.

실행 시간 제한

2초

입력

N

$C_1\,P_1$

$C_2\,P_2$

$\vdots$

$C_N\,P_N$

Q

$L_1\,R_1$

$L_2\,R_2$

$\vdots$

$L_Q\,R_Q$

출력

학번 $L_j\,R_j$번 중에서 1반 학생의 기말고사 시험 점수 합계를 A_j, 학번 $L_j{\sim}R_j$번 중에서 2반 학생의 기말고사 시험 점수 합계를 B_j 라고 할 때, 다음 형식으로 출력해 주세요.

$A_1\,B_1$

$A_2\,B_2$

$\vdots$

$A_Q\,B_Q$

입력 예

```
7
1 72
2 78
2 94
1 23
2 89
1 40
1 75
1
2 6
```

출력 예

```
63 261
```

학번 2~6번 학생 중에서 1반인 학생의 기말고사 시험 점수 합계는 23 + 40 = 63입니다. 또한 학번 2~6번 학생 중에서 2반인 학생의 기말고사 시험 점수 합계는 78 + 94 + 89 = 261입니다.

문제 21 ★★★

철수는 e(자연 로그의 밑, 2.718281828)를 밑으로 하는 $\log_e 2$의 값을 구하고 싶습니다. 이때 다음과 같은 질문에 답해 주세요.

1. "함수 $y=e^x$를 미분해도, e^x의 값이 그대로 나온다"라는 성질이 있습니다. 이를 사용해서 $y=e^x$ 위의 점 $(1, e)$를 지나는 접선의 방정식을 구해 주세요.

2. 1.에서 구한 접선과 직선 $y=2$의 교점의 x 좌표를 구해 주세요.

3. 뉴턴법을 사용해서, $\log_e 2$의 근삿값을 구해 주세요. 실제 값과의 절대 오차가 10^{-7} 미만으로 나오게 해 주세요.

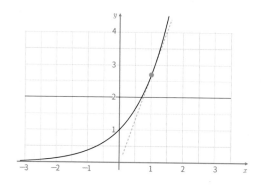

문제 22 문제 ID : 096 ★★★★

철수는 요리1부터 N까지, N개의 요리를 만들고 있습니다. 요리 i는 오븐을 T_i분만큼 연속해서 사용해야 합니다. 1개의 오븐에 2개 이상의 요리를 넣어서 동시에 사용할 수는 없습니다.

2개의 오븐을 사용해서 N개의 요리를 모두 만들 때, 가장 빠르게 요리를 모두 만들려면 몇 분이 필요한지 구하는 프로그램을 만들어주세요. $1 \leq N \leq 100$, $1 \leq T_i \leq 1000$을 만족하는 입력에서 2초 이내에 실행을 종료할 수 있게 코드를 구성해 주세요(출전: AtCoder Beginner Contest 204 D – Cooking).

제약

$1 \leq N \leq 100$

$1 \leq T_i \leq 10^3$

입력은 모두 정수입니다.

실행 시간 제한

2초

입력

N

$T_1 \cdots T_N$

출력

답을 출력해 주세요.

입력 예1

```
5
8 3 7 2 5
```

출력 예1

```
13
```

예를 들어 2개의 오븐을 다음과 같이 사용하면, 13분 안에 모든 요리를 만들 수 있습니다.

- 첫 번째 오븐: 요리 5, 1
- 두 번째 오븐: 요리 2, 4, 3

입력 예2

```
9
3 14 15 9 26 5 35 89 79
```

출력 예2

```
138
```

문제 23   문제 ID : 097 ★★★★

정수 L과 R이 주어집니다. L 이상 R 이하의 소수 개수를 구하는 프로그램을 작성해 주세요. $1 \leqq L \leqq R \leqq 10^{12}$, $R-L \leqq 500000$을 만족하는 입력에서 1초 이내에 실행을 종료할 수 있게 코드를 구성해 주세요.

제약

$1 \leqq L \leqq R \leqq 10^{12}$

$R-L \leqq 500000$

입력은 모두 정수입니다.

실행 시간 제한

2초

입력

L R

출력

답을 출력해 주세요.

입력 예1

```
21 40
```

출력 예1

```
4
```

21 이상 40 이하의 소수는 23, 29, 31, 37로 4개입니다.

입력 예2

```
999999500000 1000000000000
```

출력 예2

```
18228
```

문제 24 문제 ID : 098 ★★★★

N개의 점 $P_1, P_2, \cdots, P_N$을 정점으로 하는 다각형이 있습니다. 점 P_i의 좌표는 (X_i, Y_i)이며, 모든 $i(1 \leqq i \leqq N-1)$에 대해서, P_i와 P_{i+1}를 연결한 선분이 다각형의 변입니다. 추가적으로 P_N과 P_1을 연결하는 선분도 다각형의 변입니다.

좌표 (A, B)가 다각형 내부에 포함되는지 판정하는 프로그램을 작성해 주세요. 복잡도는 $O(N)$이 나오게 코드를 작성해 주세요(출전: AOJ CGL_3_C — Polygon-Point Containment을 일부 변경).

제약

$1 \leqq N \leqq 100000$

$-10^9 \leqq X_i, Y_i, A, B \leqq 10^9$

점 (A, B)는 다각형의 변 위에 있지 않습니다.

다각형의 내각이 딱 180°가 되는 경우는 없습니다.

입력은 모두 정수입니다.

실행 시간 제한

2초

입력

N

$X_1 \, Y_1$

$X_2 \, Y_2$

$\vdots$

$X_N \, Y_N$

$A \, B$

출력

포함되는 경우 INSIDE, 포함되지 않는 경우 OUTSIDE라고 출력해 주세요.

입력 예1

```
4
0 0
3 1
2 3
0 3
2 1
```

출력 예1

```
INSIDE
```

다각형이 다음 그림처럼 구성되므로, 좌표 (2, 1)은 다각형 내부에 포함됩니다.

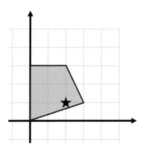

입력 예2

```
6
5 5
-1 -3
5 1
-3 -5
1 1
-5 -3
0 -1
```

출력 예2

```
INSIDE
```

다각형이 다음 그림처럼 구성되므로, 좌표 (0, -1)은 다각형 내부에 포함됩니다.

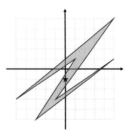

입력 예3

```
16
0 0
8 0
8 7
7 7
7 1
1 1
1 6
5 6
5 3
3 3
3 5
2 5
2 2
6 2
6 7
0 7
4 4
```

출력 예3

```
OUTSIDE
```

다각형이 다음 그림처럼 구성되므로, 좌표 (4, 4)는 다각형 내부에 포함되지 않습니다.

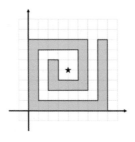

문제 25 문제 ID : 099 ★★★★

N개의 정점, N-1개의 변이 연결되어 있는 그래프가 있습니다. 정점에는 1부터 N까지의 번호가 붙어 있으며, i번째 변은 A_i와 B_i를 양방향으로 연결합니다. 모든 정점 쌍의 최단 거리 길이를 더한 값을 구하는 프로그램을 작성해 주세요. 복잡도는 $O(N)$이 나오게 구성해 주세요(출전: 競プロ典型 90 問 039 — Tree Distance).

제약

$2 \leqq N \leqq 100000$

$1 \leqq a_i, b_i \leqq N$

주어지는 그래프는 모두 트리입니다.

입력은 모두 정수입니다.

실행 시간 제한

2초

입력

N

$a_1\ b_1$

$a_2\ b_2$

$\vdots$

$a_{N-1}\ b_{N-1}$

출력

답을 출력해 주세요.

입력 예1

```
2
1 2
```

출력 예1

```
1
```

입력 예2

```
4
1 2
1 3
1 4
```

출력 예2

```
9
```

입력 예3

```
12
1 2
3 1
4 2
2 5
3 6
3 7
8 4
4 9
10 5
11 7
7 12
```

출력 예3

```
211
```

문제 26   문제 ID : 100 ★★★★

3개의 물질 A, B, C가 각각 a, b, c 그램만큼 들어있을 때, 1초 후에는 각각 a(1 - X) + bY, b(1 - Y) + cZ, c(1 - Z) + aX그램이 됩니다. 정수 T와 실수 X, Y, Z가 주어집니다. 시험관에 물질 A, B, C를 1그램씩 넣었을 때, T초 후에 각각의 물질이 몇 그램이 되는지 구하는 프로그램을 작성해 주세요. 복잡도는 $O(logT)$가 나오게 구성해 주세요.

제약

$1 \leq Q \leq 10^4$

$0 \leq X_i, Y_i, Z_i \leq 1$

$1 \leq T_i \leq 10^7$

X, Y, Z는 부동소수점입니다. 최대 소수점 아래 7번째 자리까지 제공됩니다.

T는 정수입니다.

실행 시간 제한

3초

입력

Q

$X_1\,Y_1\,Z_1\,T_1$

$X_2\,Y_2\,Z_2\,T_1$

$\vdots$

$X_Q\,Y_Q\,Z_Q\,T_Q$

출력

$i(1 \leq i \leq Q)$번 줄에 T_i초 이후 물질 A, B, C의 양을 출력해 주세요. 물질 A, B, C의 양을 a'_i, b'_i, c'_i라고 할 때, 다음과 같은 형식으로 출력합니다.

$a'_1 \, b'_1 \, c'_1$

$a'_2 \, b'_2 \, c'_2$

$\vdots$

$a'_Q \, b'_Q \, c'_Q$

실제 정답과의 절대 오차 또는 상대 오차가 10^{-7} 이하라면 정답으로 인정합니다.

입력 예1

```
5
0.10 0.20 0.30 2
0.02 0.03 0.01 3
0.50 0.00 0.00 16
0.20 0.70 0.60 12345
1.00 1.00 1.00 10000000
```

출력 예1

```
1.210000000000000 1.120000000000000 0.670000000000000
1.027637000000000 0.942080000000000 1.030283000000000
0.000015258789062 1.000000000000000 1.999984741210938
1.852941176470589 0.529411764705882 0.617647058823530
1.000000000000000 1.000000000000000 1.000000000000000
```

문제 27　문제 ID : 101　★★★★★

N개의 공이 있고, 각각의 공에는 1부터 N까지의 정수가 적혀있습니다. 정수 N이 주어질 때, k=1, 2, 3,⋯, N에 대해서 다음과 같은 질문에 답하는 프로그램을 작성해 주세요.

- N개의 공에서 1개 이상의 공을 선택하는 방법은 2^N-1가지 존재합니다. 이 중에서 다음과 같은 조건을 만족하는 선택 방법이 몇 가지 있는지를 1000000007로 나눈 나머지를 구해 주세요.
- 조건: 어떤 2개의 공을 선택해도 적혀있는 정수의 차가 k 이상이어야 합니다.

$1 \leq N \leq 100000$을 만족하는 입력에서 2초 이내에 답을 구하게 구성해 주세요(출전: 競プロ典型90問015 － Don't be too close).

제약

$1 \leq N \leq 10^5$

N은 정수입니다.

실행 시간 제한

2초

입력

N

출력

N줄 출력합니다. $i(1 \leq i \leq N)$번째 줄에는 $k=i$일 때의 답을 10^9+7로 나눈 나머지를 출력해 주세요.

입력 예1

```
1
```

출력 예1

```
1
```

입력 예2

```
2
```

출력 예2

```
3
2
```

입력 예3

```
20
```

출력 예3

```
1048575
17710
2744
906
430
250
167
118
90
75
65
56
48
```

```
41
35
30
26
23
21
20
```

문제 28 문제 ID : 102 ★★★★★

다음 그림처럼 N단계로 구성된 피라미드가 있습니다. 가장 아래의 블록에는 처음부터 색이 칠해져 있으며, 왼쪽부터 i번째 블록의 색은 문자 c_i로 표현됩니다. 이때 문자는 B가 파란색, W가 흰색, R이 붉은색을 나타냅니다. 색은 이렇게 3가지만 사용합니다.

다음과 같은 규칙으로 아래 블록부터 차례대로 색을 칠할 때, 가장 위의 블록에는 어떤 색이 칠해지는지 구해야 합니다.

- 바로 아래의 두 블록의 색이 같은 경우: 해당 색을 칠합니다.
- 바로 아래 두 블록의 색이 다른 경우: 둘이 아닌 남은 색상을 칠합니다.

정수 N, 문자 $c_1, c_2, \cdots, c_N$이 주어질 때, 답을 구하는 프로그램을 작성해 주세요. $2 \leq N \leq 400000$을 만족하는 입력에서 2초 이내에 실행되게 코드를 구성해 주세요(출전: AtCoder Regular Contest 117 C — Tricolor Pyramid).

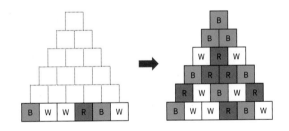

제약

$2 \leq N \leq 400000$

$c_1, c_2, \ldots, c_N$은 B, W, R 중에 하나입니다.

N은 정수입니다.

실행 시간 제한

2초

입력

N

$c_1\ c_2\ \cdots\ c_N$

출력

답을 출력합니다.

입력 예1

```
3
BRW
```

출력 예1

```
W
```

입력 예2

```
4
RRBB
```

출력 예2

```
W
```

입력 예3

```
6
BWWRBW
```

출력 예3

```
B
```

입력 예4

```
8
WWBRBBWB
```

출력 예4

```
R
```

입력 예5

```
21
BWBRRBBRWBRBBBRRBWWWR
```

출력 예5

```
B
```

문제 29   문제 ID : 103 †

중심 좌표가 (0, 0)이며, 반지름이 1인 원이 있습니다. 이 안에 같은 반지름의 원을 N = 100개 채워 넣어야 합니다. 내부에 들어갈 원의 반지름 최댓값을 구해 주세요. 참고로 이 문제는 아직도 해결되지 않은 난제이며, 지금도 계속해서 최댓값이 경신되고 있습니다.

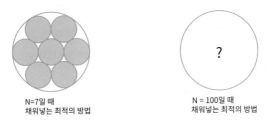

N=7일 때
채워넣는 최적의 방법

N = 100일 때
채워넣는 최적의 방법

참고로 다음은 반지름이 0.07일 때의 예입니다.

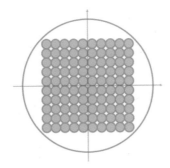

문제 30 〉문제 ID : 104 †

다음 조건을 만족하는 가중치 없는 무향 그래프 중에서 정점 수가 최대한 많은 그래프를 구성해 주세요. 답을 구할 때 프로그래밍을 활용해도 상관없습니다.

1. 모든 정점의 차수가 4 이하

2. 모든 두 정점 사이의 최단 경로 길이가 4 이하(최단거리 길이는 지나는 변의 수가 최소인 경로의 길이를 의미합니다.)

예를 들어서 다음과 같이 22개의 정점을 갖는 그래프는 위의 조건을 모두 만족합니다. 참고로 2021년 9월을 기준으로 최대 98개의 정점으로 구성할 수 있다고 알려져 있습니다. 하지만 이것이 최대인지는 아직 증명되지 않았습니다.

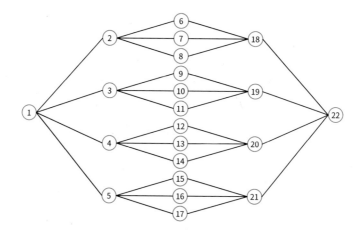

맺으며

약 280페이지에 걸친[1] 이번 책도 이제 마지막 피날레에 도착했습니다. 연습 문제 등 어려운 내용이 있었음에도 이 책을 끝까지 읽어주셔서 정말로 큰 감사의 말씀 드립니다.

이 책을 통해서 제가 가장 전달하고 싶었던 내용은 조금이라도 '적은 계산 처리로 문제를 푸는 것이 중요하다'라는 것입니다.

최근 IT와 관련된 분야들은 큰 발전을 거듭하고 있습니다. Google 검색, 자동차 내비게이션 등을 포함해서 컴퓨터를 사용한 다양한 서비스들이 늘어나고 있습니다. 추가적으로 인공지능(AI)의 발전도 빠르게 이루어지고 있어, 바둑과 장기 등의 다양한 분야에서 인간을 압도적으로 무너뜨리는 레벨에 이르렀습니다.

그래서 "컴퓨터만 활용하면 모든 것을 해결할 수 있다"라고 생각하는 사람도 있을 것입니다. 하지만 1장에서 언급했던 것처럼 컴퓨터의 계산 속도에는 한계가 있으며, 알고리즘을 개선해야 하는 상황들이 많습니다. 추가적으로 앞에서 언급한 편리한 서비스와 인공지능은 모두 알고리즘이라는 기반 위에 만들어진 것들입니다.

반면 알고리즘의 이해와 응용에는 수학이 필요하므로, 이 책은 알고리즘과 수학을 동시에 배울 수 있는 구성으로 집필했습니다. 2장에서는 기본적인 수학 내용을 배웠고, 3장과 4장에서는 유명한 알고리즘을 소개하며 관련된 수학적 지식을 함께 배웠습니다. 그리고 5장에서는 다양한 문제를 풀 때 활용할 수 있는 수학적 접근 방법을 배웠습니다.

이러한 내용 중에서 일부 이해하기 힘든 부분도 분명 있었을 것이라고 생각합니다. 그래도 여러분이 이 책을 통해서 조금이라도 도움이 되었다면, 필자로서 굉장히 기쁠 것 같습니다.

마지막으로 이 책은 알고리즘과 수학을 약 280페이지 정도로 다루므로, 페이지 관계상 다루지 못한 알고리즘과 자료구조들이 꽤 많습니다. 특히 데이터 집합을 잘 관리할 때 활용할 수 있는 자료 구조는 빠른 알고리즘을 구현할 때 빼놓을 수 없는 부분입니다. 이 책에서 다루지 않은 중요한 알고리즘과 자료 구조를 몇 가지 정리하면, 다음과 같습니다.

---

1 (엮은이) 원서 기준입니다.

맺으며

- 스택

- 해시 테이블

- 링크드 리스트

- Union—Find

- 힙

- 삽입 정렬

- 퀵 정렬(퀵 소트)

- 데이크스트라(Dijkstra) 알고리즘

- 크러스컬(Kruskal) 알고리즘

- 클러스터링(K—means법 등)

그럼 다음 단계로 나아가기 바랍니다.

권장 도서

향후 알고리즘 등을 더 깊이 공부하고 싶은 사람을 위해서 추천할 만한 참고서를 소개합니다. 꼭 활용해 주세요.

- 와타노베 유타카 저/윤인성 역, 《프로그래밍 대회 공략을 위한 알고리즘과 자료 구조 입문》, 인사이트

  아이즈 대학의 와타나베 유타카 씨가 집필한 알고리즘과 데이터 구조의 기초를 체계적으로 배울 수 있는 입문서입니다. 그림이 풍부한 것 외에 책에 실린 모든 예제가 「AIZU ONLINE JUDGE」라고 하는 자동 채점 시스템에 등록되어 있어, 연습을 진행하기 쉬운 등의 특징이 있습니다. 경기 프로그래밍을 시작한 중학교 1학년 무렵, 제가 처음 얻은 알고리즘 책이기도 합니다.

- 오츠키 켄스케 저 / 서수환 역 / 아키바 타쿠야 감수, 《문제 해결력을 높이는 알고리즘과 자료 구조》, 길벗

  2021년 현재 일본에서 가장 많이 팔리는 알고리즘 입문서 중 하나입니다. 다른 알고리즘의 책과는 달리, 전체 탐색 · 이분 탐색 · 동적 계획법 · 탐욕법 등의 설계 기법에 중점을 두고 있어, 알고리즘을 자신의 도구로 하고 싶은 사람에게는 최적입니다. 일부 대학에서는 교과서로도 쓰이고 있습니다.

- 「アルゴリズム実技検定 公式テキスト [エントリー～中級編]」

  岩下真也、中村謙弘[著]／AtCoder 株式会社、高橋直大[監修]／ISBN:978-4-8399-7277-6／マイナビ出版／2021年 AtCoder가 주최하는 검정 시험 「알고리즘 실기 검정(PAST)」의 대책용 텍스트로서 출판된 책입니다. 파이썬에서 구현하는 방법이 친절하게 설명되어 있어 파이썬으로 알고리즘을 배우고 싶은 분에게 추천합니다. 또한 수식이 그리 많지 않아서 수학에 서툴러도 읽기 쉽습니다.

- 「プログラミングコンテストチャレンジブック 第2版」

  ～問題解決のアルゴリズム活用力とコーディングテクニックを鍛える～

  秋葉拓哉、岩田陽一、北川宜稔[著]／ISBN:978-4-8399-4106-2／マイナビ／2012年 세계 최고 수준의 경기 프로그래밍 참가자들이 집필한 책입니다. 경기 프로그래밍에 필요한 지식이 체계적으로 정리되어 있습니다. 내용이 매우 알차고 난이도가 높은 내용까지 다루므로 알고리즘 상급자도 읽을 수 있다고 생각합니다.

- 이시다 모리테루, 미야자키 쇼이치 저 / 김완섭 역, 《알고리즘 도감》, 제이펍

  다양한 알고리즘의 순서에 대해, 풀 컬러의 일러스트를 이용해 해설한 책입니다. 이미지를 잡기 쉽고, 모두 200 페이지 정도로 짧고 읽기 쉬운 구성으로 되어 있습니다. 본서에는 실려 있지 않은 알고리즘도 다루지만, 수식이 거의 없고 권장 도서에 있는 책 중에서는 가장 쉽습니다.

권장 도서

- 토머스 코멘, 찰스 레이서슨, 로날드 리베스트, 클리포드 스타인 공저 / 문병로, 심규석, 이충세 공역, 《Introduction to Algorithms》(3판), 한빛아카데미

  세계 각지에서 알고리즘과 데이터 구조의 교과서로 채택한 명저입니다. 알고리즘의 원리와 정당성에 중점을 두고 총 페이지 수는 1000페이지를 초과합니다.

참고 문헌

본서의 집필에 참고한 서적을 정리합니다.

01. 「プログラミングコンテスト攻略のためのアルゴリズムとデータ構造」
渡部有隆[著]／Ozy、秋葉拓哉[協力]／ISBN:978-4-8399-5295-2／マイナビ／2015年

02. 「問題解決力を鍛える!アルゴリズムとデータ構造」
大槻兼資[著]／秋葉拓哉[監修]／ISBN:978-4-06-512844-2／講談社／2020年

03. 「アルゴリズム実技検定 公式テキスト[エントリー〜中級編]」
岩下真也、中村謙弘[著]／AtCoder株式会社、高橋直大[監修]／ISBN:978-4-8399-7277-6／マイナビ出版／
2021年

04. 「プログラミングコンテストチャレンジブック 第2版」
〜問題解決のアルゴリズム活用力とコーディングテクニックを鍛える〜秋葉拓哉、岩田陽一、北川宜稔[著]／
ISBN:978-4-8399-4106-2／マイナビ／2012年

05. 「アルゴリズム図鑑 絵で見てわかる26のアルゴリズム」
石田保輝、宮崎修一[著]／ISBN:978-4-7981-4977-6／翔泳社／2017年

06. 「アルゴリズムイントロダクション 第3版総合版」
T.コルメン、C.ライザーソン、R.リベスト、C.シュタイン[著]／浅野哲夫、岩野和生、梅尾博司、山下雅史、和田幸一
[訳]／ISBN:978-4-7649-0408-8／近代科学社／2013年

07. 「アルゴリズムデザイン」
Jon Kleinberg、Eva Tardos[著]／浅野孝夫、浅野泰仁、小野孝男、平田富夫[訳]／ISBN: 978-4-320-12217-8
／共立出版／2008年

08. 「データ構造とアルゴリズム」
杉原厚吉[著]／ISBN:978-4-320-12034-1／共立出版／2001年

09. 「アルゴリズムとデータ構造 基礎のツールボックス」
K.メールホルン、P.サンダース[著]／浅野哲夫[訳]／ISBN:978-4-621-06187-9／丸善出版／2012年

10. 「プログラミングの宝箱 アルゴリズムとデータ構造 第2版」
紀平拓男、春日伸弥[著]／ISBN:978-4-7973-6328-9／SBクリエイティブ／2011年

참고 문헌

11. 「なっとく!アルゴリズム」
アディティア・Y・バーガバ[著]／株式会社クイープ[監訳]／ISBN:978-4-7981-4335-4／翔泳社／2017年

12. 「アルゴリズムビジュアル大事典 ～図解でよくわかるアルゴリズムとデータ構造～」
渡部有隆、ニコライ・ミレンコフ[著]／ISBN:978-4-8399-6827-4／マイナビ出版／2020年

13. 「最強最速アルゴリズマー養成講座 プログラミングコンテストTopCoder攻略ガイド」
高橋直大[著]／ISBN:978-4-7973-6717-1／SBクリエイティブ／2012年

14. 「みんなのデータ構造」
Pat Morin[著]／堀江慧、陣内佑、田中康隆[訳]／ISBN:978-4-908686-06-1／ラムダノート／2018年

15. 「プログラマの数学 第2版」
結城浩[著]／ISBN:978-4-7973-9545-7／SBクリエイティブ／2018年

16. 「しっかり学ぶ数理最適化 モデルからアルゴリズムまで」
梅谷俊治[著]／ISBN:978-4-06-521270-7／講談社／2020年

17. 「暗号理論入門 原書第3版」
J.A.ブーフマン[著]／林芳樹[訳]／ISBN:978-4-621-06186-2／丸善出版／2012年

18. 「コンピュータ・ジオメトリ―計算幾何学:アルゴリズムと応用」
M.ドバーグ、O.チョン、M.ファン クリベルド、M.オーバマーズ[著]／浅野哲夫[訳]／ISBN:978-4-7649-0388-3／
近代科学社／2010年

19. 「数学II 改訂版」
数研出版／ISBN: 978-4-410-80133-4／2018年

20. 「数学B 改訂版」
数研出版／ISBN: 978-4-410-80148-8／2018年

21. 「数学III 改訂版」
数研出版／ISBN: 978-4-410-80163-1／2020年

22. 「大学数学ことはじめ:新入生のために」
松尾厚[著]／東京大学数学部会[編集]／ISBN:978-4-13-062923-2／東京大学出版会／2019年

참고 문헌

본서의 집필에 참고로 한 인터넷상의 기사 등을 이하에 정리합니다(최종 열람일: 2021년 11월 27일).

23. 「AtCoder」
    https://atcoder.jp/

24. 「AIZU ONLINE JUDGE (AOJ)」
    https://onlinejudge.u-aizu.ac.jp/home

25. 「高校数学の美しい物語」
    https://manabitimes.jp/math

26. 「ITトレンド」
    https://it-trend.jp/

27. 「統計WEB─統計学、調べる、学べる、BellCurve (ベルカーブ)」
    https://bellcurve.jp/statistics/

28. 「微分とは何か?─中学生でもわかる微分のイメージ」／Sci-pursuit)
    https://sci-pursuit.com/math/differential-1.html

29. 「超高速!多倍長整数の計算手法【前編:大きな数の四則計算を圧倒的な速度で!】」／Qiita
    https://qiita.com/square1001/items/1aa12e04934b6e749962

30. 「超高速!多倍長整数の計算手法【後編:N!の計算から円周率100万桁への挑戦まで】」／Qiita
    https://qiita.com/square1001/items/def73e29dd46b156c248

31. 「1000000007で割った余りの求め方を総特集!〜逆元から離散対数まで〜」／Qiita
    https://qiita.com/drken/items/3b4fdf0a78e7a138cd9a

32. COMBINATORICS WIKI, The Degree Diameter Problem for General Graphs
    http://combinatoricswiki.org/wiki/The_Degree_Diameter_Problem_for_General_Graphs

33. Grosso et al. (2008). "Solving the problem of packing equal and unequal circles in a circular
    container"
    http://www.optimization-online.org/DB_HTML/2008/06/1999.html

참고 문헌

34. Peczarski, Marcin (2011). "Towards Optimal Sorting of 16 Elements". Acta Universitatis Sapientiae. 4 (2): 215–224.
https://arxiv.org/pdf/1108.0866.pdf

35. 68-95-99.7 則
https://artsandculture.google.com/entity/m02plm6g?hl=ja

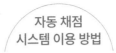

자동 채점
시스템 이용 방법

이 책에 실린 문제를 직접 풀어보고 결과를 확인할 수 있는 자동 채점 시스템의 사용법을 안내합니다. ─
엮은이

앳코더 회원 가입

웹브라우저로 아래 주소의 앳코더(AtCoder) 사이트에 접속합니다. 앳코더 사이트는 일본어 또는 영어
를 선택해서 이용할 수 있습니다.

■ https://atcoder.jp/

페이지 상단의 회원 가입(新規登録 또는 Sign Up) 링크를 클릭합니다.

자동 채점
시스템 이용 방법

회원 가입 페이지에 개인 정보를 입력하고, 개인 정보 처리 방침에 동의한다는 항목을 체크하고, 가입 버튼을 클릭합니다. 가입 신청이 처리되는 즉시 로그인됩니다.

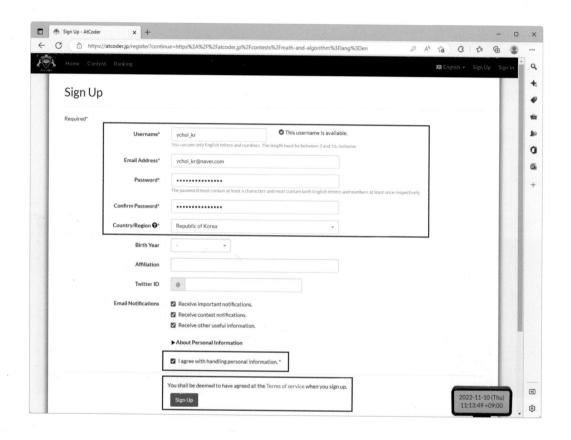

콘테스트 참가 등록

웹브라우저의 주소창에 다음 주소를 입력해 이 책의 문제가 실린《アルゴリズムと数学 演習問題集(알고리즘과 수학 연습문제집)》콘테스트로 이동한 다음, 참가 등록(参加登録 또는 Register) 버튼을 클릭합니다.

- https://atcoder.jp/contests/math-and-algorithm

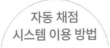

등록되었다는 메시지가 웹페이지 상단에 나올 것입니다. 이제 자동 채점 시스템을 사용할 수 있습니다.

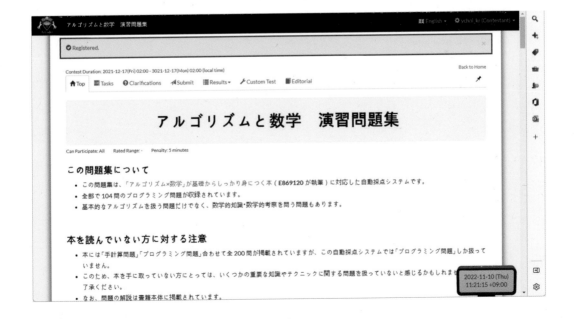

자동 채점 시스템 이용 방법

웹브라우저에는 자동 번역 기능이 있습니다. 웹페이지를 오른쪽 클릭하고 [한국어로 번역]을 선택하면 번역문을 볼 수 있습니다. 자동 번역이 잘되지 않는다면, 앳코더 사이트의 언어 설정(상단의 검정 막대에 있는 것)에서 언어를 일본어(日本語)로 선택한 다음, 웹브라우저로 자동 번역을 다시 시도해 보기 바랍니다.

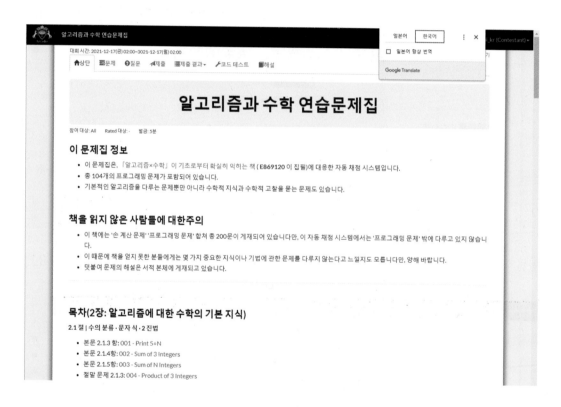

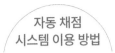

문제 확인 및 코드 제출

문제를 선택하면 지문과 입출력 예를 볼 수 있습니다.

자동 채점
시스템 이용 방법

문제 페이지를 아래로 스크롤하면 코드를 제출하는 양식이 있습니다(로그인 및 참가 등록을 해야 보입니다). 프로그래밍 언어를 선택하고 코드를 작성한 뒤 제출(提出 또는 Submit) 버튼을 클릭하면 코드가 제출 및 채점됩니다. (코드를 작성할 때는 브라우저의 자동 번역을 해제하는 것이 좋습니다.)

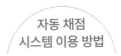

제출 결과

제출 결과(提出結果 또는 Results) → 내 제출 결과(自分の提出 또는 My Submissions)를 선택하면 제출한 결과의 목록이 표시됩니다.

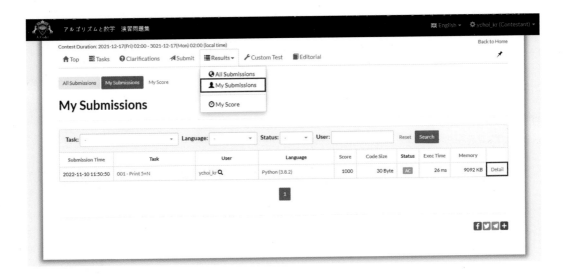

목록 오른쪽의 상세(詳細 또는 Detail)를 클릭하면 자세한 정보를 볼 수 있습니다.

자동 채점
시스템 이용 방법

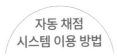

코드 테스트

코드 테스트(コードテスト 또는 Custom Test) 화면에서는 원하는 입력값을 넣어 테스트해 볼 수 있습니다.

문제 해결을 위한
알고리즘 with **수학**

알고리즘 문제 해결에 꼭 필요한 수학적 지식과 사고력

부록

문제 풀이

각 절의 연습 문제와 6장의 최종 확인 문제 풀이입니다. 여기에는 파이썬 코드를 실었지만, 이 책의 저장소에서 C/C++, 자바 코드도 확인하실 수 있습니다.

2장

알고리즘을 위한 기본적인 수학

연습 문제 2.1 해답

문제 2.1.1 　이 문제는 수의 분류(➡ 2.1.1항)를 이해했는지 확인하는 문제입니다. 답은

- 정수 : $-100, -20, 0, 1, 70$
- 양의 정수 : $1, 70$

입니다. 정수는 소수점이 붙지 않은 수, 양의 정수는 그중에서 0보다 큰 수를 의미합니다.

문제 2.1.2

이 문제는 문자식과 그 작성 방법(➡ 2.1.2항)을 확인하는 문제입니다. 해답은

- $A+B+C=25+4+12=41$
- $ABC=25×4×12=1200$

입니다. 여기에서 ABC는 A×B×C라는 의미를 나타냅니다.

문제 2.1.3

이 문제는 "3개의 정수를 입력받고, 그 곱을 출력해 주세요"라는 의미입니다. 따라서 다음과 같은 프로그램을 작성하면, 정답을 구할 수 있습니다. 참고로 수열처럼 번호를 붙인 문자 식에 익숙하지 않다면, 2.1.4항과 2.1.5항으로 돌아가 복습하기 바랍니다.

```
A1, A2, A3 = map(int, input().split())
print(A1 * A2 * A3)
```

문제 2.1.4(1)

이 문제는 2진법을 10진법으로 변환하는 방법(➡ 2.1.7항)을 묻는 문제입니다. 다음과 같이 계산하면, 답이 9라는 것을 알 수 있습니다.

- 8의 자릿수는 1
- 4의 자릿수는 0
- 2의 자릿수는 0
- 1의 자릿수는 1
- 자릿수와 그 자릿수의 값을 곱한 뒤 더하면, $(8×1)+(4×0)+(2×0)+(1×1)=9$

문제 2.1.4(2)

이 문제는 10진법을 2진법 등으로 변환하는 방법(➡ 2.1.9항)을 묻는 문제입니다.

일반적으로 10진법을 K진법으로 변환할 때는 값이 0이 될 때까지 K로 나누고, 나머지를 거꾸로 읽으면 됩니다. 따라서 다음과 같이 계산할 수 있습니다.

- 127의 2진법 표기는 1111111
- 127의 3진법 표기는 11201

그림으로 나타내면 다음과 같습니다.

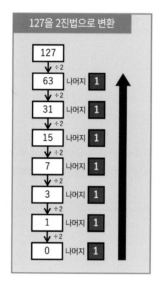

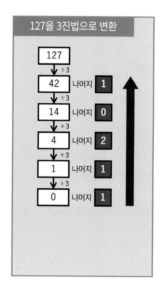

2.2 연습 문제 2.2 해답

문제 2.2.1

이번 문제는 거듭 제곱(➡ 2.2.3항)을 이해했는지 묻는 문제입니다. 일단 답은 다음과 같습니다.

- 1만은 10의 4제곱(10^4)
- 1억은 10의 8제곱(10^8)
- 1조는 10의 12제곱(10^{12})

이는 다음과 같이 "10을 n제곱할 때, n이 1만큼 증가하면 0의 수가 1만큼 늘어난다"로 간단하게 구할 수 있습니다.

- $10^1=10$(0이 1개)
- $10^2=10\times10=100$(0이 2개)
- $10^3=10\times10\times10=1000$(0이 3개)
- $10^4=10\times10\times10\times10=10000$(0이 4개)

1만은 10000(0이 4개), 1억은 100000000(0이 8개), 1조는 1000000000000(0이 12개)이므로, 각각 10^4, 10^8, 10^{12}입니다.

문제 2.2.2

이번 문제는 거듭제곱(➡ 2.2.3항)과 루트(➡ 2.2.4항)를 이해했는지 묻는 문제입니다. 답은 다음과 같습니다.

- $29^2=841$이므로, $\sqrt{814}=29$
- $4^5=1024$이므로, $\sqrt[5]{1024}=4$

참고로 $a^b=x$일 때, $\sqrt[b]{x}=a$가 성립합니다.

문제 2.2.3(1)

이번 문제는 두 수의 비트 연산(➡ 2.2.7~2.2.9항)을 이해했는지 묻는 문제입니다. 답은 다음과 같습니다.

- 13 AND 14 = 12
- 13 OR 14 = 15
- 13 XOR 14 = 3

잘 모르겠다면, 논리 연산 AND는 "양쪽 모두 1이라면 1", OR은 "한쪽이라도 1이라면 1", XOR은 "한쪽만 1일 때 1"을 다시 생각해 보세요. 비트 연산은 각각의 수를 2진법으로 나타내고, 각각의 자릿수에 대해 논리연산을 하는 것입니다.

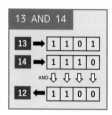 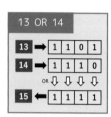 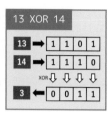

문제 2.2.3(2)

이번 문제는 세 수 이상의 비트 연산(➡ 2.2.11항)을 이해했는지 묻는 문제입니다. 다음과 같이 계산하면, 답이 15라는 것을 알 수 있습니다.

$((8 \text{ OR } 4) \text{ OR } 2) \text{ OR } 1$

$= (12 \text{ OR } 2) \text{ OR } 1$

$= 14 \text{ OR } 1$

$= 15$

참고로 8, 4, 2, 1을 2진법으로 변환하면, 1000, 0100, 0010, 0001입니다. 이 숫자들은 "1"이 1개만 포함되어 있습니다. 따라서 답은 2진법으로 1111(10진법으로 15)이라고 계산할 수도 있습니다.

문제 2.2.4

이번 문제는 나머지(mod)의 구현 방법(➡ 2.2.1항)을 이해했는지 묻는 문제입니다. 파이썬에서는 다음과 같은 방법으로 정답을 구할 수 있습니다. 참고로 C++, 자바 등의 다른 프로그래밍 언어에서도 변수 a를 b로 나눈 나머지는 a % b로 계산합니다.

```python
# 입력
N = int(input())
A = list(map(int, input().split()))

# 답 계산
Answer = 0
for i in range(N):
    Answer += A[i]

# 출력
print(Answer % 100)
```

2.3 연습 문제 2.3 해답

문제 2.3.1

이번 문제는 $f(x)$라는 함수 표기(➡ 2.3.1항), 다항식 함수(➡ 2.3.7항)를 이해했는지 묻는 문제입니다.

- $f(1)=1^3=1\times1\times1=1$
- $f(5)=5^3=5\times5\times5=125$
- $f(10)=10^3=10\times10\times10=1000$

참고로 $f(x)=ax^3+bx^2+cx+d$의 형태로 표기하는 함수를 3차 함수라고 부릅니다. 이 문제의 $f(x)=x^3$도 3차 함수의 일종입니다.

문제 2.3.2(1)

이번 문제는 로그 함수(➡ 2.3.10항)를 이해했는지 묻는 문제입니다.

$2^3=8$이므로, 답은 $\log_2 8=3$입니다.

문제 2.3.2(2)

이번 문제는 거듭제곱 확장(➡ 2.3.8항)을 이해했는지 묻는 문제입니다.

일반적으로 $\frac{n}{a^m} = \sqrt[m]{a^n}$이 성립하므로, $a=100$, $n=3$, $m=2$를 대입해 보면 답이 $100^{1.5} = \sqrt{100^3} = \sqrt{1000000} = 1000$이라는 것을 알 수 있습니다.

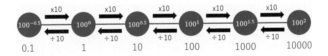

문제 2.3.2(3)

이번 문제는 바닥 함수와 천장 함수(➡ 2.3.11항)를 이해했는지 묻는 문제입니다.

⌊20.21⌋는 20.21 이하 최대의 정수이므로 20입니다.

⌈20.21⌉은 20.21 이상 최소의 정수이므로 21입니다.

문제 2.3.3

이번 문제는 함수 그래프(➡ 2.3.4항)를 이해했는지 묻는 문제입니다. 답은 다음 그림과 같습니다. 다음과 같은 부분에 주의하면서 그래프를 그려보면 쉽게 알 수 있습니다.

- 1차 함수의 그래프는 직선이다.
- 지수 함수는 단조 증가하며, 증가 폭이 점점 급격해진다.
- 로그 함수는 단조 증가하되, 증가 폭이 점점 줄어든다.

참고로 3번째 그래프와 4번째 그래프는 완전히 일치합니다. 밑 변환 공식에 따라서 $\log_4 x = \log_2 x \div \log_2 4 = (\log_2 x)/2$가 성립하기 때문입니다.

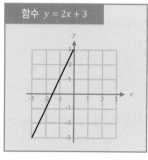

함수 $y = 2x + 3$

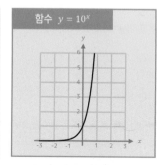

함수 $y = 10^x$

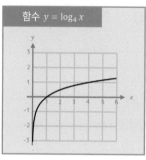

함수 $y = \log_4 x$

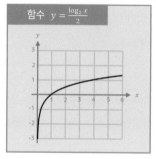

함수 $y = \dfrac{\log_2 x}{2}$

문제 2.3.4

이번 문제는 지수 법칙(➡ 2.3.9항)을 이해했는지 묻는 문제입니다. 답은 다음과 같습니다.

1. $f(x) = 2^x$일 때, $f(20) = 2^{20} = 1048576$

2. 지수 법칙에 따라서 $2^{20} = 2^{10} \times 2^{10}$, 2^{10}은 약 1000이므로 2^{20}은 대략적으로 $1000 \times 1000 = 1000000 (= 10^6)$

문제 2.3.5(1)

이번 문제는 로그 함수(➡ 2.3.10항)를 이해했는지 묻는 문제입니다.

$10^6 = 1000000$이므로, $g(100000) = \log_{10} 1000000 = 6$입니다.

문제 2.3.5(2)

이번 문제는 대수 함수 공식(➡ 2.3.10항)을 이해했는지 묻는 문제입니다.

$$\log_2 16N - \log_2 N$$
$$= \log_2 \left(\frac{16N}{N}\right)$$
$$= \log_2 16 = 4$$

따라서 답은 4입니다. 참고로 대수 함수 $\log_a b$에는 "진수 b가 정배수(2배 등)이면 값이 일정하게 증가한다"라는 성질이 있습니다.

문제 2.3.6

이번 문제는 지수가 부동소수점일 때의 거듭제곱(➡ 2.3.8항), 지수 법칙(➡ 2.3.9항)을 사용할 수 있는지 묻는 문제입니다. 각각의 문제 답은 다음과 같습니다.

번호	진도	차이	답
1.	6.0 vs 5.0	$32^{6.0-5.0} = 32^{1.0}$	$=32$배
2.	7.3 vs 5.3	$32^{7.3-5.3} = 32^{2.0}$	$=1024$배
3.	9.0 vs 7.2	$32^{9.0-7.2} = 32^{1.8}$	$=512$배

참고로 $32^{1.8}$의 값은 $32^{1.0} \times 32^{0.8} = 32 \times 16 = 512$ 형태로 계산할 수 있습니다. 추가적으로 $32^{0.8}$ 등은 2.3.8항의 그림을 보면 쉽게 구할 수 있습니다.

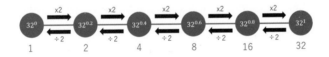

문제 2.3.7

이번 문제의 답은 $y = \log_2 x + 1$입니다. 이는 다음과 같이 도출할 수 있습니다.

1단계

어떤 정수 x가 2진법으로 n자리가 되기 위한 조건은 $2^{(n-1)} \leq x \leq 2^n$을 만족하는 것입니다. 구체적으로는 다음과 같습니다.

- 3자리라는 조건은 $2^2=4$ 이상 $2^3=8$ 미만입니다.
- 4자리라는 조건은 $2^3=8$ 이상 $2^4=16$ 미만입니다.
- 5자리라는 조건은 $2^4=16$ 이상 $2^5=32$ 미만입니다.

2단계

1단계를 바꿔 말하면, $n-1 \leq \log_2 x \leq n$일 때 2진법으로 n자릿수가 된다고 할 수 있습니다. 즉 $\lfloor \log_2 x \rfloor + 1 = n - 1$이므로, 2진법의 자릿수 n은 $\lfloor \log_2 x \rfloor + 1$자리입니다.

문제 2.3.8

답의 예로 $f(x)=1/(1+2^{-x})$ 등이 있을 수 있습니다. 참고로 비슷한 함수로 딥러닝 등에서 많이 활용되는 시그모이드 함수가 있습니다. 관심있다면 꼭 한번 찾아보기 바랍니다.

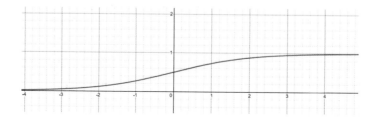

문제 2.4.1

이번 문제의 답은 다음과 같습니다. 참고로 O 표기법으로 나타낸 값은 "가장 중요한 항을 남기고 모두 제거한 후, 상수배($7N^2$에서 7)를 제거한다"라는 조작으로 구할 수 있습니다(➡ 2.4.8항).

   1. $T_1(N)=O(N^3)$

   2. $T_2(N)=O(N)$

   3. $T_3(N)=O(2^N)$

   4. $T_4(N)=O(N!)$

문제 2.4.2

이 프로그램은 중첩 반복문을 사용하고 있습니다. 각 변수는 다음과 같이 변화합니다.

- 변수 i: 1, 2, 3, ⋯, N으로 N가지
- 변수 j: 1, 2, 3, ⋯, $100N$으로 $100N$가지

따라서 합계 반복 횟수는 $N \times 100N = 100N^2$이므로, 복잡도는 $O(N^2)$이 됩니다. 참고로 반복 횟수가 곱해지는 이유를 잘 모르겠다면, 변수 i와 j가 다음과 같은 사각형 형태로 펼쳐진다고 생각하면 쉽게 이해할 수 있을 것입니다.

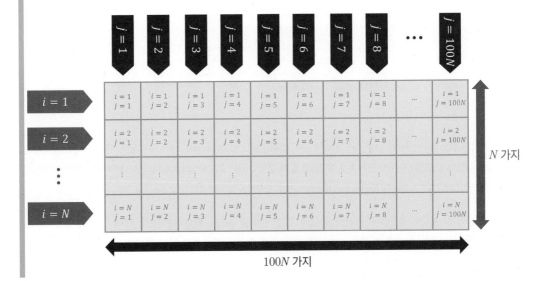

문제 2.4.3

$\log_2 N$과 $\log_{10} N$이 상수배 차이라는 것을 확인하려면, $\log_2 N$를 $\log_{10} N$으로 나누어보면 됩니다. 밑 변환 공식(➡ 2.3.10항)에 의해서 다음과 같은 식이 성립합니다.

$$\frac{\log_2 N}{\log_{10} N} = \frac{\log_2 N}{\log_2 N \div \log_2 10} = \log_2 10 \fallingdotseq 3.32$$

따라서 $\log_2 N$은 $\log_{10} N$의 3.32배라는 것을 알 수 있습니다. 그래서 O 표기법으로 로그를 나타낼 때 $O(\log N)$처럼 밑을 생략하는 것입니다.

문제 2.4.4

답은 다음과 같습니다. 참고로 $N\log N$은 $N \times \log N$과 같은 의미입니다.

계산 횟수	$N\log N$	N^2	2^N
10^6회 이내	$N \leq 60000$	$N \leq 1000$	$N \leq 20$
10^7회 이내	$N \leq 500000$	$N \leq 3000$	$N \leq 23$
10^8회 이내	$N \leq 4000000$	$N \leq 10000$	$N \leq 26$
10^9회 이내	$N \leq 40000000$	$N \leq 30000$	$N \leq 30$

문제 2.4.5

N이 2만큼 늘어날 때마다 실행 시간이 대략 9배 늘어나고 있습니다. 따라서 "복잡도가 $O(3^N)$이다"라고 생각하는 것이 자연스럽습니다. 참고로 $O(N \times 3^N)$ 또는 $O(10^{N/2})$ 등도 부자연스럽지는 않습니다. 따라서 이러한 것도 답이라고 할 수 있습니다.

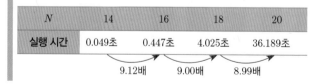

N	14	16	18	20
실행 시간	0.049초	0.447초	4.025초	36.189초

9.12배   9.00배   8.99배

문제 2.4.6

직관적인 방법으로는 "a" → "aardvark" → "aback" → "abalone" → "abandon" → …처럼 앞에서부터 단어를 하나하나 탐색해 보는 방법이 있습니다. 하지만 단어 수를 N이라고 할 때 최악의 경우 N회 탐색해야 합니다. $N=100000$만 되어도 사람은 단어를 찾는 것이 거의 불가능합니다. 따라서 다음과 같은 방법을 활용하는 것이 효율적입니다(➡ 2.4.7항).

'현재 시점에서 생각할 수 있는 범위의 중앙에 있는 단어를 보고, 해당 단어보다 앞에 있을지 또는 뒤에 있을지 확인하는 과정'을 반복합니다. 다음 그림은 단어의 수가 100000개일 때의 과정을 나타낸 것입니다.

이는 이진 탐색과 굉장히 비슷한 방법이며, $\lceil \log_2 N \rceil$ 단계로 원하는 단어를 찾을 수 있습니다.

참고로 사람이 단어를 찾을 때 정확하게 중앙에 있는 단어를 집기는 힘듭니다. 따라서 대충 사전을 반으로 갈라 단어를 확인해 보고, 이어서 대충 중앙에 있는 단어를 확인해 보면 될 것입니다. 종이 사전을 사용할 기회가 있다면, 한번 활용해 보기 바랍니다.

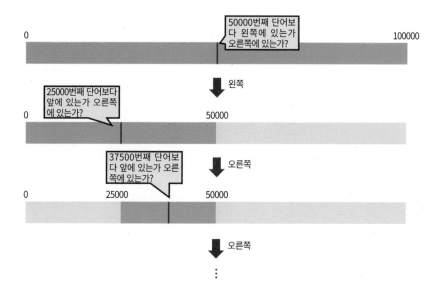

문제 2.5.1

이번 문제는 시그마 기호(➡ 2.5.9항)를 이해했는지 묻는 문제입니다. 답은 다음과 같습니다.

$$\sum_{i=1}^{100} i = (1 + 2 + 3 + \cdots + 100) = 5050$$

$$\sum_{i=1}^{3}\sum_{j=1}^{3} ij = (1 + 2 + 3 + 2 + 4 + 6 + 3 + 6 + 9) = 36$$

참고로 1부터 100까지의 총합은 1.1절에서도 살펴보았던 것처럼, 합의 공식(➡ 2.5.10항)을 사용해 $100 \times 101 \div 2 = 5050$이라고 계산할 수 있습니다.

문제 2.5.2

집합의 기본(➡ 2.5.5항)을 이해했는지 묻는 문제입니다. 답은 다음과 같습니다.

- $|S|=3$, $|T|=4$
- $S \cup T = \{2, 3, 4, 7, 8, 9\}$ (적어도 한 쪽에 포함된 부분)
- $S \cap T = \{2\}$ (양쪽 모두에 포함된 부분)
- 공집합이 아닌 부분 집합은 $\{2\}$, $\{4\}$, $\{7\}$, $\{2, 4\}$, $\{2, 7\}$, $\{4, 7\}$, $\{2, 4, 7\}$로 7개입니다.

문제 2.5.3

팩토리얼 $N! = 1 \times 2 \times 3 \times \cdots \times N$이므로, for 반복문을 사용해 다음과 같은 프로그램을 구현할 수 있습니다. 참고로 $N=20$일 때 $N! = 2.4 \times 10^{18}$ 정도이므로 파이썬에서는 계산 속도가 느려지며, 일부 프로그래밍 언어에서는 오버플로가 발생할 수 있으므로 주의해 주세요.

```python
# 입력
N = int(input())

# 답 계산
Answer = 1
for i in range(1,N+1):
    Answer *= i

# 출력
print(Answer)
```

문제 2.5.4

다음 프로그램을 작성하면, 정답을 구할 수 있습니다. 참고로 함수 isprime(x)는 2 이상의 정수 x가 소수인지 판단하는 함수입니다. 소수라면 True, 소수가 아니라면 False를 리턴합니다. 이 함수는

- x는 2로 나눌 수 있는가?
- x는 3으로 나눌 수 있는가?
  ⋮
- x는 N로 나눌 수 있는가?

라는 느낌으로 하나하나 확인하며 소수를 판정합니다.

```python
def isprime(N):
    for i in range(2, N):
        if N % i == 0:
            return False
    return True


N = int(input())
A = []
for i in range(2,N+1):
    if isprime(i) == True:
        A.append(i)
print(*A)
```

*A의 *은 전개 연산자입니다. 리스트 요소를 매개변수로 전개합니다.
예를 들어 print(*[1,2,3])은 print(1,2,3)과 같습니다.

문제 2.5.5

이번 문제의 답은 1000입니다.

가장 단순한 방법은 $1 \le a \le 4$, $1 \le b \le 4$, $1 \le c \le 4$에 해당하는 모든 정수 조합 (a, b, c)를 확인하는 것입니다. 하지만 조금 귀찮습니다.

a=1 일 때 합계 100			
1	2	3	4
2	4	6	8
3	6	9	12
4	8	12	16

a=2 일 때 합계 200			
2	4	6	8
4	8	12	16
6	12	18	24
8	16	24	32

a=3 일 때			
합계 300			
3	6	9	12
6	12	18	24
9	18	27	36
12	24	36	48

a=4 일 때			
합계 400			
4	8	12	16
8	16	24	32
12	24	36	48
16	32	48	64

따라서 다음과 같은 중첩 시그마를 생각해 볼 수 있습니다. 합계는 100입니다.

$$\sum_{b=1}^{4}\sum_{c=1}^{4} bc = 100$$

각각의 a에 대해서 abc의 합계를 생각해 보면, 다음과 같습니다.

- a=1일 때 $abc(=1\times bc)$의 합계: $1\times100=100$
- a=2일 때 $abc(=2\times bc)$의 합계: $2\times100=200$
- a=3일 때 $abc(=3\times bc)$의 합계: $3\times100=300$
- a=4일 때 $abc(=4\times bc)$의 합계: $4\times100=400$

따라서 위의 4개를 모두 더하면, 1000이 나옵니다.

문제 2.5.6

공통 부분을 갖는 필요충분조건은 $\max(a, c)<\min(b, d)$를 만족하는 것입니다. $\max$ 함수, $\min$ 함수를 잘 모르겠다면, 2.3.2항을 다시 확인해 보기 바랍니다.

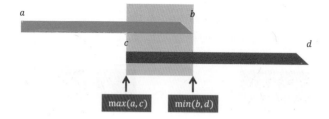

문제 2.5.7

각각의 i에 대해서 "cnt가 증가하는 횟수"는 다음과 같습니다.

- $i=1$일 때: $2 \leq j \leq N$이므로 $N-1$회
- $i=2$일 때: $3 \leq j \leq N$이므로 $N-2$회
  ⋮
- $i=N-1$일 때: 1회
- $i=N$일 때: 0회

따라서 실행 횟수 cnt의 값은 합의 공식(➡ 2.5.10항)으로

$$(N-1)+(N-2)+\cdots+1+0 = \frac{(N-1)\times N}{2}\left(=\frac{1}{2}N^2 - \frac{1}{2}N\right)$$

이 식에서 가장 중요한 항은 $(1/2)\times N^2$이므로, 이 프로그램의 복잡도는 $O(N^2)$입니다(➡ 2.4.8항).

3장

기본 알고리즘

3.1 연습 문제 3.1 해답

문제 3.1.1

자신의 나이 N이 2 이상이라면, 다음과 같이 판정하면 됩니다.

- 2 이상 $\sqrt{N}$ 이하의 정수로 나눌 수 없는 경우: 소수
- 그렇지 않은 경우: 합성수

예를 들어 19살이라면, $\sqrt{19} = 4.358\cdots$로 2, 3, 4로 나누면 됩니다. 모두 나누어지지 않으므로 19는 소수입니다.

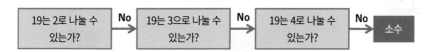

문제 3.1.2

일단 자연수 N을 소인수분해할 때, $\sqrt{N}$을 넘는 것은 1개밖에 없습니다. 이는 배리법(➡ 3.1.3항)을 사용해서 다음과 같이 증명할 수 있습니다.

> 자연수 N을 소인수분해했을 때, $\sqrt{N}$을 넘는 것이 2개 이상 있다고 가정합시다. 즉 $\sqrt{N}$을 넘는 정수 A, B를 사용해서 다음과 같이 소인수분해할 수 있다고 가정하는 것입니다.
>
> $$N=\bigcirc\times\bigcirc\times\cdots\bigcirc\times A\times B$$
>
> 하지만 이는 A×B>N에 모순됩니다. 따라서 $\sqrt{N}$을 넘는 것은 1개입니다.

따라서 다음과 같은 알고리즘으로 소인수분해 할 수 있습니다.

- N을 2로 나눌 수 있는 만큼 나눈다.
- N을 3으로 나눌 수 있는 만큼 나눈다.
- 마찬가지의 방법으로 4, 5, $\cdots$, $\lfloor\sqrt{N}\rfloor$으로도 나눌 수 있는 만큼 나눈다.
- 마지막으로 남은 N이 1 이상이라면, 이를 소인수에 추가한다.

예를 들어서 $N=17, 25, 28$이라면, 알고리즘이 다음 그림처럼 동작합니다. 그림의 표기에는 같은 수를 두 번 이상 나누는 경우도 포함되어 있으므로 주의해 주세요.

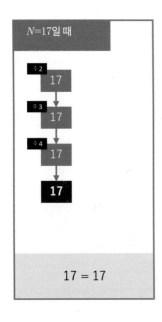

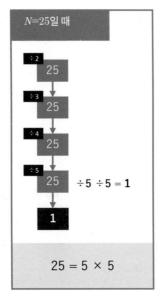

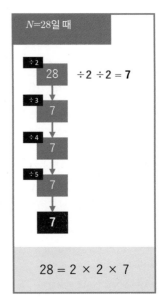

파이썬으로 구현하면 다음과 같습니다.

```python
# 입력
N = int(input())

# 소인수분해
Answer = []
LIMIT = int(N ** 0.5)
for i in range(2, LIMIT + 1):
    while N % i == 0:
        N /= i
        Answer.append(i)

if N >= 2:
    Answer.append(int(N))

# 출력
print(*Answer)
```

3.2 연습 문제 3.2 해답

문제 3.2.1

답은 다음과 같습니다. 잘 모르겠다면 3.2.2항으로 돌아가서 확인해 주세요.

단계 수	0	1	2	3	4	5	6
A의 값	372	372	104	104	14	14	0
B의 값	506	134	134	30	30	2	2

문제 3.2.2

정수 $A_1, A_2, \cdots, A_N$의 최대공약수는 다음과 같이 계산할 수 있습니다(➡ 3.2.5항).

- 일단 A_1과 A_2의 최대공약수를 계산합니다.
- 이어서 이전 계산 결과와 A_3의 최대공약수를 계산합니다.
  ⋮
- 이어서 이전 계산 결과와 A_N의 최대공약수를 계산합니다.

이를 프로그램으로 구현하면, 다음과 같습니다. 참고로 GCD(A, B)는 A와 B의 최대공약수를 계산하는 함수입니다. 추가적으로 변수 r은 "이전 계산 결과"입니다.

```
# 양의 정수 A와 B의 최대공약수를 리턴하는 함수
def GCD(A, B):
    while A >= 1 and B >= 1:
        if A < B:
            B = B % A  # A < B라면 B가 크므로 B에 할당
        else:
            A = A % B  # A >= B라면 A가 크므로 A에 할당
    if A >= 1:
        return A
    return B

# 입력
N = int(input())
A = list(map(int, input().split()))

# 답 구하기
R = GCD(A[0], A[1])
```

```
for i in range(2, N):
    R = GCD(R, A[i])

# 출력
print(R)
```

문제 3.2.3

정수 $A_1, A_2, \cdots, A_N$의 최소공배수는 다음과 같이 계산할 수 있습니다(➡ 3.2.5항).

- 일단 A_1과 A_2의 최소공배수를 계산합니다.
- 이어서 이전 계산 결과와 A_3의 최소공배수를 계산합니다.
  ⋮
- 이어서 이전 계산 결과와 A_N의 최소공배수를 계산합니다.

추가적으로 두 수 A, B에 대해서 다음과 같은 성질이 성립합니다(➡ 2.5.2항).

$$A \times B = (A와 \ B의 \ 최대공약수) \times (A와 \ B의 \ 최소공배수)$$

$$즉, (A와 \ B의 \ 최소공배수) = \frac{A \times B}{(A와 \ B의 \ 최대공약수)}$$

따라서 다음과 같은 프로그램을 작성하면, 정답을 구할 수 있습니다. 참고로 함수 LCM(A, B)는 A와 B의 최소공배수를 계산하는 함수입니다.

```
# 최대공약수를 리턴하는 함수
def GCD(A, B):
    while A >= 1 and B >= 1:
        if A < B:
            B = B % A  # A < B라면 B가 크므로 B에 할당
        else:
            A = A % B  # A >= B 라면 A가 크므로 A에 할당
    if A >= 1:
        return A
    return B

# 최소공배수를 리턴하는 함수
def LCM(A, B):
    return int(A / GCD(A, B)) * B
```

```
# 입력
N = int(input())

A = list(map(int, input().split()))

# 답 구하기
R = LCM(A[0], A[1])
for i in range(2, N):
    R = LCM(R, A[i])

# 출력
print(R)
```

문제 3.3.1

이번 문제는 경우의 수 공식(➡ 3.3.4항, 3.3.5항)을 이해했는지 묻는 문제입니다. 답은

$$_2C_1 = \frac{2}{1} = 2$$

$$_8C_5 = \frac{8 \times 7 \times 6 \times 5 \times 4}{5 \times 4 \times 3 \times 2 \times 1} = 56$$

$$_7P_2 = 7 \times 6 = 42$$

$$_{10}P_3 = 10 \times 9 \times 8 = 720$$

입니다. 참고로 이항 계수 $_nC_r$은 $_nP_r$의 $1/r!$배이므로

$$nCr = \frac{nPr}{r!} = \frac{n \times (n-1) \times (n-2) \times (n-r+1)}{r \times (r-1) \times (r-2) \times \cdots \times 1}$$

로 계산할 수 있습니다.

문제 3.3.2

이번 문제는 곱의 법칙(➡ 3.3.2항)을 이해했는지 묻는 문제입니다.

- 크기 선택 방법: 4가지
- 토핑 선택 방법: 5가지
- 네임플레이트 선택 방법: 2가지

따라서 답은 4×5×2=40가지입니다. 그림으로 나타내면, 다음과 같습니다.

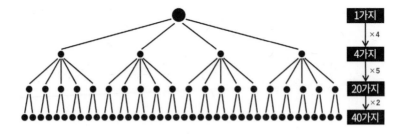

문제 3.3.3

일단 다음과 같은 값을 계산해 봅시다($n!$을 계산하는 방법: ➡ 연습 문제 2.5.3).

- fact_n : $n!$의 값
- fact_r : $r!$의 값
- fact_nr : $(n-r)!$의 값

이때 구하려는 nCr의 값은 fact_n / (fact_r * fact_nr)이므로, 다음과 같은 프로그램을 사용해 정답을 구할 수 있습니다.

```python
# 입력
n,r = map(int, input().split())

# 팩토리얼 계산
fact_n = 1
for i in range(1, n+1):
    fact_n *= i

fact_r = 1
for i in range(1, r+1):
    fact_r *= i

fact_nr = 1
for i in range(1, n-r+1):
    fact_nr *= i

# 출력
print(int(fact_n / (fact_r * fact_nr)))
```

문제 3.3.4

본문에서 설명한 방법대로 구현하면 됩니다. 다음은 파이썬으로 구현한 예입니다. 참고로 C++ 등의 프로그래밍 언어로 구현할 경우에는 오버플로가 발생할 수 있으므로, 주의해 주세요.

```python
# 입력
N = int(input())
A = list(map(int, input().split()))

# 답 구하기
a = 0
b = 0
c = 0
d = 0
for i in range(N):
    if A[i] == 100:
        a += 1
    if A[i] == 200:
        b += 1
```

```
        if A[i] == 300:
            c += 1
        if A[i] == 400:
            d += 1

# 출력
print(a * d + b * c)
```

문제 3.3.5

본문에서 설명한 방법대로 구현하면 됩니다. 다음은 파이썬으로 구현한 예입니다. 참고로 C++ 등의 프로그래밍 언어로 구현할 경우에는 오버플로가 발생할 수 있으므로, 주의해 주세요.

```
# 입력
N = int(input())
A = list(map(int, input().split()))

# 답 구하기
x = 0
y = 0
z = 0
for i in range(N):
    if A[i] == 1:
        x += 1
    if A[i] == 2:
        y += 1
    if A[i] == 3:
        z += 1

# 출력
print(x * (x - 1) // 2 + y * (y - 1) // 2 + z * (z - 1) // 2)
```

문제 3.3.6

일단 $A_1, A_2, \cdots, A_N$ 중에서 i가 몇 개 존재하는지를 cnt[i]라고 할 때 cnt[1], cnt[2], $\cdots$, cnt[99999]는 다음과 같이 계산할 수 있습니다.

```
# cnt[i]를 0으로 초기화
cnt = [0 for i in range(N + 1)]
```

```
# A[i]가 있다면 cnt[A[i]]를 1만큼 증가
for i in range(1, N + 1):
    cnt[A[i]] += 1
```

여기에서 합이 100000가 되는 2장의 카드를 선택하는 방법을 골라보면,

- 1과 99999 카드 선택(cnt[1] * cnt[99999] 가지)
- 2와 99998 카드 선택(cnt[2] * cnt[99998] 가지)
- 3과 99997 카드 선택(cnt[3] * cnt[99997] 가지)
   :
- 49999와 50001 카드 선택(cnt[49999] * cnt[50001] 가지)
- 50000 카드 2개 선택(cnt[50000] * (cnt[50000] - 1) / 2 가지)

가 됩니다. 50000 카드 2장일 때는 cnt[50000] * cnt[50000] 가지가 아니라는 것에 주의해 주세요.

따라서 붉은색으로 작성된 값의 합계를 구하는 프로그램을 작성하면 됩니다. 파이썬으로 구현한다면, 다음과 같습니다.

```
# 입력
N = int(input())
A = list(map(int, input().split()))

# 답 구하기
cnt = [0 for i in range(100000)]
for i in range(N):
    cnt[A[i]] += 1

Answer = 0
for i in range(1, 50000):
    Answer += cnt[i] * cnt[100000 - i]
Answer += cnt[50000] * (cnt[50000] - 1) // 2

# 출력
print(Answer)
```

문제 3.3.7

일단 시작 지점에서 끝 지점까지 최단 거리(14칸)로 갈 수 있는 필요충분조건(➡ 2.5.6항)은 다음과 같습니다.

"위 방향으로 한 칸씩"과 "오른쪽 방향으로 한 칸씩"을 각각 7회씩 하면 됩니다. 이외의 이동은 하면 안 됩니다.

따라서 답은 14회의 이동 중에서, 위로 7회(또는 오른쪽으로 7회)를 언제 할지 선택하는 경우의 수와 같습니다. 즉

$$_{14}C_7 = \frac{14!}{7! \times 7!} = 3432가지$$

입니다. 직접 손 계산으로 계산하는 것은 조금 귀찮습니다. 연습 문제 3.3.3의 프로그램에 $n = 14, r = 7$을 대입해 보면, 간단하게 답을 구할 수 있습니다.

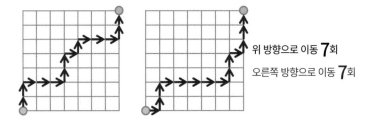

위 방향으로 이동 **7**회
오른쪽 방향으로 이동 **7**회

3.4 연습 문제 3.4 해답

문제 3.4.1

21가지 패턴이 모두 같은 비율로 일어나지 않기 때문입니다. 사실

- 눈이 $(1, 1)$로 나오는 확률: $1 / 36$
- 눈이 $(1, 2)$로 나오는 확률: $1 / 18(\bigstar)$

처럼 다릅니다. "21개 중에서 15개의 패턴에서 나오는 눈의 합이 8 이하이므로, 구하고자 하는 답은 15/21"이라고 단순하게 생각할 수도 있습니다.

참고로 ★로 표시한 부분은 다음과 같이 이해할 수 있습니다.

주사위를 2개 던질 때 $(1, 2)$가 나오는 패턴은

- 1번째 던졌을 때 1, 2번째 던졌을 때 2
- 1번째 던졌을 때 2, 2번째 던졌을 때 1

로 2가지입니다. 36가지 중에서 2개이므로, 확률은 $2/36 = 1/18$입니다.

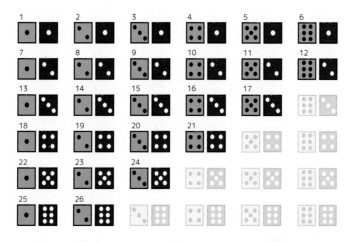

문제 3.4.2

기댓값 공식(➡ 3.4.2항)에 대입해 보면, 다음과 같이 구할 수 있습니다.

$$\left(1000000 \times \frac{1}{10000}\right) + \left(100000 \times \frac{9}{10000}\right) + \left(10000 \times \frac{9}{1000}\right) + \left(1000 \times \frac{9}{100}\right) + \left(0 \times \frac{9}{10}\right)$$
$$= 100 + 90 + 90 + 90$$
$$= 370$$

상금의 기댓값이 370원밖에 안 되므로, 참가비 500원은 손해라고 할 수 있습니다.

문제 3.4.3

일단 기댓값의 선형성(➡ 3.4.3항)에 의해서 다음 관계가 성립합니다.

> (합계 공부 시간의 기댓값)
>
> = (1일째 공부 시간의 기댓값) + ⋯ + (N일째 공부 시간의 기댓값)

각 날짜별 공부 시간의 기댓값은 다음과 같습니다.

- 1일째: $(A_1 \times 1/3) + (B_1 \times 2/3)$
- 2일째: $(A_2 \times 1/3) + (B_2 \times 2/3)$
- 3일째: $(A_3 \times 1/3) + (B_3 \times 2/3)$

    ⋮

- N일째: $(A_N \times 1/3) + (B_N \times 2/3)$

따라서 구하고자 하는 합계 공부 시간의 기댓값은 다음과 같습니다.

$$\left(A_1 \times \frac{1}{3} + B_1 \times \frac{2}{3}\right) + \left(A_2 \times \frac{1}{3} + B_2 \times \frac{2}{3}\right) + \cdots + \left(A_N \times \frac{1}{3} + B_N \times \frac{2}{3}\right)$$

이를 프로그램으로 작성하면 됩니다. 다음은 파이썬 해답 예입니다.

```python
# 입력
N = int(input())
A = list(map(int, input().split()))
B = list(map(int, input().split()))

# 답 구하기
Answer = 0.0
for i in range(N):
    Answer += (1.0 / 3.0) * A[i] + (2.0 / 3.0) * B[i]
```

```
# 출력
print("{:.12f}".format(Answer))
```

문제 3.4.4

이번 문제는 설정이 복잡하므로, 일단 N = 3의 경우를 생각해 봅시다.

일단 모든 종류의 코인을 모을 때까지의 과정을 나타낸 그림은 다음과 같습니다.

- 가로선은 아직 모으지 않은 종류의 코인을 얻는 경우
- 세로선은 이미 모은 종류의 코인을 또 얻는 경우

를 나타낸 것입니다.

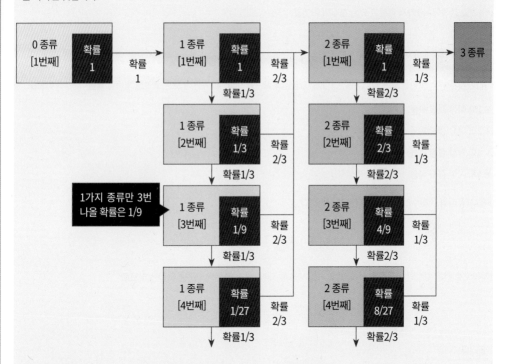

여기에서 기댓값의 선형성에 의해서, 모든 종류를 모을 때까지의 횟수 기댓값은

- 0가지 종류에서 1가지 종류가 되는 횟수의 기댓값 … (1)
- 1가지 종류에서 2가지 종류가 되는 횟수의 기댓값 … (2)
- 2가지 종류에서 3가지 종류가 되는 횟수의 기댓값 … (3)

의 합과 같습니다.

추가적으로 이전 그림과 합의 공식(➡ 2.5.10항 마지막)으로 인해

- (1)의 기댓값은 1회
- (2)의 기댓값은 $1 + (1 / 3) + (1 / 9) + \cdots = 3/2$회
- (3)의 기댓값은 $1 + (2 / 3) + (4 / 9) + \cdots = 3$회

입니다. 따라서 $N = 3$일 때의 답은 $1 + 3 / 2 + 3 = 11 / 2$회입니다.

이어서 일반화시켜 N의 경우에 대해서 생각해 봅시다. 기댓값의 선형성에 의해서 구하고자 하는 답은 다음과 같은 값을 모두 더한 것이 됩니다.

- 0가지 종류에서 1가지 종류가 되는 횟수의 기댓값
- 1가지 종류에서 2가지 종류가 되는 횟수의 기댓값
  ⋮
- $N - 1$가지 종류에서 N가지 종류가 되는 횟수의 기댓값

이미 r가지 종류의 코인을 모은 상태에서 $r + 1$가지 종류의 코인을 모을 때, 기존에 모은 코인을 획득할 확률이 r / N이므로

- 1회 이상 걸릴 확률: 1
- 2회 이상 걸릴 확률: $(r/N)^1$
- 3회 이상 걸릴 확률: $(r/N)^2$
- 4회 이상 걸릴 확률: $(r/N)^3$[이하 생략]

이 됩니다. 따라서 횟수의 기댓값은 다음과 같습니다.

$$1 + \left(\frac{r}{N}\right)^1 + \left(\frac{r}{N}\right)^2 + \left(\frac{r}{N}\right)^3 + \cdots = \frac{N}{N-r}$$

마지막으로 전체 횟수의 기댓값은 $r = 0, 1, 2, \cdots, N-1$에 대해, 위의 붉은색 부분을 더한 것이므로

$$\frac{N}{N} + \frac{N}{N-1} + \frac{N}{N-2} + \cdots + \frac{N}{2} + \frac{N}{1}$$

가 됩니다.

3.5 연습 문제 3.5 해답

문제 3.5.1(1), (2)

앞면이 나오는 확률이 $p = 0.5$, 시행 횟수가 $n = 10000$이므로 3.5.6항에서 소개했던 공식에 대입하면, 10000회 중에서 앞면이 나오는 비율의 분포는

- 평균: $p = 0.5$
- 표준편차: $\sqrt{p(1-p)/n} = \sqrt{0.5 \times (1 - 0.5) \div 10000} = 0.005$

의 정규 분포를 따른다고 했으므로, 횟수로 환산하면 평균 $\mu = 5000$회, 표준편차 $\sigma = 50$이 됩니다.

이때 $\mu - 2\sigma = 4900$, $\mu + 2\sigma = 5100$이므로, 횟수가 4900회 이상 5100회 이하가 될 확률은 약 95%입니다(68–95–99.7 법칙: ➡ 3.5.5항). 참고로 평균과 표준편차는 다음 공식을 사용해서 직접적으로 계산할 수도 있습니다.

> 확률 p로 성공하는 시행을 n회 반복했을 때, 성공한 횟수의 분포는 평균 $\mu = n\sigma$, 표준편차 $\sigma = \sqrt{np(1-p)}$의 정규 분포를 따릅니다.

문제 3.5.1(3)

(1), (2)의 결과에서 약 99.7%의 확률로 앞면이 나오는 횟수가

- $\mu - 3\sigma = 5000 - 150 = 4850$회 이상
- $\mu + 3\sigma = 5000 + 150 = 5150$회 이하

입니다. 5800회는 이 범위에서 크게 이탈해 있으므로, 이 동전은 앞면과 뒷면이 나올 확률이 50%가 아닐 가능성이 높다라고 할 수 있습니다.

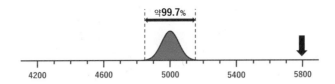

문제 3.5.2(1)

다음과 같은 프로그램을 작성하면, 랜덤하게 찍은 100만 개의 점 중에서 몇 개가 2개의 원 중 적어도 하나에 포함되어 있는지 판정할 수 있습니다.

예를 들어서 필자의 환경에서는 이 프로그램이 719653[※]을 출력했습니다.

참고로 자세한 내용은 4.1절에서 설명하겠지만, 이 코드에서 좌표 (a, b)와 좌표 (x, y) 사이의 거리는 $\sqrt{(a-x)^2 + (b-y)^2}$로 구했습니다.

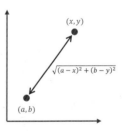

※ 719653회는 필자의 환경에서 나온 것이므로, 독자의 환경에서는 다를 수 있습니다. 일반적으로 718,000~721,000회 정도 나옵니다.

```
import random

N = 1000000  # N은 시행 횟수
M = 0
for i in range(N):
    px = 6.0 * random.random()
    py = 9.0 * random.random()

    # (3, 3)과의 거리, 이 값이 3 이하라면 반지름이 3인 원 안에 포함된다는 의미
    dist_33 = ((px - 3.0) * (px - 3.0) + (py - 3.0) * (py - 3.0)) ** 0.5

    # (3, 7)과의 거리, 이 값이 2 이하라면 반지름이 2인 원 안에 포함된다는 의미
    dist_37 = ((px - 3.0) * (px - 3.0) + (py - 7.0) * (py - 7.0)) ** 0.5

    # 판정
    if (dist_33 <= 3.0 or dist_37 <= 2.0):
        M += 1

print(M)
```

문제 3.5.2(2)

랜덤하게 점을 찍는 영역($0 \leq x \leq 6$, $0 \leq y \leq 9$)의 면적은 $6 \times 9 = 54$이므로, 다음 그림의 파란색 영역에 들어간 점의 비율을 p라고 할 때 파란색 영역의 면적은 $54 \times p$와 근사할 것이라는 걸 알 수 있습니다.

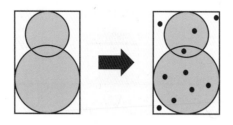

이를 사용해서 면적을 계산해 봅시다. 예를 들어 필자 환경에서의 결과를 사용하면, $54 \times 719653 \div 1000000 = 38.861262$라고 계산됩니다. 실제 값은 약 $38.850912677...$이므로, 오차가 0.02도 되지 않습니다.

문제 3.6.1

답은 다음과 같습니다. 참고로 func(2)는 초기 조건($N<=2$)에 의해서 리턴되는 값입니다.

함수 호출	func(2)	func(3)	func(4)	func(5)
답	1	2	3	5

재귀 호출을 그림으로 나타내보면, 다음과 같습니다. 참고로 함수 func(N)은 피보나치 수(➡ 3.7.2항)의 N번째 항을 리턴합니다.

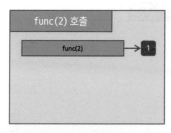

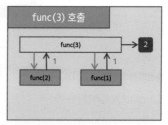

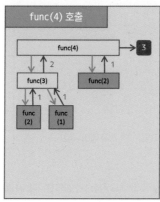

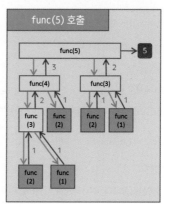

문제 3.6.2

이 정렬 알고리즘에서는 다음과 같은 사실A가 성립합니다. 오른쪽 그림은 $A = [5, 3, 1, 4, 2]$의 경우를 나타낸 것입니다.

$i=I$ 반복이 종료되는 시점에 $A[1] \leq A[2] \leq A[3] \leq \cdots \leq A[I]$가 성립합니다.

이는 다음과 같이 증명할 수 있습니다.

참고로 이처럼 "$i=I-1$에서 조건을 만족한다고 가정했을 때, $i=I$에서도 조건을 만족한다"를 나타내는 증명 방법을 수학적 귀납법이라고 부릅니다.

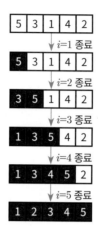

증명하고 싶은 것(사실B)

$i = I - 1$ 반복이 종료되는 시점에서 $A[1] \le A[2] \le \cdots \le A[I-1]$을 만족할 때, $i = I$ 단계를 수행하면 $A[1] \le A[2] \le \cdots \le A[I]$를 만족한다는 것

사실B 증명

$i = I - 1$ 시점에서 $A[t-1] \le A[I] \le A[t]$일 때

- $j = 1, \cdots, t-1$에서는 swap하지 않음
- $j = t$에서 처음 swap함
- $j = t+1, \cdots, I-1$에서도 swap함
- 이 과정에서 $A[I]$의 값이 증가할 가능성은 있지만, 감소할 가능성은 없음

이 됩니다. 최종적으로 $A[1] \le A[2] \le \cdots \le A[I]$를 만족합니다. 그림은 한 가지 예입니다.

사실B를 증명했다면?

$i = 1$일 때도 사실A가 성립합니다. 추가적으로 사실B로 인해서 $i = 2$일 때도 사실A가 성립합니다. 사실B를 반복 적용하면, $i = N$일 때도 사실B가 성립한다는 것(문제없이 정렬된다는 것)을 알 수 있습니다.

문제 3.6.3

일단 배열 B'가 비어있을 경우, 배열 A'의 가장 왼쪽 요소 A[c1]을 추가해야 하므로, 다음과 같은 프로그램을 작성하면 됩니다. 여기에서 요소를 추가한 후, 배열 A'의 가장 왼쪽 위치 c1을 1만큼 증가시킨다는 것에 주의해 주세요.

```
elif c2 == len(B_Dash):
    # 배열 B'가 비어있는 경우
    C.append(A_Dash[c1])
    c1 += 1
```

이어서 배열 A′와 배열 B′가 모두 비어있지 않은 경우, 다음과 같은 경우로 구분합니다.

- 배열 A′의 가장 왼쪽 A[c1]이 배열 B′의 가장 왼쪽 A[c2]보다 작은 경우: A[c1]을 추가
- 배열 B′의 가장 왼쪽 A[c2]가 배열 A′의 가장 왼쪽 A[c1]보다 작은 경우: A[c2]를 추가

이를 프로그램으로 나타내면, 다음과 같습니다.

```python
# 비어 있지 않은 경우
if A_Dash[c1] <= B_Dash[c2]:
    C.append(A_Dash[c1])
    c1 += 1
else:
    C.append(B_Dash[c2])
    c2 += 1
```

따라서 전체 코드는 다음과 같습니다.

```python
def MergeSort(A):
    # 길이가 1이라면 이미 정렬되어 있으므로, 아무것도 하지 않음
    if len(A) == 1:
        return A

    # 2개로 분할하고, 분할한 배열을 정렬
    m = len(A) // 2
    A_Dash = MergeSort(A[0:m])
    B_Dash = MergeSort(A[m:len(A)])

    # 이 시점에서 다음 2개의 배열은 정렬되어 있음
    # 배열 A'는 [A_Dash[0], A_Dash[1], ..., A_Dash[m-1]]
    # 배열 B'는 [B_Dash[0], B_Dash[1], ..., B_Dash[len(A)-m-1]]
    # 아래 내용은 Merge 조작
    c1 = 0
    c2 = 0
    C = []
    while (c1 < len(A_Dash) or c2 < len(B_Dash)):
        if c1 == len(A_Dash):
            # 배열 A'가 비어 있는 경우
            C.append(B_Dash[c2])
            c2 += 1
        elif c2 == len(B_Dash):
```

```
            # 배열 B'가 비어 있는 경우
            C.append(A_Dash[c1])
            c1 += 1
    else:
            # 비어 있지 않은 경우
            if A_Dash[c1] <= B_Dash[c2]:
                C.append(A_Dash[c1])
                c1 += 1
            else:
                C.append(B_Dash[c2])
                c2 += 1


    # 배열 A', 배열 B'를 병합한 배열 C를 리턴
    return C

# 메인 부분
N = int(input())
A = list(map(int, input().split()))

# 머지 정렬 → 답 출력
Answer = MergeSort(A)
print(*Answer)
```

3.7 연습 문제 3.7 해답

답은 다음과 같습니다. 잘 모르겠다면 3.7.1~3항으로 돌아가서 확인해 주세요.

요소	a_1	a_2	a_3	a_4	a_5	a_6	a_7	a_8	a_9	a_{10}
값	1	1	1	3	5	9	17	31	57	105

문제 3.7.2

답은 5가지입니다.

$dp[i]$ = (교차점 i까지 가는 방법의 수)로 두고(시작 지점을 교차점 0, 끝 지점을 교차점 5라고 가정), 동적 계획법을 사용하면 구할 수 있습니다.

※ 3.7.7항의 문제와 유사합니다.

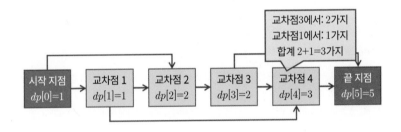

문제 3.7.3

답은 126가지입니다. 문제 3.7.2처럼 동적 계획법을 사용하면 됩니다.

참고로 시작 지점에서 끝 지점까지의 최단 경로(10단계)로 이동하려면, 위 방향과 오른쪽 방향으로만 이동해야 합니다. 이 부분을 주의해 주세요.

왼쪽에서 i번째, 위에서 j번째 칸 (i, j)에 도달했을 때, 직전 칸은 $(i - 1, j)$ 또는 $(i, j - 1)$ 입니다.

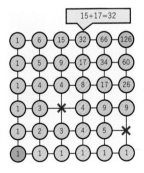

문제 3.7.4

부분합 문제는 냅색 문제(➡ 3.7.8항)와 비슷하게, 다음 방법으로 풀 수 있습니다.

준비해야 하는 배열(2차원 배열)

$dp[i][j]$: 왼쪽에서 i번째 카드(이후 "카드 i"라고 표기)까지 중에서 합이 j가 되는 조합이 존재한다면 True, 존재하지 않는다면 False

동적 계획법 적용($i = 0$)

명확하게 "아무것도 선택하지 않는 방법"만 존재하므로,

- $dp[0][j] = \text{True}(j = 0)$
- $dp[0][j] = \text{False}(j \neq 0)$

가 됩니다.

동적 계획법 적용(i=1,2,⋯,N 순서로 계산)

총합이 j가 되게 카드 i까지 선택하는 방법은 다음 2가지 있습니다(마지막 행동 "카드 i를 선택했는가"로 경우를 나눕니다).

- 카드 $i-1$까지의 총합이 $j-A_i$라면, 카드 i를 선택
- 카드 $i-1$까지의 총합이 j라면, 카드 i를 선택하지 않음

따라서 $dp[i-1][j-A_i]$, $dp[i-1][j]$ 중에서 적어도 한쪽이 True라면 $dp[i][j] = \text{True}$, 이외의 경우는 False입니다.

예를 들어 $N=3, (A_1, A_2, A_3)=(4,1,5)$라면, 배열 dp가 다음과 같이 변화합니다. 여기에서 $dp[N][S] = \text{True}$일때 총 합이 S가 되는 선택 방법이 존재합니다.

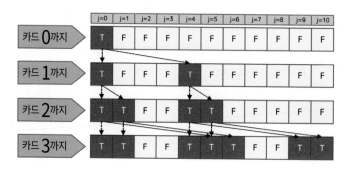

이 방법을 파이썬으로 구현하면, 다음과 같습니다.

```python
# 입력
N, S = map(int, input().split())
A = list(map(int, input().split()))
```

```
# 배열 초기화
dp = [ [ None ] * (S + 1) for i in range(N + 1) ]
dp[0][0] = True
for i in range(1, S + 1):
    dp[0][i] = False

# 동적 계획법
for i in range(1, N + 1):
    for j in range(0, S + 1):
        if j < A[i - 1]:
            # j < A[i-1]라면 카드 i를 선택하지 않음
            dp[i][j] = dp[i - 1][j]
        else:
            # j >= A[i-1]라면 선택/선택하지 않음으로 추가 구분
            if (dp[i - 1][j] == True or dp[i - 1][j - A[i - 1]] == True):
                dp[i][j] = True
            else:
                dp[i][j] = False

# 답 출력
if dp[N][S] == True:
    print("Yes")
else:
    print("No")
```

문제 3.7.5

다음과 같이 하면, 1.1.4항의 문제를 냅색 문제로 생각해 볼 수 있습니다.

- 무게: 물건의 가격
- 가격: 물건의 칼로리
- 가중치의 상한: 500원

문제 3.7.6

이번 문제는 다음과 같은 방법으로 풀 수 있습니다. 1차원 배열을 2개 준비하고, 1번째부터 차례대로 동적 계획법을 사용합니다.

준비해야 하는 배열

$dp1[i]$: i번째 날에 공부하는 경우, 해당 날짜까지의 실력 증가 최댓값

$dp2[i]$: i번째 날에 공부하지 않는 경우, 해당 날짜까지의 실력 증가 최댓값

동적 계획법 적용($i = 0$)

1번째 날이 시작이므로, 1번째 날까지의 실력 증가 최댓값은 0일 수밖에 없습니다. 따라서 dp1[0] = 0, dp2[0] = 0처럼 적절한 값을 설정합니다.

동적 계획법 적용($i=1, 2, \cdots, N$ 순서로 계산)

일단 i번째 날에 공부하는 방법은 다음과 같이 1가지밖에 없으며, i번째 날에 공부하면 실력이 A_i만큼 증가하므로, dp1[i]=dp2[$i-1$]+A_1입니다.

- $i-1$번째 날에 공부하지 않았음(dp2[$i-1$]에 대응)

반면 i번째 날에 공부하지 않는 방법은 다음과 같이 2가지 있으므로, dp2[i] = max(dp1[$i-1$], dp2[$i-1$])입니다.

- $i-1$번째 날에 공부했음(dp1[$i-1$]에 대응)
- $i-1$번째 날에 공부하지 않았음(dp2[$i-1$]에 대응)

예를 들어서 $N=5, (A_1, A_2, A_3, A_4, A_5)=(2,5,3,3,1)$이라면 배열 dp1, dp2는 다음과 같이 변화합니다. 따라서 구하고자 하는 답 "N번째 날까지의 실력 증가 최댓값"은 $\max(\text{dp1}[N], \text{dp2}[N])$이므로, 다음 그림처럼 답은 8입니다.

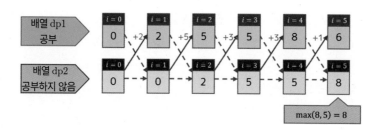

이를 파이썬으로 구현해 보면, 다음과 같습니다.

```python
# 입력
N = int(input())
A = list(map(int, input().split()))

# 배열 초기화
dp1 = [ None ] * (N + 1)
dp2 = [ None ] * (N + 1)
dp1[0] = 0
dp2[0] = 0

# 동적 계획법
for i in range(1, N + 1):
    dp1[i] = dp2[i - 1] + A[i - 1]
```

```
        dp2[i] = max(dp1[i - 1], dp2[i - 1])

# 출력
Answer = max(dp1[N], dp2[N])
print(Answer)
```

4장

고급 알고리즘

문제 4.1.1

(1) $\vec{A}+\vec{B}=(2+3,4-9)=(5,-5)$이므로, 답은 다음과 같습니다.

- $|\vec{A}|=\sqrt{2^2+4^2}=\sqrt{20}=2\sqrt{5}\,(\sqrt{5}$의 2배)
- $|\vec{B}|=\sqrt{3^2+(-9)^2}=\sqrt{90}=3\sqrt{10}\,(\sqrt{10}$의 3배)
- $|\vec{A}+\vec{B}|=\sqrt{5^2+(-5)^2}=\sqrt{50}=5\sqrt{2}\,(\sqrt{2}$의 5배)

(2) 내적 공식(➡ 4.1.4항)에 따라서 계산하면,

$$\vec{A}\cdot\vec{B}=2\times3+4\times(-9)=-30$$입니다.

(3) 다음 그림을 보면 알 수 있지만, 내적을 사용해서 생각해 봅시다. (2)의 답으로 내적이 음수이므로, 두 벡터가 이루는 각은 90도를 넘습니다.

(4) 외적 공식(➡ 4.1.5항)에 따라서 계산하면,

$$|A\times B|=|2\times(-9)-3\times4|=30$$입니다.

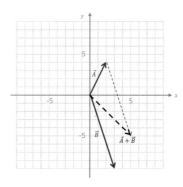

문제 4.1.2

점 (x_i, y_i)과 (x_j, y_j) 사이의 거리는 다음과 같이 구할 수 있습니다.

$$\sqrt{(x_i-x_j)^2+(y_i-y_j)^2}$$

따라서 다음과 같은 프로그램으로 모든 점 조합 (i,j)를 전체 탐색하면, 정답을 구할 수 있습니다.

```python
# 입력
N = int(input())
x = [0 for i in range(N)]
y = [0 for i in range(N)]
```

```
for i in range(N):
    x[i],y[i] = map(int, input().split())

# 전체 탐색
Answer = 1000000000.0
for i in range(N):
    for j in range(i+1,N):
        dist = (((x[i] - x[j]) ** 2 + (y[i] - y[j]) ** 2) ** 0.5)
        Answer = min(Answer, dist)

# 출력
print("{:.12f}".format(Answer))
```

문제 4.1.3

두 원 중심 사이의 거리를 d라고 할 때, 원의 중첩 상태는 다음 표와 같이 나타낼 수 있습니다(패턴 번호는 문제를 참고해 주세요).

중심 사이의 거리	중첩 상태
$d < \lvert r_1 - r_2 \rvert$	패턴 [1]
$d = \lvert r_1 - r_2 \rvert$	패턴 [2]
$\lvert r_1 - r_2 \rvert < d < r_1 + r_2$	패턴 [3]
$d = r_1 + r_2$	패턴 [4]
$r_1 + r_2 < d$	패턴 [5]

예를 들어서 "반지름 2의 원"과 "반지름 3의 원"의 패턴을 정리해 보면, 다음과 같습니다. 이전 표처럼 거리가 1일 때에 안쪽에 접하고(내접), 거리가 5일 때 바깥쪽에 접하는 것(외접)을 알 수 있습니다.

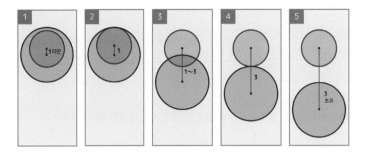

따라서 다음과 같은 프로그램을 작성하면, 정답을 구할 수 있습니다. 두 점 사이의 거리를 구하는 방법은 연습 문제 4.1.2에서 다룬 그대로입니다.

```python
# 입력
X1,Y1,R1 = map(float, input().split())
X2,Y2,R2 = map(float, input().split())

# 중심 사이의 거리 구하기
d = (((X1 - X2) ** 2 + (Y1 - Y2) ** 2) ** 0.5)

# 답 출력
if d < abs(R1 - R2):
    print("1")
elif d == abs(R1 - R2):
    print("2")
elif d < R1 + R2:
    print("3")
elif d == R1 + R2:
    print("4")
else:
    print("5")
```

문제 4.1.4

이번 문제는 삼각 함수(➡ 칼럼4)를 사용해서 풀 수 있습니다. 일단 12시 방향을 0°라고 할 때, H시 M분은 다음과 같이 나타낼 수 있습니다.

- 시침의 각도: $30H + 0.5M°$
- 분침의 각도: $6M°$

시계 중심의 좌표를 (0, 0)이라고 할 때, 각 바늘의 좌표는 다음과 같이 나타낼 수 있습니다. 그림처럼 12시 방향을 x축으로 설정했다는 것에 주의해 주세요.

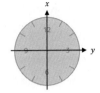

- 시침 끝의 좌표: $(A \cos(30H+0.5)°, A \sin(30H+0.5M)°)$
- 분침 끝의 좌표: $(B \cos6H°, B \sin6H°)$

이 두 점의 거리를 구하는 프로그램을 작성하면, 정답을 구할 수 있습니다. 참고로 코사인 법칙을 사용해서도 문제를 풀 수 있습니다(이 책에서 다루지 않은 내용입니다).

```python
import math

# 입력
A, B, H, M = map(float, input().split())
```

```
# 좌표 구하기
PI = 3.14159265358979
AngleH = 30.0 * H + 0.5 * M
AngleM = 6.0 * M
Hx = A * math.cos(AngleH * PI / 180.0)
Hy = A * math.sin(AngleH * PI / 180.0)
Mx = B * math.cos(AngleM * PI / 180.0)
My = B * math.sin(AngleM * PI / 180.0)

# 답 출력
d = (((Hx - Mx) ** 2 + (Hy - My) ** 2) ** 0.5)
print("{:.12f}".format(d))
```

문제 4.1.5

1번째 선분의 끝점은 A와 B, 2번째 선분의 끝점은 C와 D라고 할 때, 두 선분이 교차(공통되는 점을 갖는)하는 필요조건은 기본적으로 다음 2가지 조건을 만족하는 것입니다.

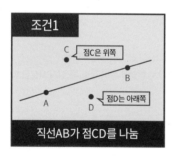

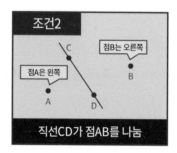

여기에서 선분 AB가 점CD를 나누는지는

- $cross(\overrightarrow{AB}, \overrightarrow{AC})$의 부호(양수와 음수)
- $cross(\overrightarrow{AB}, \overrightarrow{AD})$의 부호(양수와 음수)

가 다른지 확인해서 알 수 있습니다. 참고로 cross 함수는 4.1.5항에서 확인해 주세요.

따라서 다음과 같이 구현하면 답을 구할 수 있습니다. 참고로 점 A, B, C, D가 일직선 위에 있는 경우는 $cross(\overrightarrow{AB}, \overrightarrow{AC})$=0처럼 특수한 경우(코너 케이스라고 부릅니다)에서는 경우를 나누어서 생각해야 하므로 주의해 주세요.

```
# 벡터 (ax, ay)와 (bx, by)의 내적을 구하는 함수
def cross(ax, ay, bx, by):
    return ax * by - ay * bx
```

```python
# 입력
X1, Y1 = map(int, input().split())
X2, Y2 = map(int, input().split())
X3, Y3 = map(int, input().split())
X4, Y4 = map(int, input().split())

# cross의 값 계산
ans1 = cross(X2-X1, Y2-Y1, X3-X1, Y3-Y1);
ans2 = cross(X2-X1, Y2-Y1, X4-X1, Y4-Y1);
ans3 = cross(X4-X3, Y4-Y3, X1-X3, Y1-Y3);
ans4 = cross(X4-X3, Y4-Y3, X2-X3, Y2-Y3);

# 모두 일직선 위에 존재하는 경우(코너 케이스)
if ans1 == 0 and ans2 == 0 and ans3 == 0 and ans4 == 0:
    # 튜플을 활용해 A, B, C, D를 좌표로 나타냅니다.
    # 조건을 구분해서 A<B, C<D가 되게 만듭니다.
    # 이렇게 하면, 구간 중첩 판정(연습 문제 2.5.6)처럼 됩니다.
    A = (X1, Y1) # 점A의 좌표
    B = (X2, Y2) # 점B의 좌표
    C = (X3, Y3) # 점C의 좌표
    D = (X4, Y4) # 점D의 좌표
    if A > B:
        tmp = B
        B = A
        A = tmp
    if C > D:
        tmp = D
        D = C
        C = tmp
    if max(A, C) <= min(B, D):
        print("Yes")
    else:
        print("No")

# 그렇지 않고 일반적인 경우
else:
    IsAB = False # IsAB: 선분AB가 점C, D를 나누는가?
    IsCD = False # IsCD: 선분CD가 점A, B를 나누는가?
```

```python
if ans1 >= 0 and ans2 <= 0:
    IsAB = True
if ans1 <= 0 and ans2 >= 0:
    IsAB = True
if ans3 >= 0 and ans4 <= 0:
    IsCD = True
if ans3 <= 0 and ans4 >= 0:
    IsCD = True

# 답 출력
if IsAB == True and IsCD == True:
    print("Yes")
else:
    print("No")
```

문제 4.2.1

각 경유 지점의 거리를 단순한 방식으로 구하면 복잡도 $O(N)$으로 구할 수 있으므로, 모든 경유 지점의 거리를 $O(NM)$으로 구할 수 있습니다. 이렇게 구해도 이번 문제의 실행 시간 제한에는 문제없지만, 누적합(➡ 4.2.1항)의 개념을 사용하면 알고리즘을 크게 개선할 수 있습니다.

일단 $X < Y$의 경우는 다음과 같은 성질이 성립합니다.

> (역X에서 역Y까지의 거리)
>
> =(역1에서 역Y까지의 거리 S_Y)−(역1에서 역X까지의 거리 S_X)

다음은 $N=5, (A_1, A_2, A_3, A_4)=(3, 1, 4, 1)$의 경우를 나타낸 예입니다. 역2에서 역4까지의 거리는 $1 + 4 = 5$로 계산할 수 있습니다. 하지만 다음과 같이

- 역1에서 역4까지의 거리: 8
- 역1에서 역2까지의 거리: 3

라는 것을 사용해서, $8 - 3 = 5$로도 구할 수 있습니다. $X > Y$의 경우는 X와 Y를 반대로 생각하면 됩니다.

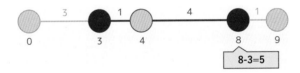

따라서 역1에서 역i까지의 거리는 $S_i=A_1+ \cdots +A_{i-1}$입니다. 배열 $[A_1, A_2, \cdots, A_N]$의 누적합을 사용하면, 배열 $[S_1, S_2, \cdots, S_N]$을 만들 수 있습니다. 따라서 다음과 같이 구현하면, 답을 구할 수 있습니다. 복잡도는 $O(N+M)$입니다.

```
# 입력
N = int(input())
A = list(map(int, input().split()))
M = int(input())
B = [0 for i in range(M)]
for i in range(M):
    B[i] = int(input())

# 누적합 구하기
S = [0 for i in range(N)]
for i in range(1, N):
```

```
    S[i] = S[i - 1] + A[i - 1]

# 답 구하기
# B[i] - 1로 되어 있는 것은 리스트의 인덱스가 0부터 시작하기 때문입니다.
Answer = 0
for i in range(M-1):
    if B[i] < B[i + 1]:
        Answer += S[B[i + 1] - 1] - S[B[i] - 1]
    else:
        Answer += S[B[i] - 1] - S[B[i + 1] - 1]

# 출력
print(Answer)
```

문제 4.2.2

이번 문제는 다음과 같은 방법으로 풀 수 있습니다.

- 시각 $t-0.5$와 시각 $t+0.5$의 종업원 인원 차이 B_t를 계산합니다.
- 배열 $[B_1, B_2, \cdots, B_T]$의 누적합을 기반으로, 배열 $[A_1, A_2, \cdots, A_T]$를 구합니다.

여기에서 차이 B_t는 다음과 같이 계산할 수 있습니다.

> 시각 L에 출근해서 시각 R에 퇴근하는 종업원에 대해서, 다음 조작을 합니다.
>
> - B_L에 1을 더합니다.
> - B_{R+1}에 1을 뺍니다.
>
> 참고로 이런 조작을 하기 전에 $B_i=0$으로 초기화해 둡니다.

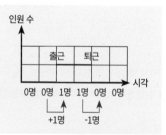

예를 들어서 $T=8, (L_i, R_i)=(2, 4), (3, 6), (3, 7), (1, 7)$의 경우, 차이 B_t와 종업원 수 A_t의 변화가 다음과 같습니다.

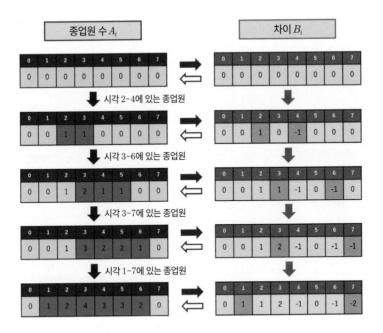

따라서 각 $i(1 \leq i \leq N)$에 대해서, $B[L_i]$에 +1하고, $B[R_i]$에 −1한 후, 배열 B의 누적합을 계산하는 다음과 같은 프로그램을 작성하면, 답을 구할 수 있습니다. 복잡도는 $O(N+T)$입니다.

```python
# 입력
T = int(input())
N = int(input())
A = [0 for i in range(T + 2)]
B = [0 for i in range(T + 2)]
L = [0 for i in range(N)]
R = [0 for i in range(N)]
for i in range(N):
    L[i], R[i] = map(int, input().split())

# 계차 B[i]를 계산합니다.
for i in range(N):
    B[L[i]] += 1
    B[R[i]] -= 1

# 누적합 A[i]를 계산합니다.
A[0] = B[0]
for i in range(1, T):
```

```
    A[i] = A[i - 1] + B[i]

# 출력
for i in range(T):
    print(A[i])
```

문제 4.2.3

일단 다음과 같은 2가지를 증명하면, $f(x)=ax^2+bx+c$ 형태로 나타낼 수 있을 때에 한해서 True를 리턴한다는 것을 알 수 있습니다.

- $f(x)=ax^2+bx+c$의 형태라면 True를 리턴한다.
- True를 리턴하는 경우는 $f(x)=ax^2+bx+c$ 형태로 나타낼 수 있다.

그럼 각각을 차근차근 증명해 봅시다.

1.의 증명

$f(x)=ax^2+bx+c$일 때, $A[1]=a+b=c, A[2]=4a+2b+c, A[3]=9a+3b+c, \cdots$로 이어집니다.

$B[1]=A[2]-A[1]$이므로, $B[1]=3a+b$가 됩니다. 이 이후의 것도 차근차근 계산해 보면, 다음 표처럼 구해집니다.

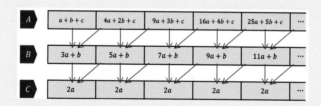

$C=[2a, 2a, ..., 2a]$이므로 True를 리턴합니다.

2.의 증명

함수 func이 True를 리턴합니다. 즉 $C[1]=C[2]=\cdots=C[N]=p$가 되는 경우를 생각해 봅시다.

계차는 누적합의 반대이므로, B는 C의 누적합이고, A는 B의 누적합일 것입니다. 따라서 $A[1]=r, B[1]=q$라고 하면, 예를 들어서 $B[2]=p+q$가 됩니다. 이 이후의 것도 차근차근 계산해 보면, 다음 표처럼 구해집니다.

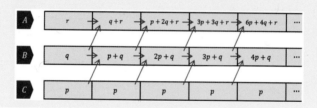

여기에서 $[A[1], A[2], ..., A[N]] = [r, q + r, p + 2q + r, 3p + 3q + 4, ...]$라고 하면, $A[x]$를 다음과 같이 나타낼 수 있습니다.

$$f(x) = A[x] = \left(\frac{1}{2}x^2 - \frac{3}{2}x + 1\right)p + (x - 1)q + r$$

이는 2차 함수($f(x)=ax^2+bx+c$의 형태)이므로, 2.가 증명되었습니다.

참고로 f(x)가 K차 함수일 때, 이번 증명의 그림처럼 계차를 1단계 구하면, K - 1차 함수가 된다고 알려져 있습니다. 그리고 계차를 K단계만큼 구하면, 모든 요소가 동일해집니다. 이번 문제는 K = 2의 경우이므로, 이 말을 생각하면서 다시 한번 살펴보기 바랍니다.

4.3 연습 문제 4.3 해답

문제 4.3.1

이번 문제는 다항식 함수의 미분(➡ 4.3.3항)을 이해했는지 묻는 문제입니다. 답은 다음과 같습니다.

- $f'(x)=7$
- $f'(x)=2x+4$
- $f'(x)=5x^4+4x^3+3x^2+2x+1$

문제 4.3.2

$\sqrt[3]{2}$ 의 값은 다음과 같은 방법으로 구할 수 있습니다(➡ 4.3.6항)

- $f(x)=x^3$입니다. 여기에서 $f'(x)=3x^2$
- 일단 적당한 초깃값을 a에 설정합니다.
- 이어서 a의 값을 다음과 같이 변경합니다.

    "점 $(a, f(a))$에서의 접선"과 "직선 $y=2$"의 교점의 x 좌표

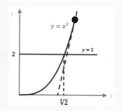

이는 다음과 같은 프로그램을 작성하면 구할 수 있습니다.

```python
r = 2.0  # √2를 구할 것이므로
a = 2.0  # 초깃값을 적당하게 2.0으로 설정합니다.
repeats = 5

for i in range(1, repeats + 1):
    # 점 (a, f(a))의 x 좌표와 y좌표를 구합니다.
    japyo_x, japyo_y = a, a * a * a

    # 접선의 식 y = jupseon_a * x + jupseon_b를 구합니다.
    jupseon_a = 3.0 * japyo_x * japyo_x
    jupseon_b = japyo_y - jupseon_a * japyo_x

    # 다음 a의 값 next_a를 구합니다.
    next_a = (r - jupseon_b) / jupseon_a
    print("Step #{:d}: a = {:.12f} -> {:.12f}".format(i, a, next_a))
    a = next_a
```

코드를 실행하면, 다음과 같이 출력합니다. 급격하게 2=1.259921049894···와 가까워지는 것을 볼 수 있습니다. 5회만에 12번째 자리까지 일치하게 되었습니다.

```
Step #1: a = 2.000000000000 -> 1.500000000000
Step #2: a = 1.500000000000 -> 1.296296296296
Step #3: a = 1.296296296296 -> 1.260932224742
Step #4: a = 1.260932224742 -> 1.259921860566
Step #5: a = 1.259921860566 -> 1.259921049895
```

문제 4.3.3

이진 탐색을 사용해서, 손 계산으로 $\sqrt{2}$를 구하는 과정은 다음 표와 같습니다.

조작 횟수	l	r	m	$m^2<2$?	탐색 범위 변화
1회	1.00000	2.00000	1.50000	No	
2회	1.00000	1.50000	1.25000	Yes	
3회	1.25000	1.50000	1.37500	Yes	
4회	1.37500	1.50000	1.43750	No	
5회	1.37500	1.43750	1.40625	Yes	
6회	1.40625	1.43750	1.42188	No	
7회	1.40625	1.42188	1.41406	Yes	
8회	1.41406	1.42188	1.41797	No	
9회	1.41406	1.41797	1.41602	No	

9회 조작해도 $\sqrt{2} = 1.41421...$와 2번째 자리까지밖에 일치하지 않습니다.

한번 다음과 같은 프로그램을 작성해서, 몇 번 조작해야 6번째 자리 정도까지 일치하는지 확인해 봅시다.

```
l = 1.0
r = 2.0
repeats = 20

for i in range(1, repeats + 1):
    m = (l + r) / 2.0
    if m * m < 2.0:
        l = m
    else:
        r = m
    print("Step #%d: m = %.12f" % (i, m))
```

이때 출력은 다음과 같습니다. 15번째 조작 정도에서 6번째 자리까지 일치하게 됩니다. 뉴턴법은 3회 만에 6번째 자리까지 일치했으므로, 뉴턴법과 비교할 때 굉장히 느립니다.

```
Step #1: m = 1.500000000000
Step #2: m = 1.250000000000
Step #3: m = 1.375000000000
Step #4: m = 1.437500000000
Step #5: m = 1.406250000000
Step #6: m = 1.421875000000
Step #7: m = 1.414062500000
Step #8: m = 1.417968750000
Step #9: m = 1.416015625000
Step #10: m = 1.415039062500
Step #11: m = 1.414550781250
Step #12: m = 1.414306640625
Step #13: m = 1.414184570312
Step #14: m = 1.414245605469
Step #15: m = 1.414215087891
Step #16: m = 1.414199829102
Step #17: m = 1.414207458496
Step #18: m = 1.414211273193
Step #19: m = 1.414213180542
Step #20: m = 1.414214134216
```

참고로 이처럼 이진 탐색은 1회 조작으로 정밀도가 2배만큼 오릅니다. 따라서 정밀도를 P배 만큼 올리려면, 대충 $\log_2 P$회만큼 조작해야 합니다. 6번째 자리까지 일치하려면 $P=10^5$만큼 정밀도가 올라야 합니다. 따라서 조작 횟수가 대충 $\log_2 P늑16$회만큼 필요하며, 실제 결과인 15회와 거의 같다는 것을 알 수 있습니다.

문제 4.3.4

지수 법칙(➡ 2.3.9항)으로 $10^{0.3} = 1000^{0.1} = \sqrt[10]{1000}$ 입니다. 따라서 예를 들어 다음과 같은 방법을 생각해 볼 수 있습니다.

방법1

$f(x)=x^{10}$, $r=2$로 두고 일반화한 뉴턴법(➡ 4.3.6항)을 적용합니다. 이때 $f'(x)=10x^9$가 됩니다.

방법2

$x^{10}=1000$이 될 수 있게 x의 값을 이진 탐색(➡ 연습 문제 4.3.3)해서 구합니다. 명확하게 $1<x<2$이므로, 초깃값으로 $l=1$, $r=2$ 등을 설정하면 됩니다.

이외에도 다양한 방법이 있을 수 있습니다. 다른 방법도 한번 생각해 보기 바랍니다.

4.4 연습 문제 4.4 해답

문제 4.4.1(1)

이 문제는 다항식 함수를 적분하는 방법(➡ 4.4.3항)에 대해 이해했는지 확인하는 문제입니다. 다음과 같은 함수가 있습니다.

$$F(x) = \frac{1}{4}x^4 + x^3 + \frac{3}{2}x^2 + x$$

이때 답은 다음과 같습니다.

$$\int_3^5 (x^3 + 3x^2 + 3x + 1)\,dx = F(5) - F(3)$$

여기에서 $F(5)$=323.75, $F(3)$=63.75입니다. 따라서 답은 323.75−63.75=$\boxed{260}$입니다. 참고로 $(x^3+3x^2+3x+1)=(x+1)^3$이라는 것을 사용해서 간단하게 계산할 수도 있습니다.

$$\int_3^5 (x+1)^3\,dx = \int_4^6 x^3\,dx = \frac{1}{4}(6^4 - 4^4) = 260$$

함수 그래프를 오른쪽 방향으로 1만큼 평행이동해서 생각하면, 조금 더 이해하기 쉬울 것입니다.

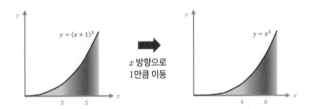

문제 4.4.1(2)

이 문제는 $1/x$을 적분하는 방법(➡ 4.4.3항)에 대해 이해했는지 확인하는 문제입니다.

적분은 면적을 구하는 조작이며, 이때 부호를 생각해야 합니다. 따라서 다음과 같은 식이 성립합니다.

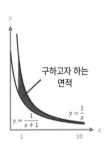

$$F(x) = \int_1^{10} \frac{1}{x} - \frac{1}{x+1}\,dx = \int_1^{10} \frac{1}{x}\,dx - \int_1^{10} \frac{1}{x+1}\,dx$$

그림으로 나타내보면, 오른쪽 그림과 같습니다.

여기에서 붉은색 부분과 파란색 부분을 각각 계산해 보면, 다음과 같습니다. $1/(x+1)$의 적분을 모르겠다면, 4.4.5항을 다시 한번 확인해 주세요.

$$\int_1^{10} \frac{1}{x}\,dx = \log_e 10 - \log_e 1 = \log_e 10$$

$$\int_1^{10} \frac{1}{x+1}\,dx = \int_2^{11} \frac{1}{x}\,dx = \log_e 11 - \log_e 2 = \log_e 11/2$$

여기에서 대수 함수 공식(➡ 2.3.10항)을 활용하면, 구하고자 하는 답은 다음과 같습니다.

$$\log_e 10 - \log_e \frac{11}{2} = \log_e \left(10 \div \frac{11}{2}\right) = \boxed{\log_e \frac{20}{11}}$$

따라서 약 0.5978이 나옵니다.

문제 4.4.1(3)

사실 다음과 같은 식이 성립합니다.

$$\frac{1}{x^2 + x} = \frac{1}{x} - \frac{1}{x+1}$$

따라서 구하고자 하는 답은 (2)와 같습니다.

$$\int_1^{10} \frac{1}{x^2 + x}\,dx = \int_1^{10} \frac{1}{x} - \frac{1}{x+1}\,dx = \boxed{\log_e \frac{20}{11}}$$

문제 4.4.2

정적분 값은 약 1.2882263643059391197로 알려져 있습니다.

이와 같은 값은 어떻게 구할 수 있을까요? 다항식 함수 등의 적분은 손으로 계산해도 정확한 값을 구할 수 있습니다. 하지만 $f(x) = 2^{x^2}$은 함수 $f(x)$가 복잡하므로, 정확한 답을 계산하는 것이 굉장히 힘듭니다.

이러한 경우, 일반적으로 답의 근삿값을 계산하는 "수치 계산(➡ 4.3.7항)"을 사용합니다. 이 책에서는 대표적인 방법 2가지만 소개하겠습니다.

방법1: 간단한 구분구적법

이와 같은 값은 어떻게 구할 수 있을까요? 다항식 함수 등의 적분은 손으로 계산해도 정확한 값을 구할 수 있습니다. 하지만 $f(x) = 2^{(x^2)}$은 함수 $f(x)$가 복잡하므로, 정확한 답을 계산하는 것이 굉장히 힘듭니다.

$$\int_0^1 f(x)dx = \frac{f(0) + f\left(\frac{1}{N}\right) + f\left(\frac{2}{N}\right) + \cdots + f\left(\frac{N-1}{N}\right)}{N}$$

$N = 2, 5, 10$일 때를 그림으로 나타내면 다음과 같습니다.

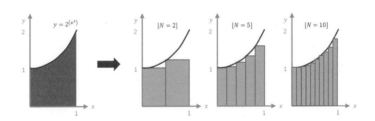

이 방법으로 정적분 값을 구하는 프로그램을 작성해 보면, 다음과 같습니다. 여기에서 N의 값을 증가시킬수록 근삿값의 정밀도가 올라갑니다.

```
N = 1000
Answer = 0.0

for i in range(N):
    x = 1.0 * i / N
    value = 2.0 ** (x * x)
    Answer += value


print("{:.12f}".format(Answer / N))
```

다만 이 방법은 절대 오차를 10^{-12} 이하로 만드는 것이 힘듭니다. 실제로 프로그램을 돌려보면,

- $N = 1,000$일 때, 출력은 1.28772659535497
- $N = 1,000,000$일 때, 출력은 1.28822586430618

이 되어서 소수점 아래 3~6번째 자릿수 정도까지밖에 일치하지 않습니다.

방법2: 중앙값 사용하기

방법1에서는 구간의 왼쪽 끝을 사용했습니다. 이번에는 중앙의 값 $f(1/2N), f(3/2N), \cdots$을 사용해서 면적을 구해보겠습니다.

다음 그림은 $N=5$일 때의 예를 나타낸 것입니다. 붉은색은 넘는 부분, 파란색 부분은 부족한 부분을 의미합니다. 중앙의 값을 사용하는 경우, 붉은색과 파란색의 면적이 거의 비슷하므로 조금 더 정확하게 계산할 수 있습니다.

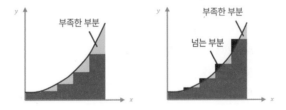

수식으로 나타내면, 정적분은 다음과 같이 나타낼 수 있습니다.

$$\int_0^1 f(x)dx = \frac{f\left(\frac{1}{2N}\right)+f\left(\frac{3}{2N}\right)+\cdots+f\left(\frac{2N-1}{2N}\right)}{N}$$

이를 구현하면, 다음과 같습니다.

```
N = 1000
Answer = 0.0

for i in range(N):
    x = 1.0 * (2 * i + 1) / (2 * N)
    value = 2.0 ** (x * x)
    Answer += value

print("{:.12f}".format(Answer / N))
```

방법1과 비교할 때 정밀도가 훨씬 좋습니다. $N=1000000$일 때, 절대 오차를 10^{-12}까지 줄일 수 있습니다.

- $N=1000$일 때, 1.28822624878143
- $N=1000000$일 때, 1.28822636430577

추가적으로 더 효율적으로 정적분의 근삿값을 구할 수 있는 방법으로 심프슨 공식 등이 알려져 있습니다. 관심있다면, 인터넷 등에서 직접 찾아보기 바랍니다.

문제 4.4.3

단순한 방법으로 다음과 같은 방법을 생각해 볼 수 있습니다.

> $i=1, 2, \cdots, N$ 순서로 약수를 모두 나열해서, $f(i)$를 계산합니다. 이렇게 하면 답을 알 수 있습니다. 약수를 나열하는 데 필요한 복잡도는 $O(\sqrt{N})$이므로, 전체 처리의 복잡도는 $O(N^{1.5})$입니다.

그런데 이 방법으로는 이 문제의 실행 시간을 맞출 수 없습니다. 따라서 보다 빠르게 $f(1), f(2), \cdots, f(N)$을 계산하는 방법으로, 다음과 같은 것들을 생각해 볼 수 있습니다.

> **1.** 일단 모든 $i(1 \leq i \leq N)$에 대해서, $f(i)=0$으로 초기화합니다.
> **2.** 1의 배수: $f(1), f(2), f(3), f(4), \cdots$에 1을 더합니다.
> **3.** 2의 배수: $f(2), f(4), f(6), f(8), \cdots$에 1을 더합니다.
> **4.** 3의 배수: $f(3), f(6), f(9), f(12), \cdots$에 1을 더합니다.
> **5.** 마찬가지의 방법으로 4, 5, 6, 7, ..., N의 배수에도 조작합니다.

$N = 7$일 때, $f(1), f(2), \cdots, f(N)$을 구하는 과정은 다음과 같습니다.

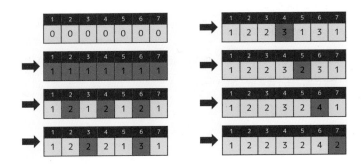

그럼 이 알고리즘의 복잡도를 예측해 봅시다. x의 배수는 모두 N/x개 있으므로, x의 배수 모두에 1을 더하는 조작은 $O(N/x)$회 합니다. 따라서 전체 계산 횟수는

$$\frac{N}{1} + \frac{N}{2} + \cdots + \frac{N}{N} = O(N\log N)$$

이 되어서, $N=10^7$이라도 빠르게 동작합니다.

```python
# 입력
N = int(input())
F = [0 for i in range(N + 1)]

# F[1], F[2], ..., F[N]을 계산합니다.
for i in range(1, N + 1):
    # F[i], F[2i], F[3i], ...에 1을 더합니다.
    for j in range(1, (N // i) + 1):
        F[j * i] += 1

# 답 구하기
Answer = 0
for i in range(1, N + 1):
    Answer += i * F[i]

# 출력
print(Answer)
```

다만 파이썬은 속도가 느리므로, 이와 같은 프로그램을 작성해도 실행 시간을 맞추지 못할 수 있습니다. 5.7절에서 살펴보는 수학적 접근 방법을 활용하면, 복잡도를 $O(N)$까지도 낮출 수 있습니다. 이와 관련된 코드는 깃허브를 참고해 주세요.

문제 4.4.4

답은 6,000,022,499,693으로 알려져 있습니다.

- 출전: https://oeis.org/A004080/b004080.txt

단순한 방법으로 다음 프로그램처럼 $1/1+1/2+1/3+\cdots$를 차례대로 더하는 방법을 생각해 볼 수 있습니다. 하지만 $N=23$ 정도만 되어도, 현실적인 시간 내에 프로그램이 종료되지 않습니다.

```
cnt = 0
LIMIT = 23  # 이를 30으로 바꾸면, 답을 구할 수 있습니다.
Current = 0

# 1만큼 계속 더합니다.
while Current < LIMIT:
    cnt += 1
    Current += 1.0 / cnt

# 출력
print(cnt)
```

이를 빠르게 만들 수 있는 방법으로는 다음과 같은 2가지 방법이 있습니다. 이외에도 다양한 방법이 있으므로, 여러 가지 생각해 보기 바랍니다.

방법1: 근사 사용하기

각주에서 언급했던 것처럼, 오일러 상수를 $\gamma=0.57721566490153286\cdots$, $1/1$부터 $1/n$까지의 합을 H_n이라고 하면, H_n의 값은 $\log_e n+\gamma$와 굉장히 가까워집니다. 그리고 $\log_e n+\gamma\geq30$이 되는 최소 n은

$$\lfloor e^{30-\gamma} \rfloor = \lfloor 6000022499693.369\ldots \rfloor = 6000022499693$$

이 되어서 답과 일치합니다.

방법2: 병렬 계산 사용하기

계산 횟수가 10^{12}회를 넘는 경우, 일반적으로는 현실적인 시간 내에 계산을 종료할 수 없습니다. 하지만 CUDA 등의 프로그래밍 언어를 사용해서 병렬 계산하면, 계산 시간을 100배 이상 단축할 수 있습니다. 유명한 슈퍼 컴퓨터(프론티어, 후가쿠 등)들은 모두 이와 같이 병렬 계산합니다. 관심 있다면 인터넷 등에서 찾아보기 바랍니다.

4.5 연습 문제 4.5 해답

문제 4.5.1

답은 다음과 같습니다. 잘 모르겠다면 4.5.2항과 4.5.4항을 확인해 보세요.

그래프 번호	그래프의 종류	차수가 최대인 정점
A	가중치 없는 무향 그래프	정점1(차수 = 3)
B	가중치 무향 그래프	정점5(차수 = 4)
C	가중치 없는 유향 그래프	정점3(출차수 = 2)
D	가중치 유향 그래프	정점2(출차수 = 3)

문제 4.5.2

일단 그래프E는 차수가 홀수인 정점이 존재하므로, 모든 정점을 한 번씩 통과해서 돌아올 수 있는 경로가 존재하지 않습니다. 또한 그래프F는 모든 정점의 차수가 짝수이므로, 다음과 같은 경로가 존재합니다.

잘 모르겠다면 오일러 그래프(➡ 4.5.2항)를 확인해 보세요. 참고로 다음 그림에서 정점에 붙어있는 번호는 해당 점점의 차수를 의미합니다.

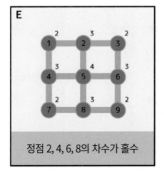

정점 2, 4, 6, 8의 차수가 홀수

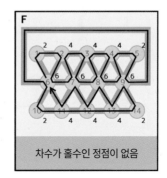

차수가 홀수인 정점이 없음

문제 4.5.3

일단 2가지 색으로 구분해서 칠할 수 없는 이유는 다음과 같습니다.

> 그래프에 오른쪽 그림처럼 삼각형이 포함되면, 이 삼각형만 생각해도 2가지 색으로 구분하는 것이 명확하게 불가능합니다.

추가적으로 다음과 같이 칠하면, 3가지 색으로 칠해서 구분할 수 있습니다.

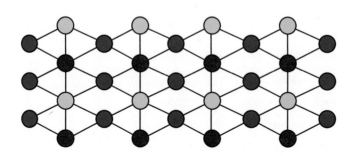

문제 4.5.4

방문 순서는 차례대로 1, 5, 2, 10, 8, 13, 12, 6, 14, 7, 3, 11, 4, 9입니다. 다음 그림은 깊이 우선 탐색의 구체적인 동작을 나타낸 것입니다.

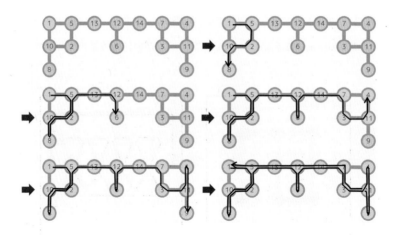

문제 4.5.5

이번 문제는 인접 리스트 형식(➡ 4.5.5항)을 이해했는지 묻는 문제입니다. 예를 들어서 다음과 같이 코드를 작성하면, 정답을 구할 수 있습니다.

```
# 입력
N, M = map(int, input().split())
A = [ None ] * M
B = [ None ] * M
for i in range(M):
    A[i], B[i] = map(int, input().split())
```

```
# 인접 리스트 작성
G = [ list() for i in range(N + 1) ]
for i in range(M):
    G[A[i]].append(B[i])
    G[B[i]].append(A[i])

# 답 구하기
answer = 0
for i in range(1, N + 1):
    cnt = 0
    for j in G[i]:
        if j < i:
            cnt += 1
    # 자기 자신보다 번호가 작은 인접 정점이 하나 있다면, answer에 1을 더합니다.
  if cnt == 1:
        answer += 1

# 답 출력
print(answer)
```

문제 4.5.6

정점 번호를 다음과 같이 설정하면, 최단 경로 문제(➡ 4.5.7항)로 생각할 수 있습니다. 정점 수는 HW, 변의 수는 4HW 이하이므로, 1초 이내에 실행을 끝낼 수 있습니다.

> 위에서 i번째, 왼쪽에서 j번째 칸의 정점 번호를 $(i-1) \times W + j$로 설정합니다. $H = 4$, $W = 4$의 경우, 구체적인 예로 다음 그림처럼 됩니다.

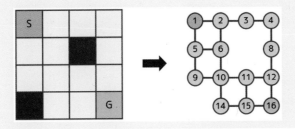

따라서 다음과 같이 구현하면 정답을 낼 수 있습니다. 참고로 각 칸의 정점 번호를 붙인 것처럼, 데이터를 수치로 나타내서 식별하는 것을 '해시'라고 부릅니다. 컴퓨터 공학과 관련되어 많이 사용되는 용어이므로, 관심 있다면 인터넷 등에서 찾아보기 바랍니다.

```python
# 이 프로그램은 c[i-1][j-1]이 칸 (i, j)를 나타내게 구현했습니다.
# 칸 (i, j)의 정점 번호는 i * W + j가 되며, 정점 번호 0, 1, 2, ..., HW-1까지 존재합니다.

import queue

# 입력
H, W = map(int, input().split())
sx, sy = map(int, input().split())
gx, gy = map(int, input().split())
c = [ input() for i in range(H) ]
start = (sx - 1) * W + (sy - 1)
goal = (gx - 1) * W + (gy - 1)

# 인접 리스트 작성
G = [ list() for i in range(H * W) ]

# 가로 방향 변 [(i, j) - (i, j+1)]을 그래프에 추가
for i in range(H):
    for j in range(W - 1):
        if c[i][j] == "." and c[i][j + 1] == ".":
            idx1 = i * W + j       # (i, j)의 정점 번호
            idx2 = i * W + (j + 1) # (i, j + 1)의 정점 번호
            G[idx1].append(idx2)
            G[idx2].append(idx1)

# 세로 방향 변 [(i, j) - (i+1, j)]를 그래프에 추가
for i in range(H - 1):
    for j in range(W):
        if c[i][j] == "." and c[i + 1][j] == ".":
            idx1 = i * W + j       # (i, j)의 정점 번호
            idx2 = (i + 1) * W + j # (i + 1, j)의 정점 번호
            G[idx1].append(idx2)
            G[idx2].append(idx1)

# 너비 우선 탐색 초기화(dist[i] = -1은 도달하지 않은 흰색 정점이라는 의미)
dist = [ -1 ] * (H * W)
Q = queue.Queue()
dist[start] = 0
```

```
Q.put(start)  # Q에 start를 추가

# 너비 우선 탐색
while not Q.empty():
    pos = Q.get()  # Q의 가장 앞을 확인하고, 이를 추출합니다.
    for nex in G[pos]:
        if dist[nex] == -1:
            dist[nex] = dist[pos] + 1
            Q.put(nex)  # Q에 nex를 추가

# 답 출력
print(dist[goal])
```

문제 4.5.7

일단 그래프가 연결되어 있는 경우, 하나의 정점 색을 결정하면, 그래프를 파란색과 붉은색 2가지 색으로 칠하는 방법을 적어도 하나 생각해 볼 수 있습니다(다음 그림 참고). 왜냐하면 파란색 옆에는 붉은색, 붉은색 옆에는 파란색, ... 형태로 하나하나 칠하면 되기 때문입니다.

따라서 다음과 같이 깊이 우선 탐색을 사용하면, 그래프를 파란색과 붉은색으로 번갈아 가면서 칠하는 방법을 구성할 수 있습니다. 참고로 파란색 부분으로 칠한 내용은 4.5.6항에서 설명한 연결 판정 알고리즘과 다른 부분을 나타냅니다.

1. 모든 정점을 흰색으로 칠합니다.

2. 가장 처음에는 정점1을 방문하고, 정점1을 파란색으로 칠합니다.

3. 이어서 다음과 같은 조작을 반복합니다.

   A. 인접한 흰색 정점이 없는 경우: 왔던 곳으로 돌아갑니다.

   B. 인접한 흰색 정점이 있는 경우: 흰색 정점들 중에서 정점 번호가 가장 낮은 정점을 방문합니다. 새로운 정점에 방문하면, 이전 정점과 다른 색으로 칠합니다.

4. 최종적으로 모든 이웃한 두 정점이 서로 다른 색으로 칠해졌다면, 그래프는 이분 그래프라고 판정할 수 있습니다.

이 알고리즘을 그래프에 적용해 보면, 다음과 같은 형태로 이루어집니다. 그림에서 두꺼운 선은 이동 경로를 나타냅니다.

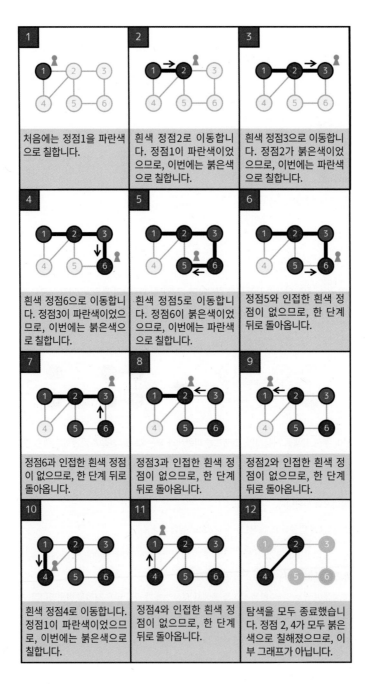

이 알고리즘을 구현하면, 다음 코드와 같습니다. 참고로 프로그래밍에서는 실제로 흰색, 파란색, 붉은색 등의 색을 칠할 수 없으므로

- color[i] = 0일 때: 정점 i가 흰색
- color[i] = 1일 때: 정점 i가 파란색
- color[i] = 2일 때: 정점 i가 붉은색

처럼 나타냈습니다. 추가적으로 그래프가 연결되어있지 않을 가능성도 있으므로, 과정2.에 해당하는 조작을 각 연결 성분에 대해서 해야 하므로 주의해 주세요(프로그램에서 "깊이 우선 탐색" 부분을 참고해 주세요).

```python
import sys

# 깊이 우선 탐색하는 함수
def dfs(pos, G, color):
    for i in G[pos]:
        if color[i] == 0:
            # color[pos] = 1일 때 2, color[pos] = 2일 때 1
            color[i] = 3 - color[pos]
            dfs(i, G, color)

# 재귀 호출 깊이 상한을 210000으로 설정
sys.setrecursionlimit(210000)

# 입력
N, M = map(int, input().split())
A = [ None ] * M
B = [ None ] * M
for i in range(M):
    A[i], B[i] = map(int, input().split())

# 인접 리스트 작성
G = [ list() for i in range(N + 1) ]
for i in range(M):
    G[A[i]].append(B[i])
    G[B[i]].append(A[i])

# 깊이 우선 탐색
color = [ 0 ] * (N + 1)
for i in range(1, N + 1):
    if color[i] == 0:
        # 정점 i가 흰색인 경우(아직 방문하지 않은 연결 성분인 경우)
```

```
        color[i] = 1
        dfs(i, G, color)

# 이분 그래프인지 판정
answer = True
for i in range(M):
    if color[A[i]] == color[B[i]]:
        answer = False
if answer == True:
    print("Yes")
else:
    print("No")
```

문제 4.5.8

주의: 이 문제는 4.5.8항 "그 밖의 대표적인 그래프 알고리즘"에서 소개했던 데이크스트라 알고리즘을 사용합니다. 초보자는 당연히 풀 수 없는 문제이므로, 풀지 못했다고 해도 걱정하지 말기 바랍니다.

일반적으로 정수는 "10배하고 1~9를 더한다"라는 조작을 반복해서 만들 수 있습니다. 예를 들어서 정수 8691은

- 정수 0에서 시작
- 10배하고 8을 더함($0 \times 10 + 8 = 8$)
- 10배하고 6을 더함($8 \times 10 + 6 = 86$)
- 10배하고 9를 더함($86 \times 10 + 9 = 869$)
- 10배하고 1을 더함($869 \times 10 + 1 = 8691$)

이를 다음과 같은 가중치 있는 유향 그래프로 생각해 봅시다. 이때 각각의 정점 $i(0 \leq i < K)$는 "K로 나누어서, i가 남는 정수"를 의미합니다.

정점

- K개의 정점을 준비합니다.
- 정점 번호를 각각 $0,1,2,3,\cdots,K-1$로 둡니다.

변

각 정점 $i(0 \leq i < K)$에 대해서, 다음 10개의 변을 추가합니다.

- 정점 i에서 정점 $(10i + 0)$ mod K로 향하는 가중치 0인 그래프[※]
- 정점 i에서 정점 $(10i + 1)$ mod K로 향하는 가중치 1인 그래프
- 정점 i에서 정점 $(10i + 2)$ mod K로 향하는 가중치 2인 그래프
- 정점 i에서 정점 $(10i + 3)$ mod K로 향하는 가중치 3인 그래프

- 정점 i에서 정점 (10i + 4) mod K로 향하는 가중치 4인 그래프
- 정점 i에서 정점 (10i + 5) mod K로 향하는 가중치 5인 그래프
- 정점 i에서 정점 (10i + 6) mod K로 향하는 가중치 6인 그래프
- 정점 i에서 정점 (10i + 7) mod K로 향하는 가중치 7인 그래프
- 정점 i에서 정점 (10i + 8) mod K로 향하는 가중치 8인 그래프
- 정점 i에서 정점 (10i + 9) mod K로 향하는 가중치 9인 그래프

하나의 변을 지나가는 것이 1회 조작에 대응됩니다. 예를 들어서 K = 13으로 86을 869로 만드는 조작은 다음 그림에서 정점 8→11로 향하며 가중치 9인 변을 지나는 것에 대응됩니다($86 \bmod 13 = 8, 869 \bmod 13 = 11$).

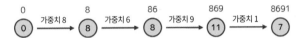

따라서 정점 0에서 정점 i($\geq$1)까지의 최단 경로는 "K로 나누었을 때 i가 남는 수"의 각 자릿수 합의 최솟값이 됩니다.

마찬가지로 정점 0에서 정점 0으로 돌아가는 최단 경로의 길이가 K배수의 각 자리 합의 최솟값이 됩니다. 구체적인 예는 다음과 같습니다.

예를 들어 K = 13이라면, (1001이므로) 각 자리 합의 최솟값은 2입니다. 이는 0→1→10→9→0이라는 경로에 대응됩니다 (추가 설명: $1 \bmod 13 = 1, 10 \bmod 13 = 10, 100 \bmod 13 = 9, 1001 \bmod 13 = 0$).

이 경로는 이전 페이지의 방법으로 구성한 그래프의 최단 경로입니다. 그림으로 나타내면 다음과 같습니다. 보기 쉽게 필요 없는 정점과 변은 생략했습니다.

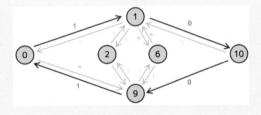

따라서 데이크스트라 알고리즘(➡ 4.5.8항)을 사용해서 가중치 있는 그래프의 최단 경로를 구하면, 답을 구할 수 있습니다.

다만 그대로 구현하면 정점 0에서 0으로의 최단 경로가 0이 되어버리므로, 이 부분은 조금 다르게 처리해야 합니다. 자세한 내용은 다음 코드를 참고해 주세요.

※ 구현의 편의를 위해서 정점 0 → 0으로 가는 변은 예외적으로 추가하지 않습니다.

```python
import heapq

# 입력
K = int(input())

# 인접 리스트 작성 → 그래프 변 추가
G = [ list() for i in range(K) ]
for i in range(K):
    for j in range(10):
        if i == 0 and j == 0:
            continue
        G[i].append((((i * 10 + j) % K, j))

# 데이크스트라 알고리즘: 배열 초기화 등
dist = [ 10 ** 10 ] * K
used = [ False ] * K
Q = list()
heapq.heappush(Q, (0, 0))  # dist[0] = 0으로 하지 않는다는 것에 주의

# 데이크스트라 알고리즘 : 우선순위 큐 변경
while len(Q) >= 1:
    pos = heapq.heappop(Q)[1]
    if used[pos] == True:
        continue
    used[pos] = True
    for i in G[pos]:
        to = i[0]
        cost = dist[pos] + i[1]
        if pos == 0:
            cost = i[1]  # 정점 0의 경우는 제외
        if dist[to] > cost:
            dist[to] = cost
            heapq.heappush(Q, (dist[to], to))

# 답 출력
print(dist[0])
```

4.6 연습 문제 4.6 해답

문제 4.6.1(1)

곱셈 식은 어떤 시점에서 나머지를 구해도 답이 같으므로,

- $21 \times 41 \times 61 \times 81 \times 101 \times 121$을 20으로 나눈 나머지
- $1 \times 1 \times 1 \times 1 \times 1 \times 1$을 20으로 나눈 나머지

는 같습니다. 후자는 명확하게 1이므로, 이번 문제의 답은 1입니다.

문제 4.6.1(2)

계산 전에 모두 100으로 나눈 나머지로 만들어 두어도 답이 변하지 않습니다. 따라서

- 202112^5를 100으로 나눈 나머지
- 12^5를 100으로 나눈 나머지

는 같습니다. $12^5 = 248832$이므로, 답은 32라는 것을 알 수 있습니다. 다만 손계산으로는 조금 귀찮습니다. 따라서 다음과 같이 계산 중간에도 나머지를 계산해 봅시다.

- $12 \times 12 = 144 \equiv 44 \pmod{100}$
- $44 \times 12 = 528 \equiv 28 \pmod{100}$
- $28 \times 12 = 336 \equiv 36 \pmod{100}$
- $36 \times 12 = 432 \equiv 32 \pmod{100}$

이렇게 하면, 최대 3자리 숫자만 계산해도 답을 구할 수 있습니다.

문제 4.6.2

일단 구체적인 예를 생각해 봅시다. 말을 $(4, 5)$까지 이동시키려면

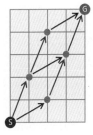

- $(i, j) \rightarrow (i+1, j+2)$ 이동을 2회
- $(i, j) \rightarrow (i+2, j+1)$ 이동을 1회

해야 합니다. 반대로 이와 같은 조건을 만족하지 못하면, 절대 끝 지점에 도착할 수 없습니다. 3번 중에서 2번이 $(i+1, j+2)$로 이동하므로, 이동 방법의 수는 $_3C_2 = 3$가지입니다.

이어서 일반화해서 생각해 봅시다.

- $(i, j) \rightarrow (i+1, j+2)$ 이동을 a회(이동 A라고 하겠습니다)
- $(i, j) \rightarrow (i+2, j+1)$ 이동을 b회(이동 B라고 하겠습니다)

할 때, (X, Y)로 이동하려면 다음과 같은 3가지 조건을 만족해야 합니다.

- a, b는 음수가 아니어야 한다.
- x 좌표 제약: $a + 2b = X$
- y 좌표 제약: $2a + b = Y$

여기에서 2번째와 3번째를 동시에 만족하는 조합은 $(a, b) = \left(\dfrac{2Y - X}{3}, \dfrac{2X - Y}{3} \right)$뿐입니다.

다만 1번째 조건에 의해서 답이 0가지가 되는 경우가 있습니다.

> - a, b는 정수이므로 $2Y{-}X$, $2X{-}Y$가 모두 3의 배수라면 0가지
>
> - a, b는 0 이상이므로, $2Y{-}X{<}0$ 또는 $2X{-}Y{<}0$이라면 0가지

이 이외의 경우는 전체 이동 횟수 $(x+Y)/3$회 중에서 $(2Y-X)/3$회를 이동 A로 하면, 반드시 원하는 위치에 도착할 수 있습니다. 따라서 구하고자 하는 답은 $_{(X+Y)/3}C_{(2Y-X)/3}$가지입니다. 코드 4.6.5를 조금 바꾸면, 다음과 같이 구현해볼 수 있습니다.

```python
# 반복 제곱법(p는 a**1, a**2, a**4, a**8, ...)
def modpow(a, b, m):
    p = a
    answer = 1
    for i in range(30):
        if (b & (1 << i)) != 0:
            answer = (answer * p) % m
        p = (p * p) % m
    return answer

# division(a, b, m)은 a÷b mod m을 리턴하는 함수
def division(a, b, m):
    return (a * modpow(b, m - 2, m)) % m

# 입력
X, Y = map(int, input().split())
mod = 1000000007

# a, b가 음수가 되어버리는 경우
if (2 * Y - X) < 0 or (2 * X - Y) < 0:
    print(0)

# a, b가 정수가 아닌 경우
elif (2 * Y - X) % 3 != 0 or (2 * X - Y) % 3 != 0:
    print(0)
```

```
# 답이 0이 아닐 경우
else:
    bunza = 1
    bunmo = 1
    a = (2 * Y - X) // 3
    b = (2 * X - Y) // 3

    # 이항 계수의 분모와 분자 구하기(과정1. / 과정2.)
    for i in range(1, a + b + 1):
        bunza *= i
        bunza %= mod
    for i in range(1, a + 1):
        bunmo *= i
        bunmo %= mod
    for i in range(1, b + 1):
        bunmo *= i
        bunmo %= mod

    # 답 구하기(과정3.)
    print(division(bunza, bunmo, mod))
```

문제 4.6.3

일단 다음 식이 성립합니다. 예를 들어서 $N=2$일 때, $4^0+4^1+4^2=1+4+16=21$이고, $(4^{N+1})/3=63\div3=21$이므로 두 값이 일치합니다.

$$4^0 + 4^1 + 4^2 + \cdots + 4^N = \frac{4^{N+1}-1}{3}$$

증명은 조금 복잡하지만, 길이 $4^{N+1}/3$인 봉을 $3/4$만큼 절단하는 조작을 $N+1$번 반복하면, 길이가 차례대로 $4N$, 4^{N-1}, $\cdots$, 4^0이 나오므로, 최종적으로 길이 $1/3$만큼 남는다는 것을 생각하면 어느 정도 이해할 수 있을 것입니다(참고: 합의 공식 ➡ 2.5.10항).

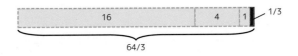

따라서 다음과 같은 방법으로 답을 M=1000000007로 나눈 나머지를 구할 수 있습니다.

- $4^{N+1}-1$을 M으로 나눈 나머지 V를 구함(➡ 4.6.7항)
- $V\div3$을 M으로 나눈 나머지를 구함(➡ 4.6.8항)

구현 예는 다음과 같습니다. 참고로 함수 division(a, b, m)은 $a \div b$를 m으로 나눈 나머지를 리턴하는 함수입니다. 추가적으로 제약이 $N \le 10^{18}$이므로, modpow 함수의 반복 횟수가 $\log_2(10^{18}) \fallingdotseq 60$회 정도 필요하다는 것에 주의해 주세요.

```python
# 반복 제곱법(p는 a**1, a**2, a**4, a**8, ...)
def modpow(a, b, m):
    p = a
    answer = 1
    for i in range(60):
        if (b & (1 << i)) != 0:
            answer = (answer * p) % m
        p = (p * p) % m
    return answer

# division(a, b, m)은 a÷b mod m을 리턴하는 함수
def division(a, b, m):
    return (a * modpow(b, m - 2, m)) % m

# 입력
MOD = 1000000007
N = int(input())

# 답 계산
V = modpow(4, N + 1, MOD) - 1
Answer = division(V, 3, MOD)

# 출력
print(Answer)
```

문제 4.7.1

일단 행렬 곱은 다음과 같습니다(행렬도 정수와 마찬가지로 곱하기를 우선해서 계산합니다). 잘 모르겠다면 4.7.3항으로 돌아가서 확인해 주세요.

$$
\begin{bmatrix} 1 & 0 & 1 \\ 0 & 0 & 1 \end{bmatrix}\begin{bmatrix} 1 & 0 & 1 \\ 1 & 1 & 1 \\ 1 & 0 & 1 \end{bmatrix} = \begin{bmatrix} 2 & 0 & 2 \\ 1 & 0 & 1 \end{bmatrix}
$$

$$
\begin{bmatrix} 1 \\ 2 \end{bmatrix}\begin{bmatrix} 1 & 1 & 1 \end{bmatrix} = \begin{bmatrix} 1 & 1 & 1 \\ 2 & 2 & 2 \end{bmatrix}
$$

구해야 하는 답은 파란색으로 표시한 두 행렬의 합이므로, 다음과 같습니다.

$$
\begin{bmatrix} 2 & 0 & 2 \\ 1 & 1 & 1 \end{bmatrix}\begin{bmatrix} 1 & 1 & 1 \\ 2 & 2 & 2 \end{bmatrix} = \begin{bmatrix} 3 & 1 & 3 \\ 3 & 3 & 3 \end{bmatrix}
$$

문제 4.7.2

일단 $a_3 = 2a_2 + a_1$, $a_2 = a_2$이므로, 다음과 같은 식이 성립합니다.

$$
\begin{bmatrix} a_3 \\ a_2 \end{bmatrix} = \begin{bmatrix} 2 & 1 \\ 1 & 0 \end{bmatrix}\begin{bmatrix} a_2 \\ a_1 \end{bmatrix}
$$

마찬가지로 $a_4 = 2a_3 + a_2$, $a_3 = a_3$이므로, 다음과 같은 식이 성립합니다.

$$
\begin{bmatrix} a_4 \\ a_3 \end{bmatrix} = \begin{bmatrix} 2 & 1 \\ 1 & 0 \end{bmatrix}\begin{bmatrix} a_3 \\ a_2 \end{bmatrix} = \begin{bmatrix} 2 & 1 \\ 1 & 0 \end{bmatrix}\begin{bmatrix} a_3 \\ a_2 \end{bmatrix}
$$

마찬가지로 a_5 이후도 반복됩니다. 일반화하면 다음과 같습니다. 이때 $A = \begin{bmatrix} 2 & 1 \\ 1 & 0 \end{bmatrix}$라고 하면, a_N의 값이 A^{N-1}의 $(2, 1)$ 성분과 $(2, 2)$ 성분을 더한 값이라는 것을 알 수 있습니다.

$$
\begin{bmatrix} a_{N+1} \\ a_N \end{bmatrix} = \begin{bmatrix} 2 & 1 \\ 1 & 0 \end{bmatrix}^N\begin{bmatrix} a_2 \\ a_1 \end{bmatrix} = A^{N-1}\begin{bmatrix} 1 \\ 1 \end{bmatrix}
$$

다음 그림은 행렬과 수열 $a = (a_1, a_2, a_3, \cdots)$의 관계를 나타낸 것입니다.

따라서 다음과 같이 구현하면, 답을 구할 수 있습니다. 참고로 코드 4.7.1과 다른 부분을 강조 표시했습니다. 코드 4.7.1과 거의 같다는 것을 알 수 있을 것입니다.

```python
from copy import deepcopy

MOD = 1000000007

# 2×2 행렬 A, B의 곱을 리턴하는 함수
def multiply(A, B):
    global MOD
    C = [ [ 0, 0 ], [ 0, 0 ] ]
    for i in range(2):
        for j in range(2):
            for k in range(2):
                C[i][j] += A[i][k] * B[k][j]
                C[i][j] %= MOD
    return C

# A의 n제곱을 리턴하는 함수
def power(A, n):
    P = deepcopy(A)
    Q = [ [ 0, 0 ], [ 0, 0 ] ]
    flag = False
    for i in range(60):
        if (n & (1 << i)) != 0:
            if flag == False:
                Q = deepcopy(P)
                flag = True
            else:
                Q = deepcopy(multiply(Q, P))
        P = deepcopy(multiply(P, P))
    return Q

# 입력 → 거듭 제곱 계산(N이 2 이상이 아니라면, 제대로 동작하지 않으므로 주의해 주세요)
N = int(input())
A = [ [ 2, 1 ], [ 1, 0 ] ]
B = power(A, N - 1)
```

```
# 답 계산 → 출력
answer = (B[1][0] + B[1][1]) % MOD
print(answer)
```

문제 4.7.3

일단 $a_4=a_3+a_2+a_1$, $a_3=a_3$, $a_2=a_2$이므로, 다음과 같은 식이 성립합니다.

$$\begin{bmatrix} a_4 \\ a_3 \\ a_2 \end{bmatrix} = \begin{bmatrix} 1 & 1 & 1 \\ 1 & 0 & 0 \\ 0 & 1 & 0 \end{bmatrix} \begin{bmatrix} a_3 \\ a_2 \\ a_1 \end{bmatrix}$$

마찬가지로 $a_5=a_4+a_3+a_2$, $a_4=a_4$, $a_3=a_3$이므로, 다음과 같은 식이 성립합니다.

$$\begin{bmatrix} a_5 \\ a_4 \\ a_3 \end{bmatrix} = \begin{bmatrix} 1 & 1 & 1 \\ 1 & 0 & 0 \\ 0 & 1 & 0 \end{bmatrix} \begin{bmatrix} a_4 \\ a_3 \\ a_2 \end{bmatrix} = \begin{bmatrix} 1 & 1 & 1 \\ 1 & 0 & 0 \\ 0 & 1 & 0 \end{bmatrix}^2 \begin{bmatrix} a_3 \\ a_2 \\ a_1 \end{bmatrix}$$

마찬가지로 a_6 이후도 반복됩니다. 일반화하면 다음과 같습니다. 이때 A를 1, 1, 1, 1, 0, 0, 0, 1, 0으로 구성되는 3×3 행렬로 두면, 다음과 같은 식이 성립합니다.

$$\begin{bmatrix} a_{N+2} \\ a_{N+1} \\ a_N \end{bmatrix} = \begin{bmatrix} 1 & 1 & 1 \\ 1 & 0 & 0 \\ 0 & 1 & 0 \end{bmatrix}^{N-1} \begin{bmatrix} a_3 \\ a_2 \\ a_1 \end{bmatrix} = A^{N-1} \begin{bmatrix} 2 \\ 1 \\ 1 \end{bmatrix}$$

이를 기반으로 a_N의 값이 [A^{N-1}의 "$(3, 1)$ 성분 $\times 2 + (2, 2)$ 성분 $+ (3, 3)$ 성분]이라는 것을 알 수 있습니다.

다음 그림은 행렬과 수열 $a=(a_1, a_2, a_3, \cdots)$의 관계를 나타낸 것입니다.

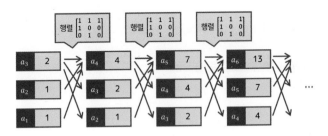

따라서 다음과 같이 구현하면, 답을 구할 수 있습니다. 참고로 코드 4.7.1과 다른 부분을 강조 표시했습니다. 코드 4.7.1과 거의 같다는 것을 알 수 있을 것입니다.

```
from copy import deepcopy

MOD = 1000000007
```

```python
# 3×3 행렬 A, B의 곱을 리턴하는 함수
def multiply(A, B):
    global MOD
    C = [ [ 0, 0, 0 ], [ 0, 0, 0 ], [ 0, 0, 0 ] ]
    for i in range(3):
        for j in range(3):
            for k in range(3):
                C[i][j] += A[i][k] * B[k][j]
                C[i][j] %= MOD
    return C


# A의 n 제곱을 리턴하는 함수
def power(A, n):
    P = deepcopy(A)
    Q = [ [ 0, 0, 0 ], [ 0, 0, 0 ], [ 0, 0, 0 ] ]
    flag = False
    for i in range(60):
        if (n & (1 << i)) != 0:
            if flag == False:
                Q = deepcopy(P)
                flag = True
            else:
                Q = deepcopy(multiply(Q, P))
        P = deepcopy(multiply(P, P))
    return Q


# 입력 → 거듭 제곱 계산(N이 2 이상이 아니라면, 제대로 동작하지 않으므로 주의해 주세요)
N = int(input())
A = [ [ 1, 1, 1 ], [ 1, 0, 0 ], [ 0, 1, 0 ] ]
B = power(A, N - 1)

# 답 계산
answer = (2 * B[2][0] + B[2][1] + B[2][2]) % MOD
print(answer)
```

문제 4.7.4(1)

$2 \times k$의 직사각형을 왼쪽부터 차례대로 채울 때, 가장 마지막에 배치되는 조각은 다음과 같은 2가지 형태가 나올 수 있습니다($k \geq 2$의 경우).

따라서 $2 \times k$의 직사각형을 채우는 방법의 수를 a_k라고 하면, $a_k = a_{k-1} + a_{k-2}$라는 점화식이 성립합니다. 추가적으로 $N=1$일 때의 답은 $a_1=1$, $N=2$일 때의 답은 $a_2=1$입니다.

따라서 $2 \times N$일 때의 답은 다음과 같은 피보나치 수의 $N+1$번째 항이 되므로, 이를 출력하는 프로그램(➡ 4.7.1항)을 작성하면 정답을 얻을 수 있습니다.

N	1	2	3	4	5	6	7	8
a_N	1	2	3	5	8	13	21	34

문제 4.7.4(2), (3)

다음 그림처럼 왼쪽부터 차근차근 채우는 방법을 생각해 봅시다. 이때 x번째 열까지 채우는 방법에서는 x번째 열과 $x+1$번째 열에 걸쳐있는 조각은 포함되지 않으므로 주의해 주세요.

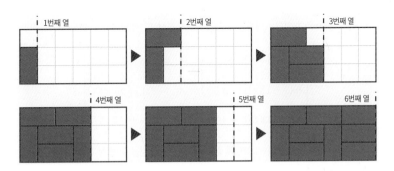

"x번째 열까지 채웠다면, $x-1$번째 열까지의 부분은 모두 채워져있다"라는 중요한 성질이 성립하므로, 이제 x번째 열을 어떻게 처리해야 할지만 생각해 봅시다.

예를 들어 $K=3$이라면, 다음 그림처럼 2가지 상황이 나올 수 있습니다.

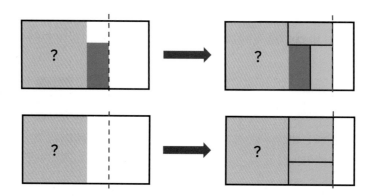

그럼 "x번째 열 단계에서 마지막 열이 ◯◯일 때, $x+1$번째 열 단계에서의 마지막 열이 △△가 나오게 하는 방법은 몇 가지인가?"를 생각해 봅시다. 예를 들어서 $K=3$이라면 다음 그림처럼 나올 수 있습니다. 화살표 1개가 1가지 경우를 나타냅니다.

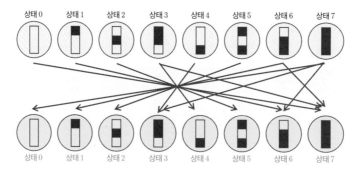

마지막 열의 상태에 0, 1, $\cdots$, 2^{K-1}이라는 번호를 붙였을 때, $dp[x][y]$를 "x번째 열까지 채운 시점에서 상태 y가 되는 경우의 수"라고 하면, 다음과 같은 식이 성립합니다.

여기에서 $A_{p,q}$는 상태 p에서 상태 q로 천이하는 방법의 수(예를 들어서 화살표가 없다면 $A_{p,q}=0$입니다. 또한 $L=2^K-1$입니다.

$$
\begin{bmatrix}
dp[x+1][0] \\
dp[x+1][1] \\
dp[x+1][2] \\
\vdots \\
dp[x+1][L]
\end{bmatrix}
=
\begin{bmatrix}
A_{0,0} & A_{0,1} & A_{0,2} & \cdots & A_{0,L} \\
A_{1,0} & A_{1,1} & A_{1,2} & \cdots & A_{1,L} \\
A_{2,0} & A_{2,1} & A_{2,2} & \cdots & A_{2,L} \\
\vdots & \vdots & \vdots & & \vdots \\
A_{L,0} & A_{L,1} & A_{L,2} & \cdots & A_{L,L}
\end{bmatrix}
\begin{bmatrix}
dp[x][0] \\
dp[x][1] \\
dp[x][2] \\
\vdots \\
dp[x][L]
\end{bmatrix}
$$

식이 조금 복잡하지만, 예를 들어 왼쪽 변의 $(1,1)$ 성분에 있는 $dp[x+1][0]$의 값은 "(x번째 열까지 채운 상태가 ◯◯인 경우의 수) ×(상태 ◯◯에서 상태 0으로 천이하는 방법의 수)"를 모두 더한 값이라고 생각하면 조금은 쉽게 이해할 수 있을 것입니다.

따라서 dp[N][0], dp[N][1], ..., dp[N][N−1]의 값은 다음과 같습니다(위의 식을 반복 적용하면 구할 수 있습니다).

$$\begin{bmatrix} dp[N][0] \\ dp[N][1] \\ dp[N][2] \\ \vdots \\ dp[N][L] \end{bmatrix} = \begin{bmatrix} A_{0,0} & A_{0,1} & A_{0,2} & \cdots & A_{0,L} \\ A_{1,0} & A_{1,1} & A_{1,2} & \cdots & A_{1,L} \\ A_{2,0} & A_{2,1} & A_{2,2} & \cdots & A_{2,L} \\ \vdots & \vdots & \vdots & & \vdots \\ A_{L,0} & A_{L,1} & A_{L,2} & \cdots & A_{L,L} \end{bmatrix}^N \begin{bmatrix} dp[0][0] \\ dp[0][1] \\ dp[0][2] \\ \vdots \\ dp[0][L] \end{bmatrix} = A^N \begin{bmatrix} 0 \\ 0 \\ 0 \\ \vdots \\ 1 \end{bmatrix}$$

예를 들어서 $K=3$이라면, $dp[N][0]$, $dp[N][1]$, $dp[N][2]$, $\cdots$, $dp[N][7]$의 값은 다음과 같습니다($K=4$의 경우는 너무 길기 때문에 생략하겠습니다).

$$\begin{bmatrix} dp[N][0] \\ dp[N][1] \\ dp[N][2] \\ dp[N][3] \\ dp[N][4] \\ dp[N][5] \\ dp[N][6] \\ dp[N][7] \end{bmatrix} = \begin{bmatrix} 0 & 0 & 0 & 0 & 0 & 0 & 0 & 1 \\ 0 & 0 & 0 & 0 & 0 & 0 & 1 & 0 \\ 0 & 0 & 0 & 0 & 0 & 1 & 0 & 0 \\ 0 & 0 & 0 & 0 & 1 & 0 & 0 & 1 \\ 0 & 0 & 0 & 1 & 0 & 0 & 0 & 0 \\ 0 & 0 & 1 & 0 & 0 & 0 & 0 & 0 \\ 0 & 1 & 0 & 0 & 0 & 0 & 0 & 1 \\ 1 & 0 & 0 & 1 & 0 & 0 & 1 & 0 \end{bmatrix}^N \begin{bmatrix} 0 \\ 0 \\ 0 \\ 0 \\ 0 \\ 0 \\ 0 \\ 1 \end{bmatrix}$$

여기에서 마지막 행(N번째 행)은 모두 채워져 있어야 하므로, 구하고자 하는 답은 $dp[N][L]=dp[N][2^{K-1}]$입니다.

반복 제곱법을 사용해서 $2^K \times 2^K$ 행렬의 거듭 제곱을 구하면, 복잡도 $O((2^K)^3 \times \log N)$으로 문제를 풀 수 있습니다. 파이썬으로 구현하면 다음과 같습니다.

```
from copy import deepcopy

MOD = 1000000007

# K=2 경우의 천이
Mat2 = [
    [0, 0, 0, 1],
    [0, 0, 1, 0],
    [0, 1, 0, 0],
    [1, 0, 0, 1]
]

# K=3 경우의 천이
Mat3 = [
    [0, 0, 0, 0, 0, 0, 0, 1],
    [0, 0, 0, 0, 0, 0, 1, 0],
    [0, 0, 0, 0, 0, 1, 0, 0],
    [0, 0, 0, 0, 1, 0, 0, 1],
    [0, 0, 0, 1, 0, 0, 0, 0],
```

```
        [0, 0, 1, 0, 0, 0, 0, 0],
        [0, 1, 0, 0, 0, 0, 0, 1],
        [1, 0, 0, 1, 0, 0, 1, 0]
];


# K=4 경우의 천이
Mat4 = [
        [0, 0, 0, 0, 0, 0, 0, 0, 0, 0, 0, 0, 0, 0, 0, 1],
        [0, 0, 0, 0, 0, 0, 0, 0, 0, 0, 0, 0, 0, 0, 1, 0],
        [0, 0, 0, 0, 0, 0, 0, 0, 0, 0, 0, 0, 0, 1, 0, 0],
        [0, 0, 0, 0, 0, 0, 0, 0, 0, 0, 0, 0, 1, 0, 0, 1],
        [0, 0, 0, 0, 0, 0, 0, 0, 0, 0, 0, 1, 0, 0, 0, 0],
        [0, 0, 0, 0, 0, 0, 0, 0, 0, 0, 1, 0, 0, 0, 0, 0],
        [0, 0, 0, 0, 0, 0, 0, 0, 0, 1, 0, 0, 0, 0, 0, 1],
        [0, 0, 0, 0, 0, 0, 0, 0, 1, 0, 0, 1, 0, 0, 1, 0],
        [0, 0, 0, 0, 0, 0, 0, 1, 0, 0, 0, 0, 0, 0, 0, 0],
        [0, 0, 0, 0, 0, 0, 1, 0, 0, 0, 0, 0, 0, 0, 0, 0],
        [0, 0, 0, 0, 0, 1, 0, 0, 0, 0, 0, 0, 0, 0, 0, 0],
        [0, 0, 0, 0, 1, 0, 0, 1, 0, 0, 0, 0, 0, 0, 0, 0],
        [0, 0, 0, 1, 0, 0, 0, 0, 0, 0, 0, 0, 0, 0, 0, 1],
        [0, 0, 1, 0, 0, 0, 0, 0, 0, 0, 0, 0, 0, 0, 1, 0],
        [0, 1, 0, 0, 0, 0, 0, 1, 0, 0, 0, 0, 0, 1, 0, 0],
        [1, 0, 0, 1, 0, 0, 1, 0, 0, 0, 0, 0, 1, 0, 0, 1]
];


# 3×3 행렬 A, B의 곱을 리턴하는 함수
def multiply(A, B, size_):
    global MOD
    C = [ [ 0 ] * size_ for i in range(size_) ]
    for i in range(size_):
        for j in range(size_):
            for k in range(size_):
                C[i][j] += A[i][k] * B[k][j]
                C[i][j] %= MOD
    return C


# A의 n 제곱을 리턴하는 함수
def power(A, n, size_):
```

```python
    P = deepcopy(A)
    Q = [ [ 0 ] * size_ for i in range(size_) ]
    flag = False
    for i in range(60):
        if (n & (1 << i)) != 0:
            if flag == False:
                Q = deepcopy(P)
                flag = True
            else:
                Q = deepcopy(multiply(Q, P, size_))
        P = deepcopy(multiply(P, P, size_))
    return Q

# 입력
K, N = map(int, input().split())

# 행렬 A 만들기
A = [ [ 0 ] * (1 << K) for i in range(1 << K) ]
for i in range(1 << K):
    for j in range(1 << K):
        if K == 2:
            A[i][j] = Mat2[i][j]
        if K == 3:
            A[i][j] = Mat3[i][j]
        if K == 4:
            A[i][j] = Mat4[i][j]

# B = A^N 계산
B = power(A, N, (1 << K))

# 답 출력
print(B[(1 << K) - 1][(1 << K) - 1])
```

5장

문제 해결을 위한
수학적 접근 방법

5.2 연습 문제 5.2 해답

문제 5.2.1

피보나치 수의 12번째 항까지 각각 4로 나눈 나머지를 정리해 보면, 다음 표와 같습니다. 1→1→2→3→1→0→…이 주기적으로 반복되는 것을 알 수 있습니다.

N	1	2	3	4	5	6	7	8	9	10	11	12
N번째 항	1	1	2	3	5	8	13	21	34	55	89	144
4로 나눈 나머지	1	1	2	3	1	0	1	1	2	3	1	0

이와 같은 주기성은 N이 더 클 때도 성립합니다. 사실

- 피보나치 수 N번째 항의 값은 이전의 두 항을 기반으로 결정됩니다.
- (1번째, 2번째)와 (7번째와 8번째)가 일치하고 있으므로

주기성이 계속 성립한다는 것을 증명할 수 있습니다. 그림으로 나타내보면, 다음과 같습니다.

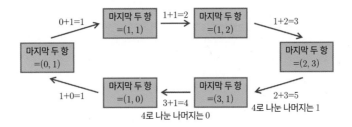

따라서 피보나치 수의 N번째 항을 4로 나눈 나머지는 $(N \bmod 6)$항을 4로 나눈 나머지와 일치합니다.

$10000 \bmod 6 = 4$이므로, 피보나치 수의 1000번째 항은 4번째 항을 4로 나눈 나머지인 3입니다.

문제 5.2.2

일단 돌 1개라면 선수가 돌을 잡을 수 없으므로 무조건 집니다. 따라서 $N=1$은 패배 상태(후수 필승)입니다. 반면 돌이 2개일 때 선수가 1개의 돌을 가져가면, 후수가 돌을 잡을 수 없습니다. 따라서 선수가 반드시 이깁니다. 따라서 $N=2$는 승리 상태입니다.

N	1	2	3	4	5	6	7	8	9	10	11	12	13	14	15
상태	패	승													

이어서 $N=3$의 경우를 생각해 봅시다. 기본적으로 게임은 이어지는 턴에서 패배 상태로 전환 할 수 있을 때 이깁니다(➡ 5.2.2항). 하지만 $N=3$일 때는 돌을 1개밖에 잡을 수 없으므로, $N=2$ 상태(승리 상태)로만 전환할 수 있습니다. 따라서 $N=3$는 패배 상태입니다.

이어서 N=3, 4, 5일 때는 다음 턴에서 N=3(패배 상태)가 나오게 만들 수 있습니다. 따라서 N=3, 4, 5는 승리 상태입니다. 반면 N=7일 때는

- 돌을 1개 선택하면, N=6으로 전환

- 돌을 2개 선택하면, N=5로 전환

- 돌을 3개 선택하면, N=4로 전환

됩니다. 모두 다음 턴이 승리 상태가 되어버리므로, N=7은 패배 상태입니다.

같은 방법으로 진행하면, N=8, 9, 10, 11, 12, 13, 14는 승리 상태, N=15는 패배 상태라는 것을 알 수 있습니다.

현재까지의 상태에서 1, 3, 7, 15개가 지는 상태이므로, 감이 좋은 사람이라면 "2^k-1에 해당하는 경우가 패배 상태가 아닐까?"라는 주기성을 떠올릴 수 있을 것입니다(떠올리지 못했다면, N=16 이후로도 계속 확인해 보기 바랍니다).

이와 같은 주기성은 N이 더 클 때도 성립합니다(증명 생략). 따라서 N=2^k-1이 되는지를 $1 \le k \le 60$의 범위에서 전체 탐색하면, 답을 구할 수 있습니다. 이를 프로그램으로 구현하면 다음과 같습니다.

참고로 본문의 제약은 $N \le 10^{18}$이므로, $2^{60} \ge 10^{18}$까지 탐색하는 것입니다.

```
# 입력
N = int(input())

# N = 2^k-1 형태로 표현할 수 있는지 확인합니다.
flag = False
for i in range(1, 60):
    if N == (2 ** i) - 1:
        flag = True
```

```
if flag == True:
    print("Second")
else:
    print("First")
```

이번 문제는 조금 복잡하므로, 일단 $N=5$, $A=(2, 3, 4, 5, 3)$의 경우를 생각해 봅시다. 마을1에서 출발하는 경우, 순간이동 장치의 전송은 다음 그림처럼 $1 \rightarrow 2 \rightarrow 3 \rightarrow 4 \rightarrow 5 \rightarrow 3 \rightarrow 4 \rightarrow 5 \rightarrow 3 \rightarrow 4 \rightarrow 5 \rightarrow \cdots$로 주기성을 갖습니다.

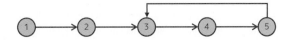

이와 같은 주기성은 일반적인 경우에도 성립합니다. N회 이내의 이동으로 기존에 방문한 마을로 돌아오므로, 그 후에는 주기적으로 이동한다는 것을 증명할 수 있습니다.

여기에서 마을 u에 방문했을 때에 $First[u]$회 순간이동 장치를 사용했다 하고, 두 번째 방문했을 때 $Second[u]$회 순간이동 장치를 사용했다고 해보겠습니다(다음 그림은 구체적인 예입니다).

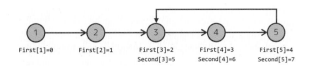

$L=Second[u]-First[u]$(주기의 길이)라고 하면, 마을 u에는 순간이동 장치를 $First[u]$, $First[u]+L$, $First[u]+2L,\cdots$회 사용한 때에 방문할 것입니다. 위의 예에서는

- 마을3: 순간이동 장치를 2, 5, 8, 11, 14, 17, ...회 사용했을 때 방문
- 마을4: 순간이동 장치를 3, 6, 9, 12, 15, 18, ...회 사용했을 때 방문
- 마을5: 순간이동 장치를 4, 7, 10, 13, 16, 19, ...회 사용했을 때 방문

하게 됩니다.

따라서 $(K-First[u]) \bmod L=0$일 때, K회 이동으로 마을 u에 도착합니다. 이처럼 u를 확인하는 프로그램을 다음과 같이 작성하면 정답을 구할 수 있습니다.

```
import sys

# 입력
N, K = map(int, input().split())
A = list(map(int, input().split()))
```

```python
# 배열 초기화
First = [-1 for i in range(N+1)]
Second = [-1 for i in range(N+1)]

# 답 구하기
# cur는 현재 있는 마을 번호
cnt = 0
cur = 1
while True:
    # First, Second 변경
    if First[cur] == -1:
        First[cur] = cnt
    elif Second[cur] == -1:
        Second[cur] = cnt

    # K회 이동 후에 마을 cur에 있는지 판정
    if cnt == K:
        print(cur)
        sys.exit()
    elif Second[cur] != -1 and (K - First[cur]) % (Second[cur] - First[cur]) == 0:
        print(cur)
        sys.exit()

    cur = A[cur - 1]
    cnt += 1
```

5.3 연습 문제 5.3 해답

문제 5.3.1

일단 H=5, W=11인 경우를 생각해 봅시다. 위에서 x번째, 왼쪽에서 y번째 칸을 (x, y)라고 표현하겠습니다.

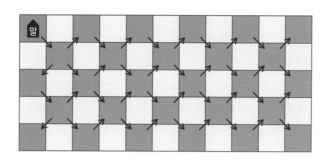

사실 $H \geq 2$, $W \geq 2$라면 반드시 x+y가 짝수인 칸(전부 $\lceil HW/2 \rceil$개)에만 도착할 수 있습니다. 홀수 칸으로 이동할 수 없는 이유는 다음과 같습니다.

> 말은 대각선 방향으로 이동하므로, 이웃한 칸만 생각해 보면
>
> - $(x, y) \rightarrow (x + 1, y + 1)$
> - $(x, y) \rightarrow (x + 1, y - 1)$
> - $(x, y) \rightarrow (x - 1, y + 1)$
> - $(x, y) \rightarrow (x - 1, y - 1)$
>
> 형태로 이동할 수 있습니다. 그런데 [x 좌표] + [y 좌표]의 변화가 -2, 0, 2밖에 없으므로, x+y가 홀수라면 홀수 상태를, x+y가 짝수라면 짝수 상태를 계속 유지할 것입니다.
>
> 시작 지점(왼쪽 위)은 [x 좌표] + [y 좌표] = 2(짝수)이므로, 짝수 칸으로만 이동할 수 있고, 홀수 칸으로는 이동할 수 없습니다.

따라서 다음과 같이 구현하면 정답을 구할 수 있습니다. 참고로 H=1 또는 W=1일 때는 답이 1이 되므로 주의해 주세요. 이처럼 따로 생각해야 하는 경우를 "코너 케이스"라고 부릅니다.

```
# 입력
H, W = map(int, input().split())

# 따로 생각해서 경우 나누기
if H == 1 or W == 1:
```

```
    print(1)
else:
    print((H * W + 1) // 2)
```

문제 5.3.2

다음 과정으로 숫자 선택 방법을 결정해볼 수 있을 것입니다.

- 과정1: 2, 3, 4, 5, 6, 7, 8, 9, 10의 선택 방법을 결정합니다.
- 과정2: 1의 선택 방법을 결정합니다.

일단 과정1에서 결정되는 선택 방법은 모두 2^9=512가지입니다(➡ 3.3.2항). 그리고 과정1에서 선택한 숫자의 총합이 짝수라면, 과정2에서 "숫자 1을 선택"해야 합니다. 반면 과정1에서 선택한 숫자의 총합이 홀수라면, 과정2에서 "숫자 1을 선택하지 않아야" 합니다. 따라서 과정2는 과정1에 의해 결정될 뿐이지, 추가적인 선택지가 없습니다.

따라서 구하려는 답은 512×1=512가지(전체의 딱 절반)입니다.

문제 5.4.1

일단 "1개 이상 눈이 6으로 나오는 것"의 여사건은 "모두 5 이하로 나오는 것"이므로,

$$(1개\ 이상\ 눈이\ 6으로\ 나오는\ 확률) = 1 - (모두\ 5\ 이하로\ 나오는\ 확률)$$

이라는 식이 성립합니다. 모두 5 이상이 되는 확률은 곱의 법칙(➡ 3.3.2항)에 의해서 $(5/6) \times (5/6) \times (5/6) = 125/216$입니다. 따라서 답은 다음과 같습니다.

$$1 - \frac{125}{216} = \frac{91}{216}$$

문제 5.4.2

5.4.4항에서 설명했던 것처럼 구현하면 됩니다. 구현 예는 다음과 같습니다. 참고로 각 변수와 배열은 다음과 같은 의미입니다.

- heng[i] : i번째 행의 총합
- yeol[j] : j번째 열의 총합
- Answer[i][j] : i번째 행, j번째 열에 대한 답

```
# 입력
H, W = map(int, input().split())
A = [[] for i in range(H)]
for i in range(H):
    A[i] = list(map(int, input().split()))

# 행의 총합을 계산
heng = [0 for i in range(H)]
for i in range(H):
    for j in range(W):
        heng[i] += A[i][j]

# 열의 총합을 계산
yeol = [0 for i in range(W)]
for j in range(W):
    for i in range(H):
        yeol[j] += A[i][j]
```

```
# 각 칸에 대해서 답 계산
Answer = [[0 for j in range(W)] for i in range(H)]
for i in range(H):
    for j in range(W):
        Answer[i][j] = heng[i] + yeol[j] - A[i][j]

# 출력
for i in range(H):
    print(*Answer[i])
```

문제 5.4.3(1)

일반적으로 N 이하의 정수 중에서 M의 배수인 것의 개수는 N/M 개이므로,

- 3의 배수는 $A_1=\lfloor 1000 \div 3 \rfloor = 333$개
- 5의 배수는 $A_2=\lfloor 1000 \div 5 \rfloor = 200$개
- 7의 배수는 $A_3=\lfloor 1000 \div 6 \rfloor = 142$개
- 15의 배수는 $A_4=\lfloor 1000 \div 15 \rfloor = 66$개
- 21의 배수는 $A_5=\lfloor 1000 \div 21 \rfloor = 47$개
- 35의 배수는 $A_6=\lfloor 1000 \div 35 \rfloor = 28$개
- 105의 배수는 $A_7=\lfloor 1000 \div 105 \rfloor = 9$개

가 됩니다.

문제 5.4.3(2), (3), (4), (5)

(2) $A_1+A_2+A_3$라고 세었다면, 예를 들어서 "15" 같은 수가 2번 세어집니다(A_1과 A_2가 모두 세어진 것입니다).

(3) $A_1+A_2+A_3-A_4-A_5-A_6$라고 세었다면, 예를 들어 "105" 같은 수는 A_1, A_2, A_3로 3회 더해진 뒤, A_4, A_5, A_6로 3번 빼집니다. 결과적으로 세어지지 않는 것입니다.

참고로 다음 그림처럼 정확하게 계산되지 않는 수는 105의 배수입니다.

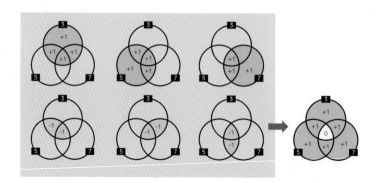

(4) (3)에서 세어지지 않은 105의 배수를 더하면 됩니다. 따라서 답은 $A_1+A_2+A_3-A_4-A_5-A_6+A_7$입니다.

(5) 지금까지의 내용에 의해서 답은 333+200+142−66−47−28+9=543개입니다.

문제 5.4.4

집합 $S_1, S_2, S_3, \cdots, S_N$의 합집합 요소 수는 다음 식처럼 나타낼 수 있습니다.

> N개의 집합 중에서 1개 이상을 선택하는 방법은 2^N-1가지입니다. 여기에 다음과 같은 값을 더해야 합니다.
>
> - 홀수 개 선택 때: 선택한 집합의 공통 부분 요소 수
> - 짝수 개 선택 때: 선택한 집합의 공통 부분 요소 수 ×(−1)

예를 들어 집합 S_1, S_2, S_3의 합집합 요소 수는 다음을 모두 더한 값입니다.

- S_1의 요소 수
- S_2의 요소 수
- S_3의 요소 수
- S_1과 S_2의 공통 요소 수 ×(−1)
- S_1과 S_3의 공통 요소 수 ×(−1)
- S_2와 S_3의 공통 요소 수 ×(−1)
- S_1과 S_2와 S_3의 공통 요소 수

S_1에 "1000 이하인 3의 배수", S_2에 "1000 이하인 5의 배수", S_3에 "1000 이하인 7의 배수"를 적용해 보세요. 문제 5.4.3과 같은 결과가 나옵니다.

문제 5.4.5

집합 S_1을 "N 이하인 V_1의 배수", 집합 S_2를 "N 이하인 V_2의 배수", $\cdots$, 집합 S_K를 "N 이하인 V_K의 배수"라고 적용해 보면, 구해야 하는 답은 $S_1, S_2, \cdots, S_K$의 공통 부분입니다.

따라서 N개의 집합 선택 방법(어떤 배수를 선택하는가)을 2^N-1가지 전체 탐색하는 다음과 같은 프로그램을 작성하면, 정답을 구할 수 있습니다. 비트 전체 탐색(➡ 칼럼1)이라는 구현 방법을 사용한 코드입니다.

참고로 $P_1, P_2, \cdots, P_M$ 모두의 배수인 N 이하의 정수 개수는

$$\frac{N}{P_1, P_2, P_3, \cdots, P_M\text{의 최소공배수}}$$

라는 식으로 나타낼 수 있습니다(3개 이상의 최소 공배수를 구하는 방법은 ➡ 연습 문제 3.2.3을 참고해 주세요).

```
# 최대공약수를 리턴하는 함수
def GCD(A, B):
```

```python
    while A >= 1 and B >= 1:
        if A < B:
            B = B % A  # A < B라면 큰 것을 B에 할당
        else:
            A = A % B  # A >= B라면 큰 것을 A에 할당
    if A >= 1:
        return A
    return B


# 최소공배수를 리턴하는 함수
def LCM(A, B):
    return int(A / GCD(A, B)) * B


# 입력
N, K = map(int, input().split())
V = list(map(int, input().split()))


# 비트 전체 탐색
Answer = 0
for i in range(1, 1 << K):
    cnt = 0
    lcm = 1
    for j in range(K):
        if (i & (1 << j)) != 0:
            cnt += 1
            lcm = LCM(lcm, V[j])

    # num은 N 이하의 숫자 중 "선택된 모든 것의 배수"의 개수
    num = N // lcm
    if cnt % 2 == 1:
        Answer += num
    else:
        Answer -= num


# 출력
print(Answer)
```

문제 5.5.1

$3x+y=10$, $2x+y=7$, $3x+4y=19$, $x+2y=9$의 그래프를 같은 좌표 평면 위에 그려보면 다음과 같습니다. 회색 부분은 문제에서 설명하는 4개의 조건을 모두 만족하는 영역을 나타냅니다.

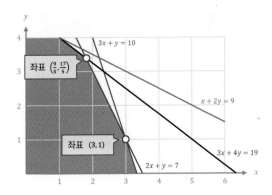

직선 $x+y=a$를 조금씩 아래로 내려봅시다(a의 값을 작게 해본다는 의미입니다). 이렇게 하면 $a=26/5$가 되었을 때, 처음으로 회색 부분과 맞닿습니다. 따라서 $x+y$의 최댓값은 $26/5$입니다.

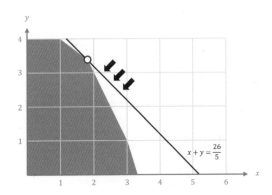

문제 5.5.2

선형 계획법 문제에서는 두 직선의 교점에서 $x+y$가 최대가 됩니다. 왜냐하면 조건을 만족하는 부분(다음 그림에서 회색 부분)은 두 직선의 교점에서 휘기 때문입니다.

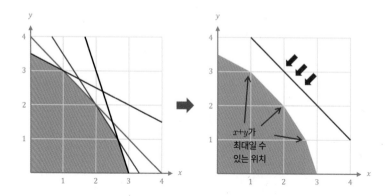

따라서 다음과 같은 알고리즘으로 답을 구할 수 있습니다.

참고로 x, y가 양의 실수일 때에 최댓값을 구할 수 있다는 것이 제약으로서 보장되고 있습니다. 만약 이와 같은 제약이 없다면 최댓값이 무한대가 될 수도 있으므로, 경우를 구분해서 생각해야 합니다.

> 모든 정수 조합 $(i, j)[1 \le i < j \le N]$에 대해서 다음과 같은 조작을 합니다.
>
> - 직선 $a_i x + b_i y = c_i$와 직선 $a_j x + b_j y = c_j$의 교점을 구합니다.
> - N개의 조건식 모두를 만족하는지 판정합니다.
>
> 조건을 만족하는 교점 중에서 (x 좌표) + (y 좌표)가 최대인 것을 답으로 합니다.

참고로 직선 $a_i x + b_i y = c_i$와 직선 $a_j x + b_j y = c_j$의 교점은 다음과 같은 방법으로 구할 수 있습니다.

> - $a_i b_j = a_j b_i$일 때: 두 직선은 평행합니다(따라서 교점이 없습니다).
> - $a_i b_j \ne a_j b_i$일 때: 교점은 다음 좌표입니다(이 책에서 다루지 않은 연립 방정식을 사용해서 도출할 수 있습니다. 관심 있다면 연립 방정식을 따로 공부해 보기 바랍니다).
>
> $$\left(\frac{c_i b_j - c_j b_i}{a_i b_j - a_j b_i}, \quad \frac{c_i a_j - c_j a_i}{b_i a_j - b_j a_i} \right)$$

따라서 다음과 같은 프로그램을 작성하면, 답을 구할 수 있습니다. 함수 check(x, y)는 정수 조합 (x, y)가 N개의 조건을 모두 만족하는 경우 True를, 그렇지 않은 경우 False를 리턴합니다.

참고로 이 프로그램은 반복문이 3회 중첩되어 있으므로, 프로그램 전체의 복잡도가 $O(N^3)$입니다.

```
# 입력
N = int(input())
A = [0.0 for i in range(N)]
```

```
B = [0.0 for i in range(N)]
C = [0.0 for i in range(N)]
for i in range(N):
    A[i], B[i], C[i] = map(float, input().split())

# 교점 전체 탐색
Answer = 0.0
for i in range(0, N):
    for j in range(i + 1, N):
        # 교점을 갖지 않는 경우
        if A[i] * B[j] == A[j] * B[i]:
            continue

        # i번째 직선(조건식의 경계)와 j번째 직선(조건식의 경계)의 교점을 구합니다.
        px = (C[i] * B[j] - C[j] * B[i]) / (A[i] * B[j] - A[j] * B[i]);
        py = (C[i] * A[j] - C[j] * A[i]) / (B[i] * A[j] - B[j] * A[i]);

        # (px, py)가 N개의 조건을 모두 만족하는지 확인합니다.
        ret = True
        for k in range(N):
            if A[k] * px + B[k] * py > C[k]:
                ret = False

        if ret == True:
            Answer = max(Answer, px + py)

# 출력
print("{:.12f}".format(Answer))
```

연습 문제 5.6 해답

문제 5.6.1(1), (2), (3)

500원 동전 2개, 1개, 0개를 사용하는 경우, 100원 동전과 50원 동전을 합친 금액이 각각 0원, 500원, 1000원이 돼야 합니다.

각 지불 방법의 수를 그림으로 나타내보면, 다음과 같습니다.

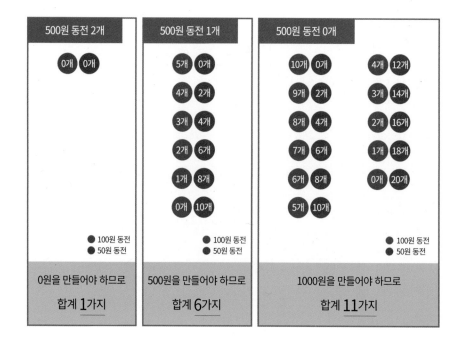

문제 5.6.1(4)

문제를 다음 그림처럼 "500원 동전 개수"로 분해해서 생각할 수 있습니다.

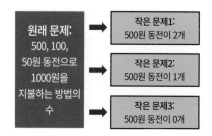

이렇게 하면 작은 문제의 결과를 합해서, 1 + 6 + 11 = 18가지라고 답을 구할 수 있습니다.

문제 5.6.2

일단 문제를 다음과 같이 분해해서 생각해 봅시다.

- 작은 문제1: 선택한 정수의 최댓값이 A_1이 되는 선택 방법은 몇 가지?
- 작은 문제2: 선택한 정수의 최댓값이 A_2가 되는 선택 방법은 몇 가지?
- 작은 문제3: 선택한 정수의 최댓값이 A_3이 되는 선택 방법은 몇 가지?

    …

- 작은 문제N: 선택한 정수의 최댓값이 A_N이 되는 선택 방법은 몇 가지?

이때 구해야 하는 답은 다음과 같습니다.

$$(작은\ 문제\ 1의\ 답)\times A_1+\cdots+(작은\ 문제\ N의\ 답)\times A_N$$

그리고 선택된 정수의 최댓값이 A_i가 되는 선택 방법의 조건은 다음과 같습니다.

- A_i를 선택
- $A_1, A_2, A_3, \cdots, A_{i-1}$ 중에서 0 이상인 것을 선택

$i-1$개를 Yes/No 선택하는 것이므로, 곱의 법칙(➡ 3.3.2항)에 의해 선택 방법은 전부 2^{i-1}가지입니다. 따라서 구하고자 하는 답은 다음과 같습니다.

$$\sum_{i=1}^{N} 2^{i-1} \times A_i = (2^0 \times A_1) + (2^1 \times A_2) + \cdots + (2^{N-1} \times A_N)$$

예를 들어 $N=4, (A_1, A_2, A_3, A_4)=(1, 2, 3, 4)$라면, 다음과 같이 답이 49라는 것을 알 수 있습니다.

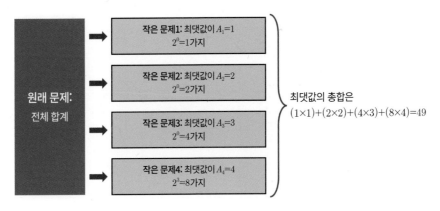

이를 프로그램으로 구현하면, 다음과 같습니다. 참고로 변수 power[i]는 2^i를 1000000007로 나눈 나머지를 의미합니다.

```
# 입력
N = int(input())
```

```python
A = list(map(int, input().split()))

# 2^i 구하기
mod = 1000000007
power = [0 for i in range(N)]
power[0] = 1
for i in range(1, N):
    power[i] = (2 * power[i - 1]) % mod

# 답 구하기
Answer = 0
for i in range(N):
    Answer += power[i] * A[i]
    Answer %= mod

# 출력
print(Answer)
```

덧셈식 내부에 2021은 4개, 1234는 5개 있습니다.

따라서 구하고자 하는 답은 2021×4+1234×5=8084+6170=14254입니다.

아름다움의 기댓값은 다음과 같이 $_6C_2$=15개의 부분으로 분해해서 생각해 볼 수 있습니다.

- 부분1: 1번째와 2번째 주사위의를 던지는 방법에 따라 더해지는 아름다움
- 부분2: 1번째와 3번째 주사위의를 던지는 방법에 따라 더해지는 아름다움
- 부분3: 1번째와 4번째 주사위의를 던지는 방법에 따라 더해지는 아름다움
- 부분4: 1번째와 5번째 주사위의를 던지는 방법에 따라 더해지는 아름다움

  …

- 부분15: 5번째와 6번째 주사위의를 던지는 방법에 따라 더해지는 아름다움

여기에서 다음과 같은 이유로 각 부분에서 "더해지는 아름다움"의 기댓값은 1/6입니다.

> 주사위는 오른쪽 그림처럼 6×6=36가지가 같은 확률로 나옵니다. 이 중에서 두 주사위의 눈이 같게 나오는 것은 6가지이
> 므로, 확률은 6/36=1/6입니다. 잘 모르겠다면 3.4절로 돌아가서 확인해 주세요.

		주사위 2					
		1	2	3	4	5	6
주 사 위 1	1	O	×	×	×	×	×
	2	×	O	×	×	×	×
	3	×	×	O	×	×	×
	4	×	×	×	O	×	×
	5	×	×	×	×	O	×
	6	×	×	×	×	×	O

따라서 구하고자 하는 답은 1/6×15=5/2입니다(기댓값의 선형성[➡ 3.4절]에 의해서, 전체 아름다움의 기댓값은 각 부분의 기댓값의 합입니다).

일단 $A_1 \leq A_2 \leq A_3 \leq \cdots \leq A_N$인 경우를 생각해 봅시다. 이때 다음과 같은 식이 성립하므로, 답은 예제2(➡ 5.7.3항)와 같습니다.

$$|A_j - A_i| = A_j - A_i \, (1 \leq i \leq j \leq N)$$
$$\text{따라서} \sum_{i=1}^{N} \sum_{i=i+1}^{N} |A_j - A_i| = \sum_{i=1}^{N} \sum_{i=i+1}^{N} A_j - A_i$$

그리고 구해야 하는 답은 "서로 다른 두 요소의 차를 전부 더한 값"이므로, $A_1, A_2, A_3, \cdots, A_N$의 순서를 바꾸어도 답은 변하지 않습니다.

예를 들어 $A=(1, 4, 2, 3)$의 경우, 답은 10입니다. 이를 정렬한 $A=(1, 2, 3, 4)$의 경우도 답은 10입니다.

따라서 배열 $A=(A_1, A_2, \cdots, A_N)$을 오름차순으로 정렬(➡ 3.6절)하고, 예제 2와 같은 처리를 하는 다음과 같은 프로그램을 작성하면, 정답을 구할 수 있습니다.

```
# 입력
N = int(input())
A = list(map(int, input().split()))

# 배열 A 전체 정렬
A.sort()

# 답 구하기
Answer = 0
for i in range(1, N + 1):
    Answer += A[i - 1] * (-N + 2 * i - 1)

# 출력
print(Answer)
```

문제 5.7.4

일단 두 점 사이의 맨해튼 거리는 "x 좌표 차의 절댓값"과 "y 좌표 차의 절댓값"을 더한 값입니다. 따라서 구해야 하는 "맨해튼 거리의 총합"은 다음과 같은 두 가지 부분으로 나누어서 계산한 뒤, 더해서 구할 수도 있을 것입니다.

- 부분1: "각 x 좌표 차의 절댓값"의 총합
- 부분2: "각 y 좌표 차의 절댓값"의 총합

예를 들어서 좌표 $(1, 2)$, $(5, 1)$, $(2, 4)$에 점이 있는 경우를 생각해 봅시다. 맨해튼 거리의 총합은 $5 + 3 + 6 = 14$입니다. 그리고 "각 x 좌표 차의 절댓값"의 총합은 8이고, "각 y 좌표 차의 절댓값"의 총합은 6입니다.

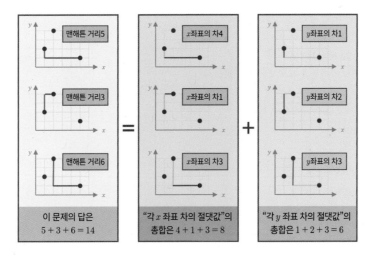

여기에서 부분1과 부분2의 답은 다음과 같은 식으로 구할 수 있습니다. 이는 연습 문제 5.7.3과 같은 형태입니다. $(x_1, x_2, \cdots, x_N)$과 $(y_1, y_2, \cdots, y_N)$을 오름차순으로 정렬한 뒤 계산하면, 복잡도 $O(N)$으로 계산할 수 있습니다.

$$Part1 = \sum_{i=1}^{N} \sum_{j=i+1}^{N} |x_i - x_j|$$
$$Part2 = \sum_{i=1}^{N} \sum_{i=i+1}^{N} |y_i - y_j|$$

따라서 다음과 같은 프로그램을 작성하면, 정답을 구할 수 있습니다(➡ 3.6.1항).

```
# 입력
N = int(input())
X = [0 for i in range(N)]
Y = [0 for i in range(N)]
for i in range(N):
    X[i], Y[i] = map(int, input().split())

# 배열 X, Y를 정렬
X.sort()
Y.sort()

# 부분 1의 답(x 좌표 차이 절댓값의 총합)
Part1 = 0
for i in range(1, N + 1):
    Part1 += X[i - 1] * (-N + 2 * i - 1);
```

```python
# 부분 2의 답(y 좌표 차이 절댓값의 총합)
Part2 = 0
for i in range(1, N + 1):
    Part2 += Y[i - 1] * (-N + 2 * i - 1);

# 출력
print(Part1 + Part2)
```

문제 5.8.1

5.8.3항에서 작성한 것처럼 연령 차이 관계를 나타낸 그래프에서 정점 1부터 정점 i까지의 최단 거리를 $dist[i]$라고 하면, 사람 i의 연령 최댓값은 $\min(dist[i], 120)$이 됩니다.

따라서 최단거리를 구하는 프로그램(코드 4.5.3)의 출력 부분만 변경해서, 다음과 같은 프로그램을 제출하면 정답을 구할 수 있습니다.

```python
import queue

# 입력
N, M = map(int, input().split())
A = [ None ] * M
B = [ None ] * M
for i in range(M):
    A[i], B[i] = map(int, input().split())

# 인접 리스트 작성
G = [ list() for i in range(N + 1) ]
for i in range(M):
    G[A[i]].append(B[i])
    G[B[i]].append(A[i])

# 너비 우선 탐색 초기화(dist[i] = -1일 때 아직 도달하지 않은 흰색 정점으로 취급)
dist = [ -1 ] * (N + 1)
Q = queue.Queue()
dist[1] = 0
Q.put(1)  # Q에 1을 추가(조작1)

# 너비 우선 탐색
while not Q.empty():
    pos = Q.get() # Q의 앞을 확인하고, 이를 꺼냄(조작2, 3)
    for nex in G[pos]:
        # 코드 4.5.3에서 변경한 부분
        if dist[nex] == -1:
            print("120")
        else:
            print(min(dist[i], 120))
```

문제 5.8.2

이번 문제는 해법을 쉽게 찾을 수 없으므로, 일단 N이 작은 경우부터 차근차근 확인해 봅시다.

- $N=2$일 때, $(P_1, P_2)=(2, 1)$에서 최대 점수 1
- $N=3$일 때, $(P_1, P_2, P_3)=(2, 3, 1)$에서 최대 점수 3
- $N=4$일 때, $(P_1, P_2, P_3, P_4)=(2,3,4,1)$에서 최대 점수 6

입니다(전체 탐색해 보면 알 수 있습니다. 손 계산으로도 확인할 수 있습니다).

$N \geq 5$의 경우도 $(P_1, P_2, \cdots, P_{N-1}, P_N)=(2,3,\cdots,N,1)$이 됩니다. 따라서 점수는

$$\sum_{i=1}^{N}(i \bmod P_i) = 1 + 2 + 3 + \cdots + (N-1) + 0 = \frac{N(N-1)}{2}$$

입니다(합의 공식➡ 2.5.10항). 다만 이것이 정말로 최대일까요? 답은 Yes입니다. 이는 다음과 같이 증명할 수 있습니다.

일단 간단하게 N = 4일 때의 최댓값이 6이라는 것을 증명하겠습니다. 점수는

$$\sum_{i=1}^{4}(i \bmod P_i) = (1 \bmod P_1) + (2 \bmod P_2) + (3 \bmod P_3) + (4 \bmod P_4)$$

입니다. 그리고 mod의 성질에 의해서 다음과 같이 말할 수 있습니다.

- $1 \bmod P_1$은 $P_1 - 1$ 이하
- $2 \bmod P_2$는 $P_2 - 1$ 이하
- $3 \bmod P_3$은 $P_3 - 1$ 이하
- $4 \bmod P_4$는 $P_4 - 1$ 이하

따라서 점수는 이러한 값을 더한 $P_1 + P_2 + P_3 + P_4 - 4$ 이하입니다. (P_1, P_2, P_3, P_4)는 (정렬 순서가 조금 다를 수 있지만) (1, 2, 3, 4)이므로,

$$P_1 + P_2 + P_3 + P_4 \quad\ = 1 + 2 + 3 + 4 \quad\ = 10$$
$$P_1 + P_2 + P_3 + P_4 - 4 = 1 + 2 + 3 + 4 - 4 = 6$$

이 되어서 점수가 6 이하라는 것을 알 수 있습니다. 따라서 점수는 $(P_1, P_2, P_3, P_4)=(2, 3, 4, 1)$일 때 최댓값 6이 됩니다.

일반적인 경우의 증명

$N=4$일 때와 마찬가지 방법으로 증명할 수 있습니다. 일단 $i \bmod P_i \leq P_i - 1$이 성립하므로, 점수는 $(P_1 - 1) + (P_2 - 1) + \cdots + (P_N - 1) = P_1 + \cdots + P_N - N$ 이하라고 할 수 있습니다.

$(P_1, P_2, P_3, \cdots, P_N)$은 (정렬 순서가 조금 다르지만) $(1, 2, 3, \cdots, N)$이므로,

$$P_1 + P_2 + \cdots + P_N = 1 + 2 + \cdots + N = \frac{N(N+1)}{2}$$

$$P_1 + P_2 + \cdots + P_N - N = \frac{N(N+1)}{2} - N = \frac{N(N+1)}{2}$$

이 되어서, 점수가 $N(N-1)/2$ 이하라는 것을 알 수 있습니다.

따라서 $N(N-1)/2$을 출력하는 다음과 같은 프로그램을 제출하면, 정답을 받을 수 있습니다.

이번 문제의 제약은 $N \leq 10^9$로 굉장히 큽니다. 따라서 C, Java 등의 프로그래밍 언어에서 int 자료형과 같은 32비트 정수를 사용하면, 오버플로가 발생할 수 있으므로 주의해 주세요.

```
# 입력
N = int(input())

# 출력
print(N * (N - 1) // 2)
```

문제 5.8.3

주의: 이번 문제는 4.5.8항 "이외의 대표적인 그래프 알고리즘"에서 소개했던 데이크스트라 알고리즘을 사용합니다. 초보자는 풀 수 없는 것이 당연하므로, 안심해 주세요.

일단 다음과 같은 가중치 유향 그래프를 생각해 봅시다.

- 정점은 N개, 1부터 N까지의 번호가 붙어 있습니다.
- 변은 M개, $|x_{A_i} - x_{B_i}| \leq C_i$라는 조건식에 따라서, 정점 A_i와 B_i를 연결하는 가중치가 C_i인 변을 추가합니다.

이때 x_N의 최댓값은 정점1에서 정점N까지의 최단거리 길이 $dist[N]$이 됩니다. 구체적으로는 다음과 같습니다. $x_i = dist[i]$라고 하면, M개의 조건식을 모두 만족합니다(자세한 증명은 다루지 않습니다. 다만 가중치 없는 그래프와 같은 방법으로 증명할 수 있습니다).

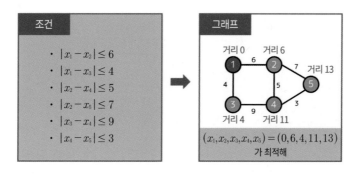

따라서 데이크스트라 알고리즘을 사용해서 정점1에서 N까지의 최단 거리 $dist[N]$을 구하고 출력하는 다음과 같은 프로그램을 제출하면, 정답입니다.

```python
# 일반적인 온라인 저지 프로그램에서 다음 프로그램을 파이썬으로 제출하면, 속도가 느려서 실행
# 시간 제한을 초과할 수 있습니다. 이때는 PyPy3 등으로 제출해 주세요.
import heapq

# 입력
N, M = map(int, input().split())
A, B, C = [ None ] * M, [ None ] * M, [ None ] * M
for i in range(M):
    A[i], B[i], C[i] = map(int, input().split())

# 인접 리스트 작성 → 그래프 변 추가
G = [ list() for i in range(N + 1) ]
for i in range(M):
    G[A[i]].append((B[i], C[i]))
    G[B[i]].append((A[i], C[i]))

# 데이크스트라 알고리즘: 배열 초기화 등
dist = [ 10 ** 19 ] * (N + 1)
used = [ False ] * (N + 1)
Q = list()
dist[1] = 0
heapq.heappush(Q, (0, 1))

# 데이크스트라 알고리즘: 우선순위 큐 활용
while len(Q) >= 1:
    pos = heapq.heappop(Q)[1]
    if used[pos] == True:
        continue
    used[pos] = True
    for i in G[pos]:
        to = i[0]
        cost = dist[pos] + i[1]
        if dist[to] > cost:
            dist[to] = cost
            heapq.heappush(Q, (dist[to], to))
```

```python
# 답 출력
if dist[N] != 10 ** 19:
    print(dist[N])
else:
    print(-1)
```

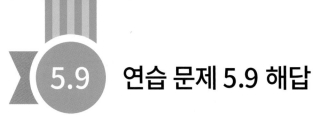

5.9 연습 문제 5.9 해답

문제 5.9.1

코드 5.9.1에서는 다음과 같이 while 반복문을 사용해서 "딱 맞춰 지불했을 때의 지폐 수"를 세었습니다.

```
while N >= 10000:
    N -= 10000
    Answer += 1

while N >= 5000:
    N -= 5000
    Answer += 1

while N >= 1000:
    N -= 1000
    Answer += 1
```

이는 나눗셈을 활용해서도 계산할 수 있습니다. 남은 금액이 N원이라고 할 때, 사용할 수 있는 지폐의 최댓값은 다음 표와 같이 나타낼 수 있습니다.

지폐 종류	10000원 지폐	5000원 지폐	1000원 지폐
사용할 수 있는 최대 장수	$\left\lfloor \dfrac{N}{10000} \right\rfloor$ 장	$\left\lfloor \dfrac{N}{5000} \right\rfloor$ 장	$\left\lfloor \dfrac{N}{1000} \right\rfloor$ 장
딱 맞춰 사용했을 때 남은 금액	$N \bmod 10000$원	$N \bmod 5000$원	$\bmod 1000$원

따라서 다음과 같은 프로그램을 작성하면, 복잡도 $O(1)$로 답을 구할 수 있습니다. $N=10^{18}$정도라고 해도, 한 순간에 실행을 종료합니다.

```
# 입력
N = int(input())
Answer = 0

# 10000원 지폐 지불
Answer += (N // 10000)
N %= 10000

# 5000원 지폐 지불
Answer += (N // 5000)
```

```
N %= 5000

# 1000원 지폐 지불
Answer += (N // 1000)
N %= 1000

# 출력
print(Answer)
```

문제 5.9.2

다음 그림처럼 "왼쪽에서 1번째 집과 왼쪽에서 1번째 초등학교", "왼쪽에서 2번째 집과 왼쪽에서 2번째 초등학교", …, "왼쪽에서 N번째 집과 왼쪽에서 N번째 초등학교"를 연결하면, 집과 다니는 학교 거리 합계가 최소가 됩니다.

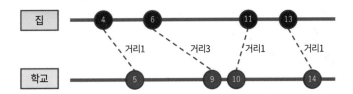

이 사실은 다음과 같이 증명할 수 있습니다. 조금 난이도가 있으므로, 읽지 않고 건너뛰어도 괜찮습니다.

일단 위에서 설명한 방법(이후 방법 A라고 부르겠습니다)을 제외한 모든 연결 방식에는 "교차하는 위치"가 반드시 적어도 하나 포함됩니다.

이때 교차한 부분의 연결을 교차하지 않게 수정하면, 합계 거리는 줄어들거나 유지됩니다. 다음 그림은 한 예입니다.

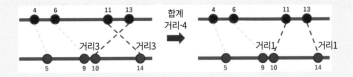

교차를 제거하는 조작을 반복해서 합계 거리를 줄이면, 최종적으로 반드시 방법 A가 됩니다[※]. 이를 기반으로 방법 A보다 거리 합계가 작은 방법(집과 학교 배정 방법)은 존재하지 않는다는 것을 증명할 수 있습니다.

[※] 교차하는 두 점선의 조합 수(최대 $_NC_2$개가 반드시 1 이상 줄어든다는 것으로 증명할 수 있습니다.

따라서 배열 $(A_1, A_2, \cdots, A_N)$을 오름차순으로 정렬한 것을 $(A'_1, A'_2, \cdots, A'_N)$, 배열 $(B_1, B_2, \cdots, B_N)$을 오름차순으로 정렬한 것을 $(B'_1, B'_2, \cdots, B'_N)$이라고 할 때, 거리의 합계는 다음 식처럼 나타낼 수 있습니다.

$$\sum_{i=1}^{N} |A'_i - B'_i| = \underbrace{|A'_1 - B'_1|}_{\substack{\text{왼쪽에서 1번째 집과} \\ \text{왼쪽에서 1번째 학교의 거리}}} + |A'_2 - B'_2| + \cdots + \underbrace{|A'_N - B'_N|}_{\substack{\text{왼쪽에서 } N\text{번째 집과} \\ \text{왼쪽에서 } N\text{번째 학교의 거리}}}$$

따라서 다음과 같은 프로그램을 제출하면 정답입니다.

```python
# 입력
N = int(input())
A = list(map(int, input().split()))
B = list(map(int, input().split()))

# 배열 A, B 정렬
A.sort()
B.sort()

# 답 구하기
Answer = 0
for i in range(N):
    Answer += abs(A[i] - B[i])

# 출력
print(Answer)
```

문제 5.9.3

코드 5.9.2의 알고리즘으로 확실하게 정답을 낼 수 있기는 하지만, 계산이 느립니다. "현재 선택할 수 있는 것 중에서 가장 종료 시간이 빠른 영화"를 확인할 때 복잡도 $O(N)$이 필요하므로, N개의 영화를 모두 선택하려면 복잡도 $O(N^2)$이 필요하기 때문입니다. 어떻게 해야 빠르게 만들 수 있을까요?

그럼 영화를 종료 시간이 빠른 순서로 정렬하고, 가장 종료가 빠른 것을 "영화 1", 가장 종료가 느린 것을 "영화 N"이라고 해봅시다.

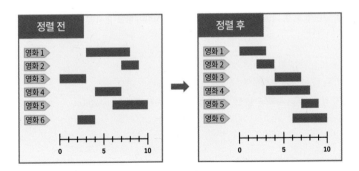

이렇게 하면, 다음과 같은 알고리즘으로 "가장 종료가 빠른 것"을 효율적으로 선택해 나갈 수 있습니다.

- 영화 1을 선택합니다.
- (시작 시각을 기반으로) 영화 2를 선택할 수 있다면, 선택합니다.
- (시작 시각을 기반으로) 영화 3을 선택할 수 있다면, 선택합니다.
  ...
- (시작 시각을 기반으로) 영화 N을 선택할 수 있다면, 선택합니다.

이 알고리즘의 실행을 그림으로 나타내보면, 다음과 같습니다.

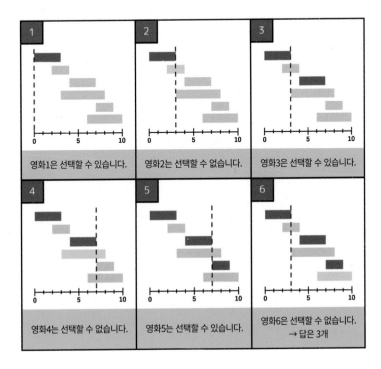

예를 들어서 파이썬으로 구현해 보면, 다음과 같습니다. 참고로 종료 시각이 빠른 순서로 정렬하기 위해서, 영화를 튜플 형태로 나타냈습니다.

```python
# 입력
# 종료 시각 순서로 정렬하기 위해서
# 튜플을 (종료_시각, 시작_시각) 형태로 만들었으므로, 주의해 주세요.
N = int(input())
A = []
for i in range(N):
    a, b = map(int, input().split())
    A.append((b, a))

# 정렬
A.sort()

# 종료 시각이 빠른 것을 선택해 나갑니다.
CurrentTime = 0
Answer = 0
for i in range(N):
    if CurrentTime <= A[i][1]:
        CurrentTime = A[i][0]
        Answer += 1

# 출력
print(Answer)
```

문제 5.10.1

분배 법칙(➡ 5.10.2항)을 사용하면, 다음과 같이 간단하게 계산할 수 있습니다.

문제 (1)
$37 \times 39 + 37 \times 61$
$= 37 \times (39 + 61)$
$= 37 \times 100$
$= 3700$

문제 (2)
$2021 \times 333 + 2021 \times 333 + 2021 \times 334$
$= 2021 \times (333 + 333 + 334)$
$= 2021 \times 1000$
$= 2021000$

문제 5.10.2

이번 문제는 예제2(➡ 5.10.2항)를 일반화한 것입니다.

분배 법칙을 사용하면, 시그마 기호를 사용한 식이라는 것을 알 수 있습니다.

- $i=1$일 때의 총합: $(1 \times 1)+(1 \times 2)+\cdots+(1 \times N)=1 \times(1+2+\cdots+N)$
- $i=2$일 때의 총합: $(2 \times 1)+(2 \times 2)+\cdots+(2 \times N)=2 \times(1+2+\cdots+N)$

  ...

- $i=N$일 때의 총합: $(N \times 1)+(N \times 2)+\cdots+(N \times N)=N \times(1+2+\cdots+N)$

구하고자 하는 답은 파란색으로 표시한 부분의 총합이므로, 분배 법칙에 의해

$$\sum_{i=1}^{N}\sum_{j=1}^{N} ij = (1+2+\cdots+N) \times (1+2+\cdots+N) = \frac{N(N+1)}{2} \times \frac{N(N+1)}{2}$$

처럼 나타낼 수 있습니다. 어떤 느낌인지 감이 잘 오지 않는다면, 그림의 정사각형 면적을 생각하면 이해할 수 있을 것입니다.

정사각형의 가로와 세로의 길이가 모두 $N(N+1)/2$입니다.

따라서 다음과 같이 답을 출력하는 프로그램을 작성하면, 정답입니다. 참고로 이 문제는 제약이 $N \leq 10^9$로 큽니다. 따라서 $N(N+1)/2 \times N(N+1)/2$의 값이 10^{30}을 넘을 가능성이 있습니다. 계산 중간에 나머지를 구하는 방법(➡ 4.6.1항) 등을 활용해서, 오버플로 또는 계산 속도가 느려지는 현상을 막을 수 있습니다.

```
# 입력
N = int(input())

# 답 구하기
```

```
mod = 1000000007
val = N * (N + 1) // 2
print(val * val % mod)
```

문제 5.10.3

다음과 같은 정육면체를 생각해 보면, 문제의 답이

$$\sum_{i=1}^{A}\sum_{j=1}^{B}\sum_{k=1}^{C} ijk = (1 + \cdots + A)(1 + \cdots + B)(1 + \cdots + C)$$

라는 것을 알 수 있습니다.

합의 공식(➡ 2.5.10항)을 사용하면, 다음과 같은 식이 성립합니다.

$$1 + 2 + \cdots + A = \frac{A(A+1)}{2}$$
$$1 + 2 + \cdots + B = \frac{B(B+1)}{2}$$
$$1 + 2 + \cdots + C = \frac{C(C+1)}{2}$$

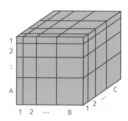

따라서 답은 $\frac{A(A+1)}{2} \times \frac{B(B+1)}{2} \times \frac{C(C+1)}{2}$ 입니다.

따라서 다음과 같이 답을 출력하는 프로그램을 작성하면, 정답입니다. 참고로 이번 문제의 제약은 $A, B, C \leq 10^9$로 큽니다. 따라서 오버플로 또는 계산 속도 저하를 막기 위해서

- $D = A(A+1)/2$
- $E = B(B+1)/2$
- $F = C(C+1)/2$

라는 변수를 두었습니다.

```
# 입력
A, B, C = map(int, input().split())

# 계산
mod = 998244353
D = A * (A + 1) // 2
E = B * (B + 1) // 2
F = C * (C + 1) // 2

# 답 출력
print((D * E * F) % mod)
```

문제 5.10.4

일단 철수가 떠올린 숫자로 8가지를 생각해 볼 수 있습니다. 하지만 2번 질문으로 얻을 수 있는 답의 조합은 "Yes→Yes", "Yes→No", "No→Yes", "No→No"로 4가지밖에 없습니다.

8>4이므로, 오른쪽 그림처럼 "답을 확실하게 정할 수 없는 상황"이 발생합니다. 따라서 2번의 질문으로는 답을 맞힐 수 없습니다.

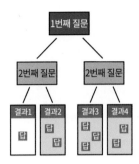

문제 5.10.5

자연스럽게 구현해 보면, 다음과 같습니다.

```
import math

# 입력
a, b, c = map(int, input().split())

# 좌변과 우변 계산
v1 = math.log(a, 2)
v2 = b * math.log(c, 2)

# 출력
if v1 < v2:
    print("Yes")
else:
    print("No")
```

하지만 이 프로그램을 온라인 저지에 제출하면, 100개의 케이스 중에서 15개의 케이스에서 틀렸다고 판정됩니다. 이 이유는 오차 (⇒ 5.10.1항) 때문입니다.

예를 들어서 $(a, b, c)=(10^{18}-1, 18, 10)$의 경우, 답은 Yes이지만, 위의 프로그램은 No를 출력합니다. 이는

$$\log_2 a = 59.7947057079725222602\ldots$$
$$b\log_2 a = 59.7947057079725222616\ldots$$

로 좌변과 우변의 상대 오차가 10^{-19} 정도이기 때문입니다. 오차가 너무 작아서 컴퓨터의 계산 한계를 넘기 때문에 "같은 숫자다"라고 판정해버리는 것입니다.

개선 방법(1)

그럼 오차로 인해 발생하는 문제를 어떻게 하면 막을 수 있을까요? 여러 가지 방법이 있을 수 있습니다. 많이 사용하는 방법은 모두 정수로 다루는 것입니다. 로그의 성질($\Rightarrow$ 2.3.10항)로

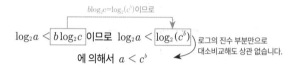

$$b\log_2 c = \log_2(c^b)\text{이므로}$$

$$\log_2 a < \boxed{b\log_2 c} \text{ 이므로 } \log_2 a < \boxed{\log_2(c^b)} \quad \text{로그의 진수 부분만으로}$$
$$\text{에 의해서 } a < c^b \qquad \text{대소비교해도 상관 없습니다.}$$

이므로 $a < c^b$라면 Yes, 아니라면 No를 출력하면 될 것입니다. 이를 구현해 보면, 다음과 같습니다.

```python
import sys

# 입력
a, b, c = map(int, input().split())

# 우변 계산(c의 b 제곱)
v = 1
for i in range(1, b + 1):
    v *= c

# 출력
if a < v:
    print("Yes")
else:
    print("No")
```

하지만 이렇게 코드를 작성해도 틀렸다고 판정됩니다. 이 프로그램은 c^b의 값을 계산해야 합니다. 그런데 제약이 $a, b, c \leq 10^{18}$이므로, 최악의 경우 10^{18}의 10^{18} 제곱을 구해야 합니다. 이는 C++과 파이썬 모두에서 계산하기 버거운 값입니다.

개선 방법(2)

그렇다면 어떻게 해야 할까요? "계산 중간에 나머지를 구한다"라는 방법도 불가능합니다. 이번 문제는 계산을 많이 반복하는 것이 아니기 때문입니다.

따라서 계산을 하는 중간에 우변의 값이 a를 넘는 경우, 곧바로 Yes를 확정하는 방법을 사용해 볼 수 있습니다. 이를 활용하면 반복 처리를 줄일 수 있습니다. 코드로 구현하면 다음과 같습니다.

```
import sys

# 입력
a, b, c = map(int, input().split())

# 우변 계산(c의 b 제곱)
v = 1
for i in range(1, b + 1):
    # 원래 조건은 a < (v * c)이지만 v, c가 10^18까지 나올 수 있으므로 a < v * c로
    # 계산하면, 최악의 경우 v * c = 10^36이 되어 버립니다. 다른 프로그래밍 언어에서는
    # 오버플로가, 파이썬에서도 계산 속도가 느려지는 문제가 있으므로 조건을 변경했습니다.
    if a // c < v:
        print("Yes")
        sys.exit()
    v *= c

# 반복이 계속 이루어진 경우
print("No")
```

100개의 케이스 중에서 2개의 케이스에서 시간 초과되어 버립니다. 문제의 원인은 $c=1$인 경우입니다.

예를 들어서 $(a, b, c)=(2, 10^{18}, 1)$을 생각해 봅시다. 1은 여러 번 제곱해도 1입니다. 따라서 반복을 중간에 끊는 처리가 제대로 동작하지 않습니다. 따라서 $b=10^{18}$번 반복해야 합니다.

참고로 $2^{60}>10^{18}$이므로 $c≥2$의 경우 반드시 60회 이내에 반복 처리가 완료됩니다.

개선 방법(2)

마지막으로 $c=1$인 경우까지 구분합시다. 이 문제의 제약에서는 $a≥1$이므로, $c^b=1$에 의해서 반드시 No가 나옵니다. 따라서 다음과 같은 프로그램을 작성하면 됩니다.

```
import sys

# 입력
a, b, c = map(int, input().split())

# c = 1일 때 경우 구분
if c == 1:
    print("No")
    sys.exit()
```

```
# 우변 계산(c의 b 제곱)
v = 1
for i in range(b):
    v *= c
    if a < v:
        print("Yes")
        sys.exit()

# 출력(No의 경우)
print("No")
```

문제 5.10.6

일단 $m=1, 2, \cdots, N$을 각각 확인해 보는 방법이 있을 것입니다. 하지만 문제의 제약이 $N \leq 10^{11}$로 크기 때문에, 실행 시간 제한을 초과해 버립니다.

m의 패턴의 수보다 $f(m)$의 패턴 수가 압도적으로 적으므로, 다음과 같은 알고리즘을 사용하면 효율적입니다.

> - $f(m)$으로 나올 수 있는 후보들을 모두 나열합니다.
> - $f(m)$을 결정했다면, $m=f(m)+B$라는 식에 따라서 m의 후보를 결정하고 각 자릿수의 곱이 $f(m)$과 같은지 확인합니다.

그럼 $f(m)$의 후보는 어떻게 해야 모두 나열할 수 있을까요? 사실 1123 또는 12233599처럼 각 자릿수가 오름차순으로 정렬된 숫자에 대해서만 $f(m)$을 계산하면 됩니다. 왜냐하면 순서를 바꾸어도 일반성을 잃지 않기 때문입니다. 예를 들어

- $m=1123$일 때, $f(m)=1 \times 1 \times 1 \times 3=6$
- $m=2131$일 때, $f(m)=2 \times 1 \times 3 \times 1=6$
- $m=3112$일 때, $f(m)=3 \times 1 \times 1 \times 2=6$

으로 모두 같습니다. 참고로 모든 자릿수가 오름차순으로 정렬된 11자리 숫자는 30만 개밖에 없으므로, 전체 탐색해도 괜찮은 양입니다.

따라서 다음과 같은 프로그램을 작성하면, 정답을 구할 수 있습니다. 참고로 단조 증가하는 숫자 m은 재귀 함수 func(digit, m)으로 모두 나열할 수 있습니다. digit은 현재 자릿수를 나타내는 매개 변수입니다. 재귀 함수를 잘 모르겠다면, 3.6절을 다시 확인해 주세요.

추가적으로 함수 product(m)은 정수 m의 각 자릿수를 곱해서 리턴하는 함수입니다. 수를 10으로 나누는 과정을 반복하면서, 각 자리의 값을 계산합니다. 2진법으로 변환하는 알고리즘(➡ 2.1.9항)과 거의 비슷합니다.

```python
# 정수 m의 각 자릿수 곱을 리턴하는 함수
def product(m):
    if m == 0:
        return 0
    ans = 1
    while m >= 1:
        ans *= (m % 10)
        m //= 10
    return ans
```

```python
# 각 자릿수의 곱 후보 집합을 리턴하는 함수
def func(digit, m):
    if digit == 11:
        return {product(m)}
```
—— 여기에서 {} 기호는 set 자료형을 만드는 기호입니다.

```python
        # 다음 자리 탐색
        # min_value은 cur의 마지막 자리(숫자가 오름차순으로 정렬되어 있으므로, 다음 자리는
        # 이전 자리보다 크거나 같을 것입니다).
        min_value = m % 10
        ret = set()
        for i in range(min_value, 10):
            r = func(digit + 1, m * 10 + i)
            for j in r:
                ret.add(j)
        return ret
```

```python
# 입력
N, B = map(int, input().split())
```

```python
# 각 자릿수의 곱 후보를 모두 나열
fm_cand = func(0, 0)
```

```python
# m - f(m) = B이 되는지 확인
Answer = 0
for fm in fm_cand:
    m = fm + B    # 각 자릿수의 곱으로 도출된 m의 값
    prod_m = product(m)    # 원래 f(m)의 값
```

```
    if m - prod_m == B and m <= N:
        Answer += 1

# 출력
print(Answer)
```

문제 5.10.7(1)

이번 문제는 다양한 해법을 생각할 수 있습니다. 그중에 하나를 소개하겠습니다.

일단 설명을 위해서 각각의 추에 A, B, C, D, E라는 이름을 붙여두겠습니다.

일단 처음 3회는 다음과 같이 비교합니다.

1. 추A와 추B를 비교합니다.

2. 추C와 추D를 비교합니다.

3. 1.에서 가벼운 것과 2.에서 가벼운 것을 비교합니다.

3회 질문의 결과는 다음과 같이 8가지가 나올 수 있습니다 하지만 대칭성으로 "추A가 가장 가볍고, 추C보다 추D가 무겁다"라는 가장 왼쪽 패턴으로 생각해도, 일반성을 잃지 않습니다.

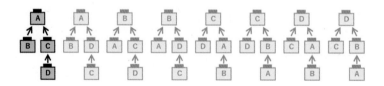

그리고 가장 왼쪽 패턴에서 나올 수 있는 추의 무게 조합은 15가지입니다. 따라서 다음 그림처럼 비교하면, 반드시 4회 안에 맞출 수 있습니다(숫자는 무게[kg]).

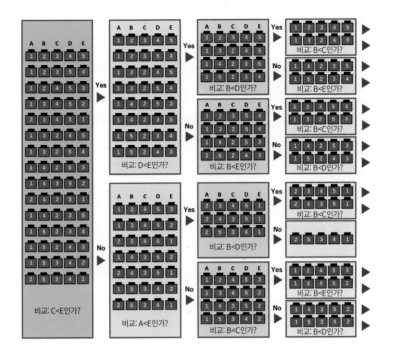

문제 5.10.7(2)

추의 무게 조합은 5!=120가지 존재합니다. 하지만 6회 비교로 알 수 있는 결과(왼쪽과 오른쪽 중에 어떤 것이 무거운가?)의 조합은 2^6=64가지입니다. 후자가 더 작으므로, 6회 비교로는 알 수 없습니다.

문제 5.10.7(3)

일단 다음과 같은 방법으로 최소 횟수가 45회 이상이라는 것을 증명할 수 있습니다.

> 추의 무게 조합을 P가지라고 하고, L회로 비교하려면 $2^L \geq P$, 즉 $L \geq \log_2 P$를 만족해야 합니다.
> 추가 16개라면 $\log_2 P = \log_2 16! = 44.2501 \cdots$이므로, 최소 45회 비교가 필요하다는 것을 알 수 있습니다.

그럼 몇 회가 최소일까요? 일단 머지 정렬(➡ 3.6절)을 이번 문제에 적용해 보면, 다음과 같이 조작이 이루어집니다.

- "1개의 추를 2개로 Merge" × 8회
- "2개의 추를 4개로 Merge" × 8회
- "4개의 추를 8개로 Merge" × 8회
- "8개의 추를 16개로 Merge" × 8회

l개의 추에 대한 Merge 조작에서 $2l-1$회 비교하므로(➡ 3.6.10항), 합계 비교 횟수는 (1×8)+(3×4)+(7×2)+(15×1)=49회입니다.

추가적으로 2022년 7월 기준 46회 이내로 확실하게 맞출 수 있는 방법이 고안되어 있습니다. 자세한 내용을 알고 싶다면, 다음 논문을 참고해 보세요.

- Peczarski, Marcin (2011). "Towards Optimal Sorting of 16 Elements". Acta Universitatis Sapientiae. 4 (2): 215–224.

하지만 최소 횟수가 45회로 맞출 수 있는 방법은 고안되어 있지 않습니다. 또한 최소 횟수가 45회인지, 46회인지도 아직 증명되지 않았습니다. 관심있다면 이와 같은 미해결 문제에 도전해 보기 바랍니다.

6장

최종 확인 문제

문제 1

1. $a + 2b + 3c + 4a = (1 \times 12) + (2 \times 34) + (3 \times 56) + (4 \times 78)$
   $= 12 + 68 + 168 + 312$
   $= 560$

2. $a^2 + b^2 + c^2 + d^2 = 12^2 + 34^2 + 56^2 + 78^2$
   $= 14 + 1156 + 3136 + 6084$
   $= 10520$

3. $abcd \bmod 10 = (12 \times 34 \times 56 \times 78) \bmod 10$
   $= (2 \times 4 \times 6 \times 8) \bmod 10$
   $= 384 \bmod 10 = 4$

4. $\sqrt{b + d - a} = \sqrt{34 + 78 - 12}$
   $= \sqrt{100} = 10$

참고로 3.에서는 계산 도중에 나머지를 계산해도, 답을 구하는 데 문제가 없다는 성질(➡ 4.6.1항)을 사용했습니다.

문제 2

답은 다음과 같습니다. 잘 모르겠다면 함수(➡ 2.3절)로 돌아가서 확인해 주세요. 참고로 (4)의 $y = 2^{3x}$는 $y = 8^x$과 같습니다.

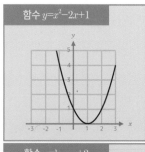

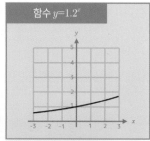

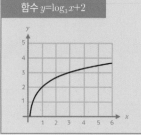

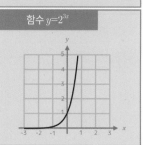

문제 3 (1), (2)

1. $_4P_3 = (4 \times 3 \times 2) = 24$

$_{10}P_5 = (10 \times 9 \times 8 \times 7 \times 6) = 30240$

$_{2021}P_1 = 2021$

2. $_4P_3 = {}_4P_3 \quad 3! = 24 \quad 6 = 24$

$_{10}P_5 = {}_{10}P_5 \quad 5! = 30240 \quad 120 = 252$

$_{2021}P_1 = {}_{2021}P_1 \quad 1! = 2021 \quad 1 = 2021$

$_{2021}P_{2020} = {}_{2021}C_1 = 2021$

$_{2021}C_{2020} = \dfrac{2021!}{2020! \times 1!}$

$_{2021}C_1 = \dfrac{2021!}{1! \times 2020!}$ 이므로

문제 3 (3), (4), (5)

3. 곱의 법칙(➡ 3.3.2항)에 의해서, 선택 방법의 총 수는 160× 250×300＝12000000가지(1200만 가지)입니다.

4. 곱의 법칙(➡ 3.3.2항)에 의해서, 작성 방법의 총 수는 4^5＝1024가지입니다.

5. N가지를 정렬하는 방법의 수는 $N!$＝1×2×⋯ N가지(➡ 3.3.절)이므로, 길이 8인 수열은 전부 8!＝40320가지입니다.

문제 4

일단 평균값(➡ 3.5.4항)은 다음과 같습니다.

$$\frac{182 + 182 + 188 + 191 + 192 + 195 + 197 + 200 + 205 + 217}{10} = 195\text{cm}$$

이어서 표준편차를 계산해 봅시다. "각 부원의 키"와 "평균"을 빼면, 다음 표처럼 정리할 수 있습니다.

키	182	183	188	191	192	195	197	200	205	217
평균과의 차이	13	12	7	4	3	0	2	5	10	22

따라서 표준편차(➡ 3.5.4항)는 다음과 같습니다.

$$\sqrt{\frac{13^2 + 12^2 + 7^2 + 4^2 + 3^2 + 0^2 + 2^2 + 5^2 + 10^2 + 22^2}{10}} = 10\text{cm}$$

문제 5 (1)

$\sqrt{313} = 17.69\dots$이므로, 다음과 같이 2부터 17까지 차례대로 나눠보면 됩니다. 어떤 수로도 나누어지지 않으므로, 313은 소수입니다.

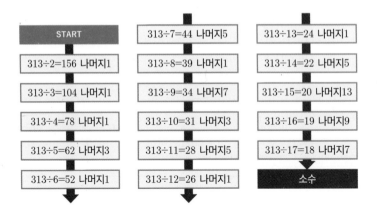

문제 5 (2)

723과 207의 최대공약수를 유클리드 호제법으로 구하면, 다음과 같습니다. 따라서 최대공약수는 3입니다.

문제 6

(1) $1/x$을 적분(➡ 4.3.4)하면,

$$\int_1^{10000} \frac{1}{x}\,dx = \log_e 10000 = 9.2103\ldots$$

입니다. 소수점 아래를 반올림하면, 답은 9입니다.

(2) 각각의 i에 대해서 프로그램의 반복 횟수는 다음과 같습니다.

- $i=1$일 때: $\lfloor N/1 \rfloor + 1000$회
- $i=2$일 때: $\lfloor N/2 \rfloor + 1000$회
- $i=3$일 때: $\lfloor N/3 \rfloor + 1000$회

  …

- $i=N$일 때: $\lfloor N/N \rfloor + 1000$회

따라서 전체 반복 횟수 L은 다음과 같습니다.

$$\underline{\left\lfloor \frac{N}{1} \right\rfloor + \left\lfloor \frac{N}{2} \right\rfloor + \left\lfloor \frac{N}{3} \right\rfloor + \cdots + \left\lfloor \frac{N}{N} \right\rfloor} + 1000N$$

역수 합의 성질(➡ 4.4.4항)에 의해서, 밑줄친 부분의 총합은 대충 $N\log_e N$입니다. 따라서 L늑$N\log_e N+1000N$입니다. 이를 란다우 O 표기법으로 표기하면, 복잡도가 $O(N \log N)$입니다.

문제 7

답은 다음과 같습니다.

함수	N^2	N^3	2^N	3^N	$N!$
1억	10000	465	27	17	12
5억	22361	794	29	19	13
10억	31623	1000	30	19	13

문제 8

(1) 답은 다음과 같습니다. 앞에서부터 차례대로 계산하면 됩니다(➡ 3.7.1항).

a_1	a_2	a_3	a_4	a_5	a_6	a_7	a_8	a_9	a_{10}
1	1	5	9	29	65	181	441	1165	2929

(2) 답은 다음과 같습니다. 잘 모르겠다면, 4.7절을 다시 확인해 주세요.

$$A + B = \begin{bmatrix} 1 & 4 \\ 1 & 0 \end{bmatrix} + \begin{bmatrix} 5 & 8 \\ 10 & 20 \end{bmatrix} = \begin{bmatrix} 1+5 & 4+8 \\ 1+10 & 0+20 \end{bmatrix} = \begin{bmatrix} 6 & 12 \\ 11 & 20 \end{bmatrix}$$

$$AB = \begin{bmatrix} 1 & 4 \\ 1 & 0 \end{bmatrix} + \begin{bmatrix} 5 & 8 \\ 10 & 20 \end{bmatrix} = \begin{bmatrix} 1\times5+4\times10 & 1\times8+4\times20 \\ 1\times5+0\times10 & 1\times8+0\times20 \end{bmatrix} = \begin{bmatrix} 45 & 88 \\ 5 & 8 \end{bmatrix}$$

(3) 답은 다음과 같습니다. 잘 모르겠다면, 4.7절을 다시 확인해 주세요.

$$A^2 = A \times A = \begin{bmatrix} 1 & 4 \\ 1 & 0 \end{bmatrix}\begin{bmatrix} 1 & 4 \\ 1 & 0 \end{bmatrix} = \begin{bmatrix} 5 & 4 \\ 1 & 4 \end{bmatrix}$$

$$A^3 = A^2 \times A = \begin{bmatrix} 5 & 4 \\ 1 & 0 \end{bmatrix}\begin{bmatrix} 1 & 4 \\ 1 & 0 \end{bmatrix} = \begin{bmatrix} 9 & 20 \\ 5 & 4 \end{bmatrix}$$

$$A^4 = A^3 \times A = \begin{bmatrix} 9 & 20 \\ 5 & 4 \end{bmatrix}\begin{bmatrix} 1 & 4 \\ 1 & 0 \end{bmatrix} = \begin{bmatrix} 29 & 36 \\ 9 & 20 \end{bmatrix}$$

$$A^5 = A^4 \times A = \begin{bmatrix} 29 & 36 \\ 9 & 20 \end{bmatrix}\begin{bmatrix} 1 & 4 \\ 1 & 0 \end{bmatrix} = \begin{bmatrix} 65 & 116 \\ 29 & 36 \end{bmatrix}$$

(4) 이는 행렬 거듭 제곱으로 피보나치 수열을 나타내는 것과 비슷한 이유입니다. 일단 $a_n = a_{n-1} + 4a_{n-2}$, $a_{n-1} = a_{n-1}$이므로, 다음과 같은 식이 성립합니다.

$$\begin{bmatrix} a_n \\ a_{n-1} \end{bmatrix} = \begin{bmatrix} 1 & 4 \\ 1 & 0 \end{bmatrix}\begin{bmatrix} a_{n-1} \\ a_{n-2} \end{bmatrix}$$

이 식을 반복해서 적용하면, 다음과 같이 거듭 제곱을 사용한 식으로 나타낼 수 있습니다.

$$\begin{bmatrix} a_n \\ a_{n-1} \end{bmatrix} = \begin{bmatrix} 1 & 4 \\ 1 & 0 \end{bmatrix}\begin{bmatrix} a_{n-1} \\ a_{n-2} \end{bmatrix} = \begin{bmatrix} 1 & 4 \\ 1 & 0 \end{bmatrix}^2\begin{bmatrix} a_{n-2} \\ a_{n-3} \end{bmatrix}$$
$$= \cdots$$
$$= \begin{bmatrix} 1 & 4 \\ 1 & 0 \end{bmatrix}^{n-2}\begin{bmatrix} a_2 \\ a_1 \end{bmatrix} = A^{n-2}\begin{bmatrix} 1 \\ 1 \end{bmatrix}$$

따라서 a_n의 값은 A^{n-2}의 $(1,1)$ 성분과 $(1,2)$ 성분을 더한 값과 같습니다.

그리고 다음 식이 성립하므로, "A^{n-2}의 $(1,1)$ 성분과 $(1,2)$ 성분을 더한 값"은 "A^{n-1}의 $(1,1)$ 성분"과 같습니다.

$$A^{n-2} \times A = \begin{bmatrix} (1,1)\text{성분} & (1,2)\text{성분} \\ (2,1)\text{성분} & (2,2)\text{성분} \end{bmatrix}\begin{bmatrix} 1 & 4 \\ 1 & 0 \end{bmatrix}$$

$$= \begin{bmatrix} (1,1)\text{성분}+(1,2)\text{성분} & (1,1)\text{성분}\times4 \\ (2,1)\text{성분}+(2,2)\text{성분} & (2,1)\text{성분}\times4 \end{bmatrix}$$

이는 $(1,1)$ 성분의 값이 수열에 출현하는 값으로 되어 있는 이유입니다.

문제 9

1 XOR 2 XOR 3 XOR⋯XOR N을 한 번에 N=1000000007까지 확장하는 것은 어려우므로, 일단 작은 숫자부터 차근차근 생각해 봅시다(➡ 5.2절).

N	1	2	3	4	5	6	7	8	9	10	11
답	1	3	0	4	1	7	0	8	1	11	0

N=3, 7, 11에서는 1 XOR 2 XOR 3 XOR⋯XOR N=0이 되므로, 이 시점에서 "N을 4로 나눈 나머지가 3이면, 0이 되는 것 아닐까?"라는 규칙성을 떠올릴 수 있습니다.

그럼 이러한 규칙성은 N이 더 커져도 성립할까요? 답은 Yes입니다. 이는 다음과 같이 증명할 수 있습니다.

일단 x를 4의 배수라고 할 때, 다음과 같은 식이 성립합니다.

$$x \text{ XOR } (x+1) \text{ XOR } (x+2) \text{ XOR } (x+3)$$
$$= \{x \text{ XOR } (x+1)\} \text{ XOR } \{(x+2) \text{ XOR } (x+3)\}$$
$$= 1 \text{ XOR } 1 = 0$$

따라서 $N \bmod 4$=3일 때, 구해야 하는 값은 다음과 같습니다.

$$
\begin{aligned}
&\underbrace{1 \text{ XOR } 2 \text{ XOR } 3} \text{ XOR } \underbrace{4 \text{ XOR } 5 \text{ XOR } 6 \text{ XOR } 7} \text{ XOR } \cdots \text{ XOR } \underbrace{(N-3) \text{ XOR } (N-2) \text{ XOR } (N-1) \text{ XOR } N} \\
&= \quad\quad 0 \quad\quad\quad \text{ XOR } \quad\quad\quad 0 \quad\quad\quad\quad\quad \text{ XOR } \cdots \text{ XOR } \quad\quad\quad\quad\quad 0 \\
&= \quad\quad 0
\end{aligned}
$$

따라서 1000000007 mod 4=3이므로, 답은 0입니다.

문제 10

이번 문제를 직접 계산해서도 풀 수는 있지만, 손으로 계산하기에는 조금 힘듭니다. 따라서 조금 다른 방법을 생각해 봅시다. 위에서 i번째, 왼쪽에서 j번째 칸에 4i+j가 적혀있다는 사실을 활용해서 다음과 같이 4i와 j를 분리해 봅시다.

모든 칸의 총합

64개의 칸 전체에는 [4, 8, 12, 16, 20, 24, 28, 32]가 8회씩, [1, 2, 3, 4, 5, 6, 7, 8]이 8회씩 적혀 있습니다. 따라서 구하고자 하는 답은 다음과 같습니다.

$$(4 + 8 + 12 + 16 + 20 + 24 + 28 + 32) \times 8 + (1 + 2 + 3 + 4 + 5 + 6 + 7 + 8) \times 8$$
$$= 144 \times 8 + 36 \times 8$$
$$= 1440$$

초록색 칸의 총합

모든 행과 모든 열에 대해, 8개 중 4개(절반)가 초록색으로 칠해져 있습니다. 즉 [4, 8, 12, 16, ...] 등을 절반만 더하면 됩니다. 따라서 구하고자 하는 답은 1440÷2=720입니다.

※ 더한 횟수를 생각해 보는 테크닉을 잘 모르겠다면, 5.7절을 확인해 주세요.

6.3 최종 확인 문제 11~15 해답

문제 11

1. 곱의 법칙은 확률에도 적용할 수 있으므로, 답은 $(1/2)^8$=1/125입니다.

2. 일단 어떤 칸이 "흰색이 될 가능성"과 "검정색이 될 가능성"은 모두 1/2입니다. 따라서

   ▪ 흰색 말 개수의 기댓값: 64×(1/2)=32
   ▪ 검정색 말 개수의 기댓값: 64×(1/2)=32

   입니다. 기댓값의 선형성(➡ 3.4.3항)에 따라서, [흰색 개수의 기댓값]×2+[검정색 개수의 기댓값]=(32×2)+32=96입니다.

3. 기댓값의 선형성에 의해서, 구하고자 하는 답은 다음 식처럼 나타낼 수 있습니다.

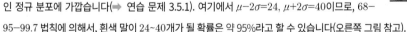

   > [답]=[1번째 행이 모두 흰색이 될 확률]+⋯+[8번째 행이 모두 흰색이 될 확률]
   >
   > +[1번째 열이 모두 흰색이 될 확률]+⋯+[8번째 열이 모두 흰색이 될 확률]
   >
   > +[1번째 대각선이 모두 흰색이 될 확률]
   >
   > +[2번째 대각선이 모두 흰색이 될 확률]

   모든 행, 열, 대각선은 8개의 칸으로 구성되므로, 각각 전부 흰색이 될 확률은 $(1/2)^8$=1/256입니다. 따라서 답은 1/256+1/256+⋯+1/256=18×(1/256)=9/128입니다.

4. 각 칸이 흰색 말이 될 확률은 p=0.5, 칸의 수는 전체 n=64개이므로 흰색 말의 개수는

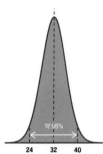

   $$평균\ \mu : np = 64 \times 0.5 = 32$$
   $$표준편차\ \sigma : \sqrt{np(1-p)} = \sqrt{64 \times 0.5 \times 0.5} = 4$$

   인 정규 분포에 가깝습니다(➡ 연습 문제 3.5.1). 여기에서 $\mu-2\sigma$=24, $\mu+2\sigma$=40이므로, 68–95–99.7 법칙에 의해서, 흰색 말이 24~40개가 될 확률은 약 95%라고 할 수 있습니다(오른쪽 그림 참고).

문제 12

"123을 포함하지 않는 수의 개수"를 생각하면 어려우므로, 여사건(➡ 5.4.1항)에 해당하는 "123을 포함하는 수의 개수"를 생각해 봅시다.

일단 123을 포함하는 999999 이하의 수는 다음과 같이 4가지 패턴으로 생각해 볼 수 있습니다. 경우를 적당하게 구분할 수 있게 1237→001237처럼 6자리 앞쪽의 빈 부분이 있을 경우, 0을 채워서 생각하겠습니다.

모든 패턴에 대해서 3개의 자리를 0~9에서 자유롭게 선택할 수 있으므로, 곱의 법칙(➡ 3.3.2항)에 의해 $10 \times 10 \times 10 = 1000$가지 있습니다. 따라서 "123을 포함하는 숫자는 전부 4000개이다"라고 생각할 수도 있습니다.

하지만 123123과 같은 수는 패턴 1과 4 모두에서 세어지므로, 이를 제외해야 합니다. 따라서 실제 개수는 $4000-1=3999$개입니다.

따라서 "123을 포함하지 않는 수의 개수"는 전체 패턴의 수 999999에서 "123을 포함하는 수의 개수(3999개)"를 뺀 996000개입니다.

문제 13

함수 func(N)의 계산 시간을 a_N이라고 하면, func(N-1), func(N-2), func(N-3), func(N-3)을 차례대로 호출하므로, 다음과 같은 식이 성립합니다.

$$a_N = a_{N-1} + a_{N-2} + a_{N-3} + a_{N-3}$$

$a_N = 2^N$이라고 할 때[※], $2^N = 2^{N-1} + 2^{N-2} + 2^{N-3} + 2^{N-3}$이 됩니다. 따라서 func(N) 호출의 복잡도는 $O(2^N)$입니다.

문제 14 (1)

5명의 순위 조합은 $5! = 120$가지이지만, 4회 질문의 결과로 알 수 있는 조합은 $3^4 = 81$가지밖에 없습니다. 후자의 것이 더 적으므로, 4회의 질문만으로는 정확한 순위를 알 수 없습니다(➡ 5.10.6항).

문제 14 (2)

이 문제는 다양한 방법으로 생각해 볼 수 있습니다. 그중에서 한 가지를 소개하겠습니다.

단계1

일단 5명 중에서 가장 빠른 선수를 다음 방법으로 확인합니다.

- A, B, C를 선택하고, 누가 가장 빨랐는지 묻습니다.
- D, E, "1.에서 가장 빨랐던 선수"를 선택하고, 누가 가장 빨랐는지 묻습니다.

[※] $a_N = 2^N$을 적용하는 발상이 어디서 나온 것인지 궁금할 수 있습니다. 이는 실제로 func(N)의 실행 시간을 측정해서 힌트를 얻을 수 있습니다. 예를 들어서 필자의 환경에서 func(25)는 0.128초, func(26)은 0.259초 정도로 2배 정도 차이가 납니다. 다른 경우도 비슷합니다.

이렇게 하면, 남은 4명의 선수 순위를 3번 물어서 알아내는 문제로 바뀝니다. 일단 가장 빨랐던 선수가 "E"였다고 가정하고, 설명을 계속하겠습니다.

단계2

A, B, C중에서 가장 빠른 선수를 묻습니다. 만약 A라면, 순위 조합은 다음과 같이 8가지 나올 수 있습니다(숫자는 순위를 의미합니다).

이어서 다음과 같이 질문하면, 2번의 질문만으로 남은 순위를 모두 알아낼 수 있습니다. 이러한 과정을 통해서 5명 전원의 순위를 5번 질문해서 알아낼 수 있습니다.

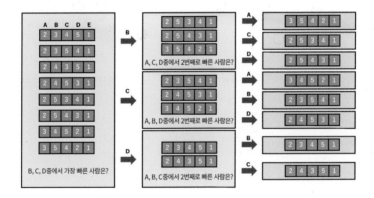

문제 15

일단 평면적 그래프에는 "정점 수"가 "변의 수의 3배 미만이다"라는 성질이 있습니다. 따라서 차수가 5 이하인 정점이 적어도 하나 존재합니다.

정점 수가 N인 평면적 그래프를 "원래 그래프"라고 표현하겠습니다. 위의 성질에 따라서 정점 수가 $N-1$인 평면적 그래프에 차수가 5 이하인 정점을 추가하면, 원래 그래프를 만들 수 있을 것입니다.

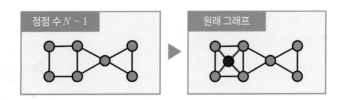

"정점 수 $N-1$인 평면적 그래프를 5색으로 칠할 수 있다고 했을 때, 정점을 추가한 그래프도 5가지 색으로 칠할 수 있다"라는 것을 증명(★)하면, 다음과 같습니다.

패턴1: 추가한 정점 u의 차수가 4 이하인 경우

다음 그림처럼 이웃한 정점과 다른 색으로 칠하면 됩니다(선 선택지가 5개이므로, 이와 같은 색이 반드시 존재합니다).

패턴2: 추가한 정점 u의 차수가 5인 경우

u와 인접한 정점을 시계 방향으로 v_1, v_2, v_3, v_4, v_5라고 하고, v_1의 색을 1, v_3의 색을 2라고 합니다. 추가적으로 ($N-1$ 개의 정점을 가진 그래프에서) 정점 v_1부터 색 1, 2의 정점만을 지나 도달할 수 있는 정점의 집합을 S라고 하겠습니다.

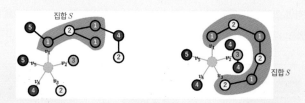

여기에서 v_3가 집합 S에 포함되지 않았다면, 다음과 같은 조작을 통해서 색1이 남습니다(추가 정점 u를 색 1로 설정할 수 있다는 의미).

- S에 포함된 색1의 정점을 모두 색2로 변경
- S에 포함된 색2의 정점을 모두 색1로 변경

다음 그림은 구체적인 조작 예입니다.

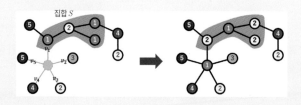

반면 v_3가 집합 S에 포함되어 있다면, 정점 v_2(색3)과 v_4(색4)와 같은 것을 하면 됩니다. 구체적으로 정점 v_2에서 색 3, 4인 정점만을 지나서 도착할 수 있는 정점 집합을 T라고 했을 때

- T에 포함되어 있는 색3의 정점을 모두 색 4로 변경
- T에 포함되어 있는 색4의 정점을 모두 색 3로 변경

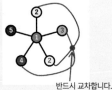

반드시 교차합니다.

하는 조작을 하면, 색 3이 남습니다. 참고로

- 정점 v_1에서 v_3로 가는, 정점 u를 지나지 않는 경로
- 정점 v_2에서 v_4로 가는, 정점 u를 지나지 않는 경로

는 반드시 교차하므로, v_4는 절대로 집합 T에 포함되지 않습니다.

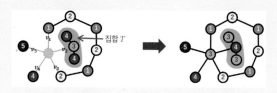

정점 수 1개인 그래프는 5가지 색으로 칠할 수 있으므로, (★)에 의해 정점 수 2개인 그래프 OK, 정점 수 3개인 그래프 OK, 정점 수 4개인 그래프 OK …처럼 됩니다. 따라서 원래 그래프도 5가지 색으로 칠할 수 있다고 증명할 수 있습니다.

이와 관련된 내용을 더 자세히 알고 싶다면, 인터넷 등에서 검색해서 찾아보기 바랍니다.

6.4 최종 확인 문제 16~20 해답

문제 16

나올 수 있는 모든 패턴을 확인해 보는 방법을 "전체 탐색"(➡ 2.4.5항)이라고 부릅니다.

이 문제의 조건에 따라 $1 \leq a < b < c \leq N$, $a+b+c=X$가 되는 정수 조합 (a, b, c)를 모두 확인하는 것이 살짝 어렵습니다.

하지만 $1 \leq a < b < c \leq N$이 되는 (a, b, c)를 확인하는 것은 간단합니다. 여기에서 $a+b+c=X$가 되는 것의 숫자를 세는 방법을 활용하면, 굉장히 간단할 것입니다.

이번 문제를 파이썬으로 구현해 보면, 다음과 같습니다. (a, b, c) 조합을 확인해 보는 부분은 코드 3.3.1과 거의 비슷합니다.

```python
# 입력
N, X = map(int, input().split())

# 모든 (a, b, c) 조합을 확인합니다.
answer = 0
for a in range(1, N + 1):
    for b in range(a + 1, N + 1):
        for c in range(b + 1, N + 1):
            if a + b + c == X:
                answer += 1

# 답 출력
print(answer)
```

문제 17

직사각형의 면적은 너비×높이로 계산할 수 있습니다. 두 길이가 정수라는 조건이 있으므로, 면적이 N이 되기 위해서는 "너비"와 "높이"가 모두 "N의 약수"여야 할 것입니다.

36 의 약수 ⋯ 1, 2, 3, 4, 6, 9, 12, 18, 36

따라서 3.1.5항의 방법으로 약수를 모두 나열해 보면, 가능한 직사각형을 모두 확인할 수 있습니다. 이 중에서 둘레가 가장 적은 것을 구하면 됩니다.

조금 더 탐색 범위를 줄일 수도 있습니다. 높이≤너비로 두어도 일반성을 잃지 않는다(➡ 5.10.4항)는 성질을 사용하면, 높이 $\leq \sqrt{N}$ 일 것입니다. 따라서 높이를 x 라고 할 때, $1 \leq x \leq \sqrt{N}$인 것을 전체 탐색하고,

- 너비는 $N \div x$가 정수가 되는 것을 사용
- 이때 둘레$(2x + 2(N \div x))$가 최소인 것

을 구하면 됩니다. 파이썬으로 구현해 보면, 다음과 같습니다. 복잡도는 $O(\sqrt{N})$입니다.

```python
# 입력
N = int(input())

# 높이를 1부터 √N까지 전체 탐색
LIMIT = int(N ** 0.5)
answer = 10 ** 19
for i in range(1, LIMIT + 1):
    if N % i == 0:
        answer = min(answer, 2 * i + 2 * (N // i))

# 답 출력
print(answer)
```

문제 18

정수 A, B의 최대공약수를 $\mathrm{GCD}(A, B)$, 최소공배수를 $\mathrm{LCM}(A, B)$라고 하겠습니다.

이렇게 하면 $A \times B = \mathrm{GCD}(A, B) \times \mathrm{LCM}(A, B)$라는 관계(➡ 2.5.2항)가 성립합니다.

$\mathrm{GCD}(A, B)$를 유클리드 호제법으로 계산한다면, 최소 공배수는

$$\mathrm{LCM}(A, B) = A \times B \div \mathrm{GCD}(A, B)$$

로 구할 수 있습니다. 계산량은 $O(\log(A+B))$입니다.

그런데 이대로 구현하면 C++ 등의 프로그래밍 언어에서는 오버플로가 발생하며, 파이썬 등의 프로그래밍 언어에서는 굉장히 느리게 계산됩니다. 이는 다음과 같은 2가지 방법으로 대처할 수 있습니다.

❶ 계산 순서를 $A \times B \div \mathrm{GCD}(A, B)$에서 $A \div \mathrm{GCD}(A, B) \times B$로 변경합니다.
❷ 최소 공배수가 10^{18}을 넘는지를 판정합니다.

2.의 경우 $A \times B \div \mathrm{GCD}(A, B) > 10^{18}$, 즉 $A \div \mathrm{GCD}(A, B) > 10^{18} \div B$를 사용해서 판정할 수 있습니다. 좌변은 반드시 정수일 것이므로, 우변을 정수로 계산(소수점 아래를 잘라서 계산)해도 전혀 문제가 없습니다. 따라서 다음과 같이 구현하면, 정답을 구할 수 있습니다.

```python
# 유클리드 호제법을 사용해서 최대공약수를 구하는 함수
# (표준 라이브러리의 math.gcd(A, B)를 사용해도 괜찮습니다)
def GCD(A, B):
```

```
    if B == 0:
        return A
    return GCD(B, A % B)

# 입력
A, B = map(int, input().split())

# 최소공배수 구하기
L = A * B // GCD(A, B)
if L > 10 ** 18:
    print("Large")
else:
    print(L)
```

문제 19

이번 문제는 상한 생각하기(➡ 5.8절) 테크닉을 활용해서 풀 수 있습니다.

곧바로 일반화해서 생각하기는 어려우므로, 일단 구체적인 예로 $N=4$, $B_1=6$, $B_2=3$, $B_3=4$를 생각해 봅시다. 일단

- $\max(A_1, A_2) \leq 6 \cdots$ "A_1과 A_2는 모두 6 이하"
- $\max(A_2, A_3) \leq 3 \cdots$ "A_1과 A_2는 모두 3 이하"
- $\max(A_3, A_4) \leq 4 \cdots$ "A_1과 A_2는 모두 4 이하"

라고 바꿔 말할 수 있습니다. 따라서 A_1은 6 이하, A_2는 "6 이하 또는 3 이하"이므로 3 이하, A_3은 "3 이하 또는 4 이하"이므로 3 이하, A_4는 4 이하라는 것을 알 수 있습니다.

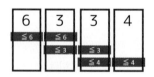

일반화해도 마찬가지입니다. $A_1 \leq B_1$, $A_1 \leq \min(B_{i-1}, B_i) \, (2 \leq i \leq N-1)$, $A_N \leq B_{N-1}$이라는 상한을 얻을 수 있습니다. 실제로 이 상한을 만족시키는 수열 A는 조건을 만족합니다. 따라서 그 합계를 작성하는 프로그램을 작성하면 됩니다. 다음은 파이썬 구현 예입니다.

```
# 입력(배열 B의 인덱스는 0부터 시작하므로 주의해 주세요)
N = int(input())
B = list(map(int, input().split()))
```

```
# 배열 A의 요소 합계 계산
answer = B[0] + B[N - 2]
for i in range(1, N - 1):
    answer += min(B[i - 1], B[i])

# 답 출력
print(answer)
```

문제 20

간단하게 생각하면, 이번 문제는 다음과 같이 풀 수 있을 것입니다. 하지만 이 코드는 복잡도가 O(NQ)이므로, 실행 시간 제한을 넘어서 오답 처리됩니다.

```
answer1 = 0
answer2 = 0


for i in range(L, R + 1):
    if C[i] == 1:
        answer1 += P[i]
    if C[i] == 2:
        answer2 += P[i]
```

이를 빠르게 만들 수 있게, 누적합(➡ 4.2절)을 사용해 봅시다. 일단 1반의 합계 점수를 구하는 경우만 생각해 봅시다. 학번 i인 학생이 1반일 때 $A_i=P_i$, 2반일 때 $A_i=0$이라고 하면, 1반의 합계 점수는 $A_L+A_{L+1}+\cdots+A_R$로 계산할 수 있습니다. 따라서 누적합을 사용하면 각 질문을 $O(1)$으로 답할 수 있습니다.

학번/반	1	2	3	4	5	
득점 P_i	50	80	100	30	40	1조
1반의 득점 A_i	50	80	0	30	0	2조
누적합	50	130	130	160	160	

2반도 마찬가지로 생각할 수 있습니다. 다음과 같은 프로그램을 작성하면 전체 복잡도가 $O(N+Q)$밖에 되지 않으므로, 제한 시간 내에 문제를 풀 수 있습니다.

```
# 입력
N = int(input())
C = [ None ] * (N + 1)
P = [ None ] * (N + 1)
```

```
for i in range(1, N + 1):
    C[i], P[i] = map(int, input().split())

# 누적 합 구하기
S1 = [ None ] * (N + 1)
S1[0] = 0
for i in range(1, N + 1):
    S1[i] = S1[i - 1] + (P[i] if C[i] == 1 else 0)
S2 = [ None ] * (N + 1)
S2[0] = 0
for i in range(1, N + 1):
    S2[i] = S2[i - 1] + (P[i] if C[i] == 2 else 0)

# 답 출력
Q = int(input())
for i in range(Q):
    L, R = map(int, input().split())
    print(S1[R] - S1[L - 1], S2[R] - S2[L - 1])
```

최종 확인 문제 21~25 해답

문제 21 (1)

함수 $f(x)=e^x$는 미분해도 $f(x)=e^x$가 나온다는 성질이 있습니다.

따라서 $y=e^x$ 위의 점 $(1, 3)$에서 접선의 기울기는 $f'(1)=e^1=e$입니다. 접선의 방정식은 $y=ex+b$ 형태로 나타낼 수 있습니다. 접선이 $(1, e)$을 지나야 하므로, $b=0$일 것입니다.

따라서 점 $(1, e)$에서 접선의 방정식은 $y=ex$입니다.

문제 21 (2)

접선 $y=ex$와 접선 $y=2$가 만날 때, $ex=2$가 되므로, $x=\dfrac{2}{e}$입니다. 따라서 두 직선의 교점 좌표는 $\left(\dfrac{2}{e}, 2\right)$입니다.

이 점의 x 좌표를 소수로 나타내면, $0.735758882\cdots$가 됩니다.

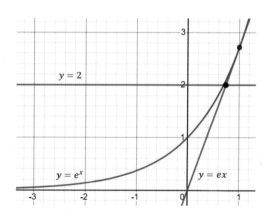

그림 $y=e^x$와 그 접선 등의 그래프(desmos.com 활용)

문제 21 (3)

$\log_e 2$의 값은 뉴턴법(➡ 4.3절)을 사용해서 구할 수 있습니다. 곡선 $y=e^x$에서 y 좌표가 2가 되는 점의 x 좌표는 $\log_e 2$이므로, 다음과 같은 방법으로 구할 수 있습니다.

- $f(x)=e^x$라고 할 때, $f'(x)=e^x$입니다.
- 처음에는 적당한 초깃값 a를 설정합니다.
- 이후에 a의 값을 다음과 같이 변경합니다.

> 점 $(a, f(a))$에서 접선과 직선 $y=2$가 만드는 교점의 x 좌표

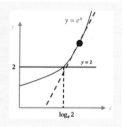

이는 다음과 같은 프로그램을 작성해서 구할 수 있습니다. 여기에서 exp(x)는 e^x를 리턴하는 함수입니다. 참고로 math.exp(x)는 2.718281828**x라고 작성해서 거의 비슷한 값을 구할 수 있습니다.

```python
import math

r = 2.0   # y = e^x와 y = 2의 교점을 구할 것이므로
a = 1.0   # 초깃값은 적당하게 1.0으로 설정했습니다.
repeats = 5

for i in range(1, repeats + 1):
    # 점 (a, f(a))의 x좌표와 y좌표를 구합니다.
    japyo_x, japyo_y = a, math.exp(a)

    # 접선의 식 y = jupseon_a * x + jupseon_b을 구합니다.
    jupseon_a = japyo_y
    jupseon_b = japyo_y - jupseon_a * japyo_x

    # 다음 a의 값 next_a를 구합니다.
    next_a = (r - jupseon_b) / jupseon_a
    print("Step #{:d}: a = {:.15f} -> {:.15f}".format(i, a, next_a))
    a = next_a
```

이때 출력은 다음과 같이 나옵니다. 급격하게 $\log_e 2 = 0.693147180559945\cdots$와 가까워지는 것을 확인할 수 있으며, 5회만에 15자리까지 일치하는 것을 볼 수 있습니다.

```
Step #1: a = 1.000000000000000 -> 0.735758882342885
Step #2: a = 0.735758882342885 -> 0.694042299918915
Step #3: a = 0.694042299918915 -> 0.693147581059771
Step #4: a = 0.693147581059771 -> 0.693147180560026
Step #5: a = 0.693147180560026 -> 0.693147180559945
```

문제 22

2대의 오븐을 오븐A와 오븐B라고 하겠습니다. 오븐A에서 소비되는 시간을 a, 오븐 B에서 소비되는 시간을 b라고 하면, 요리에 걸리는 전체 시간은 $\max(a, b)$가 됩니다.

요리를 오븐에 어떻게 넣어도 $a+b$의 값은 $sumT = T_1 + T_2 + \cdots + T_N$은 변하지 않으므로, a가 결정되면, $b = sumT - b$가 됩니다. 따라서 요리에 걸리는 전체 시간도 $\max(a, sumT - a)$가 됩니다.

| 6분 | 11분 | 12분 | 7분 | 8분 |

오븐 A ⋯ 21분   오븐 B ⋯ 23분

그럼 어떤 a가 "실현 가능"할까요? 위의 예에서 실현할 수 있는 a를 모두 나열해 보면 0, 6, 7, 8, 11, 12, 13, 14, 15, 17, 18, 19, 20, 21, 23, 24, 25, 26, 27, 29, 30, 31, 32, 33, 36, 37, 38, 44분입니다.

사실 실현 가능한 a는 연습 문제 3.7.4와 굉장히 비슷한 동적 계획법 알고리즘을 사용해서, 복잡도 $O(N \times sumT)$로 모두 나열할 수 있습니다.

준비해야 하는 배열(2차원 배열)

$dp[i][j]$: 요리 i까지 중에서 오븐A에서 소비하는 시간의 합(이후 단순하게 "소비 시간"이라고 표현)이 j가 되는 조합이 존재한다면 True, 존재하지 않는다면 False

동적 계획법 천이($i = 0$)

'아무것도 선택하지 않는다'라는 방법밖에 없으므로,

- $dp[0][j]=$ True $(j=0)$
- $dp[0][j]=$ False $(j \neq 0)$

가 됩니다.

동적 계획법 천이($i = 1, 2, ..., N$ 순서로 계산)

총합이 j가 되게 요리 i까지 중에서 선택하는 방법은 다음 2가지가 있습니다(마지막 행동 "요리 i를 구운 오븐"으로 경우를 나눕니다).

- 요리 $i-1$까지의 소비 시간이 $j-A_i$이고, 요리 i를 오븐 A에서 구움
- 요리 $i-1$까지의 소비 시간이 j이고, 요리 i를 오븐 A에서는 굽지 않음

따라서 $dp[i-1][j-A_i]$, $dp[i-1][j]$ 중에서 적어도 한쪽이 True라면 $dp[i][j]$=True, 아니라면 False가 됩니다.

최종적으로 $dp[N][x]=$ True라면, $a=x$가 실현 가능합니다. 실현 가능한 a 중에서 $\max(a, sumT-a)$가 가장 적은 것을 답으로 내면 됩니다.

이를 파이썬으로 구현하면, 다음과 같습니다.

 # 이 프로그램을 단순한 파이썬으로 실행하면, 실행 제한 시간 내에 실행하지 못할 가능성이
 # 있습니다. 이때는 PyPy3 등을 활용해서 실행해 주세요.

```
# 입력
N = int(input())
T = list(map(int, input().split()))

# 배열 초기화
sumT = sum(T)
dp = [ [ False ] * (sumT + 1) for i in range(N + 1) ]
dp[0][0] = True

# 동적 계획법
for i in range(1, N + 1):
    for j in range(sumT + 1):
        if j < T[i - 1]:
            if dp[i - 1][j] == True:
                dp[i][j] = True
            else:
                dp[i][j] = False
        if j >= T[i - 1]:
            if dp[i - 1][j] == True or dp[i - 1][j - T[i - 1]] == True:
                dp[i][j] = True
            else:
                dp[i][j] = False

# 답을 계산하고 출력하기
answer = 10 ** 10
for i in range(sumT + 1):
    if dp[N][i] == True:
        cooking_time = max(i, sumT - i)
        answer = min(answer, cooking_time)
print(answer)
```

문제 23

에라토스테네스의 체(➡ 4.4.1항)를 사용하면, N 이하의 소수를 $O(N \log \log N)$시간으로 나열할 수 있습니다. 그런데 이 문제에서 나열해야 하는 것은 "L 이상 R 이하의 소수"입니다. 따라서 다음과 같이 알고리즘을 조금 변경해 봅시다.

1. 처음에는 정수 $L, L+1, \cdots, R$을 작성합니다.

2. 적혀있는 것 중에서 2의 배수에 ✕를 표시합니다. 예외적으로 2는 ✕ 표시하지 않습니다.

3. 적혀있는 것 중에서 3의 배수에 ✕를 표시합니다. 예외적으로 3은 ✕ 표시하지 않습니다.

4. 적혀있는 것 중에서 4의 배수에 ✕를 표시합니다. 예외적으로 4는 ✕ 표시하지 않습니다.

5. (생략)

6. 적혀있는 것 중에서 $\lfloor\sqrt{R}\rfloor$의 배수에 ✕를 표시합니다. 예외적으로 $\lfloor\sqrt{R}\rfloor$은 ✕ 표시하지 않습니다.

7. 어떠한 표시도 없는 남은 정수가 소수입니다.

그럼 이어서 어떻게 구현할지 생각해 봅시다. 프로그래밍에서는 정수를 직접 작성할 수 없으므로, 대신 길이가 $R{-}L{+}1$인 배열 prime을 만들고, prime[x]에 "정수 $x{+}L$이 표시되어 있는가?"(아무 표시 없는 것은 True, ✕ 표시는 False)를 기록합니다.

i번째 조작에서 ✕가 붙는 것은 $\lceil L/i\rceil{\times}i$, $\lceil L/i{+}1\rceil{\times}i$, $\cdots$, $\lfloor R/i\rfloor{\times}i$입니다. ✕가 붙는 것은 대충 $(R{-}L)/i$개이므로, 전체 복잡도는

$$\frac{R-L}{2} + \frac{R+L}{3} + \cdots + \frac{R-L}{\sqrt{R}} = O\big((R-L)\log\sqrt{R}\big)$$

이 됩니다. 이 증명은 4.4.4항, 4.4.5항을 참고해 주세요.

이를 파이썬으로 구현하면, 다음과 같습니다.

```python
# 입력
L, R = map(int, input().split())


# 배열 초기화, L = 1일 때는 따로 구분합니다.
isprime = [ True ] * (R - L + 1)
if L == 1:
    isprime[0] = False


# 에라토스테네스의 체
LIMIT = int(R ** 0.5)
for i in range(2, LIMIT + 1):
    min_value = ((L + i - 1) // i) * i
    for j in range(min_value, R + 1, i):
        if j == i:
            continue
        isprime[j - L] = False


# 소수의 개수를 세고 출력합니다.
answer = 0
for i in range(R - L + 1):
    if isprime[i] == True:
        answer += 1
print(answer)
```

조금 더 생각해 보면, 복잡도 $O((\sqrt{R}+(R-L))\log\log\sqrt{R})$로 풀 수 있습니다. 미리 에라토스테네스의 체로 $\sqrt{R}$ 이하의 소수를 구해두면, "합성수 $(4,6,8,9,\cdots)$의 배수에 × 표시"하는 조작을 생략할 수 있기 때문입니다.

문제 24

계산기하학(➡ 4.1절) 문제입니다. 이번 문제는 다각형의 형태가 볼록 다각형(내각이 모두 180도 미만인 다각형)으로 한정되어 있지 않으므로, 복잡한 형태의 다각형이 나올 수도 있습니다. 이러한 경우를 모두 포함해서 점이 다각형 내부에 있는지 판정하려면 어떻게 해야 할까요?

사실 다음과 같은 간단한 방법으로 판정할 수 있습니다.

점 (A, B)가 다각형에 포함되는지 판정하기
1. 점 (A, B)에서 왼쪽으로 향하는 반직선을 긋습니다.
2. 이 반직선이 다각형의 변과 교차하는 횟수를 셉니다. 이 횟수가 홀수라면 점 (A, B)는 다각형 내부에 있고, 짝수라면 다각형 외부에 존재합니다.

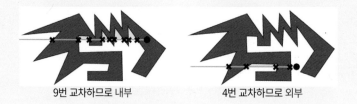

9번 교차하므로 내부   4번 교차하므로 외부

따라서 다각형의 각 변에 대해서 점 (A,B)에서 왼쪽으로 향하는 반직선과 몇 번 교차하는지 판정하면 됩니다. 변이 (x_a, y_a)와 (x_b, y_b)를 연결하는 선분(이때 $y_a < y_b$이라고 하면, 기본적으로 다음과 같은 조건을 만족할 때 교차합니다.

❶ $y_a \leq B \leq y_b$이다.
❷ 점 (x_a, y_a), 점 (A, B), 점 (x_b, y_b)가 이 순서로 반시계 방향으로 배치되어 있다.

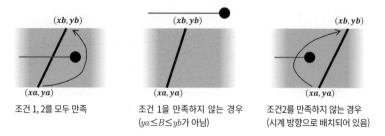

조건 1, 2를 모두 만족   조건 1을 만족하지 않는 경우   조건2를 만족하지 않는 경우
                              ($ya \leq B \leq yb$가 아님)   (시계 방향으로 배치되어 있음)

그런데 다각형의 변이 $y=B$로 수평한 경우는 예외적으로 해당 변을 확인하는 것만으로는 선분이 교차하는지 제대로 판단할 수 없습니다. 이러한 경우를 아예 제거할 수 있게 점을 약간 위로 올려서 생각해 봅시다(그래도 답이 변하지 않습니다).

이렇게 하면 조건1이 살짝 바뀌어서, 다음과 같이 됩니다. 왜냐하면 "$y_a \leq B+\epsilon \leq y_b$ (ϵ는 무한하게 작은 수)"가 조건이 되기 때문입니다.

❶ $y_a \leq B < y_b$이다.

❷ 점 (x_a, y_a), 점 (A, B), 점 (x_b, y_b)가 이 순서로 반시계 방향으로 배치되어 있다.

조건 2는 외적을 사용해서 판정할 수 있습니다(➡ 4.1.5항). 따라서 다각형의 모든 변에서 이와 같은 조건을 만족하는 수를 세고, 이것이 홀수인지 짝수인지 확인하면 문제를 풀 수 있습니다.

이를 파이썬으로 구현하면, 다음과 같습니다.

```python
# 입력
N = int(input())
X = [ None ] * N
Y = [ None ] * N
for i in range(N):
    X[i], Y[i] = map(int, input().split())
A, B = map(int, input().split())

# 교차 횟수 계산
cnt = 0
for i in range(N):
    xa, ya = X[i] - A, Y[i] - B
    xb, yb = X[(i + 1) % N] - A, Y[(i + 1) % N] - B
    if ya > yb:
        xa, xb = xb, xa
        ya, yb = yb, ya
    if ya <= 0 and 0 < yb and xa * yb - xb * ya < 0:
        cnt += 1

# 답 출력
if cnt % 2 == 1:
    print("INSIDE")
```

```
else:
    print("OUTSIDE")
```

문제 25

이 문제에서 너비 우선 탐색(➡ 4.5.7항)을 사용해서 최단 거리를 구하면, 복잡도 $O(N^2)$만큼 걸립니다. 이때 "더한 횟수를 생각하는 테크닉"(➡ 5.7절)을 활용하면, 복잡도를 $O(N)$으로 줄일 수 있습니다.

일단 구체적인 예로 다음과 같이 5개의 정점을 가진 트리를 생각해 봅시다. 10가지 패턴이 나올 수 있으며, 각각의 최단 거리는 다음과 같습니다.

그림. 10가지 패턴 각각의 최단 거리

이를 보면, 다음과 같은 사실을 알 수 있습니다.

- 정점 1-2를 연결하는 변은 4개의 최단 경로(1, 2, 3, 4번째)에 포함됨
- 정점 2-3을 연결하는 변은 4개의 최단 경로(2, 3, 4, 5, 6, 7번째)에 포함됨
- 정점 3-4를 연결하는 변은 4개의 최단 경로(3, 6, 8, 10번째)에 포함됨
- 정점 3-5를 연결하는 변은 4개의 최단 경로(4, 7, 9, 10번째)에 포함됨

따라서 답은 4+6+4+4=18입니다. 이는 "더한 횟수를 생각하는 테크닉"을 활용한 것입니다.

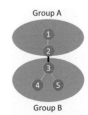

Group A

Group B

그럼 "특정 변이 몇 개의 최단 경로에 포함되는가"는 어떻게 알 수 있을까요? 오른쪽 그림처럼 트리를 2개의 그룹으로 구분해 봅시다. 각각 A개 정점 그룹, $N-A$개 정점 그룹으로 나누면, 변이 $A \times (N-A)$개의 최단 경로에 포함됩니다. 왜냐하면 그룹 A의 정점에서 그룹 B의 정점까지의 최단 경로에 반드시 포함되기 때문입니다.

따라서 각각의 변에 대해서 그룹을 몇 개로 나누어야 하는지 구하면, 이번 문제를 풀 수 있습니다.

그럼 정점 1을 만들고, 아래에 다른 정점들을 매다는 형태로 생각해 봅시다. 이렇게 하면 오른쪽 그림처럼 정점 1을 뿌리처럼 갖는 나무 형태의 그래프가 만들어집니다. 이와 같은 나무를 "정점1을 루트로 갖는 트리"라고 부릅니다(예를 들어 상사와 부하 관계를 표현하는 그래프(➡ 4.5.3항)가 트리입니다).

정점 v 아래에 자신을 포함해서 c_v개의 정점이 있다고 해봅시다. 이렇게 하면, 정점 v와 그 바로 위에 있는 정점을 연결하는 변은 그래프를 c_v개의 정점과 $N-c_v$개의 정점 그룹으로 나누게 됩니다.

c_v는 동적 계획법을 사용해서 구할 수 있습니다. 정점 v 아래에 있는 정점을 $s_1, s_2, \cdots, s_k$라고 할 때,

$$c_v = c_{s_1} + c_{s_2} + \cdots + c_{s_k} + 1$$

라고 계산할 수 있으므로, c_v를 루트로 하는 트리의 아래부터 차례대로 구하면 복잡도 $O(N)$으로 모든 c_v를 구할 수 있습니다. 그리고 이 문제의 답은 $c_v \times (N - c_v)(v = 2, 3, \cdots, N)$의 총합입니다.

이를 파이썬으로 구현하면 다음과 같습니다. 참고로 동적 계획법 부분은 깊이 우선 탐색(➡ 4.5.6항)과 마찬가지로 재귀 함수를 사용하면 비교적 간단하게 구현할 수 있습니다.

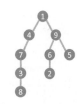

```python
import sys

# 깊이 우선 탐색하는 함수
def dfs(pos, G, visited, dp):
    visited[pos] = True
    dp[pos] = 1
    for i in G[pos]:
        if visited[i] == False:
            dfs(i, G, visited, dp)
            dp[pos] += dp[i]


# 재귀함수의 호출 깊이 상한을 120000로 설정합니다.
sys.setrecursionlimit(120000)

# 입력
N = int(input())
A = [ None ] * (N - 1)
B = [ None ] * (N - 1)
for i in range(N - 1):
    A[i], B[i] = map(int, input().split())

# 인접 리스트 작성
G = [ list() for i in range(N + 1) ]
for i in range(N - 1):
    G[A[i]].append(B[i])
    G[B[i]].append(A[i])

# 깊이 우선 탐색(DFS)를 사용한 동적 계획법
visited = [ False ] * (N + 1)
dp = [ None ] * (N + 1)
dfs(1, G, visited, dp)
```

```
# 답을 계산하고 출력하기
answer = 0
for i in range(2, N + 1):
    answer += dp[i] * (N - dp[i])
print(answer)
```

최종 확인 문제 26~30 해답

문제 26

실험 시작으로부터 n초가 경과한 후 물질 A, B, C의 무게를 각각 a_n, b_n, c_n이라고 합시다. a_n, b_n, c_n은 다음과 같은 점화식으로 구할 수 있습니다.

- $a_{n+1}=(1-X)\,a_n+Yb_n$
- $b_{n+1}=(1-Y)\,b_n+Zc_n$
- $c_{n+1}=(1-Z)\,c_n+Xa_n$

이때 (a_n, b_n, c_n)과 $(a_{n+1}, b_{n+1}, c_{n+1})$의 관계는 행렬(➡ 4.7절)을 사용해서, 다음과 같이 나타낼 수 있습니다.

$$\begin{bmatrix} a_{n+1} \\ b_{n+1} \\ c_{n+1} \end{bmatrix} = \begin{bmatrix} 1-X & Y & 0 \\ 0 & 1-Y & Z \\ X & 0 & 1-Z \end{bmatrix} \begin{bmatrix} a_n \\ b_n \\ c_n \end{bmatrix}$$

이 점화식을 반복 적용하면, a_T, b_T, c_T를 다음과 같이 나타낼 수 있습니다(실험 시작 시점, 물질 A, B, C의 양은 각각 1그램씩입니다).

$$\begin{bmatrix} a_T \\ b_T \\ c_T \end{bmatrix} = \begin{bmatrix} 1-X & Y & 0 \\ 0 & 1-Y & Z \\ X & 0 & 1-Z \end{bmatrix}^T \begin{bmatrix} a_0 \\ b_0 \\ c_0 \end{bmatrix} = \begin{bmatrix} 1-X & Y & 0 \\ 0 & 1-Y & Z \\ X & 0 & 1-Z \end{bmatrix}^T \begin{bmatrix} 1 \\ 1 \\ 1 \end{bmatrix}$$

3×3 행렬의 거듭 제곱은 반복 제곱법(➡ 4.6.7항)을 행렬에 적용해서, $O(\log T)$ 시간에 계산할 수 있습니다. 따라서 다음과 같은 프로그램을 만들면, 답을 구할 수 있습니다.

```python
# 파이썬에서 행렬의 T제곱을 구하는 함수는 numpy 라이브러리에 이미 구현되어 있습니다.
# 이를 사용하면, 다음과 같이 짧게 프로그램을 작성할 수 있습니다.
# 물론 반복 제곱법을 사용해도 괜찮습니다. 이와 관련된 내용은 코드 4.7.1을 참고해 주세요.

import numpy as np

Q = int(input())
for i in range(Q):
    S = input().split()
    X, Y, Z, T = float(S[0]), float(S[1]), float(S[2]), int(S[3])
    A = np.array([[ 1 - X, Y, 0 ], [ 0, 1 - Y, Z ], [ X, 0, 1 - Z ]])
    answer = np.linalg.matrix_power(A, T)
    print("{:.15f} {:.15f} {:.15f}".format(sum(answer[0]), sum(answer[1]), sum(answer[2])))
```

문제 27

적혀있는 정수의 차이가 k 이상인 공 선택 방법 수를 구하는 문제를 "문제 k"라고 하겠습니다. 문제 k는 다음과 같은 작은 문제로 분해(➡ 5.6절) 할 수 있습니다.

- (차이가 k 이상 나도록) 1개의 공을 선택하는 방법은 몇 가지인가?
- (차이가 k 이상 나도록) 2개의 공을 선택하는 방법은 몇 가지인가?
- (차이가 k 이상 나도록) 3개의 공을 선택하는 방법은 몇 가지인가?
  ⋮
- (차이가 k 이상 나도록) N/k 개의 공을 선택하는 방법은 몇 가지인가?

N/k 개까지 구하는 이유는 아무리 잘 골라도, 최대 N/k 개의 공만 선택할 수 있기 때문입니다. 이제 문제 k를 N/k 개의 "보다 풀기 쉬운 작은 문제"로 분해했습니다. 이를 기반으로 문제 1, 2, 3,⋯, N을 풀면, 전체

$$\left\lceil \frac{N}{1} \right\rceil + \left\lceil \frac{N}{2} \right\rceil + \left\lceil \frac{N}{3} \right\rceil + \cdots + \left\lceil \frac{N}{N} \right\rceil$$

개의 작은 문제를 풀면 됩니다. 이는 $O(N \log N)$개입니다. 역수 $1/x$의 합이 $O(\log N)$이 된다는 성질(➡ 4.4.4항)로 알 수 있습니다.

그럼 각각의 작은 문제는 어떻게 해야 풀 수 있을까요?

작은 문제

1, 2,⋯, N이 적혀 있는 공에서 "어떤 공 2개를 선택해도 m 이상의 차이가 나게 k개의 공을 선택하는 방법"은 몇 개인가?

작은 문제의 답

이 작은 문제의 답은 $_{N-(k-1)(m-1)}C_m$ 가지입니다.

이유는 공 x를 선택할 때, 다음 그림처럼 공 $x, x+1,\cdots, x+m-1$을 감싸서 생각해 보면, 공 1, 2,⋯, N, $m-1$에서 k개를 서로 중복되지 않는 "길이 m인 상자"에 배치하는 문제가 되기 때문입니다. 이는 하나의 공 $N + m - 1 - km$개와 상자 k개를 정렬하는 문제라고 할 수 있습니다.

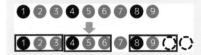

$N=9$, $m=3$, $k=3$의 경우의 예
2개의 공과 3개의 상자를 정렬하는 문제로 바꿀 수 있으므로, $_5C_3=10$ 가지

이항 계수는 팩토리얼을 미리 계산하는 방법(➡ 4.6.6)을 사용해서, $M=10^9+7$이라도 $O(\log M)$시간으로 계산할 수 있습니다. 이전에 언급했던 것처럼 $O(N \log N)$개의 작은 문제를 풀어야 하므로, 이번 문제의 전체 복잡도는 $O(N \log N \log M)$입니다.

이를 프로그램으로 구현하면, 다음과 같습니다.

```
# 사실 파이썬은 처리가 느리므로, 이렇게 풀어도 실행 시간 제한을 맞추지 못할 수 있습니다.
# 이러할 때는 PyPy3를 사용해서 프로그램을 실행하기 바랍니다.

# 반복 제곱법(p는 a**1, a**2, a**4, a**8, ...를 구하는 함수)
def modpow(a, b, m):
    p = a
    answer = 1
    for i in range(30):
        if (b & (1 << i)) != 0:
            answer = (answer * p) % m
        p = (p * p) % m
    return answer

# division(a, b, m)은 a÷b mod m을 리턴하는 함수
def division(a, b, m):
    return (a * modpow(b, m - 2, m)) % m

# ncr은 n!을 r! × (n-r)!로 나눈 값
def ncr(n, r):
    global fact, MOD
    return division(fact[n], fact[r] * fact[n - r] % MOD, MOD)


MOD = 1000000007
LIMIT = 100000

# 배열 fact 초기화(fact[i]는 i의 거듭 제곱을 1000000007로 나눈 나머지)
fact = [ None ] * (LIMIT + 1)
fact[0] = 1
for i in range(1, LIMIT + 1):
    fact[i] = fact[i - 1] * i % MOD

# 입력 → 답 출력
N = int(input())
for i in range(1, N + 1):
    answer = 0
    for j in range(1, (N - 1) // i + 2):
        answer += ncr(N - (i - 1) * (j - 1), j)
        answer %= MOD
    print(answer)
```

문제 28

이번 문제는 5.7.5항의 덧셈 피라미드 문제와 거의 비슷합니다. 다만 색이라는 규칙이 적용되어 있으므로, 다루기 어렵게 느껴집니다. 따라서 색을 다음과 같은 ID로 변환해서 생각해 보고, 이후에 ID를 다시 색으로 바꿔봅시다.

- 파란색 $\to 0$ 흰색 $\to 1$ 붉은색 $\to 2$

x\y	0	1	2
0	0	2	1
1	2	1	0
2	1	0	2

바로 아래에 있는 2개의 블록 색 ID를 x, y라고 하면, 위의 블록의 색은 다음 표처럼 구성됩니다.

이를 기반으로 아래 블록 색 ID가 x, y일 때, 위 블록의 색 ID는 $-(x+y) \bmod 3$이라는 것을 알 수 있습니다.

이를 N=5단계 피라미드로도 생각해 봅시다. 아래의 블록 색을 a, b, c, d, e 라고 할 때, 각 블록의 색은 다음과 같이 구성됩니다(모두 $\bmod 3$을 붙였다고 생각해 주세요).

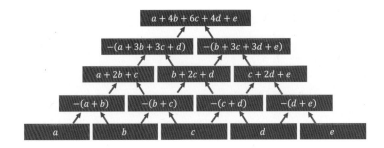

이를 일반화하면, 가장 위에 있는 색의 ID는

$$(-1)^{N-1} \cdot (c_{1 \cdot N-1}c_0 + c_{2 \cdot N-1}c_1 + \cdots + c_{N \cdot N-1}c_{N-1}) \bmod 3$$

으로 구할 수 있습니다.

그럼 $_nC_r \bmod 3$은 어떻게 구할 수 있을까요? 3은 n, r에 비해서 작으므로, 역원을 사용하는 방법(⇒ 4.6.8항)은 사용할 수 없습니다.

한번 뤼카 정리를 사용해 봅시다.

n을 3진법으로 나타내면 $n_{d-1} n_{d-2} \cdots n_1 n_0$, r을 3진법으로 나타내면 $r_{d-1} r_{d-2} \cdots r_1 r_0$이라고 합시다. 이때 $_nC_r \bmod 3$은

$$(n_{d-1}Cr_{d-1} \times n_{d-2}Cr_{d-2} \times \cdots \times n_1Cr_1 \times n_0Cr_0) \bmod 3$$

으로 계산할 수 있습니다. 다만 식에서 $n_i < r_i$가 되는 경우, $_nC_r \bmod 3$=0입니다. 특정한 값(3)뿐만 아니라, 이외의 $\bmod M$도 같은 정리가 성립합니다.

$_nC_r$은 복잡도 $O(\log n)$으로 계산할 수 있으므로, 이번 문제의 전체 복잡도는 $O(N \log N)$으로 풀 수 있습니다.

파이썬으로 구현해 보면, 다음과 같습니다. 참고로 $_nC_r$ 계산은 재귀 함수를 사용해서 구현했습니다(2.1.9항의 방법을 사용해서도 3진법으로 변환할 수도 있습니다).

```
# 파이썬은 처리 속도가 느리므로, 다음 프로그램으로도 실행 시간 초과가 나올 수 있습니다.
# 이때는 PyPy3 등으로 변경해서 제출해 주세요.

# 뤼커 정리로 ncr mod 3를 계산
def ncr(n, r):
    if n < 3 and r < 3:
        A = [
            [ 1, 0, 0 ],
            [ 1, 1, 0 ],
            [ 1, 2, 1 ]
        ]
        return A[n][r]
    return ncr(n // 3, r // 3) * ncr(n % 3, r % 3) % 3

# 입력
N = int(input())
C = input()

# 답 구하기
answer = 0
for i in range(N):
    code = "BWR".find(C[i])
    answer += code * ncr(N - 1, i)
    answer %= 3

# 답을 (-1)^(N-1)으로 곱함
if N % 2 == 0:
    answer = (3 - answer) % 3

# 답 출력("BWR"의 answer 번째 문자)
print("BWR"[answer])
```

문제 28 - 다른 풀이

이번 문제에는 다른 풀이가 있습니다. "규칙성 생각하기"(➡ 5.2절)를 사용하는 해법입니다.

$N=4$의 경우를 생각해 봅시다. 사실 어떤 경우라도 "가장 위의 블록"은 "가장 왼쪽 블록"과 "가장 오른쪽 블록"에 의해서 결정됩니다. 2, 3번째에 있는 블록은 아무 관계 없습니다. 다음 그림 예를 보면, 가장 왼쪽 블록이 파란색, 가장 오른쪽 블록이 흰색입니다. 따라서 가장 위의 블록은 붉은색입니다.

N=10의 경우도 마찬가로 가장 왼쪽 블록과 가장 오른쪽 블록에 의해서 결정됩니다. 2, 3, 4, 5, 6, 7, 8, 9번째 블록은 아무 관계 없습니다. 이는 N=28, 82, 244, 730, 2188, 6562,…의 경우도 마찬가지입니다. 일반화해서, 영향 범위의 가장 왼쪽 블록과 오른쪽 블록을 확인하는 것만으로, 3^k번째 위의 블록 배치를 알 수 있습니다.

이를 활용하면, $O(\log N)$ 단계의 블록만 계산하면 됩니다. 예를 들어 N=23이라면 3진법을 사용해서, 22=9+9+3+1이므로, 1단계의 블록을 입력하면, 10단계를 구하고, 19단계를 구하고, 22단계를 구하고, 23단계를 구하는 흐름입니다. 각 단계 계산에 $O(N)$ 밖에 들지 않으며, $O(\log N)$ 단계만 있으므로 전체 복잡도는 $O(N \log N)$입니다.

실제 코드는 분량 관계로 인해 생략하겠습니다.

문제 29

이번 문제에서는 반지름 1인 원에 최대한 반지름이 큰 작은 원을 100개 배치하는 문제입니다. 기본적으로 반지름이 큰 원을 배치할수록 높은 점수를 받습니다. 따라서 여러 가지 답이 나올 수 있습니다. 많은 사람들이 제출하는 답을 몇 개 정리해 보면, 다음과 같습니다.

해법 0 - 기본적인 예($R = 0.07$)

일반적으로 이와 같은 알고리즘 문제가 나왔을 때, 출력 예로 나오는 해법은 다음과 같습니다. 반지름 R=0.07로 채우는 방법입니다.

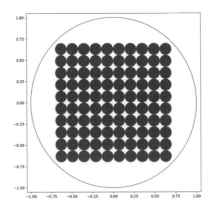

해법 1 - 격자 형태로 채워 넣기($R = 0.0806$)

해법0에서는 위 아래 왼쪽 오른쪽에 공간이 남습니다. 이러한 부분도 채운다면, R=0.0806으로 채울 수 있습니다.

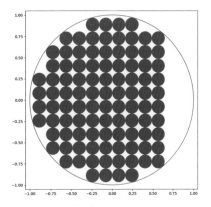

해법 2 - 고정된 육각 형태로 채워 넣기(R=0.0863)

육각형 형태로 채워 넣으면, 더 효율 좋은 형태로 채울 수 있습니다. 채울 수 있는 반지름을 이분 탐색 형태로 구해보면, R=0.0863까지 만들 수 있습니다.

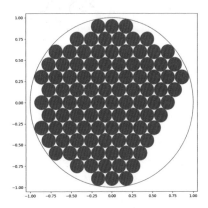

해법 3 - 유동적인 육각 형태로 채워 넣기(R=0.0891)

해법2에서는 가장 중심에 있는 원의 중심 좌표가 $(0, 0)$으로 고정되어 있습니다. 고정을 해제하면, 더 효율 좋은 방법으로 채울 수 있습니다. 중심 좌표를 수만 개의 패턴으로 테스트해 보면, R=0.0891까지 채울 수 있다는 것을 알 수 있습니다.

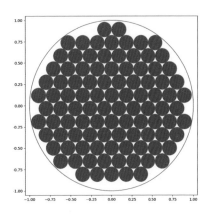

해법 4 - 경사 하강법 사용하기($R=0.0899$)

경사 하강법(➡ 칼럼5)을 사용하면, 더 좋은 해를 구할 수 있습니다.

해법 아이디어

일단 목표로 하는 반지름 R을 고정합니다(예를 들어서 $R=0.0895$ 등).

이후 랜덤하게 중심 좌표를 결정하고, $N=100$개의 원을 그립니다. 랜덤하게 배치되었으므로, 몇 개의 원이 중첩될 것입니다. 원을 조금씩 흩어지게 만들어서, 원의 중첩을 점점 줄입니다. 최종적으로 모든 원이 중첩되지 않게 만드는 것이 목표입니다.

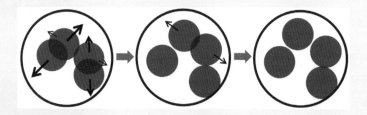

이는 경사 하강법을 사용해서 구현할 수 있습니다. 예를 들어서 페널티를

$$P = \sum_{i=1}^{n} \max\left((1 - R\sqrt{x_i^2 + y_i^2})^2 - R^2, 0\right) + \sum_{1 \le i < j \le n} \max\left((x_i - x_j)^2 + (y_i - y_j)^2 - R^2, 0\right)$$

등으로 설정하고, P가 최대한 작아지는 방향으로 (x_1, y_1), (x_2, y_2),$\cdots$, (x_n, y_n)을 경사 하강법으로 이동시킵니다. 이렇게 하면 최종적으로 P가 국소 최적해에 도착할 것입니다. P=0이 되면 목표 달성입니다.

물론 1회 시행만으로는 $P=0$이 되는 해를 찾을 수 없을 가능성도 있으므로 경사 하강법 단계의 어느 정도 부분이 계속 반복되면 끊고, 재시작해서 $N=100$개의 랜덤한 원을 다시 배치하는 과정을 거쳐야 합니다. 목표하는 반지름 R의 값에 따라서 이와 같은 시행을 수십, 수백 번 반복해야 $P=0$이 될 수도 있습니다.

실제로 해보면 $R=0.0895$ 정도일 때, 수십 번의 시행에서 $P=0$에 도달합니다. R이 크면 클수록 답을 찾기 어려워집니다. $R=0.0899$의 경우, C++로 프로그램을 만들었을 때 40분 정도 걸리며, 경사 하강법을 3000번 정도 시행해서 답을 찾습니다. 이렇게 찾아진 답은 오른쪽 그림과 같습니다.

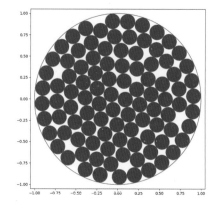

더 효율 좋은 방법

참고로 이번 문제는 2022년 8월을 기준으로 $R=0.0902352$로 채울 수 있다는 연구 논문이 나와 있습니다. 이와 관련된 자세한 내용은 다음 논문을 참고해 보세요.

- Grosso, A., Jamali, A. R. M. J. U., Locatelli, M., & Schoen, F. (2010). Solving the problem of packing equal and unequal circles in a circular container. Journal of Global Optimization, 47(1), 63-81.

현재 시점에서 가장 좋은 답은 2008년에 발견된 것입니다. 하지만 이것이 가장 최적의 해인지는 증명되지 않았습니다. 따라서 더 좋은 답이 나올 수 있는 미해결 문제이므로, 미래에 더 최적의 답이 나올 수도 있습니다.

관심 있다면, 한번 이와 같은 미해결 문제에도 도전해 보기 바랍니다!

문제 30

차수 d 이하, 반지름 k 이하로 만들어지는 '정점 수가 가장 많은 그래프'를 만드는 문제를 "Degree diameter problem"이라고 부르며, 연구가 활발하게 이루어지고 있는 분야입니다. 이번 문제는 $d=4$, $k=4$의 경우입니다. 정점 수가 많을수록 높은 점수를 받습니다. 여러 가지 방법을 생각해 볼 수 있으므로, 몇 가지 소개하겠습니다.

해법 0 - 문제 설명 예(정점 22개)

이는 책의 문제 설명에도 나온 예입니다. 22개의 정점을 갖는 그래프입니다.

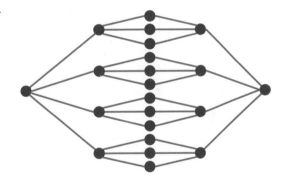

해법 1 - 5 × 5 격자 형태의 그래프(정점 25개)

5×5 격자 형태의 그래프를 만들면, 왼쪽 위에서 오른쪽 아래까지의 최단 거리가 8이 됩니다. 여기에서 위와 아래, 왼쪽과 오른쪽의 정점을 연결하면 어떤 2개의 점을 선택해서 최단거리가 4 이하가 됩니다.

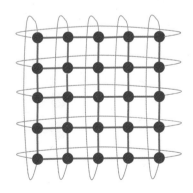

해법 2 - 해법0 "문제 설명의 예"를 발전시키기(정점 32개)

이전에 살펴보았던 해법 0은 중앙에 있는 정점 12개의 차수가 2개라는 단점이 있었습니다. 이 12개의 정점을 기반으로 그래프를 다음과 같이 확장해볼 수 있습니다.

이 이외에도 해법 0, 1, 2에서 언급했던 것과 같은 "규칙적인" 그래프를 만드는 방법이 굉장히 많이 있습니다. 하지만 규칙적인 그래프를 손으로 찾는 것도 한계가 있습니다. 특히 정점 40개 이상부터는 손으로는 거의 불가능합니다. 하지만 알고리즘의 도움을 받으면 정점 70~80개 정도의 그래프도 만들 수 있습니다.

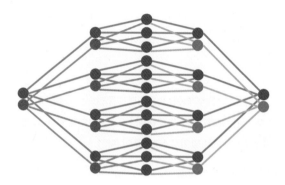

해법 3 - Hill climbing 탐색을 사용한 알고리즘(정점 73개)

Hill climbing은 칼럼5에서도 설명했지만, 해를 조금씩 개선하면서 조금씩 더 좋은 해를 찾는 알고리즘입니다. Hill climbing은 단순하면서도 매우 효과적인 알고리즘이며, 이번 문제에도 적용할 수 있습니다.

Hill climbing은 다음과 같은 형태로 이루어집니다.

1. 정점 수 N을 결정하고, 정점 N개 차수가 전부 4가 되는 그래프 G를 랜덤하게 생성합니다.
2. 다음과 같은 조작을 계속해서 반복합니다.
   - 그래프의 두 변을 랜덤하게 선택하고, 연결을 조금씩 변경합니다.
   - 연결을 변경하면서, "최단거리가 5 이상인 정점 조합의 개수"가 증가하는 경우, 그래프를 다시 되돌립니다.
3. 최종적으로 "최단 거리가 5 이상인 정점 조합 수"가 0이 되었을 때, 해당 그래프가 목표했던 그래프입니다.

여기에서 두 변(a-b와 c-d)의 연결을 변경하는 조작이란, 다음과 같은 조작을 의미합니다.

- 변 a-b와 변 c-d를 제거하고, 새로운 변 a-c와 변 b-d를 만듭니다.
- 다만, 이미 변 a-c와 변 b-d가 있을 때는 조작을 하지 않습니다.

이 조작은 반복해도 정점의 차수는 4로 유지됩니다. 따라서 그래프를 "조금씩 개선"할 수 있으므로, Hill climbing으로 활용할 수 있습니다.

실제로 해보면, N=73 정도로 설정해도 Hill climbing으로 그래프가 점점 개선되며 몇 초 만에 조건을 만족하는 그래프가 만들어집니다. 이 그래프는 규칙성이 따로 없고, 굉장히 복잡하므로 따로 소개하지 않겠습니다.

추가적으로 시뮬레이티드 어닐링(Simulated Annealing)을 사용한 프로그램도 10분 정도 실행하면, N=79에 해당하는 그래프를 구할 수 있습니다.

정점의 수가 더 많은 그래프

2022년 9월을 기준으로 차수가 4 이하이고, 지름(두 점 사이의 최단 거리의 최댓값)이 4 이하인 그래프는 정점 98개까지 발견되었습니다. 하지만 이것이 최적인지는 아직 증명되지 않았으므로, 정점 수가 더 많은 그래프가 발견될 가능성이 존재합니다. 이와 관련된 자세한 내용은 다음 웹 사이트를 참고해 주세요.

▪ COMBINATORICS WIKI, The Degree Diameter Problem for General Graphs

(차수 d,지름 k)=(4,4)의 경우뿐만 아니라, 다른 (d, k)도 더 개선될 가능성이 존재합니다. 현재 최적의 해라고 알려져 있는 것은 (d, k)=$(3, 2)$, $(4, 2)$, $(5, 2)$, $(6, 2)$, $(7, 2)$, $(3, 3)$, $(4, 3)$으로 7가지 종류뿐입니다.

관심있다면, 이와 같은 미해결 문제를 계속해서 연구해 보기 바랍니다!

7장

마치며

7 마치며

드디어 문제 풀이도 마쳤습니다. 조금 이해하기 힘든 부분도 있었겠지만, 끝까지 읽어주셔서 감사합니다.

분량이 굉장히 많아서, 모두 이해하는 데 꽤 힘들었을 것이라고 생각합니다. 실제로 각 절의 연습 문제와 최종 확인 문제를 모두 합하면 148개의 문제입니다. 이는 한 문제를 30분 만에 푼다고 해도, 70시간 이상 걸리는 분량입니다. 조금이라도 독자분들에게 도움이 되었다면 좋겠습니다.

끝으로, 해설을 작성하는 데 많은 도움을 주신 square1001 님께 감사의 말씀을 드립니다.

2021년 12월 29일 요네다 마사타카

찾아보기

ㅇ - ㅈ